Dagmar Krebs
Steffen-M. Kühnel
Marita Jacob

Aufgabensammlung zur «Statistik für die Sozialwissenschaften»

rowohlts enzyklopädie
im Rowohlt Taschenbuch Verlag

rowohlts enzyklopädie
Herausgegeben von Burghard König

Originalausgabe
Veröffentlicht im Rowohlt Taschenbuch Verlag GmbH,
Reinbek bei Hamburg, Oktober 2003

Umschlaggestaltung any.way, Walter Hellmann
Satz TimesTen und Neue Helvetica PostScript, PageOne
Gesamtherstellung Clausen & Bosse, Leck
Printed in Germany
ISBN 3 499 55655 3

Die Schreibweise entspricht den Regeln
der neuen Rechtschreibung.

Inhalt

Anhang

Vorwort

Unser Anliegen besteht darin, die Logik statistischer Verfahrensweisen zu vermitteln. Gerade weil durch den Einsatz von Computersoftware die Durchführung der statistischen Datenanalyse immer einfacher zu werden scheint, ist es notwendig, die Logik, auf der die Verfahren basieren, einzuüben und zu vertiefen. Zwar ist die Datenanalyse ein wichtiger Teil der empirischen Forschungsarbeit, aber eine sinnvolle Interpretation der Ergebnisse ist nur bei Auswahl eines geeigneten Verfahrens möglich. Ohne das Verständnis dafür, dass für eine angemessene Interpretation von (quantitativen) Daten sowohl inhaltliche Theorien als auch statistische Kenntnisse notwendig sind, besteht die Gefahr fehlerhafter Interpretationen und unzutreffender Schlussfolgerungen.

Deshalb beinhalten die hier vorgelegten Aufgaben sozialwissenschaftliche Beispiele (überwiegend) aus der Umfrageforschung, die die Verknüpfung von sozialwissenschaftlichem Inhalt und statistischer Vorgehensweise aufzeigen. Dabei kommt es nicht so sehr auf das «Rechnen», sondern auf das Erkennen von Problemen und das Auffinden eines geeigneten Lösungswegs an. In diesem Sinn haben wir ausführliche Musterlösungen zu den Beispielen (Aufgaben) formuliert, die die Logik der Übersetzung von inhaltlichen in statistische Hypothesen und deren Überprüfung aufzeigen.

Unsere Aufgabensammlung wendet sich an Studierende und Lehrende, die einen Statistikkurs besuchen bzw. anbieten, z. B. in den Sozial- und Wirtschaftswissenschaften, den Erziehungswissenschaften, der Medizin oder der Psychologie. Das Buch kann aber auch für Sozialforscherinnen und Sozialforscher von Nutzen sein, die anhand von Beispielen feststellen wollen, welche statistische Methode des Schätzens und Testens für ihre Fragestellung geeignet ist.

In Lehrveranstaltungen sind viele der hier enthaltenen Aufgaben erprobt worden. Hinweise auf Verständnisprobleme haben wir von den Studierenden erhalten und bei der Erstellung des endgültigen Manuskripts berücksichtigt. Den Studierenden, die an diesem Prozess beteiligt waren, sprechen wir an dieser Stelle unseren herzlichen Dank aus.

Herzlicher Dank für die gute Zusammenarbeit gilt auch Burghard König vom Rowohlt-Verlag, der uns bei der Erstellung des Manuskripts mit vielen praktischen Hinweisen unterstützt und uns ermuntert hat, die kommentierte Aufgabensammlung als anwendungsorientierte Vertiefung des Lehrbuchs «Statistik für die Sozialwissenschaften» zu komplettieren. Bei Bettina Langfeldt bedanken wir uns für die Zusammenstellung von Aufgaben eines Kapitels. Weiterhin danken wir unseren Partnern, die geduldig alle Zeitengpässe akzeptiert und uns dadurch nach Kräften unterstützt haben.

August 2003

Dagmar Krebs
Steffen-M. Kühnel
Marita Jacob

1 Einleitung

1.1 Warum eine Aufgabensammlung zum Lehrbuch?

Die hier vorgelegte Aufgabensammlung zum Lehrbuch «Statistik für die Sozialwissenschaften»[1] ist als Arbeitsbuch zu verstehen. Das Ziel des Arbeitsbuchs besteht darin, die Vorgehensweise der Statistik an Beispielen darzustellen und zu verdeutlichen. Ausgangspunkt für die Erstellung dieses Buchs war die Überlegung, dass es in der Statistik eine Anzahl von Problemstellungen und -lösungen gibt, die, unabhängig von den spezifischen Inhalten, ständig wiederkehrend angewendet werden können. Ein weiterer Aspekt, der uns dazu bewogen hat, eine Aufgabensammlung vorzulegen, ist die Erfahrung, dass es nicht genug Übungsbeispiele aus der Praxis geben kann, um den Studierenden die Notwendigkeit und Bedeutung der Statistik nahe zu bringen. Insofern versteht sich diese Sammlung von Aufgaben und Musterlösungen nicht als Klausurvorbereitung, obwohl sie durchaus so genutzt werden kann, sondern als Vertiefung des Lehrstoffs, den eine Sozialwissenschaftlerin/ein Sozialwissenschaftler sich im Rahmen des Studiums erarbeiten muss.

Diese Vertiefung ist als der anwendungsbezogene Teil des Lehrbuchs zu verstehen, der dort nicht zu leisten war, ohne den Umfang desselben noch erheblich zu steigern. Die Intention der Aufgaben

1. Steffen-M. Kühnel/Dagmar Krebs (2001): Statistik für Sozialwissenschaftler. Grundlagen, Methoden, Anwendungen. Reinbek bei Hamburg: Rowohlt (= rowohlts enzyklopädie 55639).

und vor allem der Musterlösungen besteht darin, die zu einer Problemlösung notwendigen statistischen Verfahren detailliert zu erläutern und die Logik des Vorgehens aufzuzeigen.

Das Procedere einer statistischen Problemlösung kann anhand der Beispiele (Aufgaben) und der ausführlichen Musterlösungen eingeübt werden. Hierzu gehört auch die Schärfung des Bewusstseins dafür, dass statistische Verfahrensweisen kein Selbstzweck, sondern stets einer inhaltlich-theoretischen Fragestellung untergeordnet sind. Der Grundsatz, dass inhaltliche Fragestellungen immer nur einen Teilbereich der Realität abbilden können, gilt für die Statistik analog, da sich bei einer Änderung der inhaltlichen Perspektive zwangsläufig auch das statistische Vorgehen ändert. Deshalb stehen hier auch nicht die rechnerischen Lösungen im Vordergrund, obwohl diese zur Veranschaulichung in der Mehrzahl der Lösungen (einschließlich der zugrunde liegenden Formeln) mit aufgeführt werden. Die Rechenarbeit macht heute weitgehend der Computer.[2] Wer aber nicht versteht, «was» der Computer rechnet und «warum» das so ist, der kann mit dem schönsten Computerausdruck nichts anfangen. Deshalb sind die Beispiele auch nicht auf ein leichtes «von Hand Nachrechnen» von Computer-Lösungen ausgerichtet. Viel wichtiger erscheint uns, dass das Verständnis für und die Einübung in das statistische Denken vertieft wird.

Oft gibt es nicht nur eine einzige «richtige» Lösung. Wir stellen daher bei einigen Aufgaben verschiedene Lösungswege vor. Dabei wird stets auf Voraussetzungen (Annahmen) hingewiesen, die bei der Anwendung statistischer Analyseverfahren beachtet werden müssen. Diese Annahmen sind notwendig, da die Modelle der mathematischen Statistik die komplexe Wirklichkeit nicht in allen Einzelheiten abbilden können. Vor jeder Anwendung einer statistischen Methode ist daher immer wieder aufs Neue zu entscheiden, ob diese Methode angemessen ist und welche Fehlschlussrisiken bestehen. Die vielleicht wichtigste Erkenntnis der angewandten Sta-

2. Computerlösungen für die Übungsaufgaben dieses Buchs mit Hilfe von SPSS, SAS, SPLUS bzw. R und STATA finden sich in der Homepage zu diesem Buch unter «http://mzs.sowi.uni-goettingen.de» im Verzeichnis «Publikationen».

tistik besteht darin, dass es keine absolute Sicherheit geben kann, sondern dass Entscheidungen getroffen werden (müssen), die fehlerbehaftet sein können. Wenn wir etwa bei einem statistischen Test ein Signifikanzniveau von 5 % akzeptieren, bedeutet dies, dass wir bereit sind, in 5 % aller Situationen, in denen die Nullhypothese richtig ist, diese fälschlicherweise abzulehnen. Da aber auch die Gefahr besteht, eine falsche Nullhypothese fälschlicherweise zu akzeptieren, kommen wir nicht umhin, Fehlerrisiken einzugehen. Die Kunst der Statistik besteht gerade darin, Fehlerrisiken gegeneinander abzuwägen und sich vor diesem Hintergrund bewusst zu entscheiden.

1.2 Zur Nutzung der Aufgabensammlung

Die Gliederung der Aufgabensammlung folgt der Gliederung unseres Lehrbuchs «Statistik für die Sozialwissenschaften». Deshalb sind in den Kapitelüberschriften der Aufgabensammlung die Kapitelnummern des Lehrbuchs enthalten. Dadurch soll eine Verknüpfung des theoretischen Stoffs mit den Anwendungsbeispielen hergestellt werden.

Jedes Kapitel ist unterteilt in Aufgaben und Lösungen. Zwangsläufig ist der Aufgabenteil kürzer als der Lösungsteil. Die Lösungen sind ausführlich dargestellt und jeweils auf die entsprechende Aufgabe bezogen. Das Buch ist nicht dazu konzipiert, als «Fließtext» gelesen zu werden. Die Redundanz im Lösungsteil wäre überwältigend. Bei der Konzeption der Musterlösungen sind wir dem Prinzip des «stand alone» gefolgt, d. h., dass jede Aufgabe und jede Lösung für sich steht und dass nicht auf andere Aufgaben und deren Lösungen Bezug genommen wird. Jede inhaltliche Fragestellung wird eigenständig behandelt. Allerdings kommt es gelegentlich vor, dass in einer Aufgabenstellung auf die Datenbasis einer vorhergehenden Aufgabe Bezug genommen wird oder dass ein Verweis auf eine alternative Lösungsmöglichkeit in einem späteren Kapitel erfolgt. Diese Fälle sind jedoch deutlich gekennzeichnet.

Innerhalb der Kapitel haben wir versucht, die Aufgaben nach

Schwierigkeit zu ordnen. Dabei übersehen wir nicht die Tatsache, dass «Schwierigkeit» durchaus einer individuell unterschiedlichen Definition folgt. Das Ordnungskriterium hier ist die Komplexität der Aufgabenstellung.

Auf mathematische Beweise und Ableitungen verzichten wir, da diese für die Nutzung und Anwendung in den Sozialwissenschaften nicht erforderlich sind. Das, was hier an Mathematik enthalten ist, kann mit Schulkenntnissen bewältigt werden.

Ein Sachregister für diese Aufgabensammlung haben wir nicht erstellt. Stattdessen befinden sich am Ende des Buchs Tabellen mit den Quantilen der gängigen Verteilungen, die zum Verständnis bzw. Nachvollziehen der Lösungen hilfreich sein können. Darüber hinaus gibt es eine Formelsammlung am Ende des Buchs. Hierbei handelt es sich um einen Überblick der bei den Lösungen verwendeten Formeln und nicht um ein eigenständiges Kompendium statistischer Formeln. Zum Schluss haben wir – obwohl wir uns an die gängige Symbolik gehalten haben, von der es aber in den verschiedenen Statistikbüchern immer wieder Abweichungen gibt – ein alphabetisches Verzeichnis der in diesem Buch verwendeten mathematischen Symbole aufgeführt.

Eine letzte Anmerkung gilt der Anzahl der Dezimalstellen. Grundsätzlich können zwei Dezimalstellen als ausreichend angesehen werden. Hiervon ist jedoch dann abgewichen worden, wenn es sich um besonders kleine numerische Werte handelt, sodass mit zwei Kommastellen nur der Wert 0.00 erscheinen würde. Mehr als zwei Kommastellen werden auch aufgeführt, um das Nachvollziehen der Entscheidungen bei den Lösungen zu gewährleisten.

1.3 Statistik und die Quantitative Empirische Sozialforschung

Statistik ist für die Quantitative Empirische Sozialforschung eine Hilfswissenschaft, die für die Analyse empirischer Daten benötigt wird. Die Datenanalyse ihrerseits hat die Funktion, eine Verbindung zwischen der Realität und den theoretischen Überlegungen der Sozialwissenschaften herzustellen. Eine zentrale Aufgabe der Empirischen Sozialforschung besteht darin, Daten für Entscheidungen bereitzustellen. Dabei kann es um die Entscheidung über das Zutreffen einer theoretischen Überlegung (einer Hypothese) oder um die Basis für politisches Handeln gehen. So ist z. B. die Entscheidung, ob in einem Stadtviertel ein Kinderspielplatz angelegt werden soll, davon abhängig zu machen, ob und wie viele Kinder im entsprechenden Alter in diesem Stadtviertel gegenwärtig leben bzw. zukünftig leben werden. Diese Information kann auf der Basis einer entsprechenden Datenerhebung und -analyse bereitgestellt werden. Dabei unterliegt die Datenerhebung inhaltlichen Überlegungen, die Datenanalyse erfolgt systematisch nach festgelegten Regeln (der Statistik).

Empirische Daten, die mit Hilfe der Statistik bearbeitet werden, können entweder aus der amtlichen Statistik oder aus Umfragen stammen. Während im obigen Beispiel die Information über die Anzahl der Kinder im Spielplatzalter, die zu einem bestimmten Zeitpunkt in einem bestimmten Stadtteil wohnen, aus den Registern der amtlichen Statistik entnommen werden kann, kann die Bereitschaft der Eltern, ihren Kinder die Nutzung eines Spielplatzes zu ermöglichen, nur auf dem Wege der Befragung gewonnen werden.

Die Aufgaben der vorliegenden Sammlung basieren neben konstruierten Beispielen (mit fiktiven Daten) auf Daten derartiger Umfragen. Dabei ist die Hauptdatenquelle der Allbus, d. h. die Allgemeine Bevölkerungsumfrage in den Sozialwissenschaften, die seit 1980 im Zweijahresabstand durchgeführt wird. Die Grundgesamtheit für die Stichprobe des Allbus besteht aus allen Personen mit deutscher Staatsangehörigkeit (seit 1991 auch die deutschsprachigen Ausländer), die in der Bundesrepublik Deutschland in Privathaushalten leben und das 18. Lebensjahr vollendet haben.

Die Entscheidung, die Beispiele in Anlehnung an die Daten des Allbus zu formulieren, erfolgte aufgrund der Überlegung, dass die Beispiel-Datensätze an praktisch allen Universitäten, an denen die Methoden der Quantitativen Empirischen Sozialforschung und Statistik gelehrt werden, vorhanden und darüber hinaus für alle Studierenden und interessierten Personen verfügbar sind.[3] Diese Tatsache erleichtert das möglicherweise gewünschte Nachvollziehen der dargestellten Musterlösungen. Ein Rückgriff auf andere Datensätze[4] mit durchaus auch interessanten Frage- und Problemstellungen würde diese Möglichkeit erheblich einschränken.

1.4 Das Arbeiten mit Stichproben

Die Umfragen des Allbus sind sog. repräsentative Bevölkerungsumfragen. Der aus statistischer Sicht interessante Aspekt von Umfragen besteht darin, dass Umfragen üblicherweise nicht bei der Gesamtheit (z. B. allen Eltern von Kindern im Spielplatzalter), sondern bei einer Auswahl, d. h. einer Stichprobe aus der Gesamtheit vorgenommen werden. Die Frage, wieso es möglich ist, von einer (im Vergleich zur (Grund-)Gesamtheit kleinen) Stichprobe auf die Population zu schließen, kann mit Hilfe der Wahrscheinlichkeitstheorie beantwortet werden. Das Auswahlverfahren, das auf der Wahrscheinlichkeitstheorie basiert, ist die Zufallsauswahl. Bei einer einfachen Zufallsauswahl (oder Zufallsstichprobe) ist es möglich, die Gesamtzahl der theoretisch möglichen Stichproben aus einer definierten Grundgesamtheit zu berechnen. Dabei muss allerdings der Umfang (die Anzahl der vorhandenen Elemente) der Population ebenso bekannt sein wie der Umfang der Stichprobe. Nach den Re-

3. Die Datensätze des Allbus, auf die hier Bezug genommen wird, sind beim Zentralarchiv (ZA) für Empirische Sozialforschung an der Universität zu Köln (http://www.gesis.org/Datenservice/ALLBUS/Daten/index.htm) erhältlich. Informationen zu diesen Daten können beim Zentrum für Umfragen, Methoden und Analysen (ZUMA) unter der Adresse http://www.gesis.org/Dauerbeobachtung/Allbus/index.htm nachgefragt werden.
4. Andere Umfragen mit aktuellen und interessanten Fragestellungen sind die Familien- und die Jugendsurveys, die vom Deutschen Jugendinstitut (DJI) federführend betreut werden, und das Sozio-Ökonomische Panel (SOEP) des Deutschen Instituts für Wirtschaftsforschung (DIW) Berlin. Zu nennen sind hier auch die zahlreichen Shell-Jugendstudien, die von der Deutschen Shell AG seit den 1950er Jahren regelmäßig gefördert werden. Diese und andere Datensätze sind beim Zentralarchiv für Empirische Sozialforschung in Köln erhältlich.

geln der klassischen Wahrscheinlichkeitsdefinition in Verbindung mit den Regeln der Kombinatorik kann dann die Wahrscheinlichkeit für das Auftreten einer bestimmten Stichprobe berechnet werden. Das Schätzen von Populationswerten aus Stichprobendaten sowie die Prüfung von Hypothesen (das Testen) auf der Basis von Stichprobendaten basieren auf diesen Prinzipien.

Oft wird, sozusagen als Qualitätsmerkmal einer Stichprobe, hervorgehoben, dass es sich um eine «repräsentative» Stichprobe handelt. So auch beim Allbus. Repräsentativität ist jedoch kein statistischer Begriff. Repräsentativität im Sinn eines verkleinerten Abbilds der Grundgesamtheit in der Stichprobe gibt es nicht und kann es nicht geben. Man versuche nur, sich die Vielzahl der in einer Grundgesamtheit möglichen Merkmalskombinationen vorzustellen. Dass dieser Begriff sich jedoch hartnäckig in der Statistik hält, ist damit zu erklären, dass Repräsentativität als ein Kürzel für Stichproben verwendet wird, die nach dem Zufallsverfahren gezogen worden sind und deren Wahrscheinlichkeit (Genauigkeit) daher angebbar ist. Es ist grundsätzlich nicht auszuschließen, dass auch das Zufallsverfahren zu extremen Stichproben(zusammensetzungen) führen kann. Die Wahrscheinlichkeit hierfür ist jedoch gering. Auf eine Kurzformel gebracht: Bei Zufallsauswahlen ist die Wahrscheinlichkeit kleiner Abweichungen der Stichprobe von der Grundgesamtheit geringer als die Wahrscheinlichkeit großer Abweichungen der Stichprobe von der Grundgesamtheit. Repräsentativität wird in der Statistik in ebendiesem Sinn verwendet und hat damit einen direkten Bezug zur Logik des Schätzens und Testens.

Zu guter Letzt ist eine Anmerkung zur Gewichtung von Daten notwendig. In allen Allbus-Dokumentationen wird nachdrücklich darauf hingewiesen, dass nicht ungewichtet mit Allbus-Daten gerechnet werden sollte. Begründungen hierfür sind zum einen das mehrfach geschichtete Auswahlverfahren, das eine Abweichung von einer einfachen Zufallsauswahl darstellt, zum anderen die Disproportionalität der Teilstichproben in Ost und West (die Stichprobe im Osten ist größer als der Anteil der Bevölkerung an der Gesamtbevölkerung der Bundesrepublik – diese disproportionale Schichtung wird gewählt, um auch im Osten Fallzahlen zu erhalten, die eine

Mehrfachgruppierung nach verschiedenen Befragtenmerkmalen erlauben).

In unseren Beispielen verwenden wir dagegen ungewichtete Allbus-Daten. Das geschieht deshalb, weil es uns darauf ankommt, die statistischen Grundlagen einzuüben. Die Gewichtungsproblematik ist ein eigener, schwieriger Bereich, der unseres Erachtens nicht gleichzeitig mit den Grundlagen der Statistik eingeübt werden sollte.

2 Operationalisierung und Messung

2.1 Übungsaufgaben zu Kapitel 2

Aufgabe 2.1

Die folgenden Frageformulierungen und Antwortvorgaben sind dem Allbus 1996 entnommen. Geben Sie bei jeder Frage an, welches Skalenniveau Ihrer Meinung nach angemessen ist. Begründen Sie Ihre Antwort.

a) Glauben Sie, dass man eine Familie braucht, um wirklich glücklich zu sein, oder glauben Sie, man kann alleine genauso glücklich leben?
   1 Braucht Familie
   2 Alleine genauso glücklich
   3 Alleine glücklicher
   4 Unentschieden
   9 keine Angabe

b) Meinen Sie, dass man heiraten sollte, wenn man mit einem Partner auf Dauer zusammenlebt?
   1 Ja
   2 Nein
   3 Unentschieden
   8 Weiß nicht
   9 keine Angabe

c) Bitte sagen Sie mir nun zu dieser Aussage, ob Sie ihr voll und ganz zustimmen, eher zustimmen, eher nicht zustimmen oder überhaupt nicht zustimmen.

Eine berufstätige Mutter kann ein genauso herzliches und vertrauensvolles Verhältnis zu ihren Kindern finden wie eine Mutter, die nicht berufstätig ist.

1 Stimme voll und ganz zu
2 Stimme eher zu
3 Stimme eher nicht zu
4 Stimme überhaupt nicht zu
8 Weiß nicht
9 keine Angabe

d) Was von dieser Liste würden Sie für das Wichtigste halten, das ein Kind lernen sollte, um sich auf das Leben vorzubereiten? Was wäre das Zweitwichtigste? Was kommt an dritter Stelle? Was kommt an vierter Stelle?

Lernziele eines Kindes für das Leben: zu gehorchen

1 Am wichtigsten
2 Am zweitwichtigsten
3 An dritter Stelle
4 An vierter Stelle
5 An fünfter Stelle
8 Weiß nicht
9 keine Angabe

e) Egal, was manche Leute sagen: Die Situation der einfachen Leute wird nicht besser, sondern schlechter.

1 Bin derselben Meinung
2 Bin anderer Meinung
8 Weiß nicht
9 keine Angabe

f) Wie angenehm oder unangenehm wären Ihnen Angehörige dieser Gruppen als Nachbarn? Der Skalenwert −3 bedeutet «wäre mir sehr unangenehm», der Skalenwert +3 bedeutet «wäre mir sehr angenehm», der Wert 0 bedeutet «wäre mir gleichgültig». Mit den Werten dazwischen können Sie Ihre Meinung abstufen.

1 –3 Wäre mir sehr unangenehm
2 –2
3 –1
4 0
5 +1
6 +2
7 +3 Wäre mir sehr angenehm
9 keine Angabe

g) Welchen Familienstand haben Sie? Sind Sie ...
1 verheiratet und leben mit Ihrem Ehepartner zusammen
2 verheiratet und leben getrennt
3 verwitwet
4 geschieden
5 ledig
9 keine Angabe

Aufgabe 2.2
Welches Messniveau haben die folgenden Variablen?
a) Parteimitgliedschaft
b) Benzinverbrauch
c) Alter
d) Demokratiezufriedenheit
e) Schulbildung

Aufgabe 2.3
Im Allbus 1996 gibt es sieben Fragen, die die moralische Bewertung von Schwangerschaftsabbruch in unterschiedlichen Situationen ansprechen. Die Befragten können für jede Situation angeben, ob ein Schwangerschaftsabbruch ihrer Ansicht nach erlaubt/verboten sein sollte. Zur Auswertung der Daten wurde für jede Person gezählt, bei wie vielen der sieben Situationen sie angab, dass ein Schwangerschaftsabbruch erlaubt sein sollte. Aus dieser Zählung resultiert

eine sog. «Zählvariable», deren Realisierungen von 0 = «sollte in keiner Situation erlaubt sein» bis 7 = «sollte in allen sieben Situationen erlaubt sein» reichen.

Welches Messniveau hat diese Zählvariable? Begründen Sie Ihre Antwort.

Aufgabe 2.4

Nennen Sie vier empirisch beobachtbare Sachverhalte, mit denen Sie das theoretische Konstrukt «soziale Integration in die Nachbarschaft» operationalisieren könnten.

Aufgabe 2.5

Das theoretische Konstrukt «Moral» oder «moralische Einstellung» soll mit den nachfolgenden Items gemessen werden.

Tabelle zu 2.5: **Fragebatterie zum Thema «Moral»**

	sehr schlimm	ziemlich schlimm	weniger schlimm	überhaupt nicht schlimm	weiß nicht
A Ein Mann schlägt in einem Lokal einen anderen Gast zu Boden, weil dieser seinen Ansichten widersprochen hat …	☐	☐	☐	☐	☐
B Ein Mann schlägt sein 10-jähriges Kind, weil es ungehorsam war ……………………	☐	☐	☐	☐	☐
C Eine Frau lässt einen Schwangerschaftsabbruch vornehmen, weil sie keine Kinder haben möchte ………………	☐	☐	☐	☐	☐
D Ein Arzt gibt einem unheilbar kranken Patienten auf dessen Verlangen hin ein tödliches Gift…………………………	☐	☐	☐	☐	☐
E Ein Arbeitnehmer macht absichtlich beim Lohnsteuerjahresausgleich falsche Angaben und erhält dadurch 1000 DM zu viel Lohnsteuerrückerstattung………………………	☐	☐	☐	☐	☐
F Jemand fährt mit öffentlichen Verkehrsmitteln, ohne einen gültigen Fahrausweis zu besitzen ……………………	☐	☐	☐	☐	☐
G Jemand nimmt in einem Kaufhaus Waren im Wert von 50 DM mit, ohne zu bezahlen	☐	☐	☐	☐	☐

Quelle: Allbus 2000

a) Formulieren Sie die entsprechenden Korrespondenzhypothesen (für jedes Item).

b) Erstellen Sie für die oben stehenden Items einen Codeplan, und achten Sie darauf, dass die empirischen Beziehungen zwischen den Antwortmöglichkeiten in den mathematischen Beziehungen zwischen den Codes zum Ausdruck kommen.

Aufgabe 2.6

Im Allbus 2000 wurden die nachfolgenden Informationen erhoben. In den Klammern befinden sich die entsprechenden Merkmalsausprägungen.

Um welches Skalenniveau handelt es sich bei jeder der Variablen?

a) Einkommen (in DM: erhoben in den Kategorien 2501 – 3500 DM, 3501 – 4500 DM etc.)
b) Wichtigkeit hohen Einkommens (unwichtig) 1 – 2 – 3 – 4 – 5 – 6 – 7 (sehr wichtig)
c) Geburtsjahr
d) Wahlabsicht (CDU / CSU, SPD, FDP, Bündnis 90 / Die Grünen, Republikaner, PDS, Sonstige)
e) Wahrscheinlichkeit, beim Ladendiebstahl erwischt zu werden (sehr unwahrscheinlich, eher unwahrscheinlich, ungefähr 50 zu 50, eher wahrscheinlich, sehr wahrscheinlich)
f) Schichtzugehörigkeit (Unterschicht, Arbeiterschicht, Mittelschicht, obere Mittelschicht, Oberschicht)
g) Erwerbstätigkeit (ganztags, halbtags, nebenher erwerbstätig, nicht erwerbstätig)

Aufgabe 2.7

Welche der folgenden Behauptungen ist richtig, welche falsch? Begründen Sie Ihre Antwort.

a) Ordinalskalen haben die Eigenschaften von Nominalskalen.
b) Intervallskalen haben die Eigenschaften von Ratioskalen.
c) Ratioskalen haben die Eigenschaften von Ordinalskalen.

Aufgabe 2.8

«Messen» in den Sozialwissenschaften bedeutet das Zuordnen von Zahlen zu Inhalten nach festgelegten Regeln. Weshalb muss bei der sozialwissenschaftlichen Messung zusätzlich zur Beachtung der Regeln bei der Übersetzung von Inhalten in Zahlen das Skalen- oder Messniveau berücksichtigt werden? Erläutern Sie Ihre Antwort an einem Beispiel.

Aufgabe 2.9

Nennen und erläutern Sie den Vorteil von Messungen auf einem hohen Skalenniveau.

Aufgabe 2.10

Beurteilen Sie, ob es sich bei den folgenden Beispielen um zulässige oder unzulässige Transformationen der Skalenwerte handelt, und begründen Sie Ihre Meinung.

***Tabelle zu 2.10:* Transformationsregeln**

Variable X (Skalenniveau)	Transformation von X in Y
a) Geschlecht: männlich (1) und weiblich (2)	quadrieren
b) Wertung: sehr wichtig (4) eher wichtig (3) eher nicht wichtig (2) überhaupt nicht wichtig (1)	Wurzel ziehen
c) Zufriedenheit: sehr zufrieden (11) überhaupt nicht zufrieden (1)	$Y = (-2) \cdot X + 3$
d) Gewicht: Angabe in Kilogramm	$Y = (-5) \cdot X + 2$
e) Alter: Angabe in Jahren	$Y = 60 \cdot X$

Aufgabe 2.11

Welche Faktoren entscheiden letztlich über das erreichbare Messniveau?

Aufgabe 2.12

Sie haben eine Befragung von wahlberechtigten Personen durchgeführt und den Befragten die «Sonntagsfrage» («Welche Partei würden Sie mit Ihrer Zweitstimme wählen, wenn am nächsten Sonntag Bundestagswahl wäre?») vorgelegt. Neben den politischen Parteien werden als Antwortvorgaben die Kategorien vorgegeben:

- andere Partei
- würde nicht wählen
- verweigert
- weiß nicht
- keine Angabe

a) Welche Werte vergeben Sie im Codeplan für diese Antwortvorgaben?
b) Wie ist die Sammelbezeichnung für diese Kategorie von Werten?
c) Welche Codes werden im Allgemeinen für «fehlende Werte» bei Variablen mit mehr als sechs inhaltlichen Ausprägungen vergeben?
d) Beschreiben Sie, weshalb es wichtig ist, für «fehlende Werte» gesonderte Codes zu vergeben.
e) Beschreiben Sie, weshalb es sinnvoll ist, Kategorien von «fehlenden Werten» voneinander zu unterscheiden.

2.2 Lösungen der Übungsaufgaben zu Kapitel 2

Lösung 2.1

a) Werden nur die ersten drei Ausprägungen betrachtet, lassen sich die Antworten entlang einer Dimension «Bedeutung der Familie für Glück» anordnen. Bei der Codierung mit den Werten 1 bis 3 wird dann die Nicht-Bedeutung der Familie gemessen. Da die Abstände zwischen den drei Ausprägungen nicht verglichen werden können, sondern lediglich die Rangfolge erhoben wird, ergeben die drei ersten Ausprägungen eine Ordinalskala.

   Die vierte Ausprägung «unentschieden» lässt sich nicht in diese Dimension einordnen. Wird dieser Wert ebenfalls als gültig aufgefasst, liegt nur eine Nominalskala vor.

   Die Entscheidung, ob eine Ausprägung als gültiger Wert oder ungültiger Wert (sog. «Missing»-Wert) angesehen wird, hängt von der jeweiligen theoretischen Fragestellung ab. Wenn man an der Entschiedenheit der Befragten in der Bewertung von Familie versus Single-Dasein interessiert ist, sind die Ausprägungen «unentschieden» und «keine Angabe» von zentraler Bedeutung zur

Beantwortung dieser Frage und werden als gültige Werte behandelt.

b) Werden nur die ersten beiden Ausprägungen als gültig betrachtet, liegt eine Dichotomie vor. Die Antworten können dann als metrische Skala interpretiert werden. Sind die ersten drei oder alle vier Ausprägungen als gültige Werte deklariert, liegt nur Nominalskalenniveau vor, da beispielsweise die Zahl 3 größer ist als die Zahl 2, jedoch nicht weniger Zustimmung beinhaltet als die Antwort «nein».

c) Die ersten vier Ausprägungen lassen sich eindeutig in eine Rangordnung bringen. Daher liegt mindestens Ordinalskalenniveau vor. Intervallskalenniveau kann nur vorausgesetzt werden, wenn die Abstände zwischen den benachbarten Kategorien als gleich groß interpretiert werden können. Dies geschieht in der Datenanalyse sehr oft, bedeutet jedoch, dass man der Ansicht ist, dass der Abstand zwischen «stimme voll und ganz zu» und «stimme eher zu» genauso groß ist wie der Abstand zwischen «stimme eher zu» und «stimme eher nicht zu» etc. Ob im Antwortverhalten der Befragten tatsächlich der Abstand zwischen «stimme eher zu» und «stimme eher nicht zu» derselbe ist wie zwischen Antworten an den äußeren Enden der Antwortvorgaben, ist nachträglich nicht mehr zu ermitteln.

   Die letzten beiden Ausprägungen «weiß nicht» und «keine Angabe» passen nicht in die Antwortdimension und werden als Missing-Werte behandelt. Falls man sie berücksichtigen möchte, liegt eine Nominalskala vor.

d) Es wird nach der Rangfolge gefragt, sodass offenbar mindestens ordinales Messniveau vorliegt, wenn die Ausprägungen «weiß nicht» und «keine Angabe» als fehlende Werte gelten. Solche Rangzahlen werden bisweilen auch als metrische Skalen interpretiert. Tatsächlich ist es aber schwer möglich festzustellen, ob der Abstand zwischen den Rangplätzen stets derselbe ist.

   Für eine inhaltliche Interpretation der Ergebnisse müssen die übrigen vier Ziele bekannt sein, da sich nur so ermitteln lässt, welches als wichtigstes Ziel oder als weniger wichtiges Ziel angesehen wird.

e) Werden nur die ersten beiden Kategorien betrachtet, handelt es sich um eine Dichotomie. Da es dann nur einen Abstand gibt (zwischen 1 und 2), kann die Skala als metrisch interpretiert werden.

f) Die ersten sieben Ausprägungen liegen auf einer Dimension. Ohne weitere Annahmen liegt daher Ordinalskalenniveau vor.

Die Zahlenvorgaben von –3 bis +3 werden mitunter auch als metrische Abstände zwischen den Ausprägungen aufgefasst und die Antworten oft als intervallskaliert angesehen. Dies ist jedoch nur dann angemessen, wenn man davon ausgehen kann, dass die Befragten sich in der Beantwortung dieser Frage an solchen gleichmäßigen Abständen orientierten und mit dem Wert –3 eine dreimal so starke Ablehnung ausgedrückt wird wie mit dem Wert –1.

Werden die Zahlen wie bei der Antwortvorgabe mit den Werten –3 bis +3 codiert, wird sogar manchmal von Ratioskalenniveau ausgegangen. Dies setzt aber nicht nur voraus, dass die Abstände gleich sind, sondern dass der Wert 0 «wäre mir gleichgültig» tatsächlich einen absoluten Nullpunkt darstellt.

g) Hier handelt es sich um eine Nominalskala, da die Möglichkeiten keine Rangordnung bilden.

Lösung 2.2

a) Die Variable Parteimitgliedschaft ist (ohne weitere Annahmen) grundsätzlich nominalskaliert.

Unter der Annahme, dass die Parteien angeordnet werden können (z. B. von links nach rechts) und die Parteimitgliedschaft in dieser Weise als ein Indikator für eine theoretische Variable verwendet wird (z. B. konservative Werte), könnte auch Ordinalskalenniveau angenommen werden.

Dieses Beispiel zeigt erneut, dass das Skalenniveau oftmals nicht eindeutig ist, sondern je nach theoretischer Voraussetzung unterschiedlich gehandhabt werden kann.

b) Die Variable Benzinverbrauch ist ratioskaliert.

c) Die Variable Alter hat Ratioskalenniveau. Der Nullpunkt ist hier die Geburt. Fasst man die Ausprägungen hingegen zu Altersgruppen zusammen, so ist eher von Intervallskalenniveau auszugehen. Sind die Altersgruppen zudem unterschiedlich groß und die Gruppengrenzen nicht bekannt, liegt nur noch Ordinalniveau vor.

d) Sind auch Ausprägungen wie «unentschieden», «weiß nicht», «keine Angabe» u. ä. zugelassen, ist die Variable Demokratiezufriedenheit nominalskaliert. Beschränkt man sich auf den Grad der Zufriedenheit (z. B. sehr zufrieden, wenig zufrieden, nicht zufrieden), liegt Ordinalskalenniveau vor.

e) Auch hier hängt das Skalenniveau von der Erhebungsart ab: Erfasst man die Schulbildung in Jahren, liegen metrische Abstände und Ratioskalenniveau vor. Wird die Schulbildung hingegen über den höchsten erworbenen Schulabschluss erfasst, kann nur Ordinalskalenniveau angenommen werden.

Lösung 2.3

Zur Bestimmung des Skalenniveaus sind wiederum bestimmte Annahmen nötig.

Wird nur die Anzahl der Zustimmungen betrachtet, liegt Ratioskalenniveau vor. Durch das Zusammenfassen der «ja»-Antworten ist ein absoluter Nullpunkt entstanden, an dem der Wert 0 keine «ja»-Antwort bedeutet. Entsprechend gilt, dass eine Person, die vier «ja»-Antworten gegeben hat, einer Befürwortung von Schwangerschaftsabbruch doppelt so oft zugestimmt hat wie eine Person, die zwei «ja»-Antworten gegeben hat.

Eine Interpretation der Zählvariablen als Grad der Zustimmung bzw. Ablehnung von Abtreibung ist dennoch nicht ohne weiteres zulässig. Dies setzt voraus, dass alle Antwortvorgaben gleich gewichtet werden können. Wenn man hingegen annimmt, dass die unterschiedlichen Möglichkeiten unterschiedliche Grade der Zustimmungsbereitschaft implizieren (wenn Befragte beispielsweise im Grad der Zustimmung zu einer Abtreibung nach Vergewaltigung und einer Abtreibung als Methode der Familienplanung differenzieren), ist die Zusammenfassung der Antworten zu einer Zählvariable nicht mehr eindeutig als Messung einer metrisch skalierten Befürwortung interpretierbar. Eine Zustimmung zu vier Antworten besagt dann nicht mehr notwendig, dass eine doppelt so starke Befürwortung von Abtreibung wie im Fall von zwei Antworten vorliegt.

Lösung 2.4

Es gibt verschiedene Möglichkeiten der Operationalisierung. Hier einige Beispiele:

Wie häufig unterhalten Sie sich mit Nachbarn auf der Straße oder am Gartenzaun?

am Gartenzaun: fast täglich, am Wochenende, ein- bis zweimal im Monat, selten, nie

auf der Straße: fast täglich, am Wochenende, ein- bis zweimal im Monat, selten, nie

Wie oft helfen Sie Ihren Nachbarn bei kleinen Problemen oder Arbeiten wie z. B. Lebensmittel ausleihen, Blumen gießen während Abwesenheit?

Lebensmittel ausleihen: immer, wenn etwas fehlt, gelegentlich, nur wenn es unbedingt notwendig ist, selten, nie

Blumen gießen bei Abwesenheit: immer bei Abwesenheit über mehrere Tage, nur bei Abwesenheit im Urlaub, überhaupt nicht

Haben Sie Ihre Nachbarn schon einmal eingeladen? ja, nein

Sind Sie in einem örtlichen Verein aktiv? ja, nein

Wie viele Ihrer Nachbarn duzen Sie?
alle, nur die, mit denen ich befreundet bin, keinen

Lösung 2.5

a) Als Vorüberlegung werden hier die theoretischen Dimensionen der Items diskutiert, d. h. die zugrunde liegenden theoretischen Konstrukte und Zusammenhänge, die mit den Items abgebildet werden sollen. Die sechs Items erfassen verschiedene Aspekte der Moral einer Person. Im vorliegenden Fragebogen ist beispielsweise folgende theoretische Systematisierung der Items möglich:

1. Bewertung der Anwendung von Gewalt: Items A und B
2. Bewertung von (gesetzlich nicht legitimierten) Eingriffen/Maßnahmen, die sich gegen menschliches Leben richten: Items C und D
3. Bewertung krimineller Aktivitäten, die zur individuellen Bereicherung der handelnden Person führen: Items E, F und G

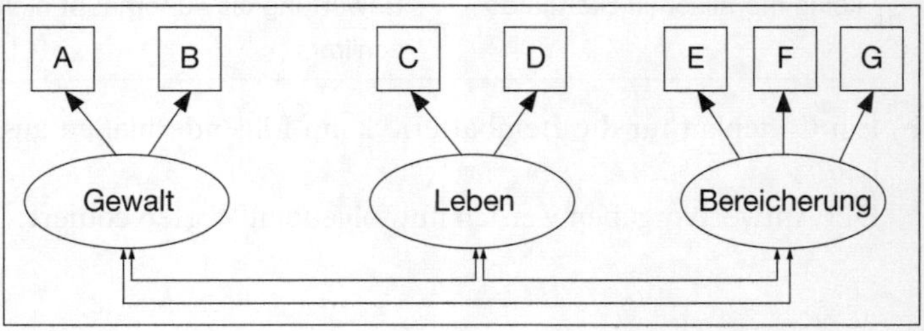

Die Variablen in den Ellipsen stellen die latenten Variablen oder theoretischen Konstrukte dar, die Variablen in den Kästchen sind die Indikatoren der Konstrukte. Die Pfeile zwischen latenten Variablen und Indikatoren drücken aus, dass die Reaktion auf die Fragen (Indikatoren) durch die latenten Variablen beeinflusst wird. Die Pfeile zwischen den latenten Variablen zeigen an, dass eine Korrelation zwischen den latenten Variablen angenommen wird.

Die Korrespondenzhypothesen lauten:

- Je stärker die moralische Einstellung einer Person ausgeprägt ist, als desto «schlimmer» wird sie die in den Items geschilderten Verhaltensweisen beurteilen.
- Wenn eine Person A eine «schlimmere» Beurteilung eines Verhaltens abgibt als Person B, dann hat Person A eine stärkere moralische Einstellung als Person B.

Die entsprechenden Korrespondenzregeln (Messanweisungen) für jedes Item lauten:

Beispiel für Korrespondenzregeln

Theoretischer Begriff	Empirischer Sachverhalt
sehr hohe moralische Standards	Bewertung als «sehr schlimm»
hohe moralische Standards	Bewertung als «ziemlich schlimm»
niedrige moralische Standards	Bewertung als «weniger schlimm»
keine moralischen Standards	Bewertung als «überhaupt nicht schlimm»

b) Ein Codeplan für die Itembatterie kann folgendermaßen aussehen:

Die Antwortvorgaben werden mit folgenden Werten codiert:

Beispiel für einen Codeplan

Antwortkategorie	Zahl
sehr schlimm	4
ziemlich schlimm	3
weniger schlimm	2
überhaupt nicht schlimm	1
weiß nicht	8

Der Wert «8» wird per Konvention bei einspaltigen Variablen für die Antwort «weiß nicht» vergeben. Die Antwortkategorie «weiß nicht» ist bei dieser Frage «verdeckt», d. h. für die Befragungsperson nicht sichtbar, vorhanden. Sie ist jedoch notwendig für den Fall, dass Befragte unentschieden sind und zu keiner Bewertung kommen können. Für diesen Fall ist die Kategorie «weiß nicht» notwendig, damit der Interviewer die Antwort der Befragungsperson vermerken kann.

Anmerkung: Im Allbus 2000 wurden bei sechs der sieben Items zur Erfassung der moralischen Einstellung «weiß nicht» Angaben zwischen 1 % und 2 % gemacht. Am unsichersten waren sich die Befragten bei den Items «Schwangerschaftsabbruch» und «Sterbehilfe». Bei diesen Items lag der Anteil der «weiß nicht»-Antworten bei 2.5 % bzw. 3.7 % aller Befragten.

Lösung 2.6

a) Einkommen ist eine Variable mit Ratioskalenniveau. Es gibt den absoluten Nullpunkt «kein Einkommen». Außerdem können zwischen unterschiedlichen Einkommensbeträgen Verhältnisse angegeben werden. So ist ein Einkommen von 2000.– € ein doppelt so hohes Einkommen wie ein Einkommen von 1000.– € und ein halb so hohes Einkommen wie ein Einkommen von 4000.– €. In der abgefragten Form erscheint Einkommen auf den ersten

Blick als ordinale Variable, bei der hinsichtlich der erfragten Kategorien lediglich eine Rangrelation (höher versus niedriger) angegeben werden kann. Man kann diese Variable dennoch als gruppierte Ratiovariable auffassen.

b) Wichtigkeit eines hohen Einkommens ist eine Variable mit Ordinalskalenniveau. Es kann lediglich eine Ranginformation aus der Angabe der Wichtigkeit abgeleitet werden. Für eine Person A, die mit der Antwortkategorie «4» antwortet, ist ein hohes Einkommen nicht doppelt so wichtig wie für eine Person B, die mit der Antwortkategorie «2» antwortet. Da die Abstandsinformationen zwischen den einzelnen Skalenpunkten nicht bekannt sind, kann aus dem Vergleich dieser beiden Antworten nur gefolgert werden, dass ein hohes Einkommen für Person A wichtiger ist als für Person B.

c) Geburtsjahr ist eine Variable mit Intervallskalenniveau. Zwar sind die Abstände zwischen den Geburtsjahren gleich und bekannt (jeweils ein Jahr), aber es gibt keinen absoluten Nullpunkt. Die Tatsache, dass der Zeitpunkt Christi Geburt als Ausgangspunkt für die Zeitrechnung des westlichen Abendlandes gewählt wurde, ist eine willkürliche und kulturabhängige Setzung. Andere Kulturen haben andere Zeitrechnungen.

d) Die Wahlabsicht in der Form der Sonntagsfrage («Welche Partei würden Sie mit Ihrer Zweitstimme wählen, wenn am nächsten Sonntag Bundestagswahl wäre?») ist eine klassifikatorische Variable und hat somit Nominalskalenniveau. Die Antworten auf diese Frage erlauben lediglich eine Zuordnung im Sinne einer Klassifikation, ermöglichen aber keinerlei relationale Aussage (CDU besser als PDS). Derartige Aussagen sind nur dann möglich, wenn z. B. ein ideologischer Bezugsrahmen zu Hilfe genommen wird.

e) Die Wahrscheinlichkeit, beim Ladendiebstahl erwischt zu werden, ist theoretisch eine Ratioskala. Da bei den Antwortvorgaben allerdings keine Zahlen (z. B. 0 %, > 0 bis < 50 %, 50 %, > 50 % bis < 100 %, 100 %) angegeben sind, kann die Skala hier nur als Ordinalskala aufgefasst werden.

f) Schichtzugehörigkeit ist eine Variable mit Ordinalskalenniveau. Hier kann lediglich eine relationale Aussage von «höher» oder «niedriger» gemacht werden, mehr Information lässt sich aus der Schichteinstufung nicht ableiten.

g) Erwerbstätigkeit kann entweder als Ordinalskala oder als Ratioskala aufgefasst werden.

In der Aufgabenstellung wird Erwerbstätigkeit als ordinalskalierte Variable angesehen. Der zeitliche Aufwand für die Erwerbstätigkeit wird in Kategorien von mehr (ganztags) oder weniger (halbtags bzw. nebenher bzw. gar nicht erwerbstätig) erhoben.

Eine etwas exaktere Erfassung des zeitlichen Aufwands für Erwerbstätigkeit bietet der Erhebungsmodus der «Demographischen Standards»[5], bei dem Erwerbstätigkeit in den Kategorien «bis unter 15 Stunden», «15 bis 34 Stunden» und «35 und mehr Stunden» erfragt wird. Allerdings handelt es sich hier ebenfalls um ordinales Skalenniveau, da die Länge (Breite) der obersten Kategorie unbekannt ist.

Ratioskalenniveau kann mit der Frage nach der Erwerbstätigkeit nur dann erreicht werden, wenn die «Arbeitszeit in Stunden» bei jeder Befragungsperson erhoben wird.

Lösung 2.7

a) Die Aussage ist richtig, weil in einer Ordinalskala auch eine Klassifikation steckt. Die Ordinalskala geht jedoch darüber hinaus, indem sie auch relationale Informationen liefert, die bei Nominalskalenniveau mit einer reinen Klassifikation nicht gegeben sind.

5. Demographische Standards, herausgegeben vom Statistischen Bundesamt, 1999

b) Die Aussage ist falsch, weil eine Intervallskala ein niedrigeres Skalenniveau hat als die Ratioskala. Grundsätzlich gilt, dass höhere Skalenniveaus die Informationen der niedrigeren Skalenniveaus beinhalten, aber nicht umgekehrt. Ein niedriges Skalenniveau bietet nicht die Information, die ein höheres Skalenniveau enthält.

   So hat die Intervallskala nicht die Information, die mit einem absoluten Nullpunkt verbunden ist. Für Intervallskalen können deshalb keine Verhältnisse zwischen den einzelnen Skalenwerten angegeben werden, was bei der Ratioskala möglich ist.

c) Eine Ratioskala enthält die Information einer Ordinalskala und hat auch deren Eigenschaften, wenn man die auf Rationiveau vorhandenen Informationen nicht beachtet. Die Aussage ist also richtig.

Lösung 2.8

Die Zuordnung von Zahlen zu Inhalten unter Beachtung der Regel, dass z. B. die empirischen Beziehungen zwischen Antwortkategorien den mathematischen Beziehungen zwischen Zahlen entsprechen sollen, ist deswegen nicht ausreichend, weil es ohne Berücksichtigung des Skalen- bzw. Messniveaus zu Fehlschlüssen kommen kann.

Beispiel: Zwei Personen A und B beantworten eine Frage nach der allgemeinen Lebenszufriedenheit. Vorgegeben ist eine 5-Punkte-Antwortskala (1 = sehr unzufrieden, 5 = sehr zufrieden). Person A kreuzt eine «2» an, Person B kreuzt eine «4» an. Wird das Messniveau nicht berücksichtigt, dann spiegeln die Zahlen vor, dass Person A («2») halb so zufrieden ist wie Person B («4») bzw. dass Person B («4») doppelt so zufrieden ist wie Person A («2»). Da aber nur ordinales Messniveau vorliegt, kann aus den Zahlen lediglich gefolgert werden, dass Person A weniger zufrieden ist als Person B.

Lösung 2.9

Messungen auf hohem Skalenniveau enthalten mehr Informationen als Messungen auf niedrigem Skalenniveau. Die relationale Aussage einer Ordinalskala liefert über das gemessene Merkmal mehr Information als eine reine Klassifikation (Nominalskalenniveau), und die Intervallskala enthält zusätzlich zu der relationalen Information der Ordinalskala die Information über die Abstände zwischen den Messwerten.

Damit wird eine weiter gehende Interpretation der Zahlenwerte der Messung möglich.

Je mehr Eigenschaften der Zahlen interpretiert werden können, desto mehr sinnvolle Berechnungen und Vergleiche können mit den Zahlen vorgenommen werden.

Lösung 2.10

a) Das Quadrieren ist hier (Nominalskalenniveau) eine zulässige Transformation, weil sich durch das Quadrieren an der Klassifikation nichts ändert. Angenommen, die Ausgangscodes seien 3 und 4, dann spielt es keine Rolle, wenn nach einer Quadrierung die neuen Codes 9 und 16 lauten. Die Zuordnung der Personen zu unterschiedlichen Gruppen bleibt erhalten.

b) Das Wurzelziehen ist hier (Ordinalskalenniveau) eine zulässige Transformation, weil durch das Wurzelziehen die Abfolge der Werte nicht beeinträchtigt wird, d. h. die Rangordnung der Werte untereinander gewahrt bleibt.

Beispiel: Die Werte 4, 3, 2, 1 lauten nach der Transformation 2, 1.7, 1.4, 1. An der Abfolge der numerischen Werte hat sich nichts geändert.

Dies gilt allerdings nur, weil die Ausgangszahlen alle positiv sind. Wären die Ausgangswerte –1, 0, 1, 2, wäre das Quadrieren eine unzulässige Transformation, da die Werte –1 und +1 nach der Quadrierung beide den Wert 1 hätten.

c) Diese negative lineare Transformation ist hier (Ordinalskalenniveau) eine unzulässige Transformation, weil die Abfolge der

Werte sich durch die Transformation so verändert, dass eine genaue Umkehrung der Rangordnung eintritt: Der Wert «1» ist vor der Transformation der niedrigste Wert, nach der Transformation dagegen der höchste Wert, während der Ausgangswert «11» mit «–19» zum kleinsten Wert wird. Zulässig wäre die Transformation nur dann, wenn gleichzeitig die Bezeichnung der Variable von «Zufriedenheit» in «Unzufriedenheit» geändert würde.

Schematische Darstellung der Transformation

Ausgangswerte	1	2	3	4	5	6	7	8	9	10	11
Unzulässige Transformation: $Y = (-2) \cdot X + 3$											
Transformierte Werte	1	–1	–3	–5	–7	–9	–11	–13	–15	–17	–19
Zulässige Transformation $Y = 2 \cdot X + 3$											
Transformierte Werte	5	7	9	11	13	15	17	19	21	23	25

d) Diese Transformation ist hier (Ratioskalenniveau) unzulässig, weil durch das negative Vorzeichen wiederum (wie unter Punkt c)) erreicht wird, dass der größte Ausgangswert, z. B. 100 kg, zum kleinsten transformierten Wert, z. B. –498 kg, wird. Bei Gewichtsangaben mag das Vorzeichen unerheblich sein, das Beispiel zeigt aber die Umkehrung der Größenordnung. Allerdings bleiben die Abstände auf transformiertem Niveau (hier multipliziert mit dem Faktor –5) gleich.

Zulässig wäre die Transformation auch dann nicht, wenn das Vorzeichen des Multiplikators von X positiv wäre, da sich durch die Addition von +2 Verhältnisse ändern: 20 kg ist doppelt so viel wie 10 kg, 102 ist jedoch nicht das Doppelte von 52.

e) Diese Transformation ist hier (Ratioskalenniveau) zulässig. Die Abstände werden zwar durch den Multiplikator vergrößert (gestreckt), das Skalenniveau bleibt aber erhalten.

Eine Stauchung (Verringerung der Abstände) würde durch Multiplikation von X mit einem Quotienten, z. B. 0.10, erreicht.

Eine Altersangabe von z. B. 20 Jahren würde dann zu einer Altersangabe von 2 Jahrzehnten transformiert werden. Entsprechend würde der Abstand zwischen 20 und 40 Jahren nach der Transformation 2 Jahrzehnte betragen.

Lösung 2.11

Welches Messniveau tatsächlich erreicht werden kann, hängt sowohl von der Fragestellung und der hinter der Fragestellung stehenden Theorie als auch von dem Erhebungsmodus ab. So kann die Einordnung in Berufsgruppen einerseits als Klassifikation, andererseits mit theoretisch begründbaren Zusatzannahmen als Rangordnung aufgefasst werden. Die Annahme könnte z. B. lauten, dass Beamte eine größere Autonomie bei ihrer Tätigkeit haben. Ob diese Annahme haltbar ist, ist eine empirische Frage, d. h., sie kann empirisch hinterfragt und überprüft werden.

Die Abhängigkeit des Mess- bzw. Skalenniveaus vom Erhebungsmodus kann am Beispiel der Erwerbstätigkeit gezeigt werden. Wird Erwerbstätigkeit in relativ groben Kategorien wie «vollzeiterwerbstätig» und «teilzeiterwerbstätig» erhoben, dann liegt eine Rangordnung hinsichtlich der für Erwerbstätigkeit aufgewendeten Zeit vor. Wird Erwerbstätigkeit dagegen in Arbeitsstunden erhoben, kann Ratioskalenniveau für diese Variable beansprucht werden, weil dann ein Nullpunkt (keine Arbeitsstunden) vorliegt und weil dann Verhältnisse zwischen den für Erwerbstätigkeit aufgewendeten Stundenzahlen hergestellt werden können.

Lösung 2.12

a) Für die Antwortkategorie «andere Partei» wird ein fortlaufender Zahlencode vergeben. Sind z. B. sechs politische Parteien (die im Bundestag vertreten sind oder sich um ein Mandat bewerben) in den Antwortvorgaben benannt, dann erhält die Kategorie «andere Partei» den fortlaufenden Code «7».

   Dementsprechend würde die Antwortkategorie «würde nicht wählen» den Zahlencode «8» erhalten.

   Entsprechend den konventionellen Codierungsregeln würde die Antwortmöglichkeit «verweigert» dagegen den Code «97», die Antwortmöglichkeit «weiß nicht» den Code «98» und die Kategorie «keine Angabe» den Code «99» erhalten.

b) Die Bezeichnung für die Kategorie von Werten, die zwar Aussagen der Befragten festhalten, jedoch im Sinne der Fragestellung keine Informationen liefern, ist «fehlende Werte» oder «missing values». Oft werden diese Werte als ungültige, «nicht valide» Werte bezeichnet, weil sie keine «validen» Informationen im Sinne der Fragestellung enthalten. Allerdings ist diese Bezeichnung missverständlich, denn auch diese Werte enthalten Informationen, die für das Verständnis und die Interpretation der Befragtenangaben insgesamt wichtig sind.

c) Die Codierungsregeln sehen vor, dass für die Kategorie der fehlenden Werte unmissverständliche Codes vergeben werden, damit die einzelnen Angaben bzw. Kategorien voneinander unterscheidbar sind.

   Haben Variablen maximal sechs Ausprägungen / Antwortkategorien, dann wird «verweigert» oft mit dem Code «7», «weiß nicht» mit dem Code «8» und «keine Angabe» mit dem Code «9» gekennzeichnet.

   Haben Variablen mehr als sechs inhaltliche Ausprägungen / Antwortkategorien, dann wird vor die Codes für «fehlende Werte» jeweils eine «9» gestellt, um die Werte als «fehlende Werte» zu kennzeichnen. Deshalb hat die Kategorie «verweigert» bei der Sonntagsfrage den Code «97».

d) Für «fehlende Werte» werden gesonderte Codes vergeben, weil auch die «Nicht-Beantwortung» von Fragen oft wichtige und interessante Informationen enthält. So kann ein hoher Anteil an «Item-Nonresponse» einen Hinweis auf heikle, schwierige oder missverständlich formulierte Fragen geben.

e) Die Unterscheidung zwischen den einzelnen Kategorien der «fehlenden Werte» enthält bei manchen Fragen wichtige und für den Forscher wertvolle Informationen. Dies kann am Beispiel der

Sonntagsfrage verdeutlicht werden: Die Kategorie «verweigert» liefert die Information, wie hoch der Anteil derer ist, die die Frage nach der Wahlabsicht als heikle Frage und als unbedingte Privatsache ansehen. Die Kategorie «weiß nicht» liefert die Information darüber, wie hoch der Anteil der Befragten ist, die sich in einer konkreten politischen Situation nicht sicher sind, welche Partei sie bevorzugen würden.

3 Univariate Häufigkeitsverteilungen

3.1 Übungsaufgaben zu Kapitel 3

Aufgabe 3.1

An einer Universität wird die Anzahl der absolvierten Promotionen in verschiedenen Fachgebieten der Jahre 1983 und 2003 gegenübergestellt.

Tabelle zu 3.1: **Anzahl der Promotionen in unterschiedlichen Fachbereichen, 1983 und 2003 (fiktive Daten)**

	Jahr	
Disziplin	1983	2003
Sozialwissenschaften	1538	6150
Medizin	883	4400
Naturwissenschaften	3794	15230
Pädagogik	1468	8820

Wie stellen Sie fest, ob sich der Anteil der Promotionen in den einzelnen Fachgebieten an der Gesamtzahl der Promotionen an der Universität in der Zeitspanne von 20 Jahren geändert hat?

Aufgabe 3.2

***Tabelle zu 3.2:* Gegeben ist folgendes Beispiel für eine Datenmatrix.**

ID	Gebjahr	Geschlecht	Polint	ID	Gebjahr	Geschlecht	Polint
1	1962	2	3	16	1975	1	4
2	1926	1	2	17	1929	2	5
3	1966	1	3	18	1922	2	4
4	1950	2	3	19	1911	1	2
5	1970	1	2	20	1966	1	3
6	1968	2	2	21	1940	1	1
7	1970	1	2	22	1966	1	2
8	1925	1	1	23	1948	2	2
9	1971	2	3	24	1972	2	4
10	1925	2	3	25	1963	1	2
11	1975	2	3	26	1972	2	3
12	1975	2	4	27	1950	2	3
13	1964	1	3	28	1929	1	2
14	1965	2	3	29	1977	1	4
15	1947	2	4	30	1958	2	2

ID = Identifikationsnummer der Befragten

In der Datenmatrix sind von 30 Befragten die Variablen Geburtsjahr (Gebjahr), Geschlecht und politisches Interesse (Polint) mit den jeweiligen Realisierungen enthalten. Bei der Variablen Geschlecht steht der Wert 1 für «männlich» und der Wert 2 für «weiblich», bei der Variablen «Polint» bedeutet der Wert 1 «geringes politisches Interesse», der Wert 5 steht für «starkes politisches Interesse», die Werte 2 bis 4 enthalten entsprechende Abstufungen.

a) Erstellen Sie je eine Häufigkeitstabelle für die Variablen Alter, Geschlecht und «Polint», sodass jede Tabelle eine Spalte mit den absoluten Häufigkeiten, eine Spalte mit den relativen und eine Spalte mit den kumulierten Häufigkeiten enthält.
b) Fertigen Sie ein Säulendiagramm für die Variable Geschlecht und ein Balkendiagramm für die Variable «Polint» an.

Aufgabe 3.3

In der folgenden Tabelle ist die Häufigkeitsverteilung der Antworten auf die Frage «Glauben Sie, dass man eine Familie braucht, um wirklich glücklich zu sein, oder glauben Sie, man kann alleine genauso glücklich leben?» angegeben.

Geben Sie an, welche Informationen die Tabelle enthält, und formulieren Sie eine Interpretation hierzu.

Tabelle zu 3.3: **Braucht man Familie zum Glück?**

gültige Werte	Antwortvorgabe	Häufigkeit	Prozent	gültige Prozent	kumulierte Prozent
1	man braucht Familie	2570	73.1	73.2	73.2
2	alleine genauso glücklich	586	16.7	17.7	89.9
3	alleine glücklicher	75	2.1	2.1	92.0
4	unentschieden	281	8.0	8.0	100.0
	gesamt	3512	99.8	100.0	
fehlende Werte					
9	keine Angabe	6	0.2		
gesamt		3518	100.0		

Quelle: Allbus 1996

Aufgabe 3.4

In der folgenden Tabelle ist die Häufigkeitsverteilung der Antworten auf die Frage «Meinen Sie, dass man heiraten sollte, wenn man mit einem Partner auf Dauer zusammenlebt?» angegeben.

Geben Sie an, welche Informationen die Tabelle enthält, und formulieren Sie eine Interpretation hierzu.

***Tabelle zu 3.4:* Heirat bei dauerndem Zusammenleben**

gültige Werte	Antwortvorgabe	Häufigkeit	Prozent	gültige Prozent	kumulierte Prozent
1	ja	1993	56.7	57.5	57.5
2	nein	1020	29.0	29.4	86.9
3	unentschieden	454	12.9	13.1	100.0
	gesamt	3467	98.6	100.0	
fehlende Werte					
8	weiß nicht	46	1.3		
9	keine Angabe	5	0.1		
	gesamt	51	1.4		
gesamt		3518	100.0		

Quelle: Allbus 1996

Aufgabe 3.5

In der folgenden Tabelle ist die Verteilung für die Wichtigkeit des Lernziels «Gehorchen» wiedergegeben. Die allgemeine Frage lautete: «Was von dieser Liste würden Sie für das Wichtigste halten, das ein Kind lernen sollte, um sich auf das Leben vorzubereiten? Was wäre das Zweitwichtigste? Was kommt an dritter Stelle? Was kommt an vierter Stelle?»

Geben Sie an, welche Informationen die Tabelle enthält, und formulieren Sie eine Interpretation hierzu.

Tabelle zu 3.5: **Wichtigkeit für das Lernziel «Gehorchen»**

gültige Werte	Antwortvorgabe	Häufigkeit	Prozent	gültige Prozent	kumulierte Prozent
1	am wichtigsten	476	13.5	14.3	14.3
2	zweite Stelle	443	12.6	13.3	27.5
3	dritte Stelle	829	23.6	24.8	52.4
4	vierte Stelle	772	21.9	23.1	75.5
5	fünfte Stelle	818	23.3	24.5	100.0
	gesamt	3338	94.9	100.0	
fehlende Werte					
8	weiß nicht	100	2.8		
9	keine Angabe	80	2.3		
	gesamt	180	5.1		
gesamt		3518	100.0		

Quelle: Allbus 1996

Aufgabe 3.6

Im Allbus 1996 wird auf einer 7-stufigen Antwortskala das Ausmaß der Zustimmung zu der Meinung erfasst: «Die in Deutschland lebenden Ausländer sollten ihren Lebensstil ein bisschen besser an den der Deutschen anpassen.» Die folgende Tabelle zeigt die Häufigkeitsverteilung der Antworten auf diese Frage:

Tabelle zu 3.6: **Ausländer: Anpassung Lebensstil**

gültige Werte	Antwortvorgabe	Häufigkeit	Prozent	gültige Prozent	kumulierte Prozent
1	stimme gar nicht zu	234	6.7	7.1	7.1
2		212	6.0	6.4	13.5
3		309	8.8	9.4	22.9
4		565	16.1	17.1	40.0
5		519	14.8	15.7	55.7
6		423	12.0	12.8	68.5
7	stimme voll zu	1038	29.5	31.5	100.0
	gesamt	3300	93.8	100.0	
fehlende Werte					
98	trifft nicht zu	212	6.0		
99	keine Angabe	6	0.2		
	gesamt	218	6.2		
gesamt		3518	100.0		

Quelle: Allbus 1996

a) Berechnen Sie die empirischen Quantilwerte für folgende Quantilanteile: 10 %, 25 %, 50 %, 75 % und 90 %.

b) Was lässt sich aus den berechneten Werten über die Meinung der Befragten aussagen?

Aufgabe 3.7

Ein weiteres Item zur Erfassung der Einstellung gegenüber Ausländern erfragt das Ausmaß der Zustimmung zur Meinung: «Wenn Arbeitsplätze knapp werden, sollte man die in Deutschland lebenden Ausländer wieder in ihre Heimat zurückschicken.» Die folgende Häufigkeitstabelle zeigt die Antwortverteilung.

Tabelle zu 3.7: **Ausländer – Ausweisen bei knapper Arbeit**

gültige Werte	Antwortvorgabe	Häufigkeit	Prozent	gültige Prozent	kumulierte Prozent
1	stimme gar nicht zu	787	22.4	23.9	23.9
2		420	11.9	12.8	36.7
3		419	11.9	12.7	49.4
4		665	18.9	20.2	69.6
5		274	7.8	8.3	77.9
6		204	5.8	6.2	84.1
7	stimme voll zu	523	14.9	15.9	100.0
	gesamt	3292	93.6	100.0	
fehlende Werte					
98	trifft nicht zu	212	6.0		
99	keine Angabe	14	0.4		
	gesamt	226	6.4		
gesamt		3518	100.0		

Quelle: Allbus 1996

a) Berechnen Sie wie in Aufgabe 3.6 die Quantilwerte für diese Häufigkeitsverteilung.
b) Vergleichen Sie die Quantilwerte dieser Verteilung mit den Werten der Verteilung aus Aufgabe 3.6. Welche Schlussfolgerungen können Sie aus dem Vergleich ziehen?

Aufgabe 3.8

Zwei weitere Items zur Erfassung von Ausländerfeindlichkeit lauten: «Man sollte den in Deutschland lebenden Ausländern jede politische Betätigung in Deutschland untersagen» und «Die in Deutschland lebenden Ausländer sollten sich ihre Ehepartner unter ihren eigenen Landsleuten auswählen». Die Antwortvorgaben erfassen wiederum das Ausmaß der Zustimmung von 1 «stimme gar nicht zu» bis 7 «stimme voll und ganz zu».

Die folgende Grafik zeigt Box-Plots der vier Items.

Welche Schlussfolgerung lässt sich aus der Grafik ziehen?

Abbildung zu 3.8: **Box-Plots von vier Items zur Erfassung der Einstellung zu Ausländern**

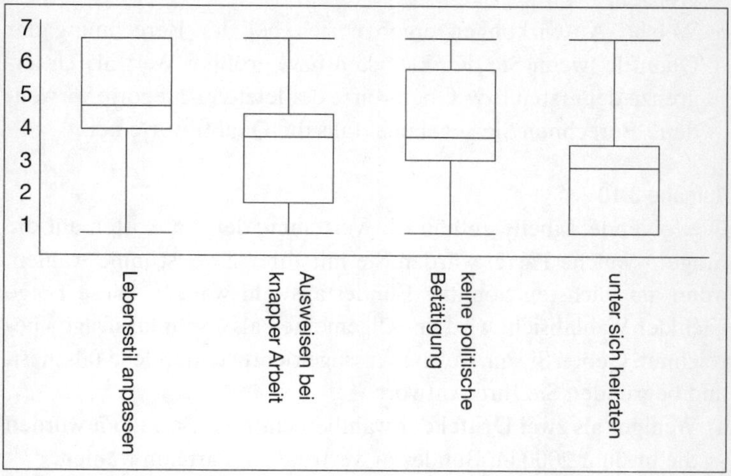

Quelle: Allbus 1996

Aufgabe 3.9

Tabelle zu 3.9: **Gruppierte Altersverteilung der Befragten des Allbus 1998**

gültige Werte	Altersgruppen	Häufigkeit	Prozent	gültige Prozent	kumulierte Prozent
1	18–29 Jahre	501	15.5	15.5	15.5
2	30–44 Jahre	935	28.9	28.9	44.4
3	45–59 Jahre	808	25.0	25.0	69.4
4	60–74 Jahre	724	22.4	22.4	91.8
5	75–89 Jahre	253	7.8	7.8	99.6
6	90 Jahre und älter*	13	0.4	0.4	100.0
gesamt		3234	100.0	100.0	

* Die älteste Person in der Stichprobe ist 97 Jahre alt.

Quelle: Allbus 1998

a) Berechnen Sie die Quantilwerte für die Quantilanteile 10 %, 25 %, 50 %, 75 % und 90 % auf der Basis der exakten Klassengrenzen.
b) Welche Auswirkungen ergeben sich bei der Berechnung der Quantile, wenn Sie den kleinsten bzw. größten Wert als Untergrenze der ersten bzw. Obergrenze der letzten Kategorie verwenden? Berechnen Sie gegebenenfalls die Quantilwerte neu.

Aufgabe 3.10

Die folgende Tabelle enthält die Verteilung der Antworten auf die Frage: «Welche Partei würden Sie mit Ihrer Zweitstimme wählen, wenn am nächsten Sonntag Bundestagswahl wäre?» Diese Frage nach der Wahlabsicht wird im Allgemeinen als «Sonntagsfrage» bezeichnet. Geben Sie an, welche Aussage richtig und welche falsch ist, und begründen Sie Ihre Antwort.

a) Weniger als zwei Drittel der wahlberechtigten Befragten würden die im Jahr 2000 im Bundestag vertretenen Parteien wählen.
b) Rund ein Sechstel der Befragten ist unschlüssig, welche Partei er/sie wählen würde.
c) Mehr als ein Drittel der wahlberechtigten Befragten haben keine konkrete Wahlabsicht geäußert (d. h. keine der explizit aufgeführten Parteien genannt).
d) Knapp 6 % der befragten Personen waren zum Zeitpunkt der Befragung nicht wahlberechtigt.
e) Fast ein Viertel (24 %) der Befragten hat sich zum Zeitpunkt der Befragung noch nicht entschieden, welche Partei er/sie wählen will.
f) Legen Sie geeignete «fehlende Werte» fest, und berechnen Sie die Prozentwerte neu. Welche Vor- und welche Nachteile hat die Betrachtung dieser Tabelle?

Tabelle zu 3.10: **Wahlabsicht Bundestagswahl (Sonntagsfrage)**

gültige Werte	Antwortvorgabe	Häufigkeit	Prozent	kumulierte Prozent
0	nicht wahlberechtigt	212	5.6	5.6
1	CDU/CSU	749	19.7	25.3
2	SPD	929	24.4	49.7
3	FDP	188	4.9	54.6
4	Bündnis 90/Grüne	194	5.1	59.7
5	PDS	216	5.7	65.4
6	Republikaner	29	0.8	66.2
7	andere Partei	33	0.8	67.0
8	würde nicht wählen	390	10.3	77.3
97	verweigert	219	5.7	83.0
98	weiß nicht	623	16.4	99.4
99	keine Angabe	22	0.6	100.0
gesamt		3804	100.0	

Quelle: Allbus 2000

Aufgabe 3.11

Ein Journalist beschreibt die Angaben der obigen Tabelle zur Wahlabsicht (Aufgabe 3.10) in mehreren Aussagen:

a) «Fast ein Viertel (23 %) der Wählerinnen und Wähler würden die ‹weiß nicht›-Partei wählen.»
Gibt diese Aussage den Inhalt der Tabelle korrekt wieder? Nehmen Sie Stellung zu der Aussage des Journalisten.

b) «Ein Siebtel (rund 14 %) der Wählerinnen und Wähler, die eine Wahlabsicht geäußert haben, ist als politikverdrossen anzusehen, denn anders ist die explizite Absicht, die Stimmabgabe zu verweigern, nicht zu verstehen.»
Gibt diese Aussage den Inhalt der Tabelle korrekt wieder? Nehmen Sie Stellung zu der Aussage des Journalisten.

c) «Nach den Angaben in der Tabelle wäre mit einer Wahlbeteiligung von mehr als 85 % zu rechnen, wenn am nächsten Sonntag Bundestagswahl wäre.»

Gibt diese Aussage den Inhalt der Tabelle korrekt wieder? Nehmen Sie Stellung zu der Aussage des Journalisten.

Aufgabe 3.12

Die folgende Abbildung zeigt die mit Kern-Dichte-Schätzern visualisierten Einkommensverteilungen in den alten und den neuen Bundesländern. Datenbasis sind die Angaben von 1362 Befragten aus den alten und 843 Befragten aus den neuen Ländern im Allbus 2000. Beschreiben und vergleichen Sie die beiden Einkommensverteilungen.

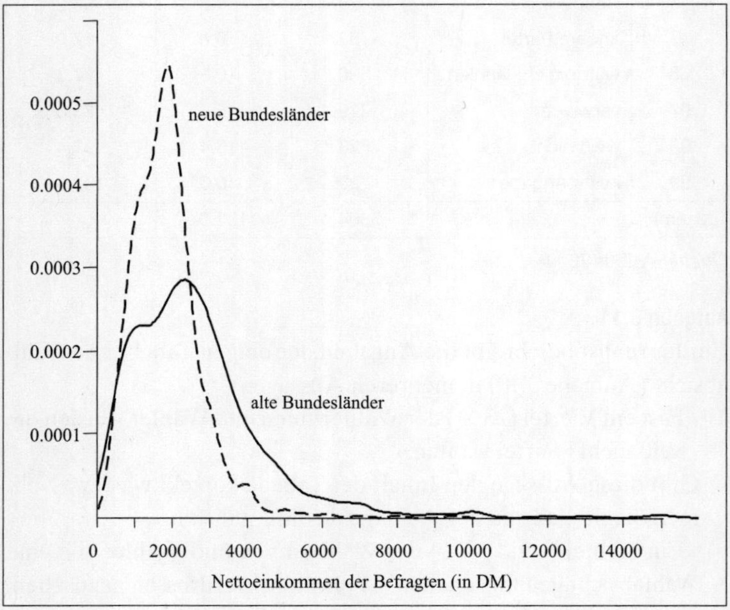

3.2 Lösungen der Übungsaufgaben zu Kapitel 3

Lösung 3.1

Die absoluten Zahlen der Promotionen in den einzelnen Fachgebieten haben sich zwischen 1983 und 2003 erheblich verändert. Um die beiden Verteilungen miteinander vergleichen zu können, werden die absoluten Häufigkeiten in relative Häufigkeiten umgerechnet.

Die relative Häufigkeit wird berechnet durch:

$$p_k = \frac{n_k}{N}$$

Absolute und relative Häufigkeiten

	1983		2003	
Fachgebiet	absolute Häufigkeit n_k	relative Häufigkeit p_k	absolute Häufigkeit n_k	relative Häufigkeit p_k
Sozialwissenschaften	1538	0.20	6150	0.18
Medizin	883	0.11	4400	0.13
Naturwissenschaften	3794	0.49	15230	0.44
Pädagogik	1468	0.19	8820	0.25
Gesamtzahl N	7683	1.00	34600	1.00

Zwar hat sich die Anzahl der Promotionen in allen Fächern deutlich erhöht, der Anteil der Promotionen in den einzelnen Fachgebieten an der Gesamtzahl der Promotionen an der Universität hat sich dagegen nur geringfügig verändert.

Lösung 3.2

a) Die Häufigkeitstabellen enthalten die Ausprägungen, Häufigkeiten, Prozente und kumulierten Prozente.

Variable: Geschlecht			
Ausprägung	Häufigkeit	Prozent	kumulierte Prozent
1 männlich	14	46.7	46.7
2 weiblich	16	53.3	100.0
gesamt	30	100.0	

Variable: politisches Interesse (Polint)			
Ausprägung	Häufigkeit	Prozent	kumulierte Prozent
1 politisches Interesse gering	2	6.7	6.7
2	10	33.3	40.0
3	11	36.7	76.7
4	6	20.0	96.7
5 politisches Interesse stark	1	3.3	100.0
gesamt	30	100.0	

Für die Tabelle der Verteilung der Variable Alter wird hier eine Gruppierung in vier Altersgruppen vorgenommen.

Variable: Alter			
Ausprägung	Häufigkeit	Prozent	kumulierte Prozent
20–34 Jahre	10	33.3	33.3
35–44 Jahre	8	26.6	59.9
45–54 Jahre	3	10.0	69.9
55 Jahre und älter	9	30.0	100.0
gesamt	30	100.0	

b) Säulendiagramm für die Verteilung der Variable «Geschlecht»

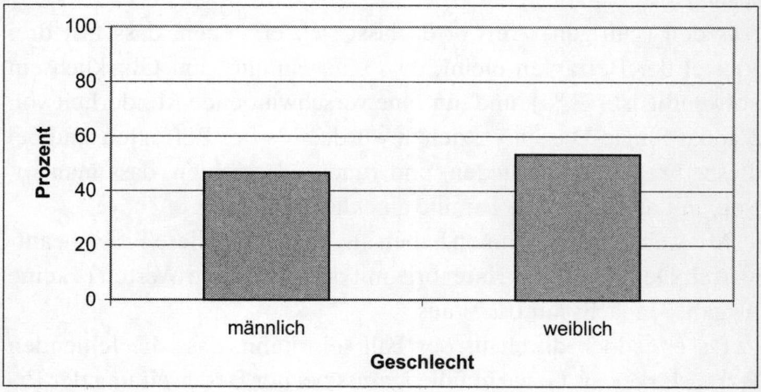

Balkendiagramm für die Verteilung der Variable «Politisches Interesse»

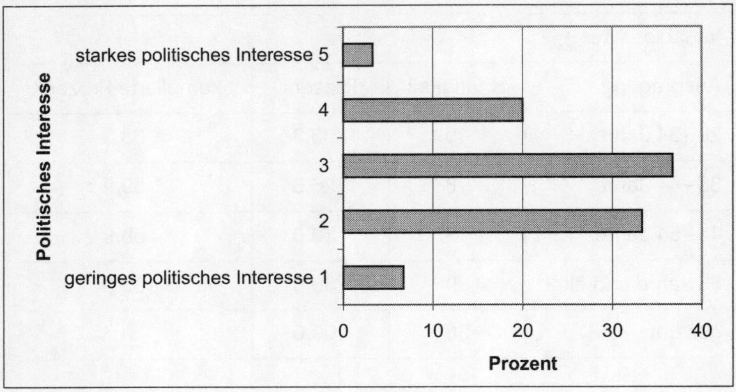

Lösung 3.3

Aus den (gültigen) Antworten lässt sich erkennen, dass fast drei Viertel der Befragten meint, dass eine Familie zum Glücklichsein notwendig ist (73 %), und nur eine verschwindende Minderheit von 2 % das Single-Dasein vorziehen würde. 8 % der Befragten sind bei dieser Frage unentschieden, und rund 17 % meinen, dass man sowohl mit als auch ohne Familie glücklich sein kann.

Mit wenigen Ausnahmen haben alle Befragten diese Frage beantwortet. Der Anteil der Kategorie mit den fehlenden Werten («keine Angabe») macht nur 0.2 % aus.

Da es jedoch durchaus der Fall sein kann, dass die fehlenden Werte stärker ins Gewicht fallen, muss bei der Beschreibung der Ergebnisse stets angegeben werden, ob die Anteile unter Berücksichtigung aller Angaben der Befragten berechnet wurden oder ob eine Prozentuierung auf Basis der als gültig festgelegten Werte (Antwortkategorien, die nicht als fehlende Werte definiert sind) vorgenommen wurde.

Lösung 3.4
Die Mehrheit der Befragten (57 %) spricht sich für Heirat bei dauerndem Zusammenleben aus.

Aus den Antworten auf die beiden Fragen in Aufgabe 3.3 und 3.4 könnte somit geschlossen werden, dass eine traditionelle Lebensführung bevorzugt wird. Allerdings ist aus den Antworten nicht ersichtlich, warum die Befragten so denken. Die normative Präferenz für Heirat bei dauerndem Zusammenleben muss nicht notwendigerweise für traditionelle Familienvorstellungen stehen, sondern könnte auch eine Folge davon sein, dass sich durch die Institution Ehe finanzielle, z. B. steuerliche Vorteile ergeben. Da es hierzu keine Angaben gibt, wäre es also Spekulation, wenn man die Antworten ausschließlich im Sinne von traditionellen Familiennormen oder im Sinne von Nutzenorientierungen interpretiert. Empirisch ist nur festzuhalten, dass die Befragten – aus welchen Gründen auch immer – Heirat vorziehen.

Lösung 3.5
Nur eine Minderheit (rund 28 %) der Befragten gibt «Gehorchen lernen» als wichtigstes oder zweitwichtigstes Erziehungsziel an. Allerdings lässt sich ein solches Ergebnis erst dann sinnvoll interpretieren, wenn die anderen vier Lernziele bekannt sind, die in eine Rangfolge gebracht werden sollten. So ergibt sich inhaltlich jeweils ein anderes Bild, wenn die fünf Ziele Selbständigkeit, Verantwortungsbewusstsein, Zielstrebigkeit, Freundlichkeit und Gehorsam sind, oder wenn die fünf Ziele Fleiß, Pünktlichkeit, Selbstdisziplin, Aufopferungsbereitschaft und Gehorsam in eine Rangfolge zu bringen sind.

Bei der Einzelbetrachtung einer Eigenschaft, die Bestandteil einer Rangordnung von mehreren Merkmalen ist, die von den Befragten in eine Rangfolge gebracht worden sind, ist also Vorsicht angebracht. Die Ergebnisse dienen in solchen Fällen eher der Suggestion als der Information.

Im Allbus 1996 ging es um die Rangordnung der fünf Ziele «Gehorchen», «Beliebt sein», «Selbständig denken», «Hart arbeiten» und «Anderen helfen, wenn sie es benötigen». Die Daten in der Tabelle geben also Auskunft darüber, dass die Mehrheit der Befragten die letztgenannten vier Ziele, die auf Eigenständigkeit und Selbständigkeit ausgerichtet sind, für wichtiger hält als «Gehorchen».

Lösung 3.6

a) Die Quantile werden hier mit Hilfe der kumulierten Prozente bestimmt. Der Quantilwert für einen gesuchten Quantilanteil ist die Ausprägung derjenigen Kategorie, bei der die kumulierte Häufigkeit zum ersten Mal größer oder gleich dem gesuchten Quantilanteil ist.

Das 10 %-Quantil hat den Wert 2, weil die Kategorie mit dem Wert 1 eine kumulierte Häufigkeit von 7.1 % (also < 10 %), die Kategorie mit dem Wert 2 eine kumulierte Häufigkeit von 13.5 % (also > 10 %) aufweist.

Das 25 %-Quantil hat den Wert 4, weil die kumulierte Häufigkeit bei der Ausprägung 3 erst 22.9 % beträgt, bei der Ausprägung 4 dagegen 40.0 %.

Analog werden die restlichen Quantile bestimmt: Das 50 %-Quantil hat den Wert 5, und das 90 %- und das 97 %-Quantil haben beide den Wert 7.

b) Aus den Quantilwerten ist zu erkennen, dass die Verteilung nicht symmetrisch, sondern eher linksschief bzw. rechtssteil ist, sodass also hohe Werte eher vorkommen als niedrigere Werte. Aufgrund der inhaltlichen Codierung der Werte bedeutet dies, dass die Zustimmung zu der Aussage, dass «... die Ausländer ihren Lebensstil ein bisschen besser an den der Deutschen anpassen sollen», bei den Befragten häufiger vertreten ist als die Ablehnung dieser Aussage.

Lösung 3.7

Das 10 %-Quantil hat den Wert 1, das 25 %-Quantil den Wert 2, das 50 %-Quantil den Wert 4, das 75 %-Quantil den Wert 5 und das 95 %-Quantil den Wert 7.

Verglichen mit den Quantilwerten der Verteilung für die «Forderung nach Anpassung des Lebensstils» sind die Quantilwerte für identische Quantilanteile bei dieser Verteilung («Heimschicken») fast immer geringer. Einer Ausweisung von Ausländern bei knappen Arbeitsplätzen wird also seltener stark zugestimmt als der Forderung nach Anpassung des Lebensstils.

Lösung 3.8

Die Box-Plots zeigen unterschiedliche Antwortverteilungen. Die durch das 50 %-Quantil gekennzeichnete Mitte der Ausprägung weist auf die höchste Zustimmung beim ersten Item «Lebensstil anpassen» und auf die geringste Zustimmung beim letzten Item «unter sich heiraten» hin. Die beiden mittleren Items haben den gleichen mittleren Wert, unterscheiden sich aber in der Verteilung. Beim Item «keine politische Betätigung» liegt das 75 %-Quantil höher als beim Item «Ausweisen bei Arbeitslosigkeit». Dem dritten Item wird also offenbar etwas stärker zugestimmt als dem zweiten Item.

Für eine Interpretation werden die Ergebnisse zugespitzt und in theoretische Begriffe übersetzt: Die Befragten fordern zwar deutlich eine Assimilation der Ausländer, sind aber zurückhaltend beim Zugestehen politischer Betätigung und unbedingten Bleiberechts. Private Angelegenheiten der Ausländer sind den Befragten möglicherweise weniger wichtig, oder sie sind offen für eine soziale ‹Durchmischung› der Gesellschaft, denn sie stimmen dem Item mit der Forderung, Ausländer sollten ihre Partner aus ihren Landsleuten wählen, eher selten zu.

Lösung 3.9

a) Die exakten Grenzen zwischen zwei Klassen berühren sich 0.5 Einheiten über der unteren und 0.5 Einheiten unterhalb der oberen Klassengrenze. Im Sinne der Rundungsregeln wird dabei der Nachkommawert 0.5 der oberen Klasse zugeordnet.

   Zur Berechnung der Quantilwerte für die Quantilanteile 10 %, 25 %, 50 %, 75 %, 90 % auf der Basis der exakten Klassengrenzen werden die Werte der exakten Klassengrenzen verwendet.

$$Q_{0.1} = 17.5 + \frac{0.100 - 0.000}{0.155} \cdot (29.5 - 17.5) = 25.24$$

$$Q_{0.25} = 29.5 + \frac{0.250 - 0.155}{0.289} \cdot (44.5 - 29.5) = 34.43$$

$$Q_{0.50} = 44.5 + \frac{0.500 - 0.444}{0.250} \cdot (59.5 - 44.5) = 47.86$$

$$Q_{0.75} = 59.5 + \frac{0.750 - 0.694}{0.224} \cdot (74.5 - 59.5) = 63.25$$

$$Q_{0.9} = 59.5 + \frac{0.900 - 0.694}{0.224} \cdot (74.5 - 59.5) = 73.29$$

b) Wenn für die Untergrenze der ersten und die Obergrenze der letzten Altersklasse der empirisch vorkommende kleinste bzw. größte Wert verwendet wird, ergeben sich leichte Verschiebungen bei den Werten der Quantilanteile, die in diese Klasse fallen. Im Beispiel erhöht sich der Wert des 10 %-Quantils.

$$Q_{0.1} = 18 + \frac{0.100 - 0.000}{0.155} \cdot (29.5 - 18) = 25.42$$

Lösung 3.10

a) Bis einschließlich Antwortkategorie 5 «PDS» sind alle Parteien im Bundestag des Jahres 2000 vertreten. Bei der Ausprägung 5 beträgt die kumulierte Häufigkeit 65.4 %. Das entspricht einem Anteil von weniger als zwei Drittel.

Dieser Anteil von 65.4 % bezieht sich jedoch auf alle Befragten und berücksichtigt somit auch die Personen, die nicht wahlberechtigt sind (Kategorie 0). Aussage a) ist jedoch nur für die Wahlberechtigten formuliert. Um zu prüfen, ob der Anteil der wahlberechtigten Befragten, die eine der im Bundestag vertretenen Parteien wählen würden, geringer als 67 % ist, muss die Gruppe derer, die angeben, nicht wahlberechtigt zu sein, aus der Berechnung ausgeschlossen werden. Das wird dadurch erreicht, dass der Wert «0» als fehlender Wert definiert und in der entsprechenden Rubrik der «fehlenden Werte» aufgeführt wird. Damit geht die Anzahl der nicht wahlberechtigten Personen nicht mehr in die Berechnung (Prozentuierung) ein, die auf der Basis der gültigen Werte erfolgt. Die Gesamtheit der Fälle mit gültigen Werten ist nun die Anzahl der insgesamt befragten Personen minus die Anzahl derer, die angeben, zum Zeitpunkt der Befragung nicht wahlberechtigt zu sein.

Der Anteil der Wahlberechtigten, die sich für eine der im Bundestag vertretenen Parteien entscheiden, ist daher (794 + 929 + 188 + 194 + 216) / (3804 – 212) = 0.646.

Aussage a) ist also richtig, denn weniger als zwei Drittel der Wahlberechtigten würden eine der aktuell im Bundestag vertretenen Parteien wählen. Der Wert 2 / 3 wird allerdings auch dadurch unterschritten, dass für 864 Befragte keine gültigen Angaben («weiß nicht», «Antwort verweigert» oder «keine Angabe») vorliegen. Würden auch diese Befragten aus der Berechnung herausfallen, läge der Anteil der Wahlberechtigten mit gültigen Antworten, die eine der im Bundestag vertretenen Parteien wählen würden, bei 0.824 und damit deutlich über 2 / 3.

b) Diese Aussage ist zutreffend, weil 16.4 % der befragten Personen die Antwortkategorie «weiß nicht» gewählt haben. Die sinnvollere Größe ist hier allerdings der entsprechende Anteil der tatsächlich wahlberechtigten Personen, der 623 / (3804 – 212) = 17.3 % beträgt.

c) Anhand der kumulierten Prozente ist abzulesen, dass 33.8 % (100 % – 66.2 %) aller Befragten keine der genannten Parteien wählen würden. Aussage c) bezieht sich jedoch erneut nicht auf alle Befragten, sondern nur auf die wahlberechtigten. Wenn man für die Prozentuierung nur die tatsächlich wahlberechtigten Personen berücksichtigt, haben 35.9 % keine der genannten Parteien angegeben.

d) Diese Aussage ist korrekt, da der Prozentsatz der nicht wahlberechtigten Personen 5.6 % beträgt.

e) Diese Aussage ist nicht korrekt und außerdem missverständlich. Erstens: Die Prozentangabe 24.0 % bezieht sich auf die Anzahl der wahlberechtigten Personen, es wird aber von allen Befragten gesprochen.

Zweitens: Der Prozentsatz aller (einschließlich der nicht wahlberechtigten) Personen, die keine konkrete Angabe über ihre Wahlabsicht gemacht haben, beträgt lediglich 22.8 %.

Drittens: In der Angabe des Prozentsatzes von 24.0 % sind die Antwortkategorien «verweigert», «weiß nicht» und «keine Angabe» enthalten. Auskunft darüber, dass die Befragten sich noch nicht entschieden haben, gibt lediglich die «weiß nicht»-Kategorie mit 17.3 % der wahlberechtigten Befragten.

Die Antwortkategorie «verweigert» gibt keine Auskunft über die Entschiedenheit der Wahlabsicht der Befragten, sondern nur darüber, dass die Befragten diese Auskunft nicht geben wollen.

Die Antwortkategorie «keine Angabe» gibt darüber hinaus überhaupt keine Auskunft über die Befragten, bei denen dieser Code auftritt. Die einzige Information, die aus dieser Kategorie abgeleitet werden kann, ist, dass keine Aussage möglich ist.

Eine Zusammenfassung dieser drei Kategorien zu einer Rubrik «unentschieden» ist daher nicht zulässig.

f) Als fehlende Werte werden die Kategorien «0 = nicht wahlberechtigt», «97 = verweigert», «98 = weiß nicht» und «99 = keine Angabe» festgelegt. Es ergibt sich folgende Tabelle:

Wahlabsicht Bundestagswahl (Sonntagsfrage)

gültige Werte	Antwortvorgabe	Häufigkeit	Prozent	gültige Prozent	kumulierte Prozent
1	CDU/CSU	749	19.7	27.5	27.5
2	SPD	929	24.4	34.1	61.5
3	FDP	188	4.9	6.9	68.4
4	Bündnis 90/Grüne	194	5.1	7.1	75.5
5	PDS	216	5.7	7.9	82.4
6	Republikaner	29	0.8	1.1	83.5
7	andere Partei	33	0.9	1.2	85.7
8	würde nicht wählen	390	10.3	14.3	100.0
	gesamt	2728	71.7	100.0	
fehlende Werte					
0	nicht wahlberechtigt	212	5.6		
97	verweigert	219	5.8		
98	weiß nicht	623	16.4		
99	keine Angabe	22	0.6		
	gesamt	1076	28.3		
gesamt		3804	100.0		

Die Verteilung der Parteipräferenz ist hier bereinigt insofern, als Aussagen auf der Basis derjenigen Befragten vorgenommen werden können, die eine konkrete Absicht geäußert haben. Auch der Code für die Kategorie «würde nicht wählen» könnte den fehlenden Werten zugeordnet werden, wenn nur die Stimmenverteilung derjenigen interessiert, die sich explizit an der Wahl beteiligen wollen und sich bereits entschieden haben.

Auf Basis dieser Angaben kann dennoch keine ‹Wahlprognose› erstellt werden, denn über die Wahlabsicht der Personen, die die Angabe «verweigert» haben oder die die Kategorie «weiß nicht» gewählt haben oder über die «keine Angaben» vorliegen, kann keine Aussage gemacht werden. Da – nimmt man die Kategorie «würde nicht wählen» (10 %) mit hinzu – für über 39 % aller Befragten (und über 35 % der wahlberechtigten Befragten) keine Aussage möglich ist, kann man anhand dieser Tabelle einen möglichen Wahlausgang kaum sinnvoll prognostizieren. Dafür wären zusätzliche Annahmen oder empirische Informationen z. B. über das Wahlverhalten derjenigen, die hier in der Befragung die Antwort verweigern oder keine Absicht äußern, notwendig.

Lösung 3.11

a) Diese Aussage gibt in zweifacher Hinsicht eine unkorrekte Darstellung der in der Tabelle enthaltenen Information.
Die angegebenen 23 % beziehen sich auf alle, nicht nur auf die wahlberechtigten Befragten.
Die angegebene Prozentzahl umfasst zudem mehrere Kategorien: die Antworten «verweigert», «weiß nicht» und «keine Angabe». Die Unsicherheit der Befragten drückt sich nur in der «weiß nicht»-Kategorie aus. Eine Aussage, die auch die Kategorien «verweigert» und «keine Angabe» als Unsicherheit der Befragten interpretiert, «überstrapaziert» die Daten in Hinsicht auf die eigene Überzeugung der Person, die die Aussage formuliert.

b) Diese Aussage ist vom Zahlenwert her korrekt. 14 % der wahlberechtigten Befragten haben angegeben, nicht zur Wahl gehen zu wollen. Inwiefern dies als Politikverdrossenheit zu interpretieren ist, bleibt jedoch dahingestellt. Zu klären wäre hier z. B. die Frage, ob die demokratischen Werte, deren Allgemeingültigkeit und -verbindlichkeit der Journalist bei seiner Aussage als gegeben anzunehmen scheint, bei den Befragten in dieser Weise internalisiert sind.

c) Diese Aussage ist gewagt und vermutlich unzutreffend. Die Wahlbeteiligung ist von vielen Faktoren abhängig, die in der Tabelle nicht erfasst werden. Auf der Basis der Tabelle kann lediglich die Aussage getroffen werden, dass 85 % der Befragten offenbar eine Vorstellung davon haben, welcher Partei sie ihre Stimme geben würden.

Lösung 3.12

Beide Einkommensverteilungen sind unimodal, aber deutlich rechtsschief. Es gibt also in beiden Regionen jeweils deutlich mehr Personen mit geringen bis mittleren Einkommen als Personen mit mittleren bis hohen Einkommen. Der Modalwert ist in den neuen Bundesländern mit etwa 2000.– DM geringer als in den alten Ländern, wo der Modus bei etwa 2500.– DM zu liegen scheint. Außerdem scheint die Variation in den neuen Ländern geringer zu sein. Insgesamt ergibt sich so der Eindruck, dass sowohl das mittlere Einkommen wie die Einkommensunterschiede zwischen unteren und oberen Einkommensklassen in den neuen Bundesländern geringer sind als in den alten Ländern. Im Westen besteht danach eine größere Ungleichheit zwischen den Personen.

Bei beiden Verteilungen zeigt sich jeweils ein leichter Buckel im linken Teil der Verteilung, der möglicherweise darauf zurückzuführen ist, dass Personen in Teilzeitbeschäftigung ein deutlich geringeres Einkommen haben. Es fällt auch auf, dass es im Osten bei 4000.– DM, 5000.– DM, 6000.– DM und im Westen bei 10000.– DM und 15000.– DM Einkommenshäufungen zu geben scheint. Dies kann ein Hinweis darauf sein, dass die Befragten eher grobe Angaben machen und «glatte» Zahlen bevorzugen. Es ist daher damit zu rechnen, dass die Einkommensangaben vermutlich nicht sehr genau sind.

4 Kennwerte univariater Verteilungen

4.1 Übungsaufgaben zu Kapitel 4

Aufgabe 4.1

a) Diskutieren Sie die Vor- und Nachteile der unterschiedlichen Maße der zentralen Tendenz.
b) Nennen Sie jeweils ein geeignetes Streuungsmaß bei nominalem, ordinalem und metrischem Messniveau.

Aufgabe 4.2

a) Welche Informationen über eine Verteilung gibt das arithmetische Mittel und welche die Standardabweichung?
b) Weshalb ist es in den meisten Fällen unzureichend, als Information über eine Verteilung nur deren Mittelwert anzugeben?

Aufgabe 4.3

Für das Haushaltseinkommen von neun Familien in einer Straße ergibt sich folgende Verteilung (in 1000.– €): 3; 4; 5; 5; 5; 6; 6; 8; 30.

a) Berechnen Sie Maßzahlen, um die Lage der Verteilung zu kennzeichnen.
b) Welche der folgenden Aussagen ist zutreffend:
   - «Das mittlere Einkommensniveau der Familien liegt bei 5000.– €» oder
   - «Das Familieneinkommen beträgt im Durchschnitt 8000.– €»?
c) Welcher der Werte gibt Ihrer Ansicht nach eine angemessene Beschreibung der Einkommensverteilung?

Aufgabe 4.4

Ein Lehrer korrigiert 24 Klausuren. Die durchschnittliche Punktzahl beträgt 75.5 Punkte. Am darauf folgenden Tag entdeckt er eine im ersten Durchgang übersehene Klausur, für die er 80 Punkte vergibt. Wie kann der Lehrer auf einfache Art den neuen Durchschnittswert ermitteln?

Aufgabe 4.5

a) In einer Arbeitsgruppe von sechs Studierenden gibt es die Noten 1, 1, 1, 4, 4, 5.
   Wie ermitteln Sie den Notendurchschnitt und die mittlere Note?
b) Die Person mit der Note 5 verlässt die Arbeitsgruppe.
   Wie ist der Durchschnitt und das mittlere Notenniveau der Arbeitsgruppe jetzt?

Aufgabe 4.6

Bei der BASF droht ein Streik, weil die Arbeiter mehrheitlich meinen, dass das Lohnniveau zu niedrig ist. Sie legen der Firmenleitung ein Papier vor, in dem vorgerechnet wird, dass der Durchschnittslohn der Arbeiter im Jahr 2002 bei 25 000.– € liegt. Dagegen legt die Firmenleitung eine Berechnung vor, in der die Forderung nach Lohnerhöhung abgewiesen wird, weil der Durchschnittsverdienst für Bedienstete der BASF im Jahre 2002 bei 40 000.– € liege.

Welche der beiden Parteien hat Recht? Warum?

Aufgabe 4.7

Im Fach Soziologie haben sieben Personen an einer Fakultät im letzten Jahr 3, 3, 4, 7, 10, 11, 11 Artikel veröffentlicht. Im Fach Politologie wurden dagegen von sechs Personen 5, 6, 6, 6, 6, 13 Arbeiten publiziert.

a) Wie können Sie die beiden Verteilungen miteinander vergleichen?
b) Welche Gemeinsamkeiten / Unterschiede lassen sich in den Publikationsaktivitäten der beiden Fächer feststellen?

Aufgabe 4.8

An den sozialwissenschaftlichen Fachbereichen von zehn Universitäten wurde im Rahmen einer Verbleibsstudie von Absolventen die mittlere Dauer bis zum ersten Job ermittelt. Alle Absolventen hatten bis zum Befragungszeitpunkt einen Job gefunden. Die Absolventen der ersten Universität brauchten dazu im Mittel 2.5 Monate, die der zweiten 2 Monate etc. Die folgende Tabelle enthält die Daten der zehn Universitäten:

***Tabelle zu 4.8:* Mittlere Dauer zwischen Abschluss des Studiums und erstem Job (fiktive Daten)**

Universität	1	2	3	4	5	6	7	8	9	10
Dauer (Monate)	2.5	2.0	3.5	3.2	2.5	1.4	2.5	2.0	3.2	2.8

Bestimmen Sie

a) die Reihenfolge,
b) das empirische 25 %-Quantil (1. Quartil),
c) das arithmetische Mittel,
d) den Median,
e) die Varianz,
f) die Standardabweichung,
g) die Spannweite (Range),
h) den Quartilabstand und den mittleren Quartilabstand.
i) Ersetzt man in der obigen Liste x_3 (= 3.5) durch den Wert 35 («Kommafehler»), so ändern sich von den berechneten Werten einige nicht. Welche sind das und warum ist das so?

Aufgabe 4.9

Für eine trichotome Variable, das ist eine Variable mit den drei Ausprägungen −1, 0 und +1, soll ein Mittelwert berechnet werden.

a) Was sagt der Mittelwert bei einer auf diese Weise codierten Variablen aus?
b) Welches Messniveau wird hier vorausgesetzt?
c) Welche inhaltlichen Konsequenzen ergeben sich daraus? Sind Mittelwertberechnungen bei allen Trichotomien angemessen?

Aufgabe 4.10

In Baden-Württemberg beträgt die durchschnittliche Arbeitszeit der Arbeitnehmer 40.5 Stunden pro Woche mit einer Standardabweichung von 1.5 Sunden. In Thüringen beträgt sie 42 Stunden mit einer Standardabweichung von 3 Stunden. Herr Schmidt aus Untertürkheim (Baden-Württemberg) arbeitet 42 Stunden pro Woche, Herr Meier aus Eisenach (Thüringen) arbeitet 40.5 Stunden. Beide sind gleich weit vom jeweiligen Landesdurchschnitt entfernt. Wer ist unter Berücksichtigung der Streuung in den beiden Verteilungen relativ weiter von der jeweiligen durchschnittlichen Wochenarbeitszeit entfernt? Beschreiben Sie den Lösungsweg.

Aufgabe 4.11

Es wird noch einmal die gruppierte Altersverteilung der Befragten des Allbus 1998 betrachtet (vgl. Aufgabe 3.9).

***Tabelle zu 4.11:* Altersverteilung der Befragten**

gültige Werte	Altersgruppen	Häufigkeit	Prozent	gültige Prozent	kumulierte Prozent
1	18–29 Jahre	501	15.5	15.5	15.5
2	30–44 Jahre	935	28.9	28.9	44.4
3	45–59 Jahre	808	25.0	25.0	69.4
4	60–74 Jahre	724	22.4	22.4	91.8
5	75–89 Jahre	253	7.8	7.8	99.6
6	90 Jahre und älter *	13	0.4	0.4	100.0
gesamt		3234	100.0	100.0	

* Die älteste Person in der Stichprobe ist 97 Jahre alt.

Quelle: Allbus 1998

a) Berechnen Sie für die gruppierte Altersverteilung der Befragten den Mittelwert und den Median.

b) Warum unterscheiden sich Median und Mittelwert? Können Sie aus der Abweichung Informationen über die Verteilung herauslesen?

c) Aus der ungruppierten Altersverteilung ist bekannt, dass die älteste Befragungsperson 97 Jahre alt ist. Berechnen Sie einen Mittelwert, der diese Information nicht berücksichtigt.
d) Bei den ungruppierten Daten beträgt der kleinste Modalwert 31 Jahre, der Median 47 Jahre und der Mittelwert 48.72 Jahre. Vergleichen Sie die Kennwerte mit denen der gruppierten Daten. Was schließen Sie daraus?
e) Erlauben die berechneten Kennwerte Rückschlüsse auf das Durchschnittsalter der Wohnbevölkerung in Deutschland?

Aufgabe 4.12

Der Notendurchschnitt bei einer Klausur beträgt 2.5 mit einer Varianz von 0.36. Wer ist weiter vom Mittelwert entfernt: Person A, die die Note 1.65 hat, oder Person B, die einen Z-Wert von +1.50 hat? Zeigen Sie den Lösungsweg auf.

Aufgabe 4.13

Die folgende Tabelle zeigt die Verteilung der Antworten zum Item: «Die in Deutschland lebenden Ausländer sollten ihren Lebensstil ein bisschen besser an den der Deutschen anpassen.»

Tabelle zu 4.13: **Ausländer: Anpassung Lebensstil**

gültige Werte	Antwortvorgabe	Häufigkeit	Prozent	gültige Prozent	kumulierte Prozent
1	stimme gar nicht zu	234	6.7	7.1	7.1
2		212	6.0	6.4	13.5
3		309	8.8	9.4	22.9
4		565	16.1	17.1	40.0
5		519	14.8	15.7	55.7
6		423	12.0	12.8	68.5
7	stimme voll zu	1038	29.5	31.5	100.0
	gesamt	3300	93.8	100.0	
fehlende Werte					
98	trifft nicht zu	212	6.0		
99	keine Angabe	6	0.2		
	gesamt	218	6.2		
gesamt		3518	100.0		

Quelle: Allbus 1996

Berechnen Sie für diese univariate Verteilung

a) den Mittelwert,

b) die Standardabweichung,

c) die Z-Werte.

d) Interpretieren Sie die Kenngrößen.

e) Welche Annahmen werden unterstellt?

Aufgabe 4.14

Die folgende Tabelle enthält eine zusammenfassende Darstellung des Items zur Assimilation von Ausländern «Ausländer sollten ihren Lebensstil anpassen», getrennt ausgewiesen für männliche und weibliche Befragte in Ost- und Westdeutschland.

Hinweis: Die Antworten auf das Item «Ausländer sollten ihren Lebensstil anpassen» lagen als ungruppierte Verteilung vor. Zur Vereinfachung der Berechnung von Kennwerten ist in der folgende Tabelle in der vorletzten Spalte für jede Teilgruppe die Summe der Produkte (der Ausprägung x_k mal der Häufigkeit n_k) enthalten. In der letzten Spalte der Tabelle ist die Summe der quadrierten Produkte (Produkte der quadrierten x_k^2 mal der Häufigkeit n_k) angegeben.

***Tabelle zu 4.14:* Ausländer: «Anpassung Lebensstil» bei Männern und Frauen in Ost und West**

Erhebungsgebiet	Geschlecht	N	Summe der Produkte $\sum_{k=1}^{K} n_k \cdot x_k$	Summe der quadrierten Produkte $\sum_{k=1}^{K} n_k \cdot x_k^2$
1 Westdeutschland	1 Mann	1078	5217	29141
	2 Frau	1109	5462	30866
	gesamt	2187	10679	60007
2 Ostdeutschland	1 Mann	532	2627	14991
	2 Frau	581	2938	16970
	gesamt	1113	5565	31961
gesamt	1 Mann	1610	7844	44132
	2 Frau	1690	8400	47836
	gesamt	3300	16244	91968

Quelle: Allbus 1996

a) Berechnen Sie für die vier Gruppen Mittelwert, Varianz und Standardabweichung.
b) Berechnen Sie die Mittelwerte und Standardabweichungen von Befragten aus West- und Ostdeutschland sowie von allen Befragten. Verwenden Sie dabei die Regeln zur Berechnung von Mittelwerten und Varianzen aus Teilgruppen.
c) Welche inhaltlichen Schlussfolgerungen ziehen Sie aus den Ergebnissen?

4.2 Lösungen der Übungsaufgaben zu Kapitel 4

Lösung 4.1

a) Die drei wichtigsten Maße der zentralen Tendenz sind der Modus, der Median und das arithmetische Mittel (auch: Mittelwert, Durchschnitt).

Der Vorteil des Modus ist darin zu sehen, dass dieses Maß der zentralen Tendenz für jedes Skalenniveau verwendet werden kann. Der Nachteil des Modus liegt darin, dass sein Wert wenig Information über die Verteilung gibt, insbesondere dann, wenn es mehrere Modi in einer Verteilung gibt. Die Information des Modus ist dann schwer interpretierbar.

Der Vorteil des Medians liegt darin, dass er nicht anfällig für Extremwerte in einer Verteilung ist. Sein Nachteil ist, dass er nur den Wert des Elements im Zentrum einer (nach der Größe der Ausprägungswerte der Elemente geordneten) Verteilung angibt. Die übrigen Werte der Verteilung bleiben unberücksichtigt.

Der Vorteil des arithmetischen Mittels besteht darin, dass alle Werte der Verteilung bei der Berechnung berücksichtigt werden. Sein Nachteil ist die Anfälligkeit für Extremwerte, was insbesondere bei sehr schiefen Verteilungen wie dem Einkommen in einer Population zu missverständlichen Informationen führen kann.

b) Für nominale Daten gibt es kein allgemein akzeptiertes Streuungsmaß. In loglinearen Analysen nominalskalierter Variablen wird allerdings oft die Devianz als Maß für die Unterschiedlichkeit der Werte verwendet.

Bei ordinalem Skalenniveau wird oft der Quartilabstand oder der mittlere Quartilabstand als Streuungsmaß verwendet. Die beiden Kennwerte geben den Abstand bzw. halben Abstand der Werte zwischen dem 1. und dem 3. Quartil, also zwischen dem 25 %-Quantil und dem 75 %-Quantil, an. Da Abstandsmessungen metrisches Messniveau voraussetzen, sind beide Werte streng genommen nur ab Intervallskalenniveau zulässig. Werden sie dennoch bei ordinalem Skalenniveau eingesetzt, sollte zumindest beachtet werden, dass der berechnete Wert als Differenz von Rängen oder Kategorien bezeichnet wird.

Ein Streuungsmaß für metrische Variablen ist die Varianz. Besser interpretierbar ist allerdings die Standardabweichung, die die Streuung der Werte um den Mittelwert in der Maßeinheit der zugrunde liegenden Verteilung angibt. Die Standardabweichung ist die Quadratwurzel aus der Varianz.

Lösung 4.2

a) Das arithmetische Mittel gibt als Lagemaß eine Information über die zentrale Lage einer Verteilung. In dieses Maß gehen alle Werte einer Verteilung ein, weshalb das arithmetische Mittel anfällig für Extremwerte ist. Der Mittelwert ist gut zum Vergleich zwischen Verteilungen bezüglich ihrer zentralen Tendenz geeignet.

Die Standardabweichung gibt dagegen Informationen über die Verschiedenheit der Werte einer Verteilung, also darüber, wie stark die einzelnen Messwerte um den Mittelwert streuen bzw. wie weit die Messwerte auseinander liegen. Die alleinige Betrachtung des Mittelwerts lässt wichtige Eigenschaften unberücksichtigt.

b) Dies kann anhand eines Beispiels verdeutlicht werden: Wenn von 100 Beobachtungen 50 den Wert 1 und 50 den Wert 99 haben, ergibt sich als Mittelwert 50, derselbe Mittelwert resultiert aber auch aus einer Verteilung mit 50-mal dem Wert 49 und 50-mal dem Wert 51, obwohl die Streuung der Ausprägungen in den beiden Verteilungen sehr unterschiedlich ist.

Der Mittelwert darf also nicht fehlinterpretiert werden als «häufigster Wert» oder «Wert, in dessen Nähe die meisten Daten liegen».

Die Standardabweichung ist ebenso wie der Mittelwert für die Beschreibung einer univariaten Verteilung oder den Vergleich von zwei (oder mehreren) Verteilungen wichtig. Wird nur der Mittelwert von Verteilungen berichtet, dann liegt keine Information über die Variation bzw. die Streuung der Werte in den Verteilungen vor. Ähnliche Mittelwerte bedeuten daher nicht, dass auch die Verteilungen ähnlich sind.

Lösung 4.3

a) Aus den Daten lassen sich drei unterschiedliche Maße berechnen, die die Lage der Verteilung kennzeichnen:

Der Modus ist die Ausprägung, die am häufigsten genannt wird. Mit drei Nennungen kommt das Haushaltseinkommen in Höhe von 5000.– € am häufigsten vor.

Auch der Median, der Wert desjenigen Elements, das die Reihe der nach Ausprägung der Messwerte geordneten Elemente halbiert, hat in der vorliegenden Einkommensverteilung den Wert 5000.– €.

Der Mittelwert (häufig auch: Durchschnitt) wird berechnet nach der Formel:

$$\bar{x} = \frac{1}{n}\sum_{i=1}^{n} x_i$$

und beträgt hier 8000.– €.

b) Das bedeutet, dass beide Aussagen richtig sind. Allerdings basieren beide Aussagen auf unterschiedlichen Maßen:

Die erste Aussage bezieht sich auf den Median und gibt damit an, welchen Einkommensbetrag das mittlere Element in der gegebenen Verteilung aufweist.

Die zweite Aussage bezieht sich dagegen auf den Durchschnittswert aller Einkommensbeträge in der gegebenen Verteilung.

c) Die auffällige Größe des Mittelwerts (Durchschnittswerts) im Vergleich zum Median wird durch den letzten Wert der Datenreihe 30 000.– € verursacht. Man bezeichnet solche ungewöhnlich großen Werte (bzw. kleinen Werte am anderen Ende) eines Datensatzes als «Ausreißer». Während der Median robust gegenüber extremen Randwerten der Verteilung ist, da sie nicht in seine

Berechnung eingehen, ist der Mittelwert ausreißeranfällig, also nicht robust gegenüber extremen Merkmalsausprägungen.

Bei der Betrachtung eines Datensatzes sollte man sich dieser Problematik bewusst sein, da sonst leicht Fehlinterpretationen möglich sind.

Es muss daher stets angegeben werden, welcher ‹mittlere› Wert berichtet wird, da sich Median und Mittelwert erheblich unterscheiden können.

Welches Maß hier angemessen ist, hängt auch von der Zielsetzung der Untersuchung ab. Aufgrund der höheren Informationshaltigkeit ist der Mittelwert in der Regel vorzuziehen. Aufgrund der hohen Streuung durch den Ausreißerwert von 30000.– € ist hier jedoch der Median vorzuziehen, da er ein realistischeres Bild von dem Einkommen vermittelt, was in der Regel zur Verfügung steht.

Lösung 4.4

Gegeben ist der Durchschnittswert, d.h. das arithmetische Mittel $\bar{x} = 75.5$ und $n = 24$. Weiterhin ist gegeben $n_Z = 1$ (eine zusätzliche Klausur) mit einem Punktwert $x_Z = 80$.

Durch Umformen der Formel zur Berechnung des arithmetischen Mittels erhält man die Summe der Klausurergebnisse der ersten 24 Klausuren. Zu dieser Summe wird die neu hinzugekommene Note addiert und der resultierende Wert anschließend durch 25 (Gesamtzahl der Klausuren) dividiert.

Formal wird der Mittelwert berechnet nach:

$$\bar{x} = \frac{1}{n}\sum_{i=1}^{n} x_i$$

Umformen und Einsetzen der gegebenen Zahlen ergibt:

$$\sum_{i=1}^{n} x_i = n \cdot \bar{x} = 75.5 \cdot 24 = 1812$$

Nun wird zu dieser Summe der hinzugekommene Wert addiert und diese Summe durch die Anzahl aller berücksichtigten Klausuren dividiert:

$$\frac{\left(\sum_{i=1}^{n} x_i\right) + x_z}{n + n_z} = \frac{1812 + 80}{24 + 1} = 75.68$$

Die durchschnittliche Punktzahl in den 25 Klausuren beträgt 75.7.

Alternativer Lösungsweg: Der resultierende Wert kann auch als mit der Fallzahl gewichtetes Mittel von zwei Mittelwerten berechnet werden, wobei der zweite Mittelwert auf der Fallzahl 1 beruht:

$$\bar{x} = \frac{n_1 \cdot \bar{x}_1 + n_2 \cdot \bar{x}_2}{n_1 + n_2} = \frac{24 \cdot 75.5 + 1 \cdot 80}{24 + 1} = 75.68$$

Lösung 4.5

a) Der Durchschnitt (arithmetisches Mittel) der Notenverteilung beträgt 2.7. Das mittlere Notenniveau (Median) beträgt dagegen $2.5 = (1 + 4)/2$ (gebildet aus dem Mittelwert der Realisierungen der beiden mittleren Elemente der Verteilung).

b) Nachdem die Person mit der Note 5 die Gruppe verlassen hat, entspricht der Median der Note 1, während der Notendurchschnitt bei 2.2 liegt. Hier macht sich sowohl der Wegfall des Extremwerts der Note 5 im Durchschnitt als noch erheblicher die nunmehr zentrale Stellung des dritten Elements mit der Note 1 bemerkbar.

Da die Stichprobe nur sehr klein ist, spiegelt sich hier eine Veränderung der Daten auch im Median wider. Bei Verteilungen mit sehr vielen Fällen ändert sich durch den Wegfall eines extremen Werts i. Allg. der Mittelwert dagegen stärker als der Median.

Lösung 4.6

Das Problem besteht darin, dass jede Partei auf einer anderen Basis zur Berechnung des durchschnittlichen Einkommens argumentiert. Während die Arbeiter den Durchschnittsverdienst der Arbeiterschaft errechnet haben, beziehen sich die Angaben der Firmenleitung auf den Durchschnittsverdienst im Unternehmen insgesamt. Dabei wird durch den sehr viel höheren Verdienst der Mitglieder des Managements der Durchschnittsverdienst nach oben verschoben.

Lösung 4.7

a) Zum Vergleich der Publikationsaktivitäten in beiden Disziplinen können verschiedene Kennwerte berechnet werden:

Kennwerte

	Soziologie	Politologie
Anzahl der Veröffentlichungen	49	42
Modus	3, 11	6
Median	7	6
Mittelwert	7	7
Range	8	8
Quartilabstand	8	0
Varianz	11.71	7.33
Standardabweichung	3.42	2.71

b) Folgende Gemeinsamkeiten bzw. Unterschiede lassen sich aus den Maßzahlen ablesen:

Insgesamt werden in der Soziologie mehr Arbeiten publiziert als in der Politologie. Die Gruppe der Soziologen ist aber auch größer als die Gruppe der Politologen.

Der Modus gibt Auskunft darüber, dass bei den Soziologen 3

und 11 Publikationen am häufigsten vorkommen, d. h., dass es sowohl relativ viele Personen gibt, die viel publizieren, als auch solche, die wenig publizieren. Bei den Politologen liegt die Publikationsaktivität im mittleren Bereich, und von den meisten Personen wurden 6 Artikel veröffentlicht.

Der Median informiert darüber, dass die mittlere Publikationsaktivität bei den Soziologen um eine Publikation höher liegt als bei den Politologen.

Die Mittelwerte unterscheiden sich nicht. Im Durchschnitt wird also in beiden Fächern gleich viel publiziert.

Der Range gibt die Bandbreite der Anzahl von Publikationen in beiden Fachgebieten an. Hier unterscheiden sich die beiden Fächer nicht.

Der Quartilabstand informiert darüber, dass der Abstand bei den Soziologen zwischen den viel und den wenig publizierenden Personen 8 Publikationen beträgt, während es bei Politologen gar keinen Abstand gibt.

Die Varianz bzw. besser interpretierbar die Standardabweichung gibt an, dass die Streuung um den Mittelwert bei den Soziologen deutlich über drei und bei den Politologen deutlich unter drei Publikationen ausmacht. Dies bedeutet, dass die Publikationsaktivitäten bei den Politologen ähnlicher sind, d. h., dass die einzelnen Personen bei den Politologen sich in ihren Publikationsaktivitäten weniger voneinander unterscheiden, als das bei den Soziologen der Fall ist.

Lösung 4.8

a) Zur Bestimmung der Reihenfolge ordnet man die Daten der Größe nach. Mit dem Index wird hier die Position des Datums in der Anordnung beschrieben. So ist z. B. $x_{(4)}$ der vierte Wert in aufsteigender Reihenfolge.

$x_{(1)}$	$x_{(2)}$	$x_{(3)}$	$x_{(4)}$	$x_{(5)}$	$x_{(6)}$	$x_{(7)}$	$x_{(8)}$	$x_{(9)}$	$x_{(10)}$
1.4	2.0	2.0	2.5	2.5	2.5	2.8	3.2	3.2	3.5

b) Zur Berechnung des 25 %-Quantils $\tilde{x}_{0.25}$ oder ersten Quartils, Q_1, ermittelt man zunächst dessen Position als Rangplatz $x_{(1/4n)}$. Im Beispiel gibt es den Rangplatz 1/4n = 2.5 nicht. Als Rangplatz wird daher die nächsthöhere ganze Zahl verwendet. Der Wert (die Realisierung) des Quartils Q_1 ist dann die Realisierung des Elements, das auf dem so ermittelten Rangplatz steht. Der Wert des ersten Quartils beträgt hier:

$$\tilde{x}_{0.25} = x_{(1/4 \cdot n)} \approx x_{(3)} = Q_1 = 2.0$$

c) Der Mittelwert ist ein Maß der zentralen Tendenz und wird berechnet nach:

$$\bar{x} = \frac{1}{n}\sum_{i=1}^{n} x_i$$

Durch Einsetzen der Zahlen resultiert der Mittelwert hier als:

$$\bar{x} = \frac{1}{n}\sum_{i=1}^{n} x_i = \frac{1}{10}\sum_{i=1}^{10} 25.6 = 2.56$$

d) Der Median ist der Wert, der die der Größe nach geordnete Verteilung in zwei gleich große Teile teilt, und entspricht dem 50 %-Quantil. Bei ungerader Fallzahl ist es der Wert mit der Rangnummer (n + 1)/2, bei gerader Fallzahl wird der Median als Mittelwert aus dem Fall mit der Rangnummer n/2 und dem Fall mit der Rangnummer n/2 + 1 berechnet. Der Wert des Medians ist hier also gleich dem Mittelwert der Ausprägungen, die auf den Rangplätzen $x_{(5)}$ und $x_{(6)}$ beobachtbar sind. Da beide Ränge den Wert 2.5 aufweisen, ist der Median ebenfalls 2.5.

e) Die Varianz ist als Summe der Abweichungsquadrate der einzelnen (Mess-)Werte der Verteilung vom arithmetischen Mittel definiert:

$$s^2 = \frac{1}{n}\sum_{i=1}^{n}(x_i - \bar{x})^2$$

Durch Einsetzen der Zahlenwerte wird die Varianz hier berechnet als:

$$s^2 = \frac{1}{10}\sum_{i=1}^{10}(x_i - \bar{x})^2 = \frac{1}{10}\cdot\left((1.4-2.56)^2 + (2.0-2.56)^2 + \ldots + (3.5-2.56)^2\right) = 0.3744$$

Schneller ist die Berechnung der Varianz s^2 bei Verwendung der alternativen Formel:

$$s^2 = \frac{1}{n}\cdot\sum_{i=1}^{n}x_i^2 - \bar{x}^2 = \frac{1}{10}\cdot\left(1.4^2 + 2.0^2 + \ldots + 3.5^2\right) - 2.56^2 = 0.3744$$

f) Die Standardabweichung s_X ist die Quadratwurzel aus der Varianz und wird berechnet nach:

$$s_X = \sqrt{s_X^2} = \sqrt{0.374} = 0.612$$

g) Die Spannweite gibt die Differenz zwischen höchstem und niedrigstem Wert an:

$$r = x_{(n)} - x_{(1)} = 3.5 - 1.4 = 2.1$$

h) Der Quartilabstand wird aus der Differenz zwischen 3. und 1. Quartil gebildet. Das dritte Quartil und sein Wert wird analog dem ersten Quartil (siehe Teilaufgabe b) ermittelt. Der Wert des dritten Quartils ist:

$$x_{(0.75)} = x_{(3/4\cdot n)} = x_{(8)} = 3.2$$

Der Quartilabstand beträgt dann:

$$Q_3 - Q_1 = x_{(0.75)} - x_{(0.25)} = 3.2 - 2.0 = 1.2$$

Der mittlere Quartilabstand wird berechnet als:

$$\frac{Q_3 - Q_1}{2} = \frac{3.2 - 2.0}{2} = 0.6$$

i) Die Ergebnisse der Aufgaben b, d und h, d. h. das 1. Quartil, der Median, der Quartilabstand und der mittlere Quartilabstand, ändern sich nicht. Diese Werte sind nicht anfällig für Veränderungen in Extremwerten, weil nicht alle Werte der Verteilung in ihre Berechnung eingehen.

Dagegen verändern sich die Werte von Mittelwert, Varianz, Standardabweichung und Range.

Lösung 4.9

a) Bei einer trichotomen Variable mit den Ausprägungen –1, 0 und +1 gibt der Mittelwert die Differenz der Anteile der Ausprägungen –1 und +1 an.

Zur Verdeutlichung der Interpretation des Mittelwerts einer trichotomen Variablen mit den Ausprägungen –1, 0 und +1 ein Beispiel:

Gemessen wird die Einstellung zu Schwangerschaftsabbruch mit den Ausprägungen «sollte verboten sein» (–1), «kommt drauf an» (0) und «sollte erlaubt sein» (+1). Wenn von 100 Personen 30 die erste Kategorie wählen, 30 die zweite und 40 die dritte Kategorie, ergibt sich ein Mittelwert von:

$$\bar{x} = \frac{30 \cdot (-1) + 30 \cdot (0) + 40 \cdot (1)}{100} = 0.10$$

Es gibt 0.1 oder 10 % mehr Personen, die für eine Legalisierung von Schwangerschaftsabbruch sind, als es Personen gibt, die dagegen sind.

b) Die Berechnung des Mittelwerts setzt mindestens Intervallskalenniveau voraus. Tatsächlich wird hier sogar Ratioskalenniveau vorausgesetzt, da die mittlere Kategorie mit dem Wert 0 als inhaltlich irrelevant betrachtet wird. So wird im Beispiel nur der Kontrast zwischen Befürwortern (Code: +1) und Gegnern (Code: –1) berücksichtigt; die Personen mit der Antwort «kommt drauf an» (Code: 0) werden dagegen als inhaltlich nicht bedeutsam ignoriert.

Die Verwendung der Codes –1, 0 und +1 hat allerdings nicht notwendig ein Ratioskalenniveau zur Folge, dieses muss vor allem theoretisch begründet und der Fragestellung angemessen sein.

c) Die Interpretation als Anteil, mit dem die Ausprägung +1 die Ausprägung –1 übersteigt, setzt zum einen voraus, dass tatsächlich die Codes –1, 0 und +1 vergeben sind und nicht andere Codes (z. B. 1, 2 und 3). Im Falle anderer Codierungen ist die Interpretation des Mittelwerts nicht in der oben beschriebenen Weise möglich, sondern kann erst nach entsprechender Recodierung erfolgen.

Lösung 4.10

Gegeben sind Durchschnittswerte und Streuungen in den Populationen der beiden Bundesländer Baden-Württemberg und Thüringen sowie die Wochenarbeitszeit von zwei Personen aus diesen Ländern.

Durch die Z-Transformation am jeweiligen Verteilungsdurchschnitt werden die individuellen Werte von Herrn Meier und Herrn Schmidt in eine Verteilung mit Mittelwert 0 und Standardabweichung 1 übertragen. Damit wird die Abweichung der individuellen Wochenarbeitszeit von der durchschnittlichen Arbeitszeit der jeweiligen Verteilung an der Unterschiedlichkeit der Werte in jeder Verteilung relativiert.

Formal wird der Durchschnittswert jeder Verteilung vom individuellen Messwert subtrahiert und durch die Standardabweichung der Verteilung dividiert.

Die Berechnung der Z-Werte erfolgt nach der Formel:

$$z_i = \frac{x_i - \mu_x}{\sigma_x}$$

Durch Einsetzen der gegebenen Werte ergibt sich:

$$z_{\text{Schmidt; Ba-Wü}} = \frac{42 - 40.5}{1.5} = 1 \quad \text{und} \quad z_{\text{Meier; Thüringen}} = \frac{40.5 - 42}{3} = -0.5$$

Der Vergleich der Z-Werte zeigt, dass Herr Schmidt aus Baden-Württemberg verglichen mit anderen Arbeitnehmern aus Baden-Württemberg relativ weiter vom Durchschnittswert der Verteilung entfernt ist (und mehr arbeitet) als Herr Meier, der mit seiner wöchentlichen Arbeitszeit zwar unter der durchschnittlichen Stundenzahl, aber verglichen mit anderen Arbeitnehmern aus Thüringen relativ näher am Durchschnitt der Verteilung liegt.

Lösung 4.11

a) Zur Berechnung des Mittelwerts werden die Klassenmitten verwendet:

$$\bar{x} = \frac{1}{3234}\left(\begin{array}{l} 501\cdot\frac{17.5+29.5}{2}+935\cdot\frac{29.5+44.5}{2}+808\cdot\frac{44.5+59.5}{2}+724\cdot\frac{59.5+74.5}{2} \\ +253\cdot\frac{74.5+89.5}{2}+13\cdot\frac{89.5+97.5}{2} \end{array}\right)$$
$$= 49.12$$

Der Mittelwert der gruppierten Altersverteilung liegt bei 49.12 Jahren.

Der Median ist das 50 %-Quantil und wird unter Verwendung der exakten Klassengrenzen berechnet nach:

$$Q_{0.50} = 44.5 + \frac{0.500 - 0.444}{0.250}\cdot(59.5 - 44.5) = 47.86$$

Der Mittelwert liegt also etwas über dem Median.

b) Dass der Mittelwert über dem Median liegt, liegt daran, dass es mehr alte als junge Befragte in der Stichprobe gibt. Dies legt die Vermutung nahe, dass die Verteilung nicht symmetrisch, sondern linksschief ist.

c) Wenn die Obergrenze der letzten Kategorie unbekannt ist, muss ein getrimmter Mittelwert berechnet werden. An beiden Rändern der Verteilung werden die extremen Ausprägungen ausgeschlossen und mit dem Rest der Daten das getrimmte Mittel berechnet.

Da die oberste Altersklasse 13 Fälle umfasst, muss auch die unterste Altersklasse um die 13 jüngsten Befragten reduziert und damit die Altersgrenze in dieser Kategorie nach oben verschoben werden. Die neue Untergrenze ist dann:

$$u_t = u_1 + \frac{n_t}{n_1} \cdot (o_1 - u_1) = 17.5 + \frac{13}{501} \cdot (29.5 - 17.5) = 17.81$$

Der um 13 Fälle (= 0.4 %) getrimmte Mittelwert beträgt dann:

$$\bar{x}_{0.4\%getr.} = \frac{1}{3234 - 13 \cdot 2} \left(\begin{array}{l} (501-13) \cdot \frac{17.81+29.5}{2} + 935 \cdot \frac{29.5+44.5}{2} + 808 \cdot \frac{44.5+59.5}{2} \\ +724 \cdot \frac{59.5+74.5}{2} + 253 \cdot \frac{74.5+89.5}{2} \end{array} \right)$$

$$= 49.07$$

Der um 13 Fälle (= 0.4 %) getrimmte Mittelwert beträgt 49.07 Jahre. Der Wert verringert sich nur sehr geringfügig, die Trimmung um 0.4 % verändert also den Mittelwert der Altersverteilung fast gar nicht.

d) Bei den gruppierten Daten ist die modale Klasse (mit der größten Häufigkeit) die 2. Klasse mit einem Klassenmittelwert von 37 Jahren. Der Median der gruppierten Daten beträgt 47.86 Jahre, der Mittelwert 49.12 Jahre. Median und Mittelwert sind also bei der ungruppierten und der gruppierten Verteilung sehr ähnlich. Der Modalwert der gruppierten Daten ist dagegen sehr ungenau. Die Berechnung von Modalwerten ist bei gruppierten Daten üblicherweise nicht sinnvoll.

e) Nein, da in der Allbus-Stichprobe keine Angaben über den Anteil der unter 18-Jährigen gemacht werden, können die Daten dieser Umfrage nicht zur Berechnung des Durchschnittsalters der Wohnbevölkerung in Deutschland herangezogen werden.

Lösung 4.12

Um die Frage beantworten zu können, muss entweder der Wert von Person A in einen Z-Wert transformiert werden oder der Z-Wert von Person B in einen X-Wert umgerechnet werden.

Im ersten Fall vergleicht man die Z-Werte bzw. deren Abstand zum Mittelwert der Z-Verteilung, der gleich null ist, $\bar{z} = 0$.

Im zweiten Fall vergleicht man die X-Werte mit dem Mittelwert der Verteilung, $\bar{x} = 2.5$.

Formale Darstellung:

$\bar{x} = 2.5;\ s_X^2 = 0.36;\ s_x = 0.6$

Z-Wert von Person A: $z_A = \frac{x_i - \bar{x}}{s_X} = \frac{1.65 - 2.5}{0.6} = -1.42$

Z-Wert von Person B: $z_B = 1.50$

Der Abstand des Z-Werts von Person A zum Wert 0 beträgt 1.42, der von Person B 1.5. Person B ist somit weiter vom Mittelwert entfernt.

Analog erhält man für eine Berechnung der X-Werte:

X-Wert von Person B: $x_B = z_B \cdot s_x + \bar{x} = 1.50 \cdot 0.6 + 2.5 = 3.4$

X-Wert von Person A: $x_A = 1.65$

Der Mittelwert der Verteilung beträgt $\bar{x} = 2.5$.

Person A hat einen Notendurchschnitt von 1.65, sodass der Abstand zum Mittelwert 0.85 beträgt. Person B hat einen Notendurchschnitt von 3.4, und der Abstand zum Mittelwert ist 0.9. Also ist Person B weiter vom Mittelwert entfernt.

Lösung 4.13

In der folgenden Tabelle werden zunächst einige Zwischenwerte aufgeführt, die zur Berechnung der Kennwerte hilfreich sind:

Berechnungsschema

Wert	Antwortvorgabe	n_k	$n_k \cdot x_k$	$n_k \cdot x_k^2$
1	stimme gar nicht zu	234	234	234
2		212	424	848
3		309	927	2781
4		565	2260	9040
5		519	2595	12975
6		423	2538	15228
7	stimme voll und ganz zu	1038	7266	50862
		3300	16244	91968

a) Der Mittelwert beträgt:

$$\overline{x} = \frac{1}{n} \cdot \sum_{k=1}^{K} n_k \cdot x_k = \frac{1}{3300} \cdot \sum_{k=1}^{7} n_k \cdot x_k = \frac{1}{3300} \cdot 16244 = 4.922$$

b) Die Standardabweichung beträgt:

$$s_X = \sqrt{\frac{1}{n} \cdot \sum_{k=1}^{K} n_k \cdot x_k^2 - \overline{x}^2} = \sqrt{\frac{1}{3300} \cdot 91968 - 4.922^2} = 1.908$$

c) Die Z-Werte werden mit folgender Formel berechnet:

$$z_k = \frac{x_k - \overline{x}}{s_x}$$

Berechnungsschema

	Ausprägung	z_k
1	stimme gar nicht zu	−2.056
2		−1.531
3		−1.007
4		−0.483
5		0.041
6		0.565
7	stimme voll und ganz zu	1.089

d) Der Mittelwert von 4.922 weist darauf hin, dass der Meinung «Ausländer sollen ihren Lebensstil anpassen» im Durchschnitt eher zugestimmt wird, da der Wert über dem mittleren Wert 4 der Antwortskala liegt. Die Standardabweichung beträgt knapp 2 Einheiten, ist also relativ zur Antwortskala, die 7 Einheiten umfasst, groß. Es gibt also eine erhebliche Streuung um den Mittelwert von 4.922.

Das bedeutet, dass die Meinungen der Befragten weit auseinander gehen: Es gibt Befragte, die diesem Item «voll und ganz» zustimmen, während andere dem Item «gar nicht» zustimmen. Die Forderung nach einer Assimilation der Ausländer polarisiert offensichtlich. Als weiter gehende Frage wäre nun herauszufinden, wer die sozialen Gruppen sind, die die jeweiligen Extremwerte angeben.

e) Die Berechnung von Mittelwert, Standardabweichung und der Z-Werte setzt metrisches Messniveau voraus. Es wird also unterstellt, dass die Abstände zwischen den Ausprägungen gleich groß sind.

Lösung 4.14

a) Mit Hilfe der Werte in der Tabelle können Mittelwerte, Varianzen und Standardabweichungen für die vier Teilgruppen der Gesamtstichprobe berechnet werden:

$$\bar{x}_{West,Mann} = \frac{5217}{1078} = 4.840;\ s^2_{West,Mann} = \frac{29141}{1078} - 4.840^2 = 3.612;\ s_{West,Mann} = 1.900$$

$$\bar{x}_{West,Frau} = \frac{5462}{1109} = 4.925;\ s^2_{West,Frau} = \frac{30866}{1109} - 4.925^2 = 3.575;\ s_{West,Frau} = 1.891$$

$$\bar{x}_{Ost,Mann} = \frac{2627}{532} = 4.938;\ s^2_{Ost,Mann} = \frac{14991}{532} - 4.938^2 = 3.795;\ s_{Ost,Mann} = 1.948$$

$$\bar{x}_{Ost,Frau} = \frac{2938}{581} = 5.057;\ s^2_{Ost,Frau} = \frac{16970}{581} - 5.057^2 = 3.637;\ s_{Ost,Frau} = 1.907$$

Im Osten wie im Westen sind die Mittelwerte der Frauen etwas höher als die der Männer. Außerdem sind im Osten die Mittelwerte etwas höher als im Westen. Frauen stimmen dem Item also eher zu als Männer und Befragte in Ostdeutschland eher als Befragte in Westdeutschland. Die Unterschiede sind aber insgesamt gering.

Bei den Streuungen sind die Werte der Frauen geringfügig unter den Werten der Männer und die Streuungen in den neuen Bundesländern etwas höher als in den alten Bundesländern.

b) Zur Berechnung des Mittelwerts und der Standardabweichung in Ost- und Westdeutschland werden die Angaben der Männer und die der Frauen im jeweiligen Erhebungsgebiet summiert. Die allgemeine Formel zur Berechnung des gemeinsamen («pooled») Mittelwerts lautet:

$$\bar{x}_{pooled} = \frac{n_a}{n_a + n_b} \cdot \bar{x}_a + \frac{n_b}{n_a + n_b} \cdot \bar{x}_b$$

Durch Einsetzen der entsprechenden Werte für Frauen und Männer wird der gemeinsame Mittelwert für die Befragten im Osten und im Westen berechnet nach:

$$\bar{x}_{Ost} = \frac{532}{532+581} \cdot 4.938 + \frac{581}{532+581} \cdot 5.057 = 5.000$$

$$\bar{x}_{West} = \frac{1078}{1078+1109} \cdot 4.840 + \frac{1109}{1078+1109} \cdot 4.925 = 4.883$$

Die allgemeine Formel zur Berechnung der gemeinsamen («pooled») Streuung lautet:

$$s^2_{pooled} = \frac{n_a}{n_a+n_b} \cdot \left(s_a^2 + (\bar{x}_a - \bar{x})^2\right) + \frac{n_b}{n_a+n_b} \cdot \left(s_b^2 + (\bar{x}_b - \bar{x})^2\right)$$

Durch Einsetzen der entsprechenden Werte für Frauen und Männer wird die gemeinsame Streuung für die Stichprobe im Osten und im Westen berechnet nach:

$$s_{Ost} = \sqrt{\frac{532}{532+581} \cdot \left(3.795 + (4.938 - 5.000)^2\right) + \frac{581}{532+581} \cdot \left(3.637 + (5.057 - 5.000)^2\right)}$$
$$= 1.928$$

$$s_{West} = \sqrt{\frac{1078}{1078+1109} \cdot \left(3.612 + (4.840 - 4.883)^2\right) + \frac{1109}{1078+1109} \cdot \left(3.575 + (4.925 - 4.883)^2\right)}$$
$$= 1.896$$

Mittelwert und Varianz bzw. Standardabweichung für die Gesamtstichprobe können durch Einsetzen der entsprechenden Werte als «gepoolter» Mittelwert und «gepoolte» Streuung berechnet werden nach:

$$\bar{x}_{Gesamt} = \frac{1610}{3300} \cdot 4.872 + \frac{1690}{3300} \cdot 4.970 = 4.922$$

$$s_{Gesamt} = \sqrt{\frac{1610}{3300} \cdot \left(1.917^2 + (4.872 - 4.922)^2\right) + \frac{1690}{3300} \cdot \left(1.897^2 + (4.970 - 4.922)^2\right)}$$
$$= 1.907$$

c) Die inhaltlichen Schlussfolgerungen sind zum Teil bereits in a) gegeben: Im Durchschnitt gibt es eine leichte Zustimmung zu dem Item. Die Mittelwerte unterscheiden sich zwischen Männern und Frauen und zwischen Befragten aus Ost- und Westdeutschland nur wenig. Die Unterschiede fallen so aus, dass Frauen dem Item eher zustimmen als Männer und Befragte aus den neuen

Ländern eher als Befragte aus den alten Ländern. Die Streuungen liegen bei allen Gruppen um den Wert 1.9, wobei die Unterschiede unter den Männern etwas größer sind als unter den Frauen und im Osten etwas größer als im Westen.

Die oftmals geäußerte Vermutung in der öffentlichen Diskussion, dass die Ostdeutschen ‹ausländerfeindlicher› seien als die Westdeutschen, gilt (zumindest für die Befragten) nicht. Für eine Verallgemeinerung dieses Ergebnisses auf die Gesamtheit aller Ost- und Westdeutschen benötigt man jedoch inferenzstatistische Verfahren (vgl. Kapitel 9).

5 Zufallsexperiment und Stichprobenziehung

5.1 Übungsaufgaben zu Kapitel 5

Aufgabe 5.1

Wie groß ist die Wahrscheinlichkeit, beim einmaligen Würfeln mit einem Würfel eine Augenzahl von mindestens 5 zu erhalten?

Aufgabe 5.2

Geben Sie zu den folgenden Zufallsexperimenten die Ereignisräume an:

a) Auswahl einer Person aus einer Gruppe, die aus drei Männern und zwei Frauen besteht.
b) Auswahl von zwei Personen aus sechs Berufsgruppen des Handwerks (Kfz-Mechaniker, Schreiner, Elektriker, Maurer, Dachdecker, Fliesenleger).

Aufgabe 5.3

Von acht Personen wird der höchste erworbene Schulabschluss erfragt. Vier besitzen einen Hauptschulabschluss, zwei die Mittlere Reife und zwei das Abitur. Benutzen Sie zur Bestimmung der Auftretenswahrscheinlichkeit für die folgenden Ereignisse die klassische Definition der Wahrscheinlichkeit:

a) Wahrscheinlichkeit der zufälligen Auswahl einer Person mit Mittlerer Reife.
b) Wahrscheinlichkeit der zufälligen Auswahl einer Person mit Abitur.

c) Wahrscheinlichkeit, bei einer zufälligen (gleichzeitigen) Auswahl von fünf Personen eine Person mit Hauptschulabschluss anzutreffen.

Aufgabe 5.4

Es geht um folgendes Zufallsexperiment: Eine Münze wird einmal geworfen. Bei Kopf wirft man die Münze ein zweites Mal. Bei Zahl wirft man einen Würfel.

a) Geben Sie alle Elemente des Ereignisraums an.
b) Beschreiben Sie das Ereignis A «Die Augenzahl des Würfelwurfs ist kleiner als 4» mit Hilfe der zugehörigen Elementarereignisse.
c) Geben Sie die Elemente des Ereignisraums an, die dem Ereignis B «Es wird zweimal Zahl geworfen» entsprechen.
d) Wie ermitteln Sie die Wahrscheinlichkeit für zweimal Kopf?
e) Wie ermitteln Sie die Wahrscheinlichkeit für das Auftreten der Augenzahl 6?

Aufgabe 5.5

Damit ein Gesetz verabschiedet wird, müssen zwei der im Parlament vertretenen Parteien dem Gesetz zustimmen. Partei A stimmt dem Gesetz mit einer Wahrscheinlichkeit von 10 % nicht zu, Partei B stimmt mit einer Wahrscheinlichkeit von 15 % nicht zu. Die Wahrscheinlichkeit, dass beide Parteien gleichzeitig dem Gesetz nicht zustimmen, beträgt 5 %.

Wie hoch ist die Wahrscheinlichkeit, dass das Gesetz verabschiedet wird? Beschreiben Sie den Lösungsweg.

Aufgabe 5.6

Es geht um das Zufallsexperiment Würfelwurf.

a) E_1 soll das Ereignis «Primzahl» sein. Wie bestimmen Sie $P(E_1)$?
b) E_2 soll das Ereignis «Augenzahl 5» sein. Wie bestimmen Sie $P(E_2)$?
c) Wie bestimmen Sie die bedingte Wahrscheinlichkeit von E_2 gegeben E_1? Sind die dazu notwendigen Größen bekannt?
d) Sind die Ereignisse E_1 und E_2 unabhängig voneinander? Geben Sie an, wie Sie die Unabhängigkeit feststellen können.

e) Wie groß ist die Wahrscheinlichkeit, beim Würfeln mit einem Würfel eine gerade Zahl oder eine Primzahl zu erreichen?

Aufgabe 5.7

45 % der Bahnkunden in Deutschland besitzen eine BahnCard. Der Anteil der Kunden, die eine BahnCard besitzen und ihre Fahrkarten am Schalter kaufen, beträgt 30 %.

Wie groß ist die Wahrscheinlichkeit, dass ein Kunde, der eine BahnCard besitzt, seine Fahrkarte am Schalter kauft? Zeigen Sie den Lösungsweg auf, und führen Sie die notwendigen Berechnungen durch.

Aufgabe 5.8

In einem Diplomstudiengang werden die Themen der Abschlussklausuren von zwei Hochschullehrern X und Y gestellt. Die Teilnehmer der Klausur können sich das Thema nicht aussuchen und bekommen mit gleicher Wahrscheinlichkeit das Thema entweder von X oder von Y. Beim Hochschullehrer X bestehen 90 % die Abschlussklausur; beim Hochschullehrer Y sind es nur 60 %.

a) Wie groß ist die Wahrscheinlichkeit, dass ein Studierender durch die Klausur fällt?

b) Wie wahrscheinlich ist es, dass ein Teilnehmer das Thema von Hochschullehrer Y bearbeitet hat, wenn er die Klausur bestanden hat?

Aufgabe 5.9[6]

«A traveler one day was making his way
through a wood both wild and deep.
The road split in two and he muttered «Mon Dieu!
Where in the world shall I sleep?»
To the south lay an inn most noted for sin,
but a constable shrewd and upright.
To the north (said the sign) a village benign,

6. Frank, H. & S. C. Althoen. 1994. Statistics. Concepts and Applications. Cambridge University Press, S. 164.

a safer abode for the night.
The village, it seemed, was a traveler's dream,
for thieves chose the inn as a rule.
But the sheriff in town had earned wide renown
as a lax and incompetent fool.»

Im Gasthaus beträgt die Wahrscheinlichkeit, beraubt zu werden, 60 %, im Dorf ist sie geringer und beträgt 20 %. Die Wahrscheinlichkeit, dass im Falle eines Diebstahls das Geld des Reisenden vom «Constable» wiedergefunden wird, beträgt im Gasthaus 70 %, der «Sheriff» im Dorf hat dagegen nur eine Erfolgsquote von 10 %.

Welcher Übernachtungsplatz ist im Hinblick auf die Sicherheit (die Wahrscheinlichkeit, nicht beraubt zu werden) die bessere Wahl? Zeigen Sie den Lösungsweg auf, und führen Sie die notwendigen Berechnungen durch.

Aufgabe 5.10

In einem Bundesland M verteilen sich alle Studierenden im Verhältnis 40 % zu 60 % auf zwei Hochschulen A und B. Der Anteil der Studierenden im Fach Soziologie beträgt in Hochschule A $p_A = 15\,\%$ und in Hochschule B $p_B = 10\,\%$.

a) Wie groß ist die Wahrscheinlichkeit, dass eine zufällig aus den Studierenden des Bundeslandes ausgewählte Person Soziologie studiert? Zeigen Sie den Lösungsweg auf.
b) Wie groß ist die Wahrscheinlichkeit, dass eine zufällig aus der Gesamtheit der Soziologiestudierenden im Bundesland M ausgewählte Person an der Hochschule B studiert? Zeigen Sie den Lösungsweg auf.
c) Ist der Besuch der Hochschule A bzw. der Besuch der Hochschule B unabhängig vom Studienfach Soziologie?

Aufgabe 5.11

Ein Paar hat zwei Kinder. Generell beträgt die Geburtswahrscheinlichkeit für Mädchen wie für Jungen ungefähr 0.5. Es wird davon ausgegangen, dass die Geschlechter von Geschwistern unabhängig voneinander sind. Wie groß ist die Wahrscheinlichkeit dafür, dass

a) beide Kinder Jungen sind,
b) mindestens ein Kind ein Junge ist,
c) das ältere Kind ein Junge ist,
d) das jüngere Kind ein Mädchen ist, wenn das ältere Kind ein Junge ist,
e) beide Kinder Jungen sind, wenn mindestens ein Kind ein Junge ist?

Aufgabe 5.12

Die Akzeptanz einer Fernsehzeitung, die einmal pro Woche erscheint, wird bei verheirateten Frauen und Männern untersucht. Dabei zeigt sich, dass 50 % der Frauen und 40 % der Männer die Zeitschrift regelmäßig lesen. Weiterhin wurde festgestellt, dass die Wahrscheinlichkeit, dass ein Ehemann die Zeitschrift regelmäßig liest, wenn seine Frau sie regelmäßig liest, 0.70 beträgt.

Bestimmen Sie die Wahrscheinlichkeit dafür, dass

a) beide Ehepartner die Zeitschrift regelmäßig lesen,
b) eine Frau die Zeitschrift regelmäßig liest, wenn ihr Mann regelmäßiger Zeitschriftenleser ist,
c) wenigstens ein Ehepartner regelmäßig die Fernsehzeitschrift liest.

Aufgabe 5.13

Erläutern Sie die folgenden Begriffe der Wahrscheinlichkeitstheorie am Beispiel der Stichprobenziehung.

a) Zufallsexperiment
b) Elementarereignis
c) Zusammengesetztes Ereignis
d) Ereignisraum
e) A-priori-Wahrscheinlichkeit

Aufgabe 5.14

In einer kleinen sozialwissenschaftlichen Bibliothek gibt es im inhaltlichen Bereich Bücher über «Allgemeine Soziologie», «Jugendsoziologie» sowie «Geschichte der Soziologie» und im methodischen Bereich Bücher über «Qualitative Sozialforschung» und über

«Statistik» (die meisten davon sind noch nie gelesen worden). Wenn man alle Bücher nach Themenbereichen geordnet ins Regal stellt, wie viele Möglichkeiten gibt es,

a) die Themenbereiche alphabetisch zu ordnen?
b) die Themenbereiche in irgendeiner Anordnung ins Regal zu stellen?
c) Wenn die Themenbereiche in irgendeiner Anordnung ins Regal gestellt werden, wie wahrscheinlich ist es, dass sie zufällig in alphabetischer Reihenfolge stehen?

Aufgabe 5.15

An sieben nebeneinander stehenden Telefonzellen hängen seit vier Wochen drei identische «Außer Betrieb»-Schilder. Ein Passant, der dort öfter vorbeikommt, beschließt, die drei Schilder per Zufall auf die sieben Zellen zu verteilen.

Wie groß ist die Wahrscheinlichkeit, dass bei dieser zufälligen Verteilung die drei Schilder «Außer Betrieb» an den Zellen landen, die tatsächlich außer Betrieb sind?

5.2 Lösungen der Übungsaufgaben zu Kapitel 5

Lösung 5.1

Eine Augenzahl von mindestens «5» wird erreicht, wenn entweder eine «5» oder eine «6» gewürfelt wird. Beide Ereignisse haben eine Auftretenswahrscheinlichkeit von 1/6. Da die beiden Ereignisse disjunkt sind, ist die Wahrscheinlichkeit, eine «5» oder eine «6» zu würfeln, die Summe der beiden Wahrscheinlichkeiten, also $1/6 + 1/6 = 2/6 = 1/3$. Mit einer Wahrscheinlichkeit von 1/3 wird eine Augenzahl von mindestens «5» erreicht.

Lösung 5.2

Der Ereignisraum Ω (Omega) ist gleich der Menge aller möglichen Elementarereignisse.

a) Der Ereignisraum ist hier:

$\Omega = \{M, M, M, F, F, F\}$

b) Die Berufsgruppen werden jeweils mit dem Anfangsbuchstaben abgekürzt. Der Ereignisraum besteht dann aus 6^2 möglichen Ereignissen, die bei der Auswahl von zwei Personen auftreten können:

$\Omega = \{(S,S);(S,K);(S,E);(S,M);(S,D);(S,F);\ldots(F,S);(F,K);\ldots(F,F)\}$

Lösung 5.3

a) Die klassische Definition der Wahrscheinlichkeit eines Ereignisses A (bei Gleichverteilung der Elementarereignisse) lautet:

$$P(A) = \frac{\text{Anzahl der günstigen Fälle für A}}{\text{Anzahl aller möglichen Fälle}}$$

Insgesamt werden acht Personen betrachtet. Die Wahrscheinlichkeit, eine bestimmte Person auszuwählen, beträgt somit 1/8.

Die Wahrscheinlichkeit, eine Person mit Mittlerer Reife auszuwählen, beträgt 2/8, da genau zwei Personen mit einem mittleren Schulabschluss vorhanden sind (zwei günstige Fälle/acht mögliche Fälle).

P(Auswahl von Person mit Mittlerer Reife) = 2/8 = 1/4

b) Die Wahrscheinlichkeit, eine Person mit Abitur auszuwählen, beträgt ebenfalls 2/8, da in der Gruppe zwei Abiturienten vorhanden sind.

P(Auswahl von Person mit Abitur) = 2/8 = 1/4

c) Wenn man fünf Personen gleichzeitig auswählt, ist mit Sicherheit einer mit einem Hauptschulabschluss dabei, da nur vier Personen mit einem anderen Schulabschluss vorhanden sind. Damit ist die Auswahl einer Person mit Hauptschulabschluss bei einer Auswahl von fünf Personen ein «sicheres Ereignis» und hat die Wahrscheinlichkeit 1.0.

P(Person mit Hauptschulabschluss in einer Auswahl von fünf Personen) = 1.0

Lösung 5.4

a) Der Ereignisraum Ω besteht aus der Menge aller möglichen Ereignisse. Beim Werfen der Münze kann entweder Kopf (K) oder Zahl (Z) auftreten. Ist Zahl aufgetreten, wird ein Würfel geworfen. Der Ereignisraum Ω ist dann:

$$\Omega = \{(K,K);(K,Z);(Z=1);(Z=2);(Z=3);(Z=4);(Z=5);(Z=6)\}$$

Zur anschaulichen Darstellung aller Elemente des Ereignisraumes kann ein Wahrscheinlichkeitsbaum gezeichnet werden.

Wahrscheinlichkeitsbaum

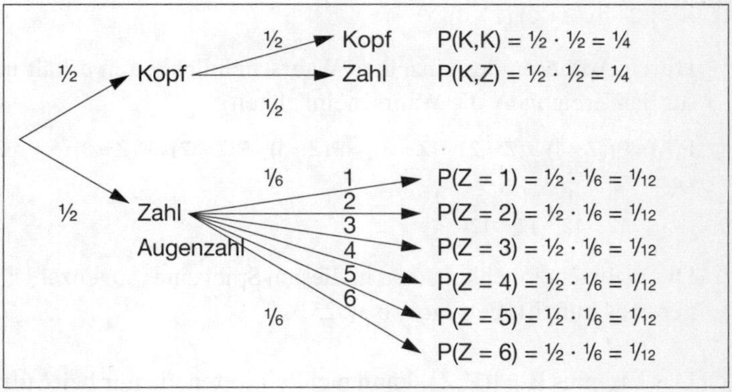

An die Ausgangspunkte der Äste werden die jeweils möglichen Ereignisse geschrieben,
hier: Kopf, Zahl, Augenzahlen.

An die Äste werden die Wahrscheinlichkeiten für das Auftreten des jeweiligen Ereignisses geschrieben,
hier: ½ für Kopf und Zahl bzw. ⅙ für die Augenzahlen.

An die Endpunkte der Äste werden die Wahrscheinlichkeiten der zusammengesetzten Ereignisse geschrieben,
hier: das Produkt der Wahrscheinlichkeiten für das Auftreten von Zahl und für das Auftreten jeder Augenzahl.

Entlang jedes Asts werden die Wahrscheinlichkeiten multipliziert. So hat das Ereignis (Zahl = 1) die Wahrscheinlichkeit

$$P(\text{Zahl}=1)=\frac{1}{2}\cdot\frac{1}{6}=\frac{1}{12}=0.083$$

Die Wahrscheinlichkeiten mehrerer unterschiedlicher Wege können addiert werden, da die Ereignisse unabhängig voneinander und disjunkt sind. So beträgt die Wahrscheinlichkeit für das Auftreten des Ereignisses (Z = 4) oder des Ereignisses (Z = 5):

$$P(Z=4\cup Z=5)=P(Z=4)+P(Z=5)=\frac{1}{12}+\frac{1}{12}=\frac{2}{12}=\frac{1}{6}$$

b) Es wird nur dann gewürfelt, wenn «Zahl» gefallen ist.
Zum Ereignis A gehören daher die Elementarereignisse:

$$A=\{(Z=1);(Z=2);(Z=3)\}$$

Durch Addieren der einzelnen Wahrscheinlichkeiten erhält man für das Ereignis A die Wahrscheinlichkeit:

$$P(A)=P((Z=1)\cup(Z=2)\cup(Z=3))=P(Z=1)+P(Z=2)+P(Z=3)$$

$$=\frac{1}{12}+\frac{1}{12}+\frac{1}{12}=\frac{3}{12}=\frac{1}{4}$$

Die Wahrscheinlichkeit, dass in diesem Spiel eine Augenzahl kleiner als 4 auftritt, beträgt ¼ bzw. 25 %.

c) Das Ereignis B = {(Z,Z)} kann nicht eintreten, da nur bei Auftreten des Ereignisses «Kopf» ein weiteres Mal die Münze geworfen wird. B ist daher hier ein unmögliches Ereignis.
P(B) = 0

d) Das Ereignis «zweimal Kopf» (K = K) kann auftreten und hat die Wahrscheinlichkeit:

$$P(K,K)=\frac{1}{2}\cdot\frac{1}{2}=\frac{1}{4}$$

e) Der Augenzahl 6 entspricht das Ereignis (Z,6). Es hat die Wahrscheinlichkeit:

$$P(Z=6)=\frac{1}{2}\cdot\frac{1}{6}=\frac{1}{12}$$

Lösung 5.5

Die Wahrscheinlichkeit für die Verabschiedung des Gesetzes wird in zwei Schritten ermittelt.

Zuerst wird die Wahrscheinlichkeit dafür berechnet, dass das Gesetz abgelehnt wird. Dieses Ereignis tritt dann auf, wenn entweder Partei A oder Partei B das Gesetz ablehnt oder wenn beide Parteien gleichzeitig ablehnen.

Es handelt sich hierbei um die Fragestellung der Vereinigung nicht disjunkter Ereignisse. Die Ereignisse sind nicht disjunkt, weil die Ereignisse «Ablehnung durch Partei A» und «Ablehnung durch Partei B» gleichzeitig auftreten können.

Die Wahrscheinlichkeit für die Ablehnung durch Partei A oder für die Ablehnung durch Partei B wird berechnet, indem die Wahrscheinlichkeiten für Ablehnung durch Partei A sowie Ablehnung durch Partei B addiert werden und von dieser Summe die Wahrscheinlichkeit für die gleichzeitige Ablehnung durch Partei A und durch Partei B subtrahiert wird. Formale Darstellung:

$$
\begin{aligned}
P(A \cup B) &= P(A) + P(B) - P(A \cap B) \\
&= 0.10 + 0.15 - 0.05 = 0.20
\end{aligned}
$$

Grafisch kann das Additionstheorem durch ein Venn-Diagramm dargestellt werden:

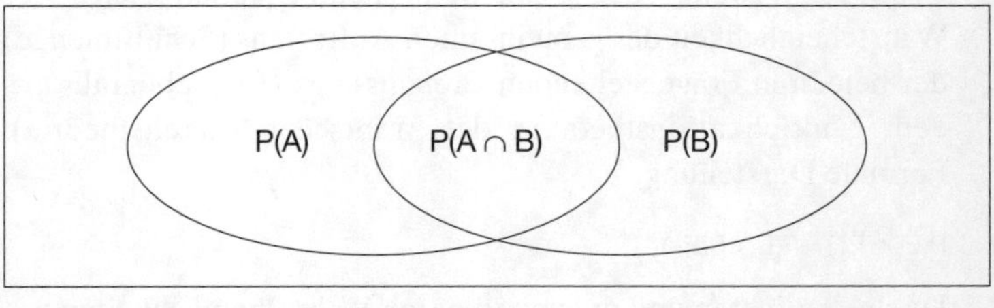

Anschließend wird die Komplementärwahrscheinlichkeit für die Verabschiedung des Gesetzes durch Subtraktion von eins ermittelt:

$$P(\text{Verabschiedung}) = 1 - P(\text{Ablehnung}) = 1.0 - 0.2 = 0.8$$

Die Wahrscheinlichkeit, dass das Gesetz verabschiedet wird, beträgt 80 %.

Lösung 5.6

a) E_1: Primzahlen sind: 1, 2, 3, 5

$$P(E_1) = \frac{\text{Anzahl der günstigen Fälle}}{\text{Anzahl der möglichen Fälle}} = \frac{4}{6} = \frac{2}{3}$$

b) E_2: Auftreten der Augenzahl 5

$$P(E_2) = \frac{1}{6}$$

c) Die bedingte Wahrscheinlichkeit für das Auftreten der Augenzahl 5 (Ereignis E_2) unter der Bedingung, dass schon eine Primzahl gefallen ist (E_1), lautet:

$$P(E_2|E_1) = \frac{P(E_1 \cap E_2)}{P(E_1)} = \frac{P(5)}{P(1 \cup 2 \cup 3 \cup 5)} = \frac{1/6}{2/3} = \frac{1}{4}$$

d) Die beiden Ereignisse sind dann unabhängig, wenn die bedingte Wahrscheinlichkeit von E_2 gleich der unbedingten Wahrscheinlichkeit von E_2 ist. Das folgt aus dem Multiplikationstheorem der Wahrscheinlichkeitstheorie. Formale Darstellung:

$$P(E_2|E_1) = P(E_2)$$

Statistische Unabhängigkeit von Ereignissen liegt auch dann vor, wenn das Produkt der Einzelwahrscheinlichkeiten gleich der Wahrscheinlichkeit des gemeinsamen Auftretens (Schnittmenge) der beiden in Frage stehenden Ereignisse ist (folgt ebenfalls aus dem Multiplikationstheorem der Wahrscheinlichkeitstheorie). Formale Darstellung:

$$P(E_1 \cap E_2) = P(E_1) \cdot P(E_2)$$

Da die bedingten und die unbedingten Wahrscheinlichkeiten unterschiedliche Beträge aufweisen, sind die Ereignisse E_1 und E_2 nicht unabhängig voneinander. Formale Darstellung:

$$P(E_2|E_1) = \frac{1}{4} \neq P(E_2) = \frac{1}{6} \quad \text{und} \quad P(E_1 \cap E_2) = \frac{1}{6} \neq P(E_1) \cdot P(E_2) = \frac{2}{3} \cdot \frac{1}{6}$$

e) Zur Ermittlung der Wahrscheinlichkeit, eine Primzahl oder eine gerade Zahl zu werfen, kann das Additionstheorem der Wahrscheinlichkeitstheorie verwendet werden. Danach werden die Wahrscheinlichkeiten der einzelnen Ereignisse addiert, und von dieser Summe wird die Wahrscheinlichkeit der (Schnittmenge der) gemeinsam auftretenden Ereignisse subtrahiert.

Die Wahrscheinlichkeit, eine Primzahl zu werfen (Ereignis A), beträgt 4 / 6 = 2 / 3.

Die Wahrscheinlichkeit, eine gerade Zahl zu werfen (Ereignis B), beträgt 3 / 6 = 1 / 2.

Die Wahrscheinlichkeit, gleichzeitig eine Primzahl und eine gerade Zahl zu werfen (Ereignis A und B), beträgt 1 / 6, weil «2» eine gerade Zahl und eine Primzahl ist.

Die Wahrscheinlichkeit, eine Primzahl oder eine gerade Zahl zu werfen, beträgt dann:

$$P(A \cup B) = P(A) + P(B) - P(A \cap B)$$

$$= \frac{4}{6} + \frac{3}{6} - \frac{1}{6} = 1.0$$

Die Wahrscheinlichkeit, beim einfachen Würfelwurf eine Primzahl oder eine gerade Zahl zu werfen, beträgt 1.0 oder 100 %. Die angegebenen Möglichkeiten decken den Ereignisraum des einfachen Würfelwurfs vollständig ab. Man kann nur eine Primzahl (1, 2, 3, 5) oder eine gerade Zahl (2, 4, 6) werfen. Eines dieser Ereignisse tritt beim Würfelwurf sicher ein.

Lösung 5.7

Die Problemstellung besteht in der Ermittlung der bedingten Wahrscheinlichkeit. Gegeben ist die Wahrscheinlichkeit für den Besitz einer BahnCard mit 0.45 sowie die Wahrscheinlichkeit für das gemeinsame Auftreten von BahnCard-Besitz und Fahrkartenkauf am Schalter mit 0.30. Gegeben sind also die Größen:

P(BahnCard) = 0.45

P(BahnCard ∩ Schalter) = 0.30

Gesucht ist die bedingte Wahrscheinlichkeit dafür, dass eine Person, die eine BahnCard besitzt, ihre Fahrkarte am Schalter kauft:

$$P(\text{Schalter}|\text{BahnCard}) = \frac{P(\text{BahnCard} \cap \text{Schalter})}{P(\text{BahnCard})} = \frac{0.30}{0.45} = \frac{2}{3} = 0.67$$

Die gesuchte Wahrscheinlichkeit beträgt 2/3 oder rund 67 %.

Lösung 5.8

a) Mit gleicher Wahrscheinlichkeit erhalten die Studierenden das Thema von Person X oder von Person Y, also: P(X) = P(Y) = 0.5.

Die Wahrscheinlichkeit, die Klausur zu bestehen, wird als P(B) bezeichnet. Die Wahrscheinlichkeit, die Klausur bei Hochschullehrer X zu bestehen, ist eine bedingte Wahrscheinlichkeit:

$$P(B|X) = \frac{P(X \cap B)}{P(X)} = 0.9$$

Die Wahrscheinlichkeit, bei Hochschullehrer X durchzufallen, also nicht zu bestehen, $P(\neg B)$, ist das Komplementärereignis zur Wahrscheinlichkeit von «Bestehen gegeben X», also:

$$P(\neg B|X) = 1 - P(B|X) = 0.1$$

Analog können die Wahrscheinlichkeiten des Bestehens bzw. Durchfallens in einer Klausur berechnet werden, die von Hochschullehrer Y angesetzt wurde.

Die Wahrscheinlichkeit, die Klausur zu bestehen, wenn Hochschullehrer Y das Thema stellt, ist gleich der bedingten Wahrscheinlichkeit «Bestehen gegeben Y» und wird formal dargestellt als:

$$P(B|Y) = \frac{P(Y \cap B)}{P(Y)} = 0.6$$

Die Wahrscheinlichkeit, bei Y durchzufallen, beträgt

$$P(\neg B|Y) = 1 - P(B|Y) = 0.4$$

Die gemeinsame Wahrscheinlichkeit für das Ereignis X (Thema von Hochschullehrer X) und das Ereignis $\neg B$ (Nicht-Bestehen der Klausur) ist gleich dem Produkt aus unbedingter Wahrscheinlichkeit P(X) und bedingter Wahrscheinlichkeit $P(\neg B \mid X)$:

$$P(X \cap \neg B) = P(X) \cdot (1 - P(B|X)) = 0.5 \cdot 0.1 = 0.05$$

Analog beträgt die gemeinsame Wahrscheinlichkeit für die beiden Ereignisse – Themenstellung von Y und Nicht-Bestehen der Klausur –:

$$P(Y \cap \neg B) = P(Y) \cdot (1 - P(B|Y)) = 0.5 \cdot 0.4 = 0.20$$

Die gesuchte Wahrscheinlichkeit, in der Klausur durchzufallen, ist gleich der Wahrscheinlichkeit, bei X durchzufallen oder bei Y durchzufallen. Da diese beiden Ereignisse disjunkt sind (man kann in einem Semester nicht gleichzeitig die Klausur von X und Y schreiben), ergibt sich die Wahrscheinlichkeit, durchzufallen, als Summe der Wahrscheinlichkeiten dieser beiden Ereignisse (Additionstheorem):

$$P(\neg B) = \underbrace{P(\neg B \cap X)}_{0.05} + \underbrace{P(\neg B \cap Y)}_{0.20} = 0.05 + 0.20 = 0.25$$

oder

$$P(\neg B) = \underbrace{P(\neg B \mid X)}_{0.1} \cdot \underbrace{P(X)}_{0.5} + \underbrace{P(\neg B \mid Y)}_{0.4} \cdot \underbrace{P(Y)}_{0.5} = 0.05 + 0.20 = 0.25$$

Eine übersichtliche Darstellung liefert ein Wahrscheinlichkeitsbaum.

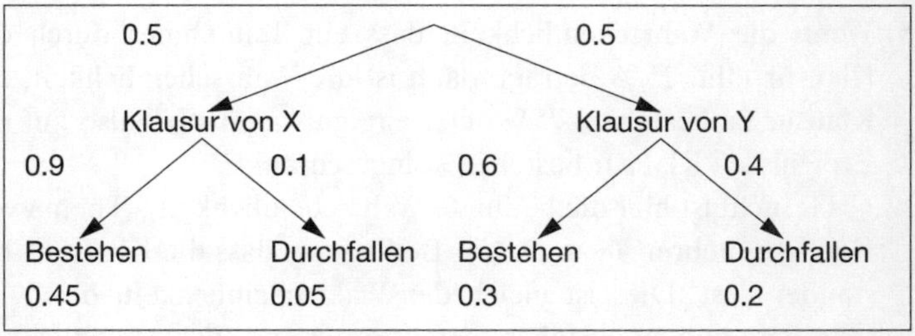

Der Wahrscheinlichkeitsbaum erhält zuerst die unbedingten Wahrscheinlichkeiten P(X) = 0.5 und P(Y) = 0.5. Auf der nächsten Stufe werden die bedingten Wahrscheinlichkeiten eingetragen: P(Bestehen | X) = 0.9 und P(Durchfallen | X) = 0.1 sowie P(Bestehen | Y) = 0.6, P(Durchfallen | Y) = 0.4.

Die gemeinsamen Wahrscheinlichkeiten in der untersten Zeile des Wahrscheinlichkeitsbaums erhält man durch Multiplizieren der Wahrscheinlichkeiten entlang der Pfade:

$$\begin{aligned}
P(X \cap \text{Bestehen}) &= P(X) \cdot P(\text{Bestehen}|X) &= 0.5 \cdot 0.9 &= 0.45 \\
P(X \cap \text{Durchfallen}) &= P(X) \cdot P(\text{Durchfallen}|X) &= 0.5 \cdot 0.1 &= 0.05 \\
P(Y \cap \text{Bestehen}) &= P(Y) \cdot P(\text{Bestehen}|Y) &= 0.5 \cdot 0.6 &= 0.30 \\
P(Y \cap \text{Durchfallen}) &= P(Y) \cdot P(\text{Durchfallen}|Y) &= 0.5 \cdot 0.4 &= 0.20
\end{aligned}$$

Die Wahrscheinlichkeit, durchzufallen, entspricht der Wahrscheinlichkeit, bei X oder bei Y oder bei beiden Hochschullehrern durchzufallen. Da die Ereignisse disjunkt sind, ergibt sich diese Wahrscheinlichkeit als die Summe der beiden Wahrscheinlichkeiten, Durchfallen bei X plus Durchfallen bei Y, die in der letzten Zeile des Wahrscheinlichkeitsbaums aufgeführt sind:

$$\begin{aligned}
P(\text{Durchfallen}) &= P(X \cap \text{Durchfallen}) \cup P(Y \cap \text{Durchfallen}) \\
&= 0.05 + 0.20 = 0.25
\end{aligned}$$

Die Wahrscheinlichkeit, dass ein Teilnehmer durch die Klausur fällt, beträgt 25 %.

b) Wenn die Wahrscheinlichkeit, dass ein Teilnehmer durch die Klausur fällt, 25 % beträgt, dann ist die Wahrscheinlichkeit, die Klausur zu bestehen, 75 %. Der Ereignisraum wird also auf die Ereignisse «Klausur bestehen» eingeschränkt.

Gesucht ist hier die bedingte Wahrscheinlichkeit, «Thema von Hochschullehrer Y» unter der Bedingung, dass die Klausur «bestanden» ist. Dies ist gleich der Wahrscheinlichkeit, bei Y zu schreiben und zu bestehen, geteilt durch die Wahrscheinlichkeit zu bestehen, also:

$$P(Y|B) = \frac{P(Y \cap B)}{P(B)} = \frac{P(B|Y) \cdot P(Y)}{P(B)} = \frac{0.6 \cdot 0.5}{0.75} = 0.40$$

Wahrscheinlichkeitsbaum

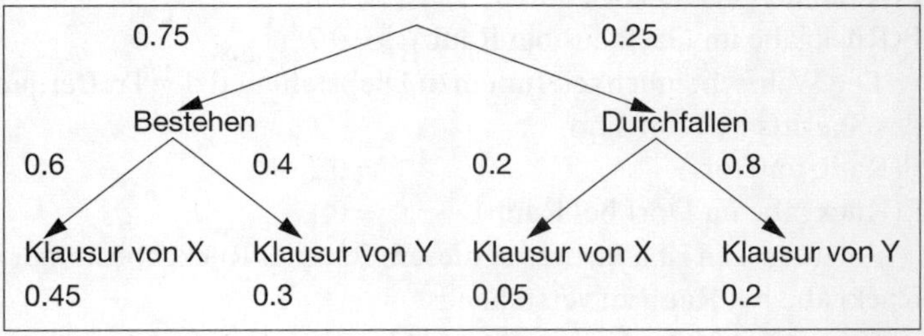

Die Wahrscheinlichkeiten an den Pfaden werden wie oben berechnet:

Aus Teilaufgabe a) ist bekannt, dass die unbedingten Wahrscheinlichkeiten
P(Bestehen) = 0.75 und P(Durchfallen) = 0.25 sind. Ebenfalls sind die gemeinsamen
P(X und Bestehen) = 0.45 und P(Y und Bestehen) = 0.3 sowie
P(X und Durchfallen) = 0.05 und P(Y und Durchfallen) = 0.2.

Mit diesen beiden Werten kann die bedingte Wahrscheinlichkeit für P(Y | Bestehen) berechnet werden, die in die zweite Ebene des Wahrscheinlichkeitsbaums eingetragen wird:

$$P(Y|B) = \frac{P(B \cap Y)}{P(B)} = \frac{0.3}{0.75} = 0.40$$

Die Wahrscheinlichkeit, bei bestandener Klausur das Thema von Y bearbeitet zu haben, beträgt 0.40 = 40 %.

Analog kann die Wahrscheinlichkeit berechnet werden, bei bestandener Klausur das Thema von Hochschullehrer X bearbeitet zu haben. Diese beträgt 0.6 = 60 %:

$$P(X|B) = \frac{P(B \cap X)}{P(B)} = \frac{0.45}{0.75} = 0.60$$

Lösung 5.9

Gegeben sind die Wahrscheinlichkeiten für Raub und Rückgabe des Geldes.

Im Gasthaus sind folgende Wahrscheinlichkeiten gegeben:

P(Raub im Gasthaus) = 0.6

P(Rückgabe im Gasthaus bei Raub) = 0.7

Die Wahrscheinlichkeit für einen Diebstahl und der Trefferquote des Sheriffs im Dorf sind:

P(Raub im Dorf) = 0.2

P(Rückgabe im Dorf bei Raub) = 0.1

Anzumerken ist hier, dass in diesem Beispiel Rückgabe immer als Rückgabe bei Raub zu verstehen ist.

Gesucht wird der Übernachtungsplatz, bei dem die Chance, nicht beraubt zu werden, am größten ist, bzw. der Übernachtungsplatz, an dem die Wahrscheinlichkeit des Raubs am geringsten ist.

Die Wahrscheinlichkeit des Raubs ist die Wahrscheinlichkeit dafür, dass der Reisende beraubt wird und sein Eigentum nicht wiedererhält (d. h. Nicht-Rückgabe = ¬ Rückgabe).

Mit der Regel der Komplementärwahrscheinlichkeit ist P(¬ Rückgabe bei Raub) = 1 – P(Rückgabe bei Raub). Also gilt:

im Gasthaus: P¬ Rückgabe bei Raub = 1 – P(Rückgabe bei Raub) = 1 – 0.7 = 0.3

im Dorf: P¬ Rückgabe bei Raub = 1 – P(Rückgabe bei Raub) = 1 – 0.1 = 0.9

Unter reiner Wahrscheinlichkeitsperspektive ist also der Übernachtungsplatz vorzuziehen, für den die Wahrscheinlichkeit für Raub und Nicht-Rückgabe, also formal für
P(Raub ∩ ¬ Rückgabe), am geringsten ist.

Das gemeinsame Auftreten der beiden Ereignisse Raub und Nicht-Rückgabe bei Raub ist das Produkt der beiden Ereignisse:
P(Raub **und** ¬ Rückgabe) = P(Raub) · P(¬ Rückgabe bei Raub). Daher gilt:

im Gasthaus: P(Raub ∩ ¬ Rückgabe) =
P(Raub) · P(¬ Rückgabe bei Raub) = 0.6 · 0.3 = 0.18

im Dorf: P(Raub ∩ ¬ Rückgabe) =
P(Raub) · P(¬ Rückgabe bei Raub) = 0.2 · 0.9 = 0.18

Der Reisende verliert an beiden Übernachtungsplätzen mit der gleichen Wahrscheinlichkeit sein Eigentum. In dieser Situation braucht der Reisende daher andere Kriterien für die Entscheidung für einen der beiden Übernachtungsplätze.

Analog kann auch der sicherste Übernachtungsort berechnet werden, für den P(Nicht-Raub **und** Rückgabe) am größten ist.

Lösung 5.10

a) Gesucht ist die Wahrscheinlichkeit, Soziologie an der Hochschule A oder Soziologie an der Hochschule B zu studieren, also:

$$P\big((Soz \cap A) \cup (Soz \cap B)\big)$$

Gegeben ist die Wahrscheinlichkeit, dass eine Person an der Hochschule A: P(A) = 0.40 bzw. an der Hochschule B: P(B) = 0.60 studiert.

Gegeben sind weiter die (bedingten) Wahrscheinlichkeiten, um ein Soziologiestudium an der Hochschule A bzw. ein Soziologiestudium an der Hochschule B zu absolvieren:

$$P(Soz|A) = 0.15 \text{ bzw. } P(Soz|B) = 0.10$$

Aus diesen Angaben kann die gemeinsame Wahrscheinlichkeit von Soziologiestudium und Studium an der Hochschule A durch Umformung der Formel zur Berechnung der bedingten Wahrscheinlichkeit ermittelt werden. Die gemeinsame Wahrscheinlichkeit resultiert durch Multiplikation der bedingten Wahrscheinlichkeit von Soziologiestudium unter der Bedingung Hochschule A mit der Wahrscheinlichkeit, an der Hochschule A zu studieren:

$$\underbrace{P(Soz|A)}_{\text{bedingte Wahrscheinlichkeit}} = \frac{\underbrace{P(Soz \cap A)}_{\text{gemeinsame Wahrscheinlichkeit}}}{\underbrace{P(A)}_{\text{Bedingung}}} \Rightarrow P(Soz \cap A) = P(Soz|A) \cdot P(A) = 0.15 \cdot 0.4 = 0.06$$

Die Wahrscheinlichkeit für ein Soziologiestudium an der Hochschule A beträgt somit 0.06 oder 6 %.

Analog ergibt sich für Hochschule B:

$$P(Soz|B) = \frac{P(Soz \cap B)}{P(B)} \Rightarrow P(Soz \cap B) = P(Soz|B) \cdot P(B) = 0.1 \cdot 0.6 = 0.06$$

Die Wahrscheinlichkeit für ein Soziologiestudium an der Hochschule B beträgt ebenfalls 0.06 oder 6 %.

Da es sich um disjunkte Ereignisse handelt (eine Person kann nicht an beiden Hochschulen gleichzeitig Soziologie studieren), werden die beiden Wahrscheinlichkeiten für ein «Soziologiestudium an der Hochschule A» und für ein «Soziologiestudium an der Hochschule B» addiert (Additionstheorem der Wahrscheinlichkeitstheorie):

$$P((Soz \cap A) \cup (Soz \cap B)) = P(Soz \cap A) + P(Soz \cap B) = 0.06 + 0.06 = 0.12$$

Die Wahrscheinlichkeit, dass eine zufällig aus der Gesamtheit der Studierenden im Bundesland M ausgewählte Person Soziologie studiert, beträgt daher 0.12 oder 12 %.

b) Hier geht es um die Eingrenzung des Ereignisraums auf die Personen, die Soziologie studieren.

Die Wahrscheinlichkeit, Soziologie zu studieren, beträgt 12 % (siehe Teilfrage a)).

Gesucht ist die Wahrscheinlichkeit, dass eine zufällig aus der Menge der Soziologiestudierenden ausgewählte Person an der Hochschule B studiert.

$$P((Soz \cap B)|Soz) = \frac{P(Soz \cap B)}{P(Soz)} = \frac{0.06}{0.12} = 0.5$$

Die Wahrscheinlichkeit, dass eine zufällig aus der Gesamtheit der Soziologiestudierenden ausgewählte Person an der Hochschule B studiert, beträgt 0.5 oder 50 %.

c) Zwei Ereignisse sind unabhängig voneinander, wenn die bedingten Wahrscheinlichkeiten gleich den unbedingten Wahrscheinlichkeiten sind. Die Ereignisse «Studium der Soziologie» und «Besuch der Hochschule A» (bzw. «Besuch der Hochschule B») sind also unabhängig voneinander, wenn die bedingte Wahrscheinlichkeit für ein Soziologiestudium an der Hochschule A gleich der unbedingten Wahrscheinlichkeit für ein Soziologiestudium ist. Entsprechendes gilt für die Kombination von Soziologiestudium und Hochschule B.

Formale Darstellung:

$$P(Soz|A) \stackrel{?}{=} P(Soz) \quad \text{und} \quad P(Soz|B) \stackrel{?}{=} P(Soz)$$
$$0.15 \neq 0.12 \quad \text{und} \quad 0.10 \neq 0.12$$

Da beide Wahrscheinlichkeiten nicht gleich sind, handelt es sich bei den Ereignissen «Studium der Soziologie» und «Studium an Hochschule A» (bzw. «Studium an Hochschule B») nicht um voneinander unabhängige Ereignisse.

Alternative Lösung: Zwei Wahrscheinlichkeiten sind unabhängig voneinander, wenn die gemeinsame Wahrscheinlichkeit gleich dem Produkt der einzelnen Wahrscheinlichkeiten ist.

Hier also:

$$P(Soz \cap A) \stackrel{?}{=} P(Soz) \cdot P(A) \quad \text{und} \quad P(Soz \cap B) \stackrel{?}{=} P(Soz) \cdot P(B)$$
$$0.15 \neq 0.12 \cdot 0.60 \quad \text{und} \quad 0.10 \neq 0.12 \cdot 0.40$$

Die Ereignisse «Studium der Soziologie» und Besuch von Hochschule A bzw. Hochschule B sind nicht unabhängig voneinander.

Lösung 5.11

Der Ereignisraum besteht aus den möglichen Geschwisterpaaren:

$$\Omega = \{(J,J);(J,M);(M,J);(M,M)\}$$

Darstellung möglicher Ereignisse in einem Ereignisraum durch einen Wahrscheinlichkeitsbaum

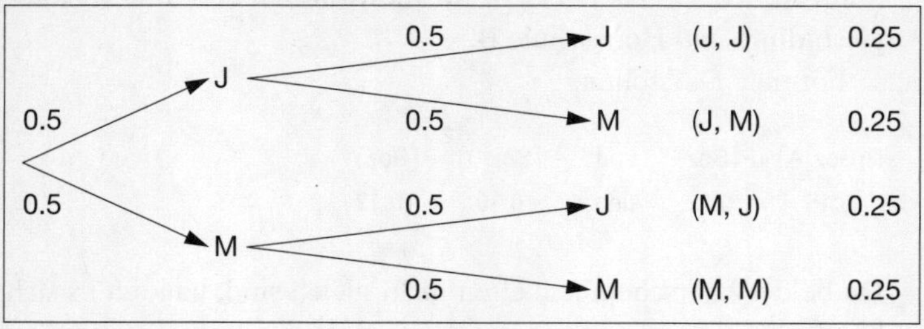

a) Das Ereignis A_1 «Beide Kinder sind Jungen» (J, J) hat die Wahrscheinlichkeit 1/4:

$$P(A_1) = P(J,J) = 0.25$$

b) A_2 ist das zusammengesetzte Ereignis «Mindestens ein Kind ist ein Junge», das aus drei Elementarereignissen besteht:

$$A_2 = \{(J,J);(J,M);(M,J)\}$$

Die Wahrscheinlichkeit für das Ereignis A_2 beträgt dann:

$$P(A_2) = P(J,J) \cup P(J,M) \cup P(M,J) = P(J,J) + P(J,M) + P(M,J) = 0.75$$

Die Wahrscheinlichkeit, dass mindestens eines von zwei Geschwistern ein Junge ist, beträgt 75 %.

c) Das Ereignis A_3 = «Das ältere Kind ist ein Junge» besteht aus zwei Elementarereignissen:

$$A_3 = \{(J,J);(J,M)\}$$

Die Wahrscheinlichkeit für das Ereignis A_2 beträgt dann:

$$P(A_3) = P(J,J) \cup P(J,M) = P(J,J) + P(J,M) = 0.5$$

Die Wahrscheinlichkeit, dass das ältere Kind ein Junge ist, beträgt 1/2=50 %. Dies folgt bereits aus der Unabhängigkeit der Geschlechter von Geschwistern.

d) Das Ereignis A_4 = «Das jüngere Kind ist ein Mädchen, wenn das ältere ein Junge ist» ist die bedingte Wahrscheinlichkeit, dass das jüngere ein Mädchen ist, P(J, M) = 0.25, unter der Bedingung, dass das ältere Kind ein Junge ist, $P(A_3)$, geteilt durch die Wahrscheinlichkeit $P(A_3) = 0.5$, dass das ältere Kind ein Junge ist:

$$P(JM|(JJ \cup JM)) = \frac{P(JM)}{P(JJ \cup JM)} = \frac{0.25}{0.50} = 0.50$$

Dies folgt bereits aus der Unabhängigkeit der Geschlechter von Geschwistern.

e) Die gesuchte bedingte Wahrscheinlichkeit ergibt sich aus der Wahrscheinlichkeit, dass beide Kinder Jungen sind (Teilaufgabe a)), also 0.25, geteilt durch die Wahrscheinlichkeit, dass mindestens ein Kind ein Junge ist (Teilaufgabe b)), also:

$$P(JJ|J) = \frac{P(JJ)}{P(J)} = \frac{0.25}{0.75} = \frac{1}{3} = 0.33$$

Unter der Bedingung, dass mindestens ein Kind ein Junge ist, beträgt die Wahrscheinlichkeit, dass beide Kinder Jungen sind, ein Drittel.

Im Unterschied zur Aufgabe d) sind hier bedingendes (J) und bedingtes Ereignis (JJ) nicht unabhängig voneinander.

Lösung 5.12

Folgende Wahrscheinlichkeiten sind gegeben: Die Wahrscheinlichkeit, dass die Frau die Fernsehzeitschrift regelmäßig liest, beträgt:

P(Frau liest regelmäßig) = P(A) = 0.5.

Die Wahrscheinlichkeit, dass der Mann die Zeitschrift regelmäßig liest, beträgt:

P(Mann liest regelmäßig) = P(B) = 0.4.

Die Wahrscheinlichkeit, dass der Mann die Zeitschrift regelmäßig liest, unter der Bedingung, dass seine Frau sie regelmäßig liest, beträgt $P(B|A) = 0.7$.

a) Die Wahrscheinlichkeit, dass beide Ehepartner die Zeitschrift regelmäßig lesen, bezieht sich auf das gemeinsame Auftreten der Ereignisse A und B. Die Wahrscheinlichkeit für das gemeinsame Auftreten dieser Ereignisse ist nicht gegeben, aber die bedingte Wahrscheinlichkeit für das regelmäßige Lesen der Zeitschrift durch den Mann unter der Bedingung, dass seine Frau eine regelmäßige Zeitschriftenleserin ist.

   Die Wahrscheinlichkeit für das Lesen der Fernsehzeitschrift durch beide Ehepartner (= das gemeinsame Auftreten der Ereignisse A und B) kann berechnet werden als Produkt aus unbedingter Wahrscheinlichkeit für A und bedingter Wahrscheinlichkeit für B gegeben A:

$$\begin{aligned} P(A \cap B) &= P(A) \cdot P(B|A) \\ &= 0.5 \cdot 0.7 = 0.35 \end{aligned}$$

   Mit einer Wahrscheinlichkeit von 35 % lesen beide Partner die Fernsehzeitschrift regelmäßig.

b) Die Wahrscheinlichkeit, dass eine Frau die Zeitschrift regelmäßig liest, unter der Bedingung, dass ihr Mann sie regelmäßig liest, entspricht der bedingten Wahrscheinlichkeit, dass die Frau die Zeitschrift liest.

   Diese bedingte Wahrscheinlichkeit kann mit Hilfe der (aus a)) bekannten Wahrscheinlichkeit für das Lesen der Zeitschrift durch beide Ehepartner (= das gemeinsame Auftreten der Ereignisse A und B) berechnet werden:

$$P(A|B) = \frac{P(A \cap B)}{P(B)} = \frac{0.35}{0.40} = 0.875$$

   Wenn der Mann die Zeitschrift regelmäßig liest, ist die Wahrscheinlichkeit, dass die Frau die Zeitschrift auch liest, 88 %.

c) Diese Fragestellung bezieht sich darauf, dass entweder der Mann oder die Frau oder beide Partner die Fernsehzeitschrift regelmäßig lesen. Hier geht es um die Wahrscheinlichkeit für das Ereignis, dass der Mann regelmäßig die Zeitschrift liest oder dass die

Frau regelmäßig die Zeitschrift liest. Die beiden Ereignisse sind nicht disjunkt, deshalb gilt:

$$P(A \cup B) = P(A) + P(B) - P(A \cap B) = 0.5 + 0.4 - 0.35 = 0.55$$

Lösung 5.13

a) Die Ziehung einer Stichprobe ist ein Zufallsexperiment, dessen Ausgang grundsätzlich unsicher ist, d. h., die Zusammensetzung der Stichprobe kann bei jeder Wiederholung des Zufallsexperiments unterschiedlich ausfallen. Das Zufallsexperiment Stichprobenziehung ist unter gleichen Bedingungen beliebig oft wiederholbar.

b) Ein Elementarereignis ist ein Ereignis, das nicht mehr in weitere Ereignisse unterteilt werden kann. Bei der Stichprobenziehung ist jede mögliche Stichprobe ein Elementarereignis, wobei sich die Stichproben durch die ausgewählten Elemente und die Reihenfolge der Ziehung unterscheiden.

c) Ein zusammengesetztes Ereignis ist ein aus mehreren Elementarereignissen zusammengesetztes Ereignis. Bei der Stichprobenziehung ist ein zusammengesetztes Ereignis die Auswahl der Stichprobenelemente aus den Elementen der Population, wenn die Reihenfolge der Ziehung unberücksichtigt bleibt.

d) Der Ereignisraum ist die Menge aller bei einem Zufallsexperiment möglichen Ereignisse. Bei der Stichprobenziehung besteht der Ereignisraum aus der Menge aller möglichen Stichproben, die aus der Grundgesamtheit gezogen werden können, wobei Stichproben mit den gleichen Elementen sich durch die Reihenfolge der Ziehung der Elemente unterscheiden. Die Unterscheidung der Reihenfolge der Ziehung ist für die statistische Datenanalyse allerdings im Allgemeinen nicht relevant.

e) Die A-priori-Wahrscheinlichkeit (oder klassische Wahrscheinlichkeit) ist definiert als Quotient aus einem Ereignis (günstiges

Ereignis), dividiert durch die Menge aller zu einer bestimmten Ereignisklasse gehörenden Ereignisse (mögliche Ereignisse).

Bei der Stichprobenziehung ist das (günstige) Ereignis eine bestimmte Stichprobenzusammensetzung n, und die Wahrscheinlichkeit für das Auftreten dieser einen konkreten Zusammensetzung ist gleich dem Quotienten aus 1, dividiert durch die Gesamtzahl der (möglichen) Stichproben vom Umfang n aus der Grundgesamtheit N: $\frac{1}{\binom{N}{n}}$.

Lösung 5.14

a) Es gibt genau eine Möglichkeit, die Themenbereiche alphabetisch zu ordnen:

A Allgemeine Soziologie
G Geschichte der Soziologie
J Jugendsoziologie
Q Qualitative und quantitative Sozialforschung
S Statistik

b) Die 5 Themenbereiche können auf 5! (= 120) verschiedene Arten angeordnet werden (Permutation), sodass 120 beliebige Anordnungen möglich sind.

c) Die Wahrscheinlichkeit für das Auftreten der alphabetischen Anordnung wird ermittelt durch den Quotienten:

$$P(\text{alphabetische Anordnung}) = \frac{\text{Anzahl der günstigen Fälle}}{\text{Anzahl der möglichen Fälle}} = \frac{1}{120} = 0.0083$$

Die Wahrscheinlichkeit einer zufälligen alphabetischen Anordnung der Themenbereiche ist kleiner als 1 %.

Lösung 5.15

Die Anzahl der Telefonzellen kann als Population aufgefasst werden: N = 7.

Die Schilder, die an den Telefonzellen hängen, können als Stichprobe n = 3 aufgefasst werden.

Jedes Schild kann nur einmal aufgehängt werden, also handelt es sich um eine Ziehung ohne Wiederholung. Die Schilder sind nicht unterscheidbar, also kann keine Ordnung der Schilder festgestellt werden.

Daraus folgt, dass es sich um eine Auswahl ohne Berücksichtigung der Anordnung und ohne Wiederholung (ohne Zurücklegen) handelt. Die Zahl der möglichen Kombinationen beträgt in diesem Fall:

$$_N K_n = \frac{N!}{n! \cdot (N-n)!} = \binom{N}{n} = \binom{7}{3} = \frac{7!}{3! \cdot 4!} = 35$$

Es gibt also 35 Möglichkeiten, die Schilder zufällig auf den Zellen zu verteilen.

Da es nur eine richtige Verteilung der Schilder gibt, gilt:

P(«richtige Verteilung») = 1/35 = 0.029

Mit einer Wahrscheinlichkeit von rund 3 % kommen bei einer zufälligen Verteilung die drei «Außer Betrieb»-Schilder an die entsprechenden drei defekten Telefonzellen.

6 Wahrscheinlichkeitsverteilungen von Häufigkeiten, Anteilen und Mittelwerten

6.1 Übungsaufgaben zu Kapitel 6 und 7

Aufgabe 6.1

Erläutern Sie den Begriff «Zufallsvariable» am Beispiel der Stichprobenziehung.

Aufgabe 6.2

a) Was versteht man unter einer Kennwerteverteilung?
b) Was unterscheidet eine Kennwerteverteilung von einer empirischen Verteilung?
c) Welches sind bei einer einfachen Zufallsauswahl die Erwartungswerte der Kennwerteverteilung des Stichprobenmittelwerts und des Stichprobenanteils?
d) Welche Bedeutung hat der Standardfehler des Stichprobenmittelwerts und des Stichprobenanteils?

Aufgabe 6.3

Geben Sie die Wahrscheinlichkeit an, dass ein beobachteter Wert einer normalverteilten Variable zwischen den angegebenen Z-Werten liegt:

a) $z_1 = -1.96$ und $z_2 = 1.96$
b) $z_1 = 1$ und $z_2 = 2$
c) $z_1 = -0.5$ und $z_2 = 1.5$

Aufgabe 6.4

Ein Seminarraum hat 30 nummerierte Sitzplätze. Regelmäßig kommen 15 Studierende zum Seminar, die sich immer wieder anders setzen. Können sie es während des Semesters schaffen, alle möglichen Sitzordnungen in diesem Seminarraum einzunehmen? Beschreiben Sie den Lösungsweg.

Aufgabe 6.5

Ein kleiner Bus hat neben dem Platz für den Fahrer neun Sitzplätze. Der Bus wird von sieben Schülern benutzt. Ein Platz wird durch den Lehrer und der letzte durch Gepäckstücke belegt.

a) Wie viele Möglichkeiten gibt es, die sieben Schüler auf die neun Sitzplätze (ohne Berücksichtigung der Reihenfolge) zu verteilen? Zeigen Sie den Lösungsweg auf.

b) Wie viele Möglichkeiten gibt es, Schüler, Lehrer und Gepäck auf die neun Sitzplätze (mit Berücksichtigung der Reihenfolge) zu verteilen? Zeigen Sie den Lösungsweg auf.

Aufgabe 6.6

Eine Familie besteht aus fünf Personen, von denen zwei weiblich und drei männlich sind. Die älteste Person ist 37, die zweitälteste Person 36, die drittälteste Person 17, die zweitjüngste Person 15 und die jüngste Person 14 Jahre alt.

a) Berechnen Sie die Kennwerteverteilung des Durchschnittsalters bei einer einfachen Zufallsauswahl (ohne Zurücklegen) von zwei Personen aus dieser Familie.

b) Berechnen Sie bei dieser Zufallsauswahl die Kennwerteverteilung des Anteils weiblicher Personen in der Stichprobe.

c) Gehen Sie nun von einer einfachen Zufallsauswahl mit Zurücklegen aus. Berechnen Sie wiederum die Kennwerteverteilung des Anteils weiblicher Personen in der Stichprobe.

Aufgabe 6.7

In Bayern hat die CSU einen Wähleranteil von ca. 57 %.

a) Gesucht ist die vollständige Wahrscheinlichkeitsverteilung für das Antreffen von CSU-Wählern in einer Gruppe von fünf zufällig ausgewählten Personen. (Es ist auch möglich, dass kein CSU-Wähler angetroffen wird.)

b) Wie heißen die beiden Parameter, die diese Verteilung eindeutig definieren?

c) Wie groß ist der Erwartungswert, und wie groß ist die Varianz der Kennwerteverteilung?

d) Wie groß ist die Wahrscheinlichkeit, in einer Gruppe von n = 5 Personen genau drei CSU-Wähler anzutreffen? Beschreiben Sie den Lösungsweg.

e) Wie groß ist die Wahrscheinlichkeit, dass es in der Gruppe von n = 5 Personen höchstens zwei CSU-Wähler gibt? Beschreiben Sie den Lösungsweg.

f) Wie groß ist die Wahrscheinlichkeit, dass die CSU-Wähler in der Gruppe von n = 5 Personen in der Mehrheit sind? Beschreiben Sie den Lösungsweg.

g) Wie groß ist die Wahrscheinlichkeit, mindestens vier CSU-Wähler in der Gruppe von n = 5 Personen anzutreffen? Beschreiben Sie den Lösungsweg.

Aufgabe 6.8

Die Eignungsprüfung für das Trainee-Programm einer großen Firma enthält zehn Multiple-Choice-Aufgaben mit jeweils fünf Antwortmöglichkeiten, von denen nur eine die richtige Antwort wiedergibt. Die Prüfung gilt als bestanden, wenn mindestens 70 % der Aufgaben korrekt gelöst sind. Wie groß ist die Wahrscheinlichkeit, dass eine Person die Prüfung besteht, wenn sie die Fragen nach dem Zufallsprinzip beantwortet? Beschreiben Sie den Lösungsweg.

Aufgabe 6.9

Ein neues Medikament gegen Grippe soll angeblich in 95 % der Fälle effektiv helfen. Das entspricht der Behauptung, dass in 95 % der Fälle, die sich einer Grippe-Impfung unterziehen, keine Grippeerkrankung auftritt. Um diese Behauptung zu prüfen, führt eine Universitätsklinik folgende Untersuchung durch: 25 Personen werden mit dem neuen Medikament geimpft. Fünf dieser Personen bekommen dennoch die Grippe.

a) Wie hoch ist die Wahrscheinlichkeit, 20 oder weniger erfolgreiche Immunisierungen zu erreichen, wenn die Behauptung des Pharmakonzerns zutreffend ist? Zeigen Sie den Lösungsweg auf.
b) Was sagt das Ergebnis der von der Klinik durchgeführten Untersuchung über die Behauptung des Pharmakonzerns aus?

Aufgabe 6.10

Zur Teilnahme an einem Proseminar für Lehramtsstudierende sind 5 Studenten und 17 Studentinnen registriert. Bei einem beliebigen Sitzungstermin sind 18 Studierende anwesend.

Wie groß ist die Wahrscheinlichkeit, dass diese Gruppe von 18 Studierenden mindestens 13 und höchstens 16 Frauen enthält? Zeigen Sie den Lösungsweg auf.

Aufgabe 6.11

Die Ablehnungsrate einer wissenschaftlichen Zeitschrift beträgt 45 %. Angenommen, die Artikel werden nicht nach sachlichen Kriterien, sondern per Zufall akzeptiert:

Wie viele Artikel muss eine Person einreichen, um eine Chance von mindestens 75 % zu haben, wenigstens einen Artikel publizieren zu können?

Aufgabe 6.12

In einem kleinen Dorf wohnen 49 Personen, von denen 6 Personen als Berufspendler an jedem Arbeitstag zur nächsten Großstadt pendeln. Aus diesem Personenkreis wird eine einfache Zufallsstichprobe von $n = 6$ Personen gezogen.

a) Wie groß ist die Wahrscheinlichkeit, dass alle ausgewählten Personen Pendler sind?
b) Zur Realisierung der Stichprobe werden an einem Montagmorgen Interviewer in das Dorf geschickt, welche die ersten sechs Personen befragen sollen, die ihnen an diesem Morgen begegnen. Welche Auswirkungen hat dieses Vorgehen Ihrer Ansicht nach auf die Auswahlwahrscheinlichkeit der Stichprobe?
c) Wie sollte die Auswahl und Befragung der sechs Personen erfolgen, um eine einfache Zufallsstichprobe ohne Zurücklegen realisieren zu können?

Aufgabe 6.13

Bei einer Klausur mit einer maximalen Punktzahl von 100 seien die Ergebnisse annähernd normalverteilt mit $\mu_X = 60$ und $\sigma_X = 10$. (Das sind die Werte der Punkteverteilung, die bei dieser Klausur in den letzten Jahren erreicht wurden.) Bestimmen Sie die Wahrscheinlichkeit,

a) die Klausur zu bestehen, wenn dazu mindestens 50 Punkte erforderlich sind,
b) die Note «gut» zu erhalten, wenn diese für Punktzahlen von 80 bis 95 (jeweils inklusive) vergeben wird.
c) Auf welchen Wert muss die Mindestpunktzahl festgelegt werden, wenn nicht mehr als 10 % der Studierenden durchfallen sollen?

Aufgabe 6.14

Ein Intelligenztest hat einen Mittelwert von 100 und eine Varianz von 225 für die allgemeine Bevölkerung. Wenn der Intelligenzquotient einer Person in die oberen 10 % des Wertebereichs der Population fällt, wird sie als hochbegabt bezeichnet. Wenn man annimmt, dass die Werte des Intelligenztests normalverteilt sind, welches ist dann der «cut off»-Wert (der spezifische Testwert), den Hochbegabte (mindestens) erreichen?

Aufgabe 6.15

In einer Diskussion wird die Vermutung laut, dass eine Hälfte der Studierenden einer sozialwissenschaftlichen Fakultät eine Einführung benoteter Leistungsnachweise befürwortet, die andere nicht. Es wird eine Stichprobe von $n = 100$ Studierenden gezogen, um diese Vermutung empirisch abzusichern. Angenommen, die in der Diskussion geäußerte Hypothese ist korrekt: Wie hoch ist die Wahrscheinlichkeit, dass mehr als $n_1 = 60$ der befragten 100 Studierenden benotete Leistungsnachweise befürworten?

6.2 Lösungen der Übungsaufgaben zu Kapitel 6 und 7

Lösung 6.1

Eine Zufallsvariable ist eine Variable, deren Realisierungen auf Ergebnissen der Wiederholungen eines Zufallsexperiments beruhen.

Bei der Stichprobenziehung ist das Zufallsexperiment die Ziehung einer Stichprobe von n aus N Elementen. Dieses Zufallsexperiment «Auswahl von n Elementen aus N Elementen» kann $\binom{N}{n}$-mal (= Anzahl der Kombinationen ohne Zurücklegen und ohne Berücksichtigung der Anordnung) wiederholt werden. Das Resultat jedes Auswahlvorgangs ist eine Stichprobe von n Elementen, d. h. eine Realisierung des Zufallsexperiments «Ziehung einer Stichprobe von n aus N Elementen».

Da sich die Zusammensetzung der $\binom{N}{n}$ möglichen Stichproben in den Stichprobenkennwerten (z. B. Häufigkeiten, Mittelwerte, Anteile oder Regressionskoeffizienten) ausdrückt und ein einzelner Stichprobenkennwert daher das Resultat eines Zufallsexperiments beschreibt, sind Stichprobenkennwerte als Realisierungen von Zufallsvariablen aufzufassen.

So ist z. B. der Anteil, mit dem ein Merkmal X in einer Stichprobe auftritt, als Realisierung der Zufallsvariablen «Stichprobenanteil» aufzufassen, weil die Zusammensetzung der Stichprobe bei jeder Wiederholung des Zufallsexperiments «Stichprobenziehung» anders ausfällt, d. h. eine andere Realisierung des Kennwerts Anteil darstellt.

Daraus folgt, dass empirisch beobachtbare Stichprobenkennwerte als Realisierungen von Zufallsvariablen aufgefasst werden können.

Im Zusammenhang mit der Stichprobenziehung ist als weiteres Beispiel für eine Zufallsvariable bzw. deren Realisierung eine Untersuchungseinheit (ein Merkmalsträger) zu nennen. Der Fall «i» in einer Stichprobe kann als Realisierung der Zufallsvariablen «Untersuchungseinheit» aufgefasst werden, deren Realisierung bei jedem Auswahlschritt unterschiedlich ausfällt.

Lösung 6.2

a) Eine Kennwerteverteilung ist die Wahrscheinlichkeitsverteilung eines Stichprobenkennwerts. Diese (theoretische) Verteilung enthält die Kennwerte aller theoretisch möglichen Stichproben vom Umfang n aus einer definierten Population vom Umfang N. Die beiden am häufigsten benötigten Parameter der Kennwerteverteilung sind der Erwartungswert und der Standardfehler. Diese Parameter kennzeichnen die Kennwerteverteilung, ebenso wie Mittelwert und Standardabweichung eine empirische Verteilung kennzeichnen. Kennwerte, die in der Nähe des unbekannten Erwartungswerts der Kennwerteverteilung liegen, haben bei unimodalen und symmetrischen Verteilungen eine größere Auftretenschance als Kennwerte, die weiter vom Erwartungswert entfernt liegen.

b) Eine Kennwerteverteilung ist eine (theoretische) Wahrscheinlichkeitsverteilung von Stichprobenkennwerten (Mittelwert, Standardabweichung, Regressionskoeffizient etc.), während eine empirische Verteilung
   1. die in einer konkreten Stichprobe beobachtete und daher bekannte Verteilung ist,
   2. die in einer Population vorhandene, aber unbekannte Verteilung ist.

c) Der Erwartungswert des Stichprobenmittelwerts $\bar{x}$ ist $\mu(\bar{x}) = \mu_x$, also der Populationsmittelwert, der Erwartungswert des Stichprobenanteils p_1 ist $\mu(p_1) = \pi_1$, also der Populationsanteil.

d) Der Standardfehler des Stichprobenmittelwerts ist die Standardabweichung der Kennwerteverteilung und kann wie eine Standardabweichung interpretiert werden: Je kleiner der Standardfehler, desto geringer ist die Streuung der Stichprobenmittelwerte (aller theoretisch möglichen Stichproben eines gegebenen Umfangs n) um den Erwartungswert μ_x der Kennwerteverteilung, und desto genauer ist die Schätzung des unbekannten Populationsmittelwerts. Wenn also der Standardfehler klein ist, liegt der beobachtete Stichprobenmittelwert vermutlich in der Nähe des Erwartungswerts $\mu_{\bar{x}}$ der Kennwerteverteilung und damit in der Nähe des unbekannten Populationsmittelwerts. Entsprechendes gilt für den Stichprobenanteil.

Lösung 6.3

Gesucht sind jeweils die Bereiche zwischen zwei Punkten. Die gesuchten Wahrscheinlichkeiten sind der Tabelle mit den Quantilwerten der Standardnormalverteilung zu entnehmen.

Wahrscheinlichkeiten für den Bereich zwischen zwei Quantilwerten

			gesuchte Wahrscheinlichkeit
a) $P(-1.96 \le z \le 1.96)$	$= P(z \le 1.96)$	$- P(z \le -1.96)$	
	$= 0.975$	$- 0.025$	$= 0.950$
b) $P(1 \le z \le 2)$	$= P(z \le 2)$	$- P(z \le 1)$	
	$= 0.977$	$- 0.841$	$= 0.136$
c) $P(-0.5 \le z \le 1.5)$	$= P(z \le 1.5)$	$- P(z \le -0.5)$	
	$= 0.933$	$- 0.308$	$= 0.625$

Lösung 6.4

Es handelt sich hier um eine Auswahl von n = 15 aus N = 30 Elementen, mit Berücksichtigung der Anordnung. Die Gesamtzahl der Sitzordnungen entspricht der Anzahl der Variationen, d. h. der Anzahl der Möglichkeiten, eine Auswahl von 15 aus 30 Elementen mit Berücksichtigung der Anordnung zu treffen. Diese Anzahl wird berechnet nach:

$$_N V_n = \frac{N!}{(N-n)!} = \frac{30!}{15!} = 1\,412\,279$$

Die mögliche Anzahl der Sitzordnungen (1 412 279 Variationen) kann innerhalb eines Semesters nicht realisiert werden.

Lösung 6.5

a) Das Problem der Verteilung von sieben Schülern auf neun Sitzplätze entspricht einer Auswahl von sieben aus neun Elementen ohne Zurücklegen und ohne Berücksichtigung der Reihenfolge (Kombinationen). Die Menge der Sitze entspricht N, also N = 9, die Schüler stellen die Auswahl (Stichprobe) mit n = 7 dar. Die Anzahl der möglichen Kombinationen der Schüler wird berechnet nach:

$$\binom{N}{n} = \frac{N!}{n! \cdot (N-n)!} = \frac{9!}{7! \cdot 2!} = \frac{9 \cdot 8}{2} = 36$$

b) Es gibt N! = 9! = 362 880 Möglichkeiten, Schüler, Lehrer und Gepäck auf die neun Sitzplätze zu verteilen, weil es jetzt um die Anzahl der Anordnungen aller N Elemente geht und keine Auswahl mehr getroffen wird (Permutationen).

Lösung 6.6

a) Bei einer Zufallsauswahl von 2 aus 5 ohne Zurücklegen lassen sich ohne Berücksichtigung der Reihenfolge und ohne Zurücklegen 5! / (2! · 3!) = 5 · 4 / 2 = 10 Stichproben (Kombinationen) mit gleicher Realisierungswahrscheinlichkeit von 1/10 ziehen.

Anzahl und Alterszusammensetzung der möglichen Stichproben

Stichprobe	Zusammensetzung	Durchschnittsalter
1	{37,36}	$(37+36)/2=36.5$
2	{37,17}	$(37+17)/2=27.0$
3	{37,15}	$(37+15)/2=26.0$
4	{37,14}	$(37+14)/2=25.5$
5	{36,17}	$(36+17)/2=26.5$
6	{36,15}	$(36+15)/2=25.5$
7	{36,14}	$(36+14)/2=25.0$
8	{17,15}	$(17+15)/2=16.0$
9	{17,14}	$(17+14)/2=15.5$
10	{15,14}	$(15+14)/2=14.5$

Aus diesen Möglichkeiten ergibt sich die Wahrscheinlichkeitsverteilung für das Durchschnittsalter bei einer Auswahl von zwei Personen:

Wahrscheinlichkeitsverteilung des Durchschnittsalters

Durchschnittsalter X	Wahrscheinlichkeit P(X)	Verteilungsfunktion F(X)
14.5	1/10	0.1
15.5	1/10	0.2
16.0	1/10	0.3
25.0	1/10	0.4
25.5	2/10	0.6
26.0	1/10	0.7
26.5	1/10	0.8
27.0	1/10	0.9
36.5	1/10	1.0

b) Auf die gleiche Art kann auch die Anzahl und Zusammensetzung der Stichproben im Hinblick auf die Geschlechterverteilung ermittelt werden:

Anzahl und Geschlechterzusammensetzung der Stichproben

Stichprobe	Zusammensetzung	Anteil weiblich
1	{w1,w2}	2/2=1.0
2	{w1,m1}	1/2=0.5
3	{w1,m2}	1/2=0.5
4	{w1,m3}	1/2=0.5
5	{w2,m1}	1/2=0.5

Stichprobe	Zusammensetzung	Anteil weiblich
6	{w2,m2}	1/2=0.5
7	{w2,m3}	1/2=0.5
8	{m1,m2}	0/2=0.0
9	{m1,m3}	0/2=0.0
10	{m2,m3}	0/2=0.0

Wahrscheinlichkeitsverteilung des Anteils weiblicher Personen in einer Zufallsstichprobe von n = 2 aus N = 5 ohne Zurücklegen

Anteil weiblich X	Wahrscheinlichkeit P(X)	Verteilungsfunktion F(X)
0.0	3/10	0.3
0.5	6/10	0.9
1.0	1/10	1.0

Anstelle der Auflistung der 10 möglichen Stichproben ist es hier einfacher, einen Wahrscheinlichkeitsbaum zu zeichnen, der die Wahrscheinlichkeiten für die erste und die zweite Ziehung wiedergibt:

Wahrscheinlichkeitsbaum

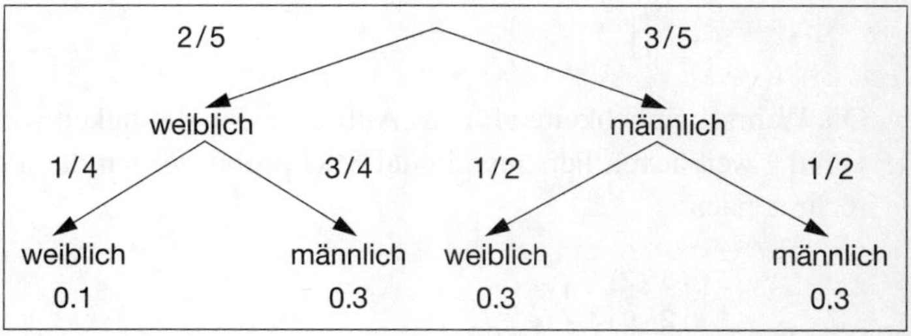

Durch Multiplikation der Wahrscheinlichkeiten entlang der Pfade erhält man die gemeinsamen Wahrscheinlichkeiten als:

$P(w, w) = 2/5 \cdot 1/4 = 1/10$
$P(w, m) = 2/5 \cdot 3/4 = 3/10$
$P(m, w) = 3/5 \cdot 1/2 = 3/10$
$P(m, m) = 3/5 \cdot 1/2 = 3/10$

Die Wahrscheinlichkeit, dass zwei Frauen in der Stichprobe sind und der Anteil der Frauen somit 1 ist, beträgt 0.1. Die Wahrscheinlichkeit, dass eine Frau in der Stichprobe ist, was einem Frauenanteil von 0.5 entspricht, beträgt 0.6 (= 0.3 + 0.3). Der Anteil der Frauen ist 0, wenn keine Frau in der Stichprobe vorhanden ist. Dieses Ereignis tritt mit einer Wahrscheinlichkeit von 0.3 auf.

Eine alternative Möglichkeit der Berechnung besteht darin, die Wahrscheinlichkeiten mit Hilfe der hypergeometrischen Verteilung mit den Parametern $N = 5$, $N_1 = 2$ und $n = 2$ zu berechnen, weil die Kennwerteverteilung eines dichotomen Merkmals bei einer einfachen Zufallsauswahl ohne Zurücklegen einer hypergeometrischen Verteilung folgt. Die allgemeine Formel zur Berechnung der Wahrscheinlichkeit für das Auftreten der Häufigkeit eines dichotomen Merkmals lautet:

$$P(X = n_1) = \frac{\binom{N_1}{n_1} \cdot \binom{N-N_1}{n-n_1}}{\binom{N}{n}}$$

Die Wahrscheinlichkeiten für das Auftreten der Häufigkeit von 0, 1 und 2 weiblichen Personen in der Stichprobe werden dann berechnet nach:

$$P(X = 0) = \frac{\binom{2}{0} \cdot \binom{5-2}{2-0}}{\binom{5}{2}} = \frac{\frac{1}{1} \cdot \frac{3}{1}}{\frac{5 \cdot 4}{2 \cdot 1}} = 0.3$$

$$P(X = 1) = \frac{\binom{2}{1} \cdot \binom{3}{1}}{\binom{5}{2}} = \frac{\frac{2}{1} \cdot \frac{3}{1}}{\frac{5 \cdot 4}{2 \cdot 1}} = 0.6$$

$$P(X = 2) = \frac{\binom{2}{2} \cdot \binom{3}{0}}{\binom{5}{2}} = \frac{\frac{1}{1} \cdot \frac{1}{1}}{\frac{5 \cdot 4}{2 \cdot 1}} = 0.1$$

Die Realisierungen der Kennwerteverteilung des Anteils weiblicher Personen in der Stichprobe sind 0, 0.5 und 1.0. Diese Realisierungen treten mit einer Wahrscheinlichkeit von 0.3, 0.6 und 0.1 auf.

c) Bei einer einfachen Zufallsauswahl von n = 2 aus N = 5 mit Zurücklegen gibt es $5^2 = 25$ unterscheidbare Stichproben mit Berücksichtigung der Reihenfolge. Die Wahrscheinlichkeit des Ereignisses (m, m) ist gleich $(3/5)^2 = 9/25 = 0.36$, die Wahrscheinlichkeit des Ereignisses (w, w) ist gleich $(2/5)^2 = 4/25 = 0.16$, die Wahrscheinlichkeit des Ereignisses (w, m) ist gleich der Wahrscheinlichkeit (m, w) ist gleich $2/5 \cdot 3/5 = 6/25 = 0.24$, zusammen also 0.48.

Die Darstellung mittels Wahrscheinlichkeitsbaum verdeutlicht die Wahrscheinlichkeiten in den beiden Ziehungsschritten:

Wahrscheinlichkeitsbaum

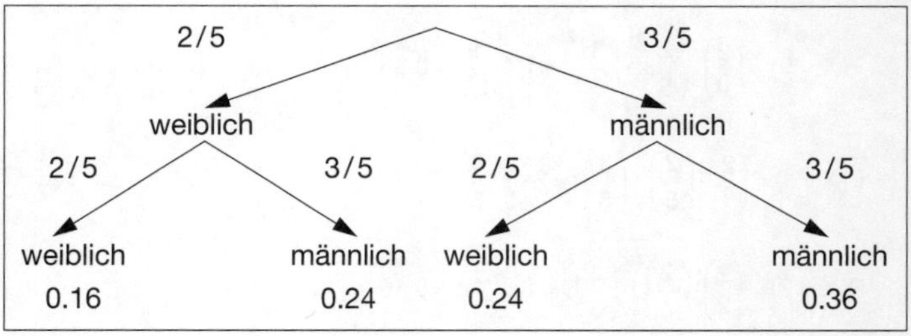

Auch hier werden die gemeinsamen Wahrscheinlichkeiten durch Multiplikation der Wahrscheinlichkeiten entlang der Pfade berechnet, sodass die Wahrscheinlichkeiten für die Anteile von Männern bzw. Frauen in der Stichprobe resultieren als:

$P(w, w) = 2/5 \cdot 2/5 = 4/25$
$P(w, m) = 2/5 \cdot 3/5 = 6/25$
$P(m, w) = 3/5 \cdot 2/5 = 6/25$
$P(m, m) = 3/5 \cdot 3/5 = 9/25$

Eine alternative Möglichkeit der Berechnung besteht darin, die Binomialverteilung zur Berechnung der Wahrscheinlichkeiten zu verwenden, da bei Stichproben mit Zurücklegen die Häufigkeit eines dichotomen Merkmals einer Binomialverteilung folgt.

Gegeben ist der Anteil der Frauen in der Stichprobe mit $p_1 = 2/5$, gesucht ist die Wahrscheinlichkeit für das Auftreten von 0, 1 oder 2 (= 0 %, 50 % oder 100 %) Frauen in der Stichprobe bei einem Stichprobenumfang von n = 2 und einer Population von N = 5. Die Parameter der Binomialverteilung sind daher: $p_1 = 2/5$ und n = 2.

Die Berechnungsformel für die Binomialverteilung lautet:

$$P(X = n_1) = \binom{n}{n_1} \cdot \pi_1^{n_1} \cdot (1 - \pi_1)^{n-n_1} = \frac{n!}{(n - n_1)! \cdot n_1!} \cdot (\pi_1)^{n_1} \cdot (1 - \pi_1)^{n-n_1}$$

Die Wahrscheinlichkeiten für die Anteile (bzw. die absoluten Häufigkeiten) von Frauen in der Stichprobe werden dann berechnet nach:

$$P(X = 0) = \binom{2}{0} \cdot \left(\frac{2}{5}\right)^0 \cdot \left(\frac{3}{5}\right)^2 = 1 \cdot 1 \cdot \frac{9}{25} = 0.36$$

$$P(X = 1) = \binom{2}{1} \cdot \left(\frac{2}{5}\right)^1 \cdot \left(\frac{3}{5}\right)^1 = 2 \cdot \frac{2}{5} \cdot \frac{3}{5} = 0.48$$

$$P(X = 2) = \binom{2}{2} \cdot \left(\frac{2}{5}\right)^2 \cdot \left(\frac{3}{5}\right)^0 = 1 \cdot \frac{4}{25} \cdot 1 = 0.16$$

Alle drei Berechnungsmethoden führen zur gleichen Wahrscheinlichkeitsverteilung für den Anteil weiblicher Personen.

Wahrscheinlichkeitsverteilung des Anteils weiblicher Personen in einer Zufallsstichprobe von n = 2 aus N = 5 mit Zurücklegen:

Anteil weiblich X	Wahrscheinlichkeit P(X)	Verteilungsfunktion F(X)
0.0	0.36	0.36
0.5	0.48	0.84
1.0	0.16	1.00

Lösung 6.7

a) Die Wahrscheinlichkeitsverteilung für die Häufigkeit des Antreffens von CSU-Wählern in einer Gruppe von fünf zufällig ausgewählten Personen folgt streng genommen einer hypergeometrischen Verteilung, da ein dichotomes Merkmal betrachtet wird und es sich um eine einfache Zufallsauswahl ohne Zurücklegen handelt. Zur Berechnung müsste der Populationsumfang N, hier also die Zahl der Wähler in Bayern, bekannt sein. Diese Zahl ist in der Aufgabenstellung nicht gegeben.

Da jedoch die Anzahl der Wähler in Bayern sehr viel größer als die Stichprobe von n = 5 ist, kann hier die asymptotische Annäherung der hypergeometrischen Verteilung an die Binomialverteilung herangezogen werden. Die Wahrscheinlichkeiten für das Auftreten der einzelnen Häufigkeiten können mit Hilfe der Formel der Binomialverteilung ermittelt werden:

$$P(X = n_1) = \binom{n}{n_1} \cdot \pi_1^{n_1} \cdot (1-\pi_1)^{n-n_1} = \frac{n!}{(n-n_1)! \cdot n_1!} \cdot (\pi_1)^{n_1} \cdot (1-\pi_1)^{n-n_1}$$

Die Wahrscheinlichkeit, einen CSU-Wähler anzutreffen, beträgt $\pi_1 = 0.57$. Der Stichprobenumfang ist n = 5.

Die Verteilung hat insgesamt sechs verschiedene Realisierungen: Es können {0, 1, 2, 3, 4, 5} CSU-Wähler in einer Gruppe von fünf Personen auftreten. Für jede dieser Realisierungen wird die Wahrscheinlichkeit berechnet nach:

$$P(j = \text{Anzahl CSU-Wähler}) = \binom{n}{j} \cdot \pi^j \cdot (1-\pi)^{n-j}$$

j	$\pi_1^j \cdot (1-\pi_1)^{n-j}$		$P(j) = \binom{n}{j} \pi_1^j \cdot (1-\pi_1)^{n-j}$
0	$(.43)^5$	$= 0.015$	0.015
1	$(.57) \cdot (.43)^4$	$= 0.020$	0.097
2	$(.57)^2 \cdot (.43)^3$	$= 0.026$	0.258
3	$(.57)^3 \cdot (.43)^2$	$= 0.034$	0.342
4	$(.57)^4 \cdot (.43)$	$= 0.045$	0.227
5	$(.57)^5$	$= 0.060$	0.060
			$\sum_{j=0}^{5} \binom{n}{j} \cdot \pi_1^j \cdot (1-\pi_1)^{n-j} = 0.999 \approx 1$

b) Die Parameter der hier verwendeten Binomialverteilung sind die Wahrscheinlichkeit $\pi_1 = 0.57$ und Stichprobenumfang $n = 5$.

c) Erwartungswert und Varianz einer Binomialverteilung werden berechnet nach:

Erwartungswert	μ	$=$	$n \cdot \pi_1$	$=$	$5 \cdot 0.57$	$=$	2.85
Varianz	σ^2	$=$	$n \cdot \pi_1 \cdot (1-\pi_1)$	$=$	$5 \cdot 0.57 \cdot 0.43$	$=$	1.23
Standardabweichung	σ	$=$	$\sqrt{n \cdot \pi_1 \cdot (1-\pi_1)}$	$=$	$\sqrt{5 \cdot 0.57 \cdot 0.43}$	$=$	1.11

Aufwendiger ist die Berechnung aus der in Teilaufgabe a) angegebenen Tabelle der Wahrscheinlichkeitsverteilung:

$$\mu_X = \sum_{j=1}^{n} \pi\left(X = x_j\right) \cdot x_j$$
$$= 0.015 \cdot 0 + 0.097 \cdot 1 + 0.258 \cdot 2 + 0.324 \cdot 3 + 0.227 \cdot 4 + 0.060 \cdot 5 = 2.847$$

$$\sigma_X^2 = \sum_{j=1}^{n} \pi\left(X = x_j\right) \cdot x_j^2 - \left(\mu_X\right)^2$$
$$= 0.015 \cdot 0^2 + 0.097 \cdot 1^2 + 0.258 \cdot 2^2 + 0.324 \cdot 3^2 + 0.227 \cdot 4^2 + 0.060 \cdot 5^2 - 2.847^2$$
$$= 1.234$$

$$\sigma_X = \sqrt{\sigma_X^2} = \sqrt{1.234} = 1.11$$

Bis auf Rundungsfehler müssen beide Berechnungen übereinstimmen.

d) Gesucht ist die Wahrscheinlichkeit für $n_1 = 3$ CSU-Wähler bei $n = 5$ Personen.

Durch Anwendung der Formel der Binomialverteilung erhält man (siehe oben):

$$P(n_1 = 3) = \binom{5}{3} \cdot 0.57^3 \cdot 0.43^2 = 0.342$$

Die Wahrscheinlichkeit, in einer Gruppe von fünf Personen genau drei CSU-Wähler anzutreffen, beträgt 34 %.

e) Die Wahrscheinlichkeit, in einer Gruppe von fünf Personen höchstens zwei CSU-Wähler anzutreffen, wird ermittelt aus der Summe der Wahrscheinlichkeiten für die Ereignisse {0, 1, 2} CSU-Wähler.

Da die Ereignisse disjunkt sind, können die einzelnen Wahrscheinlichkeiten addiert werden.

Diese Wahrscheinlichkeiten können aus der letzten Spalte der Tabelle in Teilaufgabe a) abgelesen werden.

$$P(X = n_1) \Rightarrow P(j = \{0,1,2\}) = \sum_{j=0}^{n_1} \binom{n}{j} \cdot \pi_1^j \cdot (1 - \pi_1)^{n-j}$$

$$= \binom{n}{0} \cdot \pi_1^0 \cdot (1 - \pi_1)^{n-0} + \binom{n}{1} \cdot \pi_1^1 \cdot (1 - \pi_1)^{n-1} + \binom{n}{2} \cdot \pi_1^2 \cdot (1 - \pi_1)^{n-2}$$

$$= 0.015 + 0.097 + 0.258 = 0.37$$

Die Wahrscheinlichkeit, in einer Gruppe von fünf Personen höchstens zwei CSU-Wähler anzutreffen, beträgt 37 %.

f) In einer Gruppe von fünf Personen sind die CSU-Wähler in der Mehrheit, wenn man drei, vier oder fünf CSU-Wähler vorfindet. Wie in Teilaufgabe e) werden die Wahrscheinlichkeiten für die Ereignisse {3, 4, 5} CSU-Wähler addiert:

$$P(j = 3) + P(j = 4) + P(j = 5)$$
$$0.3424 + 0.2267 + 0.0602 = 0.6293$$

Die Wahrscheinlichkeit, dass die CSU-Wähler in einer Gruppe von fünf Personen in der Mehrheit sind, beträgt 63 %.

g) Die Wahrscheinlichkeit, mindestens vier CSU-Wähler anzutreffen, entspricht der Wahrscheinlichkeit, vier oder mehr CSU-Wähler in einer Gruppe von fünf Personen anzutreffen. Nach den Regeln der Komplementarität gilt:

$$P(j \geq 4 = \{4,5\}) = 1 - P(j < 4 = \{0,1,2,3\})$$

Durch Einsetzen der Werte aus der letzten Spalte der Tabelle in Teilaufgabe a) resultiert:

$$1 - P(j < 4 = \{0,1,2,3\}) = \sum_{j=0}^{n_1} \binom{n}{j} \cdot \pi^j \cdot (1-\pi)^{n-j}$$
$$= 1 - (0.015 + 0.097 + 0.258 + 0.342) = 0.29$$

Alternativ kann man auch aus der letzten Spalte in der Tabelle in Teilaufgabe a) die Wahrscheinlichkeiten für $j = 4$ und $j = 5$ ablesen und addieren. Das Resultat ist identisch.

Die Wahrscheinlichkeit, mindestens vier CSU-Wähler in einer Gruppe von fünf zufällig ausgewählten Personen anzutreffen, beträgt 29 %.

Lösung 6.8

Gegeben ist die Wahrscheinlichkeit, mit der eine Aufgabe nach dem Zufallsprinzip richtig gelöst wird. Bei fünf Antwortvorgaben in jeder Aufgabe besteht bei jeder Aufgabe die Chance von P(richtig) = 1 / 5 = 0.20, die Aufgabe per Zufall richtig zu lösen.

Die Prüfung gilt als bestanden, wenn von den zehn Aufgaben mindestens 70 %, also mindestens sieben Aufgaben gelöst sind.

Gesucht ist die Wahrscheinlichkeit, 7 von 10 Aufgaben zu lösen, wobei die Chance der richtigen Lösung bei jeder Aufgabe 20 % beträgt.

Häufigkeiten sind binomialverteilt, sodass hier die Binomialverteilung mit den Parametern $n = 10$, $n_1 = 7$ und $\pi = 0.20$ anzuwenden ist.

Zu berechnen sind entweder die Wahrscheinlichkeiten für 0 bis <7 (= 6) gelöste Aufgaben, die addiert und von 1.0 subtrahiert werden können, um die gesuchte Wahrscheinlichkeit zu berechnen. Die Berechnung erfolgt dann nach der Formel:

$$P(n_1 \geq 7) = 1 - P(n_1 < 7) = 1 - \sum_{j=0}^{n_1} \binom{n}{j} \cdot \pi^j \cdot 1 - \pi^{n-j}$$

Alternativ können die Wahrscheinlichkeiten für $n_1 \geq 7$ gelöste Aufgaben berechnet und addiert werden, um die gesuchte Wahrscheinlichkeit zu erhalten. Diese Wahrscheinlichkeit wird berechnet als:

$$P(n_1 \geq 7) = \binom{10}{7} \cdot 0.2^7 \cdot 0.8^3 + \binom{10}{8} \cdot 0.2^8 \cdot 0.8^2 + \binom{10}{9} \cdot 0.2^9 \cdot 0.8^1 + \binom{10}{10} \cdot 0.2^{10} \cdot 0.8^0$$

$$= 0.0008 + 0.00007 + 0.000004 + 0.0000001 = 0.0009$$

Die Wahrscheinlichkeit, die Eignungsprüfung durch zufälliges Beantworten der Multiple-Choice-Fragen zu bestehen, beträgt 0.09 %.

Lösung 6.9

a) Hier geht es um die Wahrscheinlichkeitsverteilung für die absolute Häufigkeit der $n_1 = 5$ erfolgreichen Impfungen. Da nach den Angaben des Pharmakonzerns für alle Personen, die geimpft werden, eine identische Wahrscheinlichkeit von 95 % besteht, dass die Impfung erfolgreich ist, wird die Binomialverteilung angewendet. Die Parameter der Bimomialverteilung sind: $\pi_1 = 0.95$ (erfolgreiche Impfung) und $n = 25$ (Zahl der in der Studie geimpften Personen).

Man kann nun die Wahrscheinlichkeit berechnen, dass 20 oder weniger ($n_1 \leq 20$) der $n = 25$ Personen erfolgreich immunisiert werden. Das ist umständlich, weil es sehr viel Rechenaufwand erfordert. Stattdessen wird die Wahrscheinlichkeit berechnet, dass mehr als 20 der 25 Personen erfolgreich immunisiert werden. Das entspricht der Summe der Wahrscheinlichkeiten für $n_1 = 21$, 22, 23, 24 oder 25 erfolgreiche Immunisierungen.

Die Wahrscheinlichkeit, dass mindestens fünf der 25 Personen nicht erfolgreich immunisiert werden, ergibt sich aus der Differenz von eins minus dieser Summe, weil gilt:

$$P(n_1 \leq 20) = 1 - P(n_1 > 20)$$

Es werden also die Wahrscheinlichkeiten für die erfolgreiche Impfung der 21. bis 25. Person ermittelt, addiert und von 1.0 subtrahiert:

$$P(X \leq 20) = 1 - P(X > 20) = 1 - \sum_{n_1=21}^{25} \binom{25}{n_1} \cdot 0.95^{n_1} \cdot 0.05^{25-n_1}$$

$$= 1 - \left(\binom{25}{21} \cdot 0.95^{21} \cdot 0.05^{4} + \binom{25}{22} \cdot 0.95^{22} \cdot 0.05^{3} + \binom{25}{23} \cdot 0.95^{23} \cdot 0.05^{2} + \binom{25}{24} \cdot 0.95^{24} \cdot 0.05^{1} + \binom{25}{25} \cdot 0.95^{25} \cdot 0.05^{0} \right)$$

$$= 1 - \left(\frac{25!}{21! \cdot 4!} \cdot 0.95^{21} \cdot 0.05^{4} + \frac{25!}{22! \cdot 3!} \cdot 0.95^{22} \cdot 0.05^{3} + \frac{25!}{23! \cdot 2!} \cdot 0.95^{23} \cdot 0.05^{2} + 25 \cdot 0.95^{24} \cdot 0.05^{1} + 0.95^{25} \right)$$

$$= 1 - (0.027 + 0.093 + 0.231 + 0.365 + 0.277) = 0.007$$

Die Wahrscheinlichkeit, dass bei 25 geimpften Personen und einer behaupteten Erfolgsquote (des Medikaments gegen Grippe) von 95 % mindestens fünf Personen (= 20 % der untersuchten Personen) krank werden (bzw. 20 oder weniger Personen erfolgreich gegen Gruppe immunisiert werden), beträgt weniger als 1 %.

b) Die Wahrscheinlichkeit, dass mehr als fünf Personen krank werden, ist sehr klein. Gleichzeitig ist aber auch die Wahrscheinlichkeit, dass maximal (höchstens) 20 Personen gesund bleiben (bei einer behaupteten Erfolgswahrscheinlichkeit des Medikaments von 95 %), sehr klein. Deshalb ist zu vermuten, dass die angegebene Erfolgswahrscheinlichkeit nicht stimmt, sondern tatsächlich niedriger liegt.

Die in der Untersuchung beobachtete Erfolgswahrscheinlichkeit ist mit 20/25 = 80 % tatsächlich niedriger als die angegebene Erfolgswahrscheinlichkeit von 95 %.

Bei einer faktischen Erfolgswahrscheinlichkeit von 95 % wäre stattdessen damit zu rechnen, dass etwa 24 Personen (= 25 · 0.95 = 23.75) gesund bleiben. Dieses ist der Erwartungswert der Binomialverteilung mit den Parametern $\pi_1 = 0.95$ und n = 25, der berechnet wird als:

$$\mu_X = n \cdot \pi_1 = 25 \cdot 0.95 = 23.75$$

Lösung 6.10

Gefragt ist nach der Wahrscheinlichkeit von absoluten Häufigkeiten. Da das dichotome Merkmal «Geschlecht» erfasst wird und eine Person nicht mehrfach in der gleichen Veranstaltung sitzen kann, wird die gesuchte Wahrscheinlichkeit mit Hilfe der Verteilungsfunktion der hypergeometrischen Verteilung berechnet:

$$F(X) = P(X \leq n_1) = \sum_{j=0}^{n_1} \frac{\binom{N_1}{j} \cdot \binom{N-N_1}{n-j}}{\binom{N}{n}}$$

Die Parameter sind N = 22 (= 17 + 5), $N_1 = 17$, n = 18, $n_1 = 13, 14, 15, 16$. Die Wahrscheinlichkeit dafür, dass mindestens 13 und höchstens 16 Frauen anwesend sind, entspricht der Wahrscheinlichkeit, dass {13, 14, 15, 16} Frauen anwesend sind.

Die Verteilungsfunktion (d. h. die kumulierte Wahrscheinlichkeitsverteilung) für die Anwesenheit von höchstens $n_1 = 16$ Frauen lautet:

$$F(16) = P(X \leq 16) = \sum_{j=1}^{16} \frac{\binom{N_1}{j} \cdot \binom{N-N_1}{n-j}}{\binom{N}{n}}$$

Die Verteilungsfunktion (d. h. die kumulierte Wahrscheinlichkeitsverteilung) für die Anwesenheit von höchstens $n_1 = 12$ Frauen lautet:

$$F(12) = P(X \le 12) = \sum_{j=1}^{12} \frac{\binom{N_1}{j} \cdot \binom{N-N_1}{n-j}}{\binom{N}{n}}$$

Durch Subtraktion der Werte dieser beiden kumulierten Wahrscheinlichkeiten resultiert die Wahrscheinlichkeit für die Anwesenheit von mindestens 13 und höchstens 16 Frauen im Seminar. Also gilt:

$$P(X \ge 13 \,\&\, X \le 16) = F(16) - F(12) = \sum_{j=1}^{16} \frac{\binom{N_1}{j} \cdot \binom{N-N_1}{n-j}}{\binom{N}{n}} - \sum_{j=1}^{12} \frac{\binom{N_1}{j} \cdot \binom{N-N_1}{n-j}}{\binom{N}{n}}$$

$$= \sum_{j=13}^{16} \frac{\binom{N_1}{j} \cdot \binom{N-N_1}{n-j}}{\binom{N}{n}}$$

Aus der Formel ist ablesbar, dass die Wahrscheinlichkeiten für das Auftreten der Ereignisse {13, 14, 15, 16}, d. h. die Wahrscheinlichkeiten für die Anwesenheit von 13 bis 16 Frauen, addiert werden. Dazu werden zuerst die Wahrscheinlichkeiten für die einzelnen Summanden berechnet und diese dann addiert. Hierzu dient die Formel:

$$P(X = n_1) = \frac{\binom{N_1}{n_1} \cdot \binom{N_0}{n_0}}{\binom{N}{n}} = \frac{\binom{N_1}{n_1} \cdot \binom{N-N_1}{n-n_1}}{\binom{N}{n}}$$

Die einzelnen Summanden betragen:

$$P(13) = \frac{\binom{17}{13} \cdot \binom{5}{5}}{\binom{22}{18}} = \frac{\frac{17!}{13! \cdot 4!} \cdot \frac{5!}{5! \cdot 0!}}{\frac{22!}{18! \cdot 4!}} = \frac{2380}{7315} = 0.325$$

$$P(14) = \frac{\binom{17}{14} \cdot \binom{5}{4}}{\binom{22}{18}} = \frac{\frac{17!}{14! \cdot 3!} \cdot \frac{5!}{4! \cdot 1!}}{\frac{22!}{18! \cdot 4!}} = \frac{3400}{7315} = 0.465$$

$$P(15)=\frac{\binom{17}{15}\cdot\binom{5}{3}}{\binom{22}{18}}=\frac{\frac{17!}{15!\cdot 2!}\cdot\frac{5!}{3!\cdot 2!}}{\frac{22!}{18!\cdot 4!}}=\frac{1360}{7315}=0.186$$

$$P(16)=\frac{\binom{17}{16}\cdot\binom{5}{2}}{\binom{22}{18}}=\frac{\frac{17!}{16!\cdot 1!}\cdot\frac{5!}{2!\cdot 3!}}{\frac{22!}{18!\cdot 4!}}=\frac{170}{7315}=0.023$$

Die Summe ergibt 0.999 oder 99.9 %. D. h., dass in einer Veranstaltung nahezu sicher zwischen 13 und 16 Frauen anwesend sind.

Alternativer Lösungsweg: Da es nur 5 Männer in der Population gibt, sind von 18 Teilnehmern mindestens 13 Frauen, nämlich dann, wenn alle 5 Männer anwesend sind. Maximal können 17 Frauen (mehr Teilnehmerinnen gibt es nicht) und 1 Mann anwesend sein.

Gesucht ist die Wahrscheinlichkeit der Anwesenheit von 13, 14, 15 oder 16 Frauen. Nach den obigen Vorüberlegungen ergibt sich diese Wahrscheinlichkeit als Differenz aus eins minus der Wahrscheinlichkeit für die Anwesenheit von 17 Frauen. Die gesuchte Wahrscheinlichkeit wird berechnet als:

$$1-P(17)=1-\frac{\binom{17}{17}\cdot\binom{5}{1}}{\binom{22}{18}}=1-\frac{\frac{17!}{17!\cdot 0!}\cdot\frac{5!}{1!\cdot 4!}}{\frac{22!}{18!\cdot 4!}}=1-\frac{5}{7315}=0.999$$

Die Wahrscheinlichkeit dafür, bei einer Gesamtzahl von 22 Seminarteilnehmern, von denen 17 Frauen und 5 Männer sind, zu einem Termin, bei dem 18 Studierende anwesend sind, mindestens 13 und höchstens 16 Frauen anzutreffen, beträgt wiederum 0.999.

Lösung 6.11

Wenn die Ablehnungsrate bzw. die Wahrscheinlichkeit für die Ablehnung eines Artikels $\pi_1 = 0.45$ ist, dann ist die Wahrscheinlichkeit für die Akzeptanz eines Artikels $1 - \pi_1 = 0.55$.

Gesucht ist die Anzahl x der Artikel, die eingereicht werden müssen, um eine Wahrscheinlichkeit von mindestens 75 % zu erreichen, dass ein oder mehrere Artikel akzeptiert werden.

Da die Ablehnungs- bzw. Akzeptanzrate bei jedem eingereichten Artikel gleich groß ist, wird zur Feststellung der Akzeptanzwahrscheinlichkeit von x Artikeln die Binomialverteilung (Berechnung der Wahrscheinlichkeit für die Häufigkeit eines Ereignisses) verwendet.

Die Berechnungsformel für die Binomialverteilung lautet hier:

$$P(X=x)=\binom{n}{x}\pi_1^{x}\cdot(1-\pi_1)^{n-x}$$

Bei Einreichen eines Artikels ist n = 1 und x = 1. Die Wahrscheinlichkeit für die Akzeptanz eines einzigen Artikels beträgt dann:

$$P(X=1)=\binom{1}{1}\cdot 0.55^1\cdot(1-0.55)^0=0.55$$

Bei Einreichen von zwei Artikeln ist n = 2, und die Wahrscheinlichkeit, dass mindestens ein Artikel angenommen wird, ist gleich der Differenz aus eins minus der Wahrscheinlichkeit, dass kein Artikel (x = 0) angenommen wird:

$$P(X\geq 1)=1-P(X=0)=1-\binom{2}{0}\cdot 0.55^0\cdot(1-0.55)^2=0.798$$

Die Wahrscheinlichkeit, dass von zwei eingereichten Artikeln mindestens einer akzeptiert wird, ist mit knapp 80 % höher als die gesuchten 75 %. Es müssen daher mindestens zwei Artikel eingereicht werden, damit mit einer Wahrscheinlichkeit von 75 % ein oder mehr Artikel akzeptiert werden.

Alternativer Lösungsweg: Die gleiche Lösung ergibt sich, wenn für n = 2 die Wahrscheinlichkeit berechnet wird, dass X = 1 oder X = 2. Die Wahrscheinlichkeit für X = 1 bzw. für X = 2 wird berechnet nach:

$$P(X=1)=\binom{2}{1}.55^1\cdot(1-.55)^1=0.495$$

$$P(X=2)=\binom{2}{2}.55^2\cdot(1-.55)^0=0.303$$

Die Wahrscheinlichkeit für X = 1 oder X = 2 wird berechnet als:

$$P(X=1\cup X=2)=0.495+0.303=0.798$$

Lösung 6.12

a) Die Wahrscheinlichkeit, dass die zuerst ausgewählte Person ein Pendler ist, beträgt 6/49. Dann verbleiben noch 5 Pendler von 48 Personen im Dorf. Die Wahrscheinlichkeit, dass die zweite Person ebenfalls ein Pendler ist, beträgt dann 5/48. Analog ist die Wahrscheinlichkeit, dass auch die dritte Person ein Pendler ist, 4/47, die Wahrscheinlichkeit, dass zusätzlich die vierte Person ein Pendler ist, 3/46, die Wahrscheinlichkeit, dass die fünfte Person ein Pendler ist, 2/45, und schließlich ist die Wahrscheinlichkeit, dass die sechste Person ein Pendler ist, 1/44.

Die Gesamtwahrscheinlichkeit ist nach dem Multiplikationstheorem das Produkt dieser 6 Wahrscheinlichkeiten, also:

$$P(6 \text{ aus } 49) = \frac{6}{49}\cdot\frac{5}{48}\cdot\frac{4}{47}\cdot\frac{3}{46}\cdot\frac{2}{45}\cdot\frac{1}{44} = \frac{1}{13983816} = 0.000000071511$$

Alternativer Lösungsweg: Bei einer einfachen Zufallsauswahl wird die Zahl der Pendler in der Stichprobe mit Hilfe einer hypergeometrischen Verteilung mit den Parametern $N = 49$, $N_1 = 6$, $n_1 = 6$ berechnet.

Gesucht ist die Wahrscheinlichkeit für die Häufigkeit $n_1 = 6$. Berechnet wird diese Wahrscheinlichkeit nach der Formel:

$$P(X = n_1) = \frac{\binom{N_1}{n_1}\cdot\binom{N-N_1}{n-n_1}}{\binom{N}{n}}$$

Durch Einsetzen der Zahlen ergibt sich:

$$P(X = 6) = \frac{\binom{6}{6}\cdot\binom{49-6}{6-6}}{\binom{49}{6}} = \frac{\frac{6!}{6!\cdot 0!}\cdot\frac{43!}{0!\cdot 43!}}{\frac{49!}{6!\cdot 43!}} = \frac{1}{\frac{49!}{6!\cdot 43!}} = \frac{6!\cdot 43!}{49!}$$

$$= \frac{(6\cdot 5\cdot 4\cdot 3\cdot 2\cdot 1)\cdot(43\cdot 42\cdot\ldots 2\cdot 1)}{49\cdot 48\cdot 47\cdot 46\cdot 45\cdot 44\cdot 43\cdot 42\cdot\ldots 2\cdot 1} = 0.000000071511$$

b) Durch dieses Vorgehen wird keine einfache Zufallsstichprobe realisiert. Vielmehr handelt es sich um eine willkürliche Auswahl, wenn die erstbesten sechs Personen angesprochen werden. Die Wahrscheinlichkeit der Realisierung dieser Stichprobe ist unbekannt. Darüber hinaus ist es unwahrscheinlich, dass die 6 Pendler erreicht werden, da diese an einem Montagmorgen das Dorf vermutlich bereits verlassen haben.

c) Zur Realisierung einer Zufallsauswahl könnten z. B. die 49 Bewohner des Dorfes dem Alter nach sortiert und nummeriert werden. Aus einer Urne können dann 6 Zahlen zwischen 1 und 49 gezogen werden, wobei die Zahl 1 für die älteste Person im Dorf, die Zahl 2 für die zweitälteste usw. steht. Die den gezogenen Zahlen entsprechenden Personen würden dann befragt.

Lösung 6.13

a) Gesucht ist die Wahrscheinlichkeit, in der Klausur mindestens 50 Punkte zu erreichen, d. h. $P(X \geq 50)$.

Um die Klausurpunkte mit dem Mittelwert und der Streuung der Verteilung in Beziehung zu setzen, wird eine Z-Transformation durchgeführt.

Da nach dem Komplementaritätsprinzip $P(X \geq 50) = 1 - P(X < 50)$ ist, wird zunächst die Wahrscheinlichkeit für $P(X < 50)$ ermittelt. Dazu wird der Z-Wert für $X = 49.9$ ($= X < 50$) eingesetzt:

$$Z = \frac{x - \mu_x}{\sigma_x} = \frac{49.9 - 60}{10} = -1.01$$

Die zu diesem Quantilwert gehörige Quantilwahrscheinlichkeit kann aus der Tabelle mit den Quantilen der Normalverteilung abgelesen werden. Für $z = -1.01$ beträgt $\alpha = 0.155$

Die Wahrscheinlichkeit, weniger als 50 Punkte zu erhalten $P(X < 50)$, beträgt also 15.5 %.

Für $P(X \geq 50) = 1 - P(X < 50)$ ergibt sich dann: $1 - 0.155 = 0.845$. Es besteht also eine Wahrscheinlichkeit von 84.5 %, die Klausur mit 50 oder mehr Punkten zu bestehen.

b) Gesucht ist die Wahrscheinlichkeit für den Bereich zwischen 80 und 95 Punkten, $P(80 \leq X \leq 95)$. Dazu werden die beiden Z-Werte für $X = 80$ und für $X = 95$ berechnet und die zugehörigen α-Wahrscheinlichkeiten nachgeschlagen. Um zu berücksichtigen, dass die Normalverteilung nicht nur ganze Zahlen, sondern beliebige reelle Zahlen umfasst, werden exakte Klassengrenzen verwendet, d. h. statt 80 und 95 die Werte 79.5 und 95.5. Diese Vorgehensweise wird als Stetigkeitskorrektur bezeichnet. Durch Einsetzen der Werte für X werden die beiden Z-Werte berechnet als:

$$Z(X = 79.5) = \frac{79.5 - 60}{10} = 1.95 \quad \text{und} \quad Z(X = 95.5) = \frac{95.5 - 60}{10} = 3.55$$

Die Differenz zwischen den α-Quantilwerten ergibt die Wahrscheinlichkeit, die Note «gut» bei einer Punktzahl im gegebenen Intervall zu erhalten.

Für $Z(X = 79.5) = 1.95$ ist $\alpha = 0.975$, und für $Z(X = 95.5) = 3.55$ ist $\alpha = 0.999$.

Damit ist $P(80 \leq X \leq 95) = 0.999 - 0.975 = 0.025$.

Die Wahrscheinlichkeit, die Note «gut» bei einer Punktzahl zwischen 80 und 95 zu erhalten, beträgt also 2,5 %.

c) Gesucht ist die Mindestpunktzahl, sodass höchstens 10 % der Studierenden durch die Klausur fallen. Gesucht ist also der Wert von X, für den gilt $P(X) \leq 0.1$.

Bei $\alpha = 0.10$ beträgt $z_\alpha = -1.282$.

Durch Umformen der Z-Transformationsformel kann der gesuchte Wert x berechnet werden:

$$Z = \frac{X - \mu_X}{\sigma_X} \quad \Rightarrow \quad X = Z \cdot \sigma_X + \mu_X = -1.282 \cdot 10 + 60 = 47.2$$

Die Mindestpunktzahl muss auf 47 Punkte festgelegt werden, wenn nicht mehr als 10 % der Studierenden durchfallen sollen.

Lösung 6.14

Gegeben ist der Populationsmittelwert $\mu_X = 100$ und die Populationsvarianz $\sigma_X^2 = 225$. Damit ist auch die Populationsstandardabweichung bekannt als $\sigma_X = 15$.

Gesucht ist der X-Wert für $\alpha = 90\,\%$ bzw. 0.90 (dieser Wert bestimmt die Untergrenze der oberen 10 % der Verteilung).

Zur Berechnung des gesuchten Testwerts wird zuerst die Z-Transformationsformel umgeformt, sodass der Z-Wert, hier: der Quantilwert, der zum Quantilanteil $\alpha = 90\,\%$ gehört, in den gesuchten X-Wert überführt werden kann. Dazu wird die Formel für die Z-Transformation nach X aufgelöst:

$$Z = \frac{X - \mu_X}{\sigma_X} \quad \Rightarrow \quad X = Z \cdot \sigma_X + \mu_X$$

Der Z-Wert für $\alpha = 0.90$, $z_{0.90} = 1.282$ kann aus der Tabelle mit den Quantilen der Normalverteilung abgelesen werden.

Durch Einsetzen der Werte resultiert der gesuchte «cut off»-Wert als:

$$X = 1.282 \cdot 15 + 100 = 119.23$$

Bei Testwerten ab 119 aufwärts wird eine Person auf der Basis des vorliegenden Intelligenztests als hochbegabt eingestuft.

Lösung 6.15

Gefragt ist nach der Wahrscheinlichkeit für das Auftreten einer absoluten Häufigkeit der Merkmalsausprägung «pro Benotung» von mindestens 60 Personen ($n_1 > 60$) in einer Stichprobe von $n = 100$ Personen. Der Populationsanteil dieses Merkmals beträgt 50 % ($\pi_1 = 0.5$).

Es gibt zwei Lösungswege. Der erste Lösungsweg verwendet die Binomialverteilung zur Bestimmung der Wahrscheinlichkeit des Auftretens einer Stichprobenhäufigkeit.

Der zweite Lösungsweg verwendet die Normalverteilung für Stichprobenanteile.

Erster Lösungsweg: Verwendung der Binomialverteilung.

Gesucht ist die Wahrscheinlichkeit für das Auftreten der Häufigkeit $n_1 > 60 = P(X > 60)$ bzw. $1 - P(X \leq 60)$. Da die Stichprobe groß ist, kann die Annäherung der Binomialverteilung an die Normalverteilung genutzt werden. Die Anwendungsvoraussetzungen sind erfüllt:

$$n \cdot \frac{\pi}{1-\pi} = n \cdot \frac{1-\pi}{\pi} = 100 \cdot \frac{0.5}{0.5} > 9$$

Die Häufigkeit ist mit dem Erwartungswert $\mu_x = n \cdot \pi_1$
und der Varianz mit $\sigma_x^2 = n \cdot \pi_1 \cdot (1-\pi_1)$
asymptotisch normalverteilt. Die Wahrscheinlichkeit für die Häufigkeit $n_1 > 60$, $P(X > 60)$ beträgt:[7]

$$P(X > 60) = \sum_{x=61}^{100} \binom{100}{x} \cdot 0.5^x \cdot 0.5^{n-x}$$

$$\approx \underbrace{\Phi\left(\frac{100 + 0.5 - n \cdot \pi_1}{\sqrt{n \cdot \pi_1 \cdot (1-\pi_1)}}\right)}_{\text{obere Intervallgrenze}} - \underbrace{\Phi\left(\frac{61 - 0.5 - n \cdot \pi_1}{\sqrt{n \cdot \pi_1 \cdot (1-\pi_1)}}\right)}_{\text{untere Intervallgrenze}}$$

$$= \Phi\left(\frac{100 + 0.5 - 100 \cdot 0.5}{\sqrt{100 \cdot 0.5^2}}\right) - \Phi\left(\frac{61 - 0.5 - 100 \cdot 0.5}{\sqrt{100 \cdot 0.5^2}}\right)$$

$$= \Phi(10.1) - \Phi(2.1) = 1.0 - 0.98 \approx 0.02 = 2\ \%$$

Die Wahrscheinlichkeit für die Häufigkeit $n_1 > 60$, $1 - P(X \leq 60)$, wird berechnet nach:

$$1 - P(X \leq 60) = 1 - \sum_{x=1}^{60} \binom{60}{x} \cdot 0.5^x \cdot 0.5^{n-x}$$

$$\approx 1 - \left[\underbrace{\Phi\left(\frac{60 + 0.5 - n \cdot \pi_1}{\sqrt{n \cdot \pi_1 \cdot (1-\pi_1)}}\right)}_{\text{obere Intervallgrenze}} - \underbrace{\Phi\left(\frac{1 - 0.5 - n \cdot \pi_1}{\sqrt{n \cdot \pi_1 \cdot (1-\pi_1)}}\right)}_{\text{untere Intervallgrenze}}\right]$$

$$= 1 - \left[\Phi\left(\frac{60 + 0.5 - 100 \cdot 0.5}{\sqrt{100 \cdot 0.5^2}}\right) - \Phi\left(\frac{1 - 0.5 - 100 \cdot 0.5}{\sqrt{100 \cdot 0.5^2}}\right)\right]$$

$$= 1 - [\Phi(2.1) - \Phi(-9.5)] = 1.0 - [0.98 - 0.00] \approx 0.02 = 2\ \%$$

7. Das Zeichen «Φ» (Phi) ist das große griechische F und steht hier für den Wert der Verteilungsfunktion (der kumulierten Wahrscheinlichkeit) an einer bestimmten Stelle der Normalverteilung.

Die Wahrscheinlichkeit $P(X \leq 60)$, d. h. in der Stichprobe weniger als $n_1 \leq 60$ Personen mit der Merkmalsausprägung «pro Benotung» anzutreffen, beträgt 98 %.

Die Wahrscheinlichkeit $P(X > 60)$, dass mehr als 60 Personen ($n_1 > 60$) in der Stichprobe die Benotung befürworten, beträgt:

$$P(X > 60) = 1 - P(X \leq 60) = 1 - 98\% = 2\%$$

Zweiter Lösungsweg: Zur Berechnung der Wahrscheinlichkeit, dass mehr als $n_1 = 60$ Personen benotete Leistungsnachweise befürworten, kann auch die Kennwerteverteilung des Stichprobenanteils verwendet werden. Stichprobenanteile sind bei genügend großen Fallzahlen asymptotisch normalverteilt. Die Annäherung ist hinreichend genau, wenn die (beim ersten Lösungsweg bereits aufgeführten) Anwendungsvoraussetzungen erfüllt sind. Das ist hier der Fall.

Gesucht ist die Wahrscheinlichkeit für den Anteil $p_1 \geq 0.60$ (mindestens 60 von 100 Personen in der Stichprobe befürworten benotete Leistungsnachweise).

Durch eine Z-Transformation des gesuchten Stichprobenanteils wird der Z-Wert ermittelt, dessen Quantilanteil zur gesuchten Wahrscheinlichkeit führt. Dabei ist zu beachten, dass die Wahrscheinlichkeit $P(p_1 \geq 0.60) = 1 - P(p_1 \leq 0.60)$ ist.

Die ermittelte Quantilwahrscheinlichkeit des Z-Werts muss also von 1.00 subtrahiert werden.

Um den Z-Wert berechnen zu können, muss zuvor der Standardfehler der Kennwerteverteilung des Stichprobenanteils berechnet werden nach:

$$\sigma(p_1) = \sqrt{\frac{\pi_1 \cdot (1 - \pi_1)}{n}}$$

Da der vermutete Populationsanteil $\pi_1 = 50\,\%$ beträgt, resultiert der Standardfehler als:

$$\sigma(p_1) = \sqrt{\frac{\pi_1 \cdot (1 - \pi_1)}{n}} = \sqrt{\frac{0.5 \cdot 0.5}{100}} = 0.050$$

Der Z-Wert kann nun berechnet werden nach:

$$Z = \frac{p_1 - \pi_1}{\sigma(p_1)} = \frac{0.6 - 0.5}{0.05} = 2.0$$

Die Wahrscheinlichkeit, bei einem (vermuteten) Populationsanteil von 50 % in einer Stichprobe von n = 100 Personen mindestens 60 % Befürwortungen benoteter Leistungsnachweise anzutreffen, beträgt rund 98 %. Dementsprechend beträgt die Wahrscheinlichkeit, mehr als 60 % anzutreffen, 100 % – 98 % = 2 %.

Anmerkung: Bei größerer Rechengenauigkeit (mehr als 2 Nachkommastellen) unterscheiden sich die Ergebnisse geringfügig. Dies liegt daran, dass bei der ersten Berechnung über die absoluten Häufigkeiten die exakten Klassengrenzen 61.5 bzw. 60.5 verwendet werden, während in der zweiten Berechnung über die Anteile der Wert 60 / 100 eingesetzt wird. Das Beispiel zeigt, dass die so genannte Stetigkeitskorrektur im Rahmen der in den Sozialwissenschaften verwendeten Rechengenauigkeit keine Rolle spielt.

7 Intervallschätzung

7.1 Übungsaufgaben zu Kapitel 8

Aufgabe 7.1

a) Was versteht man in der Statistik unter einem Standardfehler?
b) Wozu wird der Standardfehler benötigt?
c) Was ist ein Konfidenzintervall?
d) Welche Bedeutung hat ein Konfidenzintervall bei der Schätzung von unbekannten Populationswerten aus Stichprobendaten?

Aufgabe 7.2

In einer Umfrage von 901 zufällig ausgewählten Betrieben wurde im Durchschnitt an 5.25 Tagen eines Jahres gestreikt. Die Standardabweichung in der Stichprobe beträgt 0.25 Tage.

a) Wie ermitteln Sie den Standardfehler für die Anzahl der Streiktage pro Jahr?
b) Erläutern Sie die Bedeutung des Standardfehlers an diesem Beispiel.
c) Wie ermitteln Sie mit einer Irrtumswahrscheinlichkeit von 5 % ein Konfidenzintervall für die durchschnittliche Anzahl der Streiktage? Zeigen Sie den Lösungsweg auf.

Aufgabe 7.3

In einer Stichprobe von n = 100 Arbeitnehmern in Sachsen wird eine durchschnittliche Arbeitszeit von 41.5 Stunden ermittelt. Die geschätzte Populationsstandardabweichung der durchschnittlichen

Wochenarbeitszeit für alle Arbeitnehmer in Sachsen beträgt drei Stunden.

a) Wie wird für die durchschnittliche Wochenarbeitszeit in der Population ein Konfidenzintervall mit einer Irrtumswahrscheinlichkeit von 10 % ermittelt? Zeigen Sie den Lösungsweg auf, und führen Sie die notwendigen Berechnungen durch.
b) Wie beeinflusst die Fallzahl die Länge des Konfidenzintervalls?

Aufgabe 7.4

Welche der folgenden Aussagen über ein 95 %-Konfidenzintervall für den Populationsmittelwert eines Merkmals X sind richtig:

a) Je größer der Stichprobenumfang n ist, desto kleiner ist die Wahrscheinlichkeit, dass der gesuchte Wert außerhalb der Grenzen des Konfidenzintervalls liegt.
b) Mit einer Wahrscheinlichkeit von 95 % liegt der gesuchte Populationswert innerhalb der Grenzen des Konfidenzintervalls.
c) Wenn α zunimmt, nimmt auch die Größe des Konfidenzintervalls zu.
d) Mit einer Wahrscheinlichkeit von 95 % überdeckt das Konfidenzintervall den gesuchten Populationsmittelwert.
e) Keine der aufgeführten Aussagen ist richtig.

Aufgabe 7.5

Bei einer Stichprobe von $n = 50$ Hochschulabsolventen wird eine durchschnittliche Studiendauer von 11.8 Semestern mit einer Standardabweichung von 3.6 Semestern beobachtet.

a) Wie können Sie aus diesen Informationen zu einer Aussage kommen, die mit einer Sicherheit von 90 % einen Bereich für die durchschnittliche Semesterzahl aller Hochschulabsolventen angibt?

   Beschreiben Sie das Vorgehen und die Logik des Verfahrens, und führen Sie die notwendigen Berechnungen durch.
b) Welche Sicherheit hat eine Aussage, bei der eine Irrtumswahrscheinlichkeit von 15 % angenommen wird, und welcher Wert muss hierfür in der Tabelle mit den Quantilen der Normalverteilung aufgesucht werden? Begründen Sie Ihre Antwort.

c) Welche Bedeutung hat ein Konfidenzintervall von 95 %, das auf der Basis der Werte einer konkreten Stichprobe berechnet wird?

Aufgabe 7.6

Allgemein wird angenommen, dass Studierende (unabhängig vom Studiengang) ihrem Studium pro Tag durchschnittlich 4.5 Stunden widmen. Aus einer umfangreichen Untersuchung in der Vergangenheit liegt eine Schätzung über die Populationsvarianz der Stundenzahl vor, die einen Wert von 2.0 aufweist.[8]

Zur Ermittlung aktueller Zahlen werden an vier verschiedenen Universitäten einfache Zufallsstichproben mit unterschiedlichem Stichprobenumfang gezogen.

Die Fallzahlen in den vier Stichproben betragen $n_1 = 25$, $n_2 = 50$, $n_3 = 100$ und $n_4 = 1000$. Die Stichprobenmittelwerte lauten: $\bar{x}_1 = 3.8$, $\bar{x}_2 = 4.9$, $\bar{x}_3 = 4.6$ und $\bar{x}_4 = 4.5$.

a) Wie können Sie auf der Basis der vorliegenden Informationen den Standardfehler für jede der Stichproben berechnen? Beschreiben Sie den Lösungsweg.

b) In welcher der vier Stichproben ist der Standardfehler am größten, in welcher am geringsten? Begründen Sie Ihre Antwort.

c) Was kann bei einer Irrtumswahrscheinlichkeit von 5 % über die Konfidenzintervalle in den vier Stichproben ausgesagt werden? Formulieren Sie zunächst eine allgemeine Aussage hierzu, und nehmen Sie dann die notwendigen Berechnungen vor.

Aufgabe 7.7

Bei einer Erhebung über die Urlaubsdauer von Familien mit Kindern in der Bundesrepublik Deutschland wurde in einer Stichprobe von 1000 Familien (mit Kindern) eine mittlere Urlaubsdauer von 16.8 Tagen mit einer Streuung von 8.2 Tagen ermittelt.

a) Wie lässt sich dieses Ergebnis mit einer Irrtumswahrscheinlichkeit von $\alpha = 5\,\%$ auf die Gesamtheit aller Familien mit Kindern in der Bundesrepublik Deutschland verallgemeinern? Zeigen Sie

8. Diese Schätzung wird hier als Populationsvarianz angesehen.

den Lösungsweg auf, und führen Sie die notwendigen Berechnungen durch.

b) Wie groß ist die Wahrscheinlichkeit, dass der gesuchte Populationswert in dem unter a) berechneten Intervall um den Schätzer liegt?

Aufgabe 7.8

Es wird angenommen, dass die Körpergröße eine normalverteilte Variable ist. In einer Stichprobe des Gesundheitssurveys wird bei 1000 Beobachtungen eine durchschnittliche Körpergröße von 176 cm mit einer Stichprobenvarianz von 16 ermittelt.

a) Wie berechnen Sie die Grenzen eines Intervalls, das den unbekannten Populationsparameter μ mit einer Wahrscheinlichkeit von 90 % einschließt? Beschreiben Sie den Lösungsweg.

b) Da die Stichprobe groß ist, beschließen die Forscher, die Irrtumswahrscheinlichkeit zunächst auf 5 % und schließlich auf 1 % zu senken. Wird das in a) ermittelte Intervall dadurch breiter (länger) oder schmaler (kürzer)? Begründen Sie Ihre Antwort.

c) Ändert sich die Breite des Intervalls, wenn der Stichprobenumfang erhöht (verringert) wird? Begründen Sie Ihre Antwort.

Aufgabe 7.9

Die Deutsche Forschungsgemeinschaft (DFG) hat Forschungsmittel zur Feststellung der Verbreitung von Notebooks bei Schülern der 10. Klasse vergeben. Es wird eine Befragung von n = 1000 Schülern durchgeführt. Bei der Präsentation der Ergebnisse der Studie gibt Forscher B eine Deckungsrate von 65 % an. B ist sich seiner Sache ganz sicher, weil er für diese in der Stichprobe beobachtete Deckungsrate ein 95 %-Konfidenzintervall mit den Grenzen 62 % und 68 % ermittelt hat. Wörtlich sagt er: «Die Wahrscheinlichkeit, dass die Deckungsrate in der Population (der Schüler der 10. Klasse) bei 65 % liegt, beträgt 95 %.»

Der Ministerialreferent A kritisiert diese Aussage, weil seiner Ansicht nach ein 95 %-Konfidenzintervall lediglich bedeutet, dass «… bei 95 % aller Stichproben vom Umfang n = 1000 das angegebene Konfidenzintervall den Populationswert enthält».

a) Wer hat Recht – A oder B? Begründen Sie Ihre Antwort.
b) Überprüfen Sie die von Forscher B angegebenen Grenzen des 95 %-Konfidenzintervalls.

Aufgabe 7.10

In einer Stichprobe von 50 Personen wird ein Durchschnittsalter von $\bar{x} = 15$ Jahren beobachtet. Die geschätzte Populationsvarianz beträgt $\hat{\sigma}_x^2 = 14$.

Wie groß ist die Wahrscheinlichkeit, mit der das Intervall mit den Grenzen 14.03 und 15.97 den unbekannten Populationsparameter μ_x enthält? Beschreiben Sie den Lösungsweg, und führen Sie die notwendigen Berechnungen durch.

Aufgabe 7.11

Was versteht man unter
a) einer Schätzung?
b) einem Schätzer?
c) Worin besteht der Unterschied zwischen diesen beiden Größen?

Aufgabe 7.12

Die Planung von DB-Lounges in verschiedenen Bahnhöfen sieht vor, dass nur noch raucherfreie Aufenthaltsräume geschaffen werden sollen. Bei einer Befragung von n = 100 zufällig ausgewählten Reisenden plädieren 55 Personen für «raucherfrei».
a) Welche Intervallschätzung kann bei einer Irrtumswahrscheinlichkeit von 10 % auf der Basis der Stichprobendaten abgegeben werden? Zeigen Sie den Lösungsweg auf, und führen Sie die notwendigen Berechnungen aus.
b) Welche Probleme sehen Sie bei der Berechnung des Konfidenzintervalls? Wie können diese gelöst werden?
c) Das Planungskomitee hat wegen des geringen Stichprobenumfangs von n = 100 Personen Zweifel an der Zuverlässigkeit der Umfrageergebnisse und beschließt, die Umfrage zu wiederholen. Allerdings war die Umfrage bei den n = 100 zufällig ausgewählten Reisenden nicht ganz umsonst, weil die Tatsache, dass 55 Personen sich für raucherfreie Aufenthaltsräume ausgesprochen ha-

ben, Anlass für die Vermutung ist, dass eine deutliche Mehrheit der Reisenden raucherfreie Aufenthaltsräume präferiert.

Wie groß muss die Stichprobe gewählt werden, um die Vermutung, dass eine Mehrheit von (a) über 50 %, (b) über 55 % und (c) über 70 % für raucherfreie DB-Lounges plädiert, bei einer Irrtumswahrscheinlichkeit von 5 % und einer Genauigkeit von 1 % absichern zu können?

Zeigen Sie den Lösungsweg auf, und nehmen Sie dann die notwendigen Berechnungen für (a), (b) und (c) vor.

d) Wie lautet Ihre Empfehlung an das Planungskomitee?

e) Das Planungskomitee ist bereit, eine Befragung bei einer Stichprobe von n = 1000 Personen zu finanzieren. Als Vermutung über den unbekannten Populationsanteil der Befürwortungen raucherfreier Aufenthaltsräume wird weiterhin von 55 % ausgegangen. Welche Schätzgenauigkeit kann dann bei einer Irrtumswahrscheinlichkeit von 10 % (oder 5 %) erreicht werden?

Beschreiben Sie den Lösungsweg, nehmen Sie die entsprechenden Berechnungen vor, und formulieren Sie eine Empfehlung unter Berücksichtigung der Resultate in c), d) und e).

7.2 Lösungen der Übungsaufgaben zu Kapitel 8

Lösung 7.1

a) Standardfehler sind Standardabweichungen von Kennwerteverteilungen. Eine Kennwerteverteilung ist die Wahrscheinlichkeitsverteilung eines Stichprobenkennwerts über die Gesamtheit der möglichen Stichproben, die sich nach einer definierten Auswahlregel (z. B. einfache Zufallsauswahl) ergeben können. Bei einer einfachen Zufallsauswahl von n Fällen (ohne Zurücklegen) aus einer Grundgesamtheit von N Fällen gibt es eine berechenbare Anzahl unterscheidbarer Stichproben.

Wenn die Reihenfolge der Ziehung der Elemente keine Rolle spielt, wird die Anzahl der voneinander unterscheidbaren Stichproben berechnet nach der Formel:

$$\binom{N}{n} = \frac{N!}{(N-n)! \cdot n!}$$

Jede Stichprobe hat die gleiche Auftretenswahrscheinlichkeit, die nach der klassischen Definition der Wahrscheinlichkeit berechnet wird als:

$$\frac{1}{\binom{N}{n}}$$

In jeder Stichprobe können Stichprobenkennwerte berechnet werden. Die Kennwerteverteilung z. B. des Stichprobenmittelwerts ist dann die Wahrscheinlichkeitsverteilung der Mittelwerte aller theoretisch möglichen Stichproben des Umfangs n aus der Grundgesamtheit N. Der Standardfehler des Stichprobenmittelwerts ist die Standardabweichung der Mittelwerte der theoretisch möglichen Stichproben.

Der Standardfehler einer Kennwerteverteilung gibt Auskunft darüber, wie stark die in allen Stichproben des Umfangs n aus einer Population des Umfangs N auftretenden Kennwerte (z. B. Stichprobenmittelwerte oder Stichprobenanteile) um den Erwartungswert der Kennwerteverteilung variieren. Für eine konkrete Stichprobe gibt die aus den Stichprobendaten berechnete Schätzung des Standardfehlers Auskunft darüber, inwieweit damit zu rechnen ist, dass der aus den Stichprobendaten berechnete Kennwert eher nah beim oder eher entfernt vom Erwartungswert liegt. Da der Erwartungswert der Kennwerteverteilung bei einem erwartungstreuen Schätzer mit dem zu schätzenden Populationskennwert übereinstimmt, bedeutet hier ein kleiner Standardfehler, dass mit einer relativ guten Schätzung zu rechnen ist, während ein großer Standardfehler darauf hinweist, dass die Schätzung möglicherweise sehr ungenau ist.

Bei einer einfachen Zufallsauswahl (mit Zurücklegen) ist der Standardfehler des Mittelwerts die Quadratwurzel des Quotienten aus der Populationsvarianz, dividiert durch den Stichprobenumfang. Formale Darstellung:

$$\sigma(\bar{x}) = \sqrt{\frac{\sigma_X^2}{n}} = \frac{\sigma_X}{\sqrt{n}}$$

Da die Populationsvarianz σ_X^2 üblicherweise unbekannt ist, wird der Standardfehler unter Verwendung der Stichprobenvarianz geschätzt.

Die Stichprobenvariation ist, wenn sie durch die Anzahl der Freiheitsgrade (df = n – 1) dividiert wird, ein erwartungstreuer Schätzer der unbekannten Populationsvarianz. Der geschätzte Standardfehler eines Stichprobenmittelwerts wird daher aus den Stichprobendaten berechnet als:

$$\hat{\sigma}(\bar{x}) = \sqrt{\frac{s_X^2}{n-1}} = \frac{s_X}{\sqrt{n-1}} = \frac{\hat{\sigma}_X}{\sqrt{n}}$$

Der Standardfehler des Stichprobenanteils ist bei einer einfachen Zufallsauswahl mit Zurücklegen gleich der Quadratwurzel aus dem Produkt des Populationsanteils mit seinem Komplement, dividiert durch den Stichprobenumfang:

$$\sigma(p_1) = \sqrt{\frac{\pi_1 \cdot (1-\pi_1)}{n}}$$

Da der Populationsanteil üblicherweise unbekannt, der Stichprobenanteil jedoch ein erwartungstreuer Schätzer des unbekannten Populationsanteils ist, wird der geschätzte Standardfehler des Stichprobenanteils aus den Stichprobendaten berechnet als:

$$\hat{\sigma}(p_1) = \sqrt{\frac{p_1 \cdot (1-p_1)}{n}}$$

b) Der Standardfehler wird zur Berechnung von Konfidenzintervallen und zur Prüfung von Hypothesen über Populationsparameter benötigt.

c) Ein Konfidenzintervall gibt einen Bereich um den Schätzer (Stichprobenkennwert) an, der den Erwartungswert der Wahrscheinlichkeitsverteilung des Schätzers mit einer vorgegebenen Konfidenzwahrscheinlichkeit enthält.

Die Grenzen des Konfidenzintervalls und damit auch das Konfidenzintervall selbst sind als Zufallsvariablen aufzufassen, da sie in jeder Stichprobe andere Werte annehmen können. Ebenso, wie es viele mögliche Stichproben eines bestimmten Umfangs aus einer definierten Population gibt, gibt es viele mögliche Konfidenzintervalle, die auf der Basis der Stichprobendaten für den unbekannten Populationsparameter berechnet werden.

d) Bei einem 95 %-Konfidenzintervall beträgt die Wahrscheinlichkeit 95 %, dass ein zufällig ausgewähltes Konfidenzintervall aus der Menge aller möglichen Konfidenzintervalle den zu schätzenden Kennwert enthält. In Häufigkeiten ausgedrückt enthalten also 95 % aller möglichen Intervalle (die aus den Daten der theoretisch möglichen Stichproben berechnet werden können) den gesuchten Wert, 5 % dagegen nicht. Ob das auf der Basis einer konkreten Stichprobe berechnete Konfidenzintervall den unbekannten Wert enthält, ist prinzipiell ungewiss.

Die Wahrscheinlichkeit von 5 %, mit der ein zufällig ausgewähltes Intervall den gesuchten Kennwert nicht enthält, wird als Irrtumswahrscheinlichkeit α bezeichnet.

In den Sozialwissenschaften beträgt die akzeptierte Irrtumswahrscheinlichkeit im Allgemeinen 1 % oder 5 % oder 10 %. Entsprechend betragen die Konfidenzwahrscheinlichkeiten $1-\alpha$ üblicherweise 99 %, 95 % oder 90 %.

Die Bedeutung des Konfidenzintervalls liegt darin, dass über die Schätzung, die auf der Basis einer konkreten Stichprobe vorgenommen wird, eine Wahrscheinlichkeitsaussage möglich wird. Dabei muss jedoch immer beachtet werden, dass die Wahrscheinlichkeitsaussage sich auf das Intervall und nicht auf den unbekannten Populationsparameter bezieht.

Zur Verdeutlichung ein Beispiel:

Richtig ist die Aussage, dass ein aus den Stichprobendaten mit einer vorgegebenen Irrtumswahrscheinlichkeit α berechnetes Konfidenzintervall den unbekannten Populationsparameter mit der (Konfidenz-)Wahrscheinlichkeit $1-\alpha$ enthält oder überdeckt. Falsch ist dagegen die Aussage, dass der unbekannte Populationsparameter mit der Wahrscheinlichkeit $1-\alpha$ im Konfidenzintervall liegt.

Begründung: Die Wahrscheinlichkeitsaussage bezieht sich nicht auf den zu schätzenden Kennwert (Populationsparameter), sondern auf die Zufallsvariable «Konfidenzintervall».

Lösung 7.2

a) Da die Populationsvarianz unbekannt ist, kann der Standardfehler als Quotient aus geschätzter Populationsvarianz (Zähler) und dem Stichprobenumfang (Nenner) aus den Stichprobendaten berechnet werden als:

$$\hat{\sigma}(\bar{x}) = \frac{\hat{\sigma}_X}{\sqrt{n}} = \sqrt{\frac{\hat{\sigma}_X^2}{n}} = \sqrt{\frac{s_X^2}{n-1}} = \frac{s_X}{\sqrt{n-1}}$$

Im Beispiel beträgt der Standardfehler der durchschnittlichen Streiktage:

$$\hat{\sigma}(\bar{x}) = \frac{s_X}{\sqrt{n-1}} = \frac{0.25}{\sqrt{900}} = 0.0083$$

b) Der Standardfehler ist die Standardabweichung der Kennwerteverteilung des Schätzers, hier: die Standardabweichung der durchschnittlichen Zahl der Streiktage in der (Wahrscheinlichkeits-)Verteilung aller (möglichen) einfachen Zufallsstichproben des Umfangs $n = 901$ aus der Population aller Betriebe. Der Schätzer ist hier der Mittelwert, die Schätzung ist der konkrete Stichprobenmittelwert.

Die Kennwerteverteilung der durchschnittlichen Anzahl der Streiktage hat einen Erwartungswert μ_X, der gleich der durchschnittlichen Anzahl der Streiktage in der Population ist.

Der Standardfehler der Kennwerteverteilung des Durchschnitts gibt Auskunft darüber, wie stark die in allen Stichproben des Umfangs n berechenbaren Kennwerte um den Erwartungswert der Kennwerteverteilung und damit bei erwartungstreuen Schätzern um den gesuchten Populationskennwert variieren.

Für die vorliegende Stichprobe gibt die aus den Stichprobendaten berechnete Schätzung des Standardfehlers Auskunft darüber, wie dicht der Stichprobenmittelwert vermutlich beim unbekannten Populationsmittelwert liegt, d. h., wie gut die Schätzung des Populationsmittelwerts in der Stichprobe ist.

c) Zur Bestimmung eines 95 %-Konfidenzintervalls muss die Kennwerteverteilung bekannt sein bzw. eine Entscheidung darüber getroffen werden, welche Kennwerteverteilung angemessen ist.

Nach dem zentralen Grenzwertsatz sind Stichprobenkennwerte wie Mittelwerte und Anteile bei hinreichend großer Fallzahl (Anteile: $n \geq 60$; Mittelwerte: $n \geq 30$) asymptotisch normalverteilt, sodass als Kennwerteverteilung die Normalverteilung verwendet werden kann.

Anstelle der Normalverteilung wird bei Mittelwerten oft die T-Verteilung mit $df = n - 1$ Freiheitsgraden herangezogen. Diese Verteilung ist auch bei kleinen Stichproben korrekt, wenn man in der Population von einer Normalverteilung ausgehen kann.

Da die T-Verteilung an ihren unteren und oberen Enden größere Häufigkeiten aufweist als die Standardnormalverteilung, werden Konfidenzintervalle bei der Anwendung der T-Verteilung breiter. Im Sinne eines vorsichtigen (konservativen) Schätzens wird deshalb auch bei großen Fallzahlen die T-Verteilung als Kennwerteverteilung verwendet.

Ist die Entscheidung über die Kennwerteverteilung getroffen, kann das 95 %-Konfidenzintervall bestimmt werden. Hierzu werden die Werte des 2.5 %- und des 97.5 %-Quantils der Kennwerteverteilung entweder aus der Tabelle mit den Quantilen der Standardnormalverteilung oder aus der Tabelle mit den Quantilen der T-Verteilung mit df Freiheitsgraden abgelesen.

Die Intervallgrenzen ergeben sich dann
bei Standardnormalverteilung als:

$$\text{c.i.}(\mu_X) = \bar{x} \pm \hat{\sigma}(\bar{x}) \cdot z_{1-\alpha/2} = \bar{x} \pm \frac{s_X}{\sqrt{n-1}} \cdot z_{1-\alpha/2}$$

bei T-Verteilung mit $df = n - 1$ als:

$$\text{c.i.}(\mu_X) = \bar{x} \pm \hat{\sigma}(\bar{x}) \cdot t_{df=n-1;1-\alpha/2} = \bar{x} \pm \frac{s_X}{\sqrt{n-1}} \cdot t_{df=n-1;\,1-\alpha/2}$$

Im Beispiel wird das Konfidenzintervall berechnet nach:

$$\text{c.i.}(\mu_x) = \bar{x} \pm \hat{\sigma}(\bar{x}) \cdot z_{1-\alpha/2} = \bar{x} \pm \frac{s_x}{\sqrt{n-1}} \cdot z_{1-\alpha/2}$$

$$= 5.25 \pm \frac{0.25}{\sqrt{900}} \cdot 1.96 = 5.25 \pm 0.0083 \cdot 1.96 = 5.25 \pm 0.02$$

Mit einer Irrtumswahrscheinlichkeit von 5 % enthält das Konfidenzintervall von 5.23 bis 5.27 die durchschnittliche Anzahl an Streiktagen in der Population aller Betriebe.

Lösung 7.3

a) Zur Berechnung des Konfidenzintervalls der durchschnittlichen Arbeitszeit wird zuerst die Kennwerteverteilung festgelegt und der entsprechende Quantilwert gemäß der vorgegebenen Irrtumswahrscheinlichkeit bestimmt. Anschließend werden die Intervallgrenzen berechnet.

Als Kennwerteverteilung wird oftmals die T-Verteilung verwendet. Die T-Verteilung nähert sich der Abszisse langsamer an als die Standardnormalverteilung, sodass die Schätzungen etwas vorsichtiger (konservativer) ausfallen. Bei einer gegebenen Irrtumswahrscheinlichkeit α wird der α-Quantilwert einer T-Verteilung mit df = n – 1 Freiheitsgraden durch $t_{df;\alpha}$ symbolisiert.

Der Quantilwert für das 5 %- bzw. das 95 %-Quantil der T-Verteilung mit df = n – 1 = 99 liegt im Beispiel zwischen dem Wert für df = 60 und df = 120 Freiheitsgraden. Im Sinne eines vorsichtigen Schätzens wird der kleinere T-Wert mit df = 60 bevorzugt, sodass der kritische Wert hier $t_{99;\,0.95} = \pm 1.67$ beträgt.

Da die Populationsvarianz bekannt ist, ergibt sich der Standardfehler als Quotient aus der Populationsvarianz, dividiert durch den Stichprobenumfang:

$$\hat{\sigma}(\bar{x}) = \sqrt{\frac{\hat{\sigma}_x^2}{n}} = \frac{\hat{\sigma}_x}{\sqrt{n}} = \frac{3}{\sqrt{100}} = 0.30$$

Das 90 %-Konfidenzintervall wird dann berechnet als:

$$c.i.(\mu_x) = \bar{x} \pm \hat{\sigma}(\bar{x}) \cdot t_{df=n-1;\ 1-\alpha/2} = \bar{x} \pm \frac{\hat{\sigma}_x}{\sqrt{n}} \cdot t_{df=n-1;\ 1-\alpha/2}$$

$$= 41.5 \pm 0.30 \cdot 1.67 = 41.5 \pm 0.50$$

Mit einer Irrtumswahrscheinlichkeit von 10 % enthält das Intervall von 41 bis 42 Stunden die durchschnittliche Wochenarbeitszeit in der Population.

b) Je größer die Fallzahl, desto enger wird das 95 %-Konfidenzintervall, weil der Standardfehler mit zunehmender Fallzahl kleiner wird. Das liegt daran, dass die Fallzahl im Nenner der Formel zur Berechnung des Standardfehlers steht und große Werte im Nenner den Quotienten verkleinern.

Lösung 7.4

Nur Aussage d) ist richtig.

Begründung:

Zu a) Die Fallzahl verändert den Standardfehler und damit die Länge eines Konfidenzintervalls, aber nicht die Konfidenzwahrscheinlichkeit, die üblicherweise durch die Irrtumswahrscheinlichkeit festgelegt ist bzw. vorgegeben wird.

Zu b) Der gesuchte Populationswert liegt stets mit einer Wahrscheinlichkeit von 100 % oder aber 0 % in einem Konfidenzintervall. Die Wahrscheinlichkeitsaussage eines Konfidenzintervalls bezieht sich nicht auf den unbekannten Populationsparameter, sondern auf das Intervall, das den unbekannten Populationsparameter mit einer Wahrscheinlichkeit von $1 - \alpha$ enthält bzw. überdeckt.

Zu c) Wenn die Irrtumswahrscheinlichkeit α zunimmt, nähert sich der Quantilwert der Mitte der Verteilung, bei der Standardnormalverteilung und T-Verteilung ist dies der Wert null. Daher werden Konfidenzintervalle bei zunehmender Irrtumswahrscheinlichkeit schmaler und nicht breiter.

Zu d) Diese Aussage ist richtig. Die Begründung ist unter b) gegeben.

Zu e) Da d) richtig ist, muss e) falsch sein.

Lösung 7.5

a) Die Sicherheit von 90 % wird durch die Konstruktion eines Konfidenzintervalls mit der Konfidenzwahrscheinlichkeit von $1 - \alpha = 90\,\%$ erreicht, die Irrtumswahrscheinlichkeit beträgt dann $\alpha = 10\,\%$.

Die Konstruktion von Konfidenzintervallen erfolgt in drei Schritten.

1. Schritt: Entscheidung über die Kennwerteverteilung
Als Kennwerteverteilung wird zur Konstruktion eines Konfidenzintervalls entweder die Normalverteilung oder die T-Verteilung mit $df = n - 1$ Freiheitsgraden verwendet. Die asymptotisch gültige Normalverteilung setzt eine hinreichend große Fallzahl ($n \geq 30$) voraus, während die T-Verteilung voraussetzt, dass das Merkmal in der Population normalverteilt ist. Dafür gilt die T-Verteilung aber auch bei kleinen Fallzahlen exakt. Da die Verwendung der T-Verteilung zu größeren Intervalllängen führt, wird sie im Sinne eines vorsichtigen Vorgehens oft auch bei nicht normalverteilten Merkmalen verwendet.

2. Schritt: Bestimmung der Quantilwerte auf der Basis der vorgegebenen Irrtumswahrscheinlichkeit α
Bei einer Sicherheit (Konfidenzwahrscheinlichkeit) von 90 % beträgt die Irrtumswahrscheinlichkeit 10 %. Diese Irrtumswahrscheinlichkeit wird als $\alpha/2$ bzw. $1 - \alpha/2$ auf den unteren (linken) und den oberen (rechten) Bereich der Verteilung aufgeteilt.

Der zur Quantilwahrscheinlichkeit $\alpha/2$ bzw. $1 - \alpha/2$ gehörende Quantilwert kann aus der Tabelle mit den Quantilen der Normalverteilung bzw. aus der Tabelle mit den Quantilen der T-Verteilung abgelesen werden.

In der Tabelle mit den Quantilen der Normalverteilung wird

daher der Quantilwert $z_{\alpha/2=0.05}$ bzw. $z_{1-\alpha/2=0.95}$ aufgesucht. Diese beiden Werte sind numerisch identisch und unterscheiden sich nur im Vorzeichen. Per Konvention wird der Quantilwert als $z_{1-\alpha/2}$ angegeben.

Bei Verwendung der Normalverteilung ist der Betrag des Quantilwerts: $z_{0.95} = 1.645$.

Bei Verwendung der T-Verteilung wird der Quantilwert in der Spalte, die mit 95 % überschrieben ist, und in der Zeile, die der Anzahl der Freiheitsgrade am nächsten kommt, nachgesehen. Im vorliegenden Beispiel beträgt die Anzahl der Freiheitsgrade df = n – 1 = 49. In der Tabelle sind Werte für 40 und 60 Freiheitsgrade: $t_{df=40;5\,\%} = -1.684$ und $t_{df=60;95\,\%} = 1.671$ angegeben. Im Sinne eines sicheren (konservativen) Vorgehens wird die geringere Anzahl der Freiheitsgrade bevorzugt und deshalb der größere Quantilwert für 40 Freiheitsgrade verwendet.

3. Schritt: Bestimmung der Intervallgrenzen

Die Quantilwerte werden nun zur Berechnung für die obere und die untere Grenze des Konfidenzintervalls verwendet. Dabei wird das Konfidenzintervall so konstruiert, dass der Stichprobenwert als Schätzer für den unbekannten Populationsparameter genau in der Mitte des Intervalls liegt. Zur Berechnung der oberen Grenze des Konfidenzintervalls wird zum Stichprobenwert das Produkt aus (geschätztem) Standardfehler der Kennwerteverteilung des Stichprobenwerts und dem $1 - \alpha/2$-Quantilwert addiert. Zur Berechnung der unteren Grenze des Konfidenzintervalls wird vom Stichprobenwert das Produkt aus (geschätztem) Standardfehler der Kennwerteverteilung des Stichprobenwerts und dem $\alpha/2$-Quantilwert subtrahiert. Auf diese Weise erhält man ein Intervall um den Stichprobenwert, das den unbekannten Populationswert mit der vorgegebenen Konfidenzwahrscheinlichkeit von $1 - \alpha$ einschließt bzw. mit der vorgegebenen Irrtumswahrscheinlichkeit nicht einschließt:

Normalverteilung	T – Verteilung
$c.i.(\mu_X) = \bar{x} \pm \frac{s_X}{\sqrt{n-1}} \cdot z_{1-\alpha/2}$	$c.i.(\mu_X) = \bar{x} \pm \frac{s_X}{\sqrt{n-1}} \cdot t_{df=n-1;\ 1-\alpha/2}$
$= \bar{x} \pm \frac{\hat{\sigma}_X}{\sqrt{n-1}} \cdot z_{1-\alpha/2}$	$= \bar{x} \pm \frac{\hat{\sigma}_X}{\sqrt{n-1}} \cdot t_{df=n-1;\ 1-\alpha/2}$

Bei Verwendung der Normalverteilung als Kennwerteverteilung resultieren folgende Grenzen für das Konfidenzintervall:

$$c.i.(\mu_X) = \bar{x} \pm \frac{s_X}{\sqrt{n-1}} \cdot z_{1-\alpha/2} = 11.8 \pm \frac{3.6}{\sqrt{49}} \cdot 1.645 = 11.8 \pm 0.85$$

Das 90 %-Konfidenzintervall für die durchschnittliche Studiendauer auf Basis der Stichprobendaten ist das Intervall von 10.95 bis 12.65. Das Intervall reicht also vom 11. bis zum 13. Semester.

Wird die T-Verteilung verwendet, ergeben sich durch Einsetzen der Stichprobenwerte und des Quantilwerts 1.684 die Grenzen des 90 %-Konfidenzintervalls für die durchschnittliche Studiendauer als:

$$c.i.(\mu_X) = \bar{x} \pm \frac{s_X}{\sqrt{n-1}} \cdot t_{49;\ 0.95} = 11.8 \pm \frac{3.6}{\sqrt{49}} \cdot 1.684 = 11.8 \pm 0.87$$

Bei Verwendung der T-Verteilung reicht das 90 %-Konfidenzintervall von 10.93 bis 12.67 und ist damit etwas breiter als bei Verwendung der Normalverteilung (10.95 bis 12.65), was aber für die praktische Bewertung kaum ins Gewicht fällt.

In jedem Fall umfasst das Intervall den Bereich von 11 bis 13 Studiensemestern. Es besteht eine Chance von 90 %, dass dieses Intervall den Populationswert der Studiendauer enthält.

b) Bei einer Irrtumswahrscheinlichkeit von $\alpha = 15\,\%$ besteht eine Konfidenzwahrscheinlichkeit von $1 - \alpha = 85\,\%$. Da sich die Irrtumswahrscheinlichkeit auf beide Seiten der Verteilung bezieht, wird der Wert von $\alpha = 15\,\%$ halbiert.

Bei der Normalverteilung als Kennwerteverteilung wird der gesuchte Quantilwert beim $\alpha/2 = 0.075$-Quantil bzw. $1 - \alpha/2 = 0.925$-Quantil nachgesehen und beträgt hier: $z_{0.925} = \pm 1.440$.

Durch Einsetzen dieses Werts in die Berechnungsformel für das Konfidenzintervall ergibt sich:

$$\text{c.i.}(\mu_x) = \bar{x} \pm \frac{s_x}{\sqrt{n-1}} \cdot z_{1-\alpha/2} = 11.8 \pm \frac{3.6}{\sqrt{49}} \cdot 1.440 = 11.8 \pm 0.74$$

Das 85 %-Konfidenzintervall ist das Intervall zwischen 11.1 und 12.5. Dieses Intervall ist schmaler als das 90 %-Konfidenzintervall. Generell gilt, dass mit steigender Irrtumswahrscheinlichkeit die Intervalllänge abnimmt bzw. umgekehrt der «Preis» für eine geringe Irrtumswahrscheinlichkeit eine größere Intervalllänge ist.

c) Ein Konfidenzintervall von 95 % ist eine von vielen möglichen Realisierungen der Zufallsvariable «Konfidenzintervall». Die Wahrscheinlichkeitsverteilung ist über die Menge der Stichproben vom Umfang n aus der Population mit dem Umfang N definiert. In 95 % aller Stichproben enthält das Konfidenzintervall den gesuchten Populationsmittelwert.

Lösung 7.6

a) Gegeben ist der Populationsdurchschnitt $\mu_x = 4.5$ Stunden und die Populationsvarianz $\sigma_x^2 = 2$ Stunden. Gegeben ist weiterhin der Stichprobenumfang für die vier verschiedenen Stichproben. Gesucht ist der Standardfehler für jeden der vier Stichprobenmittelwerte.

Bei einfachen Zufallsauswahlen ist der Standardfehler des Stichprobenmittelwerts die Quadratwurzel aus dem Quotienten der Populationsvarianz, dividiert durch den Stichprobenumfang. Auf diese Weise wird der Standardfehler für jede der vier Stichproben berechnet nach der allgemeinen Formel:

$$\sigma(\bar{x}) = \sqrt{\frac{\sigma_x^2}{n}} = \frac{\sigma_x}{\sqrt{n}}$$

b) Da bei der Berechnung des Standardfehlers die Standardabweichung in der Population durch die Wurzel aus dem Stichprobenumfang geteilt wird, ist der Standardfehler für die Stichprobe mit Umfang $n_1 = 25$ am größten und für die Stichprobe mit Umfang

$n_4 = 1000$ am geringsten. Dass dies zutrifft, zeigt die Berechnung auf der Basis der gegebenen Daten:

Berechnung der Standardfehler bei unterschiedlich großem Stichprobenumfang (n)

	σ_X^2	=	2		
n	$\sigma(\bar{x})$	=	$\frac{\sigma_X}{\sqrt{n}}$		
25	$\sigma(\bar{x}_1)$	=	$\frac{1.41}{5}$	=	0.282
50	$\sigma(\bar{x}_2)$	=	$\frac{1.41}{7.07}$	=	0.199
100	$\sigma(\bar{x}_3)$	=	$\frac{1.41}{10}$	=	0.141
1000	$\sigma(\bar{x}_4)$	=	$\frac{1.41}{31.62}$	=	0.045

c) Da der Standardfehler mit zunehmendem Stichprobenumfang kleiner wird, wird auch das Konfidenzintervall bei gleich bleibender Konfidenzwahrscheinlichkeit schmaler. Dadurch erhöht sich die Genauigkeit der Schätzung.

Zur Berechnung der Intervallgrenzen des 95 %-Konfidenzintervalls in den vier Stichproben wird die Standardnormalverteilung als Kennwerteverteilung verwendet, da die Populationsvarianz gegeben ist.

Die Grenzen des 95 %-Konfidenzintervalls ergeben sich dann dadurch, dass das Produkt aus dem Standardfehler und dem 97.5 %-Quantilwert der Standardnormalverteilung vom Stichprobenmittelwert subtrahiert (untere Grenze) bzw. zum Stichprobenmittelwert addiert (obere Grenze) wird. Das Konfidenzintervall wird berechnet nach:

$$c.i.(\mu_X) = \bar{x} \pm z_{1-\alpha/2} \cdot \sigma(\bar{x}) = 4.5 \pm 1.96 \cdot \sqrt{\frac{2}{n}}$$

Berechnung der Konfidenzintervalle bei unterschiedlich großem Stichprobenumfang (n)

n	Mittelwert	Standardfehler	Intervallgrenzen untere	Intervallgrenzen obere	Länge des Intervalls
25	3.8	0.282	3.24	4.35	1.11
50	4.9	0.199	4.51	5.29	0.78
100	4.6	0.141	4.32	4.88	0.56
1000	4.5	0.045	4.41	4.59	0.18

Die Berechnungen zeigen, dass die Intervalllängen tatsächlich mit steigender Fallzahl abnehmen.

Lösung 7.7

Gegeben sind der Stichprobenumfang n = 1000, der Stichprobenmittelwert $\bar{x} = 16.8$ und die Standardabweichung in der Stichprobe $s_x = 8.2$.

a) Bei einer Irrtumswahrscheinlichkeit von $\alpha = 5\,\%$ kann ein 95 %-Konfidenzintervall für den gesuchten Populationsmittelwert konstruiert werden.

Die Bestimmung des Konfidenzintervalls erfolgt in drei Schritten.

1. Schritt: Entscheidung über die Kennwerteverteilung
Da die Stichprobe sehr groß ist, kann die Standardnormalverteilung als Kennwerteverteilung verwendet werden.

2. Schritt: Bestimmung der Quantilwerte auf der Basis der vorgegebenen Irrtumswahrscheinlichkeit

Bei einer Irrtumswahrscheinlichkeit von $\alpha = 5\,\%$ beträgt die Quantilwahrscheinlichkeit für die untere und obere Grenze des 95 %-Konfidenzintervalls 2.5 % bzw. 0.025 und 97.5 % bzw. 0.975. Die zugehörigen Quantilwerte sind $z_{\alpha/2}$ bzw. $z_{1-\alpha/2}$, also $z_{0.025/0.975} = \pm 1.96$.

3. Schritt: Bestimmung der Intervallgrenzen
Zur Berechnung des Konfidenzintervalls und damit der Intervallgrenzen wird der Standardfehler der Kennwerteverteilung benötigt.

Der Standardfehler wird als Quadratwurzel des Quotienten aus der Populationsvarianz, dividiert durch den Stichprobenumfang, berechnet. Da die Populationsvarianz unbekannt ist, wird sie durch die Stichprobenvarianz geschätzt. Der «geschätzte» Standardfehler ist dann der Quotient aus der Quadratwurzel der Stichprobenvarianz, geteilt durch die Fallzahl minus eins, bzw. der Quotient aus der Standardabweichung in der Stichprobe, geteilt durch die Quadratwurzel aus der Fallzahl minus eins:

$$\hat{\sigma}(\bar{x}) = \sqrt{\frac{\sigma_x^2}{n}} = \sqrt{\frac{s_x^2}{n-1}} = \frac{s_x}{\sqrt{n-1}}$$
$$= \frac{8.2}{\sqrt{999}} = 0.26$$

Mit diesen Informationen ist ein Konfidenzintervall konstruierbar:

$$\text{c.i.}(\mu_x) = \bar{x} \pm \frac{s_x}{\sqrt{n-1}} \cdot z_{1-\alpha/2}$$
$$= 16.8 \pm \frac{8.2}{\sqrt{999}} \cdot 1.96 = 16.8 \pm 0.51$$

Mit einer Irrtumswahrscheinlichkeit von 5 % kann davon ausgegangen werden, dass die Urlaubsdauer von Familien mit Kindern in der Bundesrepublik Deutschland zwischen 16 und 17 Tagen liegt.

b) Es ist grundsätzlich unbekannt, ob der gesuchte Populationswert in dem unter Teilaufgabe a) berechneten Intervall liegt oder nicht. Die Frage nach der Wahrscheinlichkeit, mit der der gesuchte Populationswert im berechneten Intervall liegt, kann daher nicht beantwortet werden. Beantwortbar ist lediglich die Frage nach der Wahrscheinlichkeit, mit der ein berechnetes Intervall den unbekannten Populationswert enthält.

In einfachen Zufallsstichproben enthalten 95 % aller Intervalle, die wie in Teilaufgabe a) berechnet werden, den unbekannten Populationsparameter.

In diesem Sinn kann behauptet werden, dass das berechnete Intervall den gesuchten Populationswert mit einer Wahrscheinlichkeit von 95 % enthält.

Lösung 7.8

a) Gegeben sind die durchschnittliche Körpergröße in der Stichprobe, deren Varianz und der Stichprobenumfang. Durch die Festlegung auf ein 90 %-Konfidenzintervall sind indirekt auch die Quantilwerte gegeben, die für die Berechnung der Intervallgrenzen benötigt werden.

Die Berechnung des Konfidenzintervalls erfolgt in drei Schritten.

1. Schritt: Entscheidung über die Kennwerteverteilung
Da die Stichprobe groß ist, kann als Kennwerteverteilung hier die Standardnormalverteilung verwendet werden.

Sind die Merkmalsausprägungen in der Population normalverteilt, dann ist der Quotient aus Stichprobenmittelwert minus Erwartungswert (Zähler), geteilt durch den geschätzten Standardfehler (Nenner), um den Populationswert t-verteilt mit $df = n - 1$ Freiheitsgraden. Als Kennwerteverteilung kann dann auch die T-Verteilung mit $df = n - 1$ Freiheitsgraden verwendet werden. Bei großen Stichproben unterscheiden sich die Quantilwerte von Standardnormalverteilung und T-Verteilung kaum voneinander.

2. Schritt: Bestimmung der Quantilwerte auf der Basis der vorgegebenen Irrtumswahrscheinlichkeit
Bei einer Irrtumswahrscheinlichkeit von $\alpha = 10\,\%$ betragen die Quantilwerte $z_{0.05/0.95} = \pm 1.645$.

3. Schritt: Bestimmung der Intervallgrenzen
Zur Bestimmung der Grenzen des Konfidenzintervalls muss zunächst der Standardfehler des Stichprobenmittelwerts berechnet

werden, was mit Hilfe der Stichprobenvarianz geschehen kann. Der so «geschätzte» Standardfehler beträgt hier:

$$\hat{\sigma}(\bar{x}) = \sqrt{\frac{s_X^2}{n-1}} = \frac{s_X}{\sqrt{n-1}} = \frac{4}{\sqrt{999}} = 0.13$$

Die Grenzen des Konfidenzintervalls werden berechnet als:

c.i. (Populationsparameter) = Schätzer ± (geschätzter) Standardfehler · (1 – α/2)-Quantilwert

Auf diese Weise erhält man eine untere und eine obere Grenze für ein Konfidenzintervall, das den unbekannten Populationswert mit einer Wahrscheinlichkeit von 1 – α überdeckt.

Durch Einsetzen der Zahlenwerte ergibt sich:

$$\text{c.i.}(\mu_X) = \bar{x} \pm z_{\alpha/2} \cdot \frac{s_X}{\sqrt{n-1}} = 176 \pm \frac{4}{\sqrt{999}} \cdot 1.645 = 176 \pm 0.208$$

Das 90 %-Konfidenzintervall hat die Grenzen 175.8 und 176.2.

b) Durch die Veränderung der Irrtumswahrscheinlichkeit von 10 % auf 5 % bzw. auf 1 % wird das Konfidenzintervall breiter, weil der Z-Wert bei einer Irrtumswahrscheinlichkeit von 5 % $z_{0.05/0.95}$ = ± 1.96 und bei einer Irrtumswahrscheinlichkeit von 1 % $z_{0.01/0.99}$ = ± 2.57 beträgt. Dadurch werden die Grenzen des Konfidenzintervalls weiter nach außen verschoben, das Intervall umschließt einen größeren Bereich der Verteilung. Inhaltlich bedeutet das, dass der Prozentsatz der Stichproben, deren Konfidenzintervalle den unbekannten Populationswert überdecken, steigt.

Daraus sollte jedoch nicht der Schluss gezogen werden, dass es generell sinnvoll ist, die Irrtumswahrscheinlichkeit beliebig klein zu wählen.

Zur Veranschaulichung: Mit einer geringeren Irrtumswahrscheinlichkeit wird die Zahl der möglichen Stichproben, deren Konfidenzintervalle den Populationsparameter nicht überdecken, möglichst gering gehalten. Dies wird durch große Intervalle erreicht. Wenn der Populationswert mit Sicherheit im Konfidenzintervall enthalten sein soll (also für eine Irrtumswahrscheinlichkeit von $\alpha = 0\,\%$), wäre die vollständige Zahlenachse zu berücksichtigen. Eine mit einer solchen Konstruktion verbundene Aussage wäre offensichtlich wenig hilfreich.

c) Mit zunehmendem Stichprobenumfang wird das Konfidenzintervall schmaler, weil der Standardfehler kleiner wird. Die Konsequenz ist, dass das Produkt, das zum Stichprobenmittelwert addiert bzw. von diesem subtrahiert wird, kleiner wird (das kommt daher, dass der Stichprobenumfang im Nenner des Quotienten zur Schätzung des Standardfehlers steht).

Entsprechend wird das Konfidenzintervall mit geringerem Stichprobenumfang breiter, weil dann der Standardfehler größer wird.

Lösung 7.9

a) Person A hat Recht, denn die Wahrscheinlichkeit, dass ein unbekannter Populationswert einen konkreten Wert hat, beträgt entweder 0 oder 1, d. h., dass der beobachtete Wert entweder richtig (beobachteter Wert = Populationswert) oder falsch (beobachteter Wert ≠ Populationswert) ist.

Falsch ist auch die Aussage, dass die (unbekannte) Deckungsrate (in der Population) mit einer Wahrscheinlichkeit von 95 % zwischen 62 % und 68 % liegt. Die mit dem Konfidenzintervall verbundene Aussage bezieht sich stattdessen auf eine Eigenschaft des Intervalls, das den unbekannten Populationswert mit einer gegebenen Wahrscheinlichkeit enthält.

b) Bekannt ist der Stichprobenanteil $p_1 = 0.65$ der Schüler, denen ein Notebook zur Verfügung steht. Zur Überprüfung des von Forscher B angegebenen Konfidenzintervalls wird zunächst der geschätzte Standardfehler des Stichprobenanteils ermittelt als:

$$\hat{\sigma}(p_1) = \sqrt{\frac{p_1 \cdot (1 - p_1)}{n}} = \sqrt{\frac{0.65 \cdot 0.35}{1000}} = 0.015$$

Die Grenzen des 95 %-Konfidenzintervalls werden berechnet nach:

$$c.i.(\pi_1) = p_1 \pm \hat{\sigma}(p_1) \cdot z_{1-\alpha/2} = 0.65 \pm 0.015 \cdot 1.96 = 0.65 \pm 0.03 = 0.62 < 0.65 < 0.68$$

Die von Forscher B angegebenen Grenzen des 95 %-Konfidenzintervalls sind richtig. Mit einer Konfidenzwahrscheinlichkeit von 95 % enthält das Intervall von 62 % bis 68 % den unbekannten Populationsanteil.

Lösung 7.10

Die Grenzen 14.03 und 15.97 des Intervalls sind als Grenzen eines Konfidenzintervalls aufzufassen, dessen Konfidenzwahrscheinlichkeit $1 - \alpha$ gesucht ist.

Gegeben ist der Stichprobenumfang n = 50, der Stichprobenmittelwert $\bar{x} = 15$ und die geschätzte Populationsvarianz $\hat{\sigma}_X^2 = 14$.

Gesucht ist der Quantilwert, der für die Berechnung des Konfidenzintervalls verwendet wurde. Wird als Kennwerteverteilung die Standardnormalverteilung verwendet, wird also ein Z-Wert gesucht. Diesen Z-Wert erhält man durch Umformung der Formel zur Berechnung der Grenzen des Konfidenzintervalls, sodass die Gleichung nach z aufgelöst wird.

Damit ergibt sich der Z-Wert für die obere Grenze als:

$$c.i.(\mu_X) = \bar{x} \pm z_{1-\alpha/2} \cdot \hat{\sigma}(\bar{x}) \quad \Rightarrow \quad +z_{1-\alpha/2} = \frac{\bar{x} - \mu_X}{\hat{\sigma}(\bar{x})}$$

Analog resultiert der Z-Wert für die untere Grenze als:

$$c.i.(\mu_X) = \bar{x} \pm z_{\alpha/2} \cdot \hat{\sigma}(\bar{x}) \quad \Rightarrow \quad -z_{\alpha/2} = \frac{\bar{x} - \mu_X}{\hat{\sigma}(\bar{x})}$$

Zur Berechnung wird der geschätzte Standardfehler benötigt. Dieser kann aus den gegebenen Werten berechnet werden als:

$$\hat{\sigma}(\bar{x}) = \sqrt{\frac{\hat{\sigma}_X^2}{n}} = \sqrt{\frac{14}{50}} = 0.53$$

Die Berechnung der Z-Werte für die obere und die untere Grenze erfolgt dann nach:

obere Grenze: $z_{1-\alpha/2} = \frac{\bar{x} - \mu_x}{\hat{\sigma}(\bar{x})} = \frac{15 - 14.03}{0.53} = 1.83$

untere Grenze: $z_{\alpha/2} = \frac{\bar{x} - \mu_x}{\hat{\sigma}(\bar{x})} = \frac{15 - 15.97}{0.53} = -1.83$

In der Tabelle mit den Quantilen der Standardnormalverteilung können die zu diesen beiden Werten gehörenden Quantilanteile abgelesen werden. Der Quantilanteil für $z_{\alpha/2} = -1.83$ beträgt 3.5 %, der Quantilanteil für $z_{1-\alpha/2} = 1.83$ beträgt 96.5 %.

Zur Ermittlung der Wahrscheinlichkeit, mit der das gegebene Intervall zwischen 14.03 und 15.97 den unbekannten Populationsparameter μ_x enthält, wird die Differenz zwischen oberem und unterem Quantilanteil gebildet. Diese Differenz beträgt 93 %, d. h., die Konfidenzwahrscheinlichkeit $1 - \alpha$ für das gegebene Intervall beträgt 93 %.

Die Wahrscheinlichkeit, dass das Intervall zwischen 14.03 und 15.97 den unbekannten Populationsmittelwert enthält, beträgt bei den gegebenen Stichprobendaten 93 %. Die Irrtumswahrscheinlichkeit beträgt $\alpha = 7$ %.

Anstelle der Standardnormalverteilung hätte im Sinne eines vorsichtigen Schätzens auch die T-Verteilung mit df = n – 1 = 49 Freiheitsgraden herangezogen werden können. Für die Berechnung müsste bekannt sein, welche Quantilwahrscheinlichkeit bei 49 Freiheitsgraden zu einem T-Wert von +1.83 bzw. –1.83 führt.[9]

Lösung 7.11

a) Eine Schätzung ist der in einer konkreten Stichprobe beobachtete Wert, mit dessen Hilfe ein unbekannter Populationswert «geschätzt» werden soll.

9. Die entsprechende Quantilwahrscheinlichkeit ist aus der Tabelle mit den Quantilen der T-Verteilung nur grob abzuleiten. Die Quantilwahrscheinlichkeit für t = 1.83 liegt bei df = 40 (ist den Freiheitsgraden df = 49 am nächsten) zwischen 95 % und 97.5 %, für t = –1.83 zwischen 5 % und 2.5 %. Die Konfidenzwahrscheinlichkeit würde also zwischen 90 % und 95 %, die Irrtumswahrscheinlichkeit zwischen 10 % und 5 % liegen.

b) Ein Schätzer ist eine Zufallsvariable, deren Realisierungen Resultate von Zufallsexperimenten beschreiben. So kann z. B. der Stichprobenmittelwert für viele Stichproben berechnet werden. Erfolgt die Stichprobenziehung durch eine Zufallsauswahl, dann sind die jeweils ausgewählten Fälle und damit auch der über diese Fälle berechnete Stichprobenmittelwert Ergebnis eines Zufallsexperiments. Dann ist der Kennwert «Stichprobenmittelwert» ein Schätzer des Populationsmittelwerts, der Stichprobenmittelwert in einer konkreten Stichprobe dagegen eine Realisierung dieses Schätzers und damit eine Schätzung.

Für Stichprobenanteile gilt analog: Der Kennwert «Stichprobenanteil» ist ein Schätzer des Populationsanteils, der Stichprobenanteil in einer konkreten Stichprobe ist dagegen eine Realisierung dieses Schätzers und damit eine Schätzung.

c) Der Unterschied zwischen Schätzung und Schätzer besteht darin, dass die Schätzung als Realisierung des Schätzers ein empirischer Wert, der Schätzer dagegen eine Zufallsvariable mit einer Wahrscheinlichkeitsverteilung ist. Eine Schätzung ist also ein aus Stichprobendaten berechneter Wert, ein Schätzer dagegen eine Größe, die verschiedene Werte (Realisierungen) annehmen kann.

Lösung 7.12

a) Da die Anwendungsvoraussetzungen

$n \cdot \frac{\pi_1}{1-\pi_1} > 9$ und $n \cdot \frac{1-\pi_1}{\pi_1} > 9$ sowie $n > 60$

erfüllt sind, kann von einer asymptotischen Annäherung der Kennwerteverteilung des Stichprobenanteils an die Normalverteilung ausgegangen werden. Die Grenzen des Konfidenzintervalls für den unbekannten Populationsanteil können mit Hilfe der Quantilwerte der Standardnormalverteilung berechnet werden.

Die Irrtumswahrscheinlichkeit von $\alpha = 10\,\%$ wird auf beide Seiten der Kennwerteverteilung aufgeteilt, sodass die Quantilwerte $z_{\alpha/2} / z_{1-\alpha/2} = \pm 1.645$ betragen.

Um das Konfidenzintervall berechnen zu können, muss zunächst der Standardfehler aus den Stichprobendaten «geschätzt» werden. Der geschätzte Standardfehler des Stichprobenanteils wird berechnet nach der Formel:

$$\hat{\sigma}(p_1) = \sqrt{\frac{p_1 \cdot (1-p_1)}{n}} = \sqrt{\frac{0.55 \cdot 0.45}{100}} = 0.05$$

Die Berechnung des Konfidenzintervalls für den unbekannten Populationsanteil erfolgt nach der Formel:

$$\text{c.i.}(\pi_1) = p_1 \pm \hat{\sigma}(p_1) \cdot z_{1-\alpha/2} = 0.55 \pm 0.05 \cdot 1.65 = 0.55 \pm 0.08 = 0.47 < 0.55 < 0.63$$

Die Intervallschätzung ergibt eine Intervallbreite von 16 %. Mit einer Wahrscheinlichkeit von 90 % überdeckt das Intervall zwischen 47 % und 63 % den unbekannten Populationsanteil der Befürwortungen von raucherfreien DB-Lounges.

b) Das Intervall zwischen 47 % und 63 % ist sehr breit, und die Irrtumswahrscheinlichkeit von 10 % ist hoch, jedoch dem Stichprobenumfang von n = 100 durchaus angemessen. Eine Verringerung der Irrtumswahrscheinlichkeit würde hier auch keine Abhilfe schaffen, da dadurch das Konfidenzintervall noch breiter werden würde, was bei dem kleinen Stichprobenumfang nicht mehr angemessen wäre.

Eine genauere Schätzung kann daher nur dann erreicht werden, wenn der Stichprobenumfang erhöht wird.

c) Die gewünschte Genauigkeit der Schätzung beträgt 1 %, d. h., dass die Differenz (d) zwischen der oberen und der unteren Grenze des 95 %-Konfidenzintervalls 1 % oder 0.01 betragen muss.

Ausgangspunkt für die Berechnung des notwendigen Stichprobenumfangs ist die Formel zur Berechnung der Genauigkeit der Schätzung:

$$d = 2 \cdot z_{1-\alpha/2} \cdot \sigma(p_1) = 2 \cdot z_{1-\alpha/2} \cdot \sqrt{\frac{\pi_1(1-\pi_1)}{n}}$$

Da d = 1 % gegeben ist, kann diese Berechnungsformel so umgeformt werden, dass der Stichprobenumfang n auf der linken Seite der Gleichung steht. Formale Darstellung:

$$n = \frac{4 \cdot z^2_{1-\alpha/2} \cdot \pi_1 \cdot (1 - \pi_1)}{d^2}$$

Der Z-Wert $z_{\alpha/2}/z_{1-\alpha/2} = \pm 1.96$, da die Irrtumswahrscheinlichkeit 5 % beträgt.

Der Stichprobenumfang kann aber nur dann berechnet werden, wenn ein Wert für den unbekannten Populationsanteil angenommen wird. Diese Annahme über den unbekannten Populationsanteil basiert auf den Vermutungen des Planungskomitees, dass eine Mehrheit raucherfreie Aufenthaltsräume bevorzugt.

Da es drei Vermutungen (a), (b) und (c) über den Populationsanteil gibt, kann der notwendige Stichprobenumfang für diese drei angenommenen Populationsanteile berechnet werden.

Berechnung des Stichprobenumfangs für den angenommenen Populationsanteil von (a) 50 %:

$$n = \frac{4 \cdot z^2_{1-\alpha/2} \cdot \pi_1 \cdot (1 - \pi_1)}{d^2} = \frac{4 \cdot (1.96)^2 \cdot 0.50 \cdot 0.50}{0.01^2} = 38400$$

Berechnung des Stichprobenumfangs für den angenommenen Populationsanteil von (b) 55 %:

$$n = \frac{4 \cdot z^2_{1-\alpha/2} \cdot \pi_1 \cdot (1 - \pi_1)}{d^2} = \frac{4 \cdot (1.96)^2 \cdot 0.55 \cdot 0.45}{0.01^2} = 38040.75$$

Berechnung des Stichprobenumfangs für den angenommenen Populationsanteil von (c) 70 %:

$$n = \frac{4 \cdot z^2_{1-\alpha/2} \cdot \pi_1 \cdot (1 - \pi_1)}{d^2} = \frac{4 \cdot (1.96)^2 \cdot 0.70 \cdot 0.30}{0.01^2} = 32277$$

Für alle drei vermuteten Populationsanteile ist der Stichprobenumfang enorm groß, wenn eine Genauigkeit von 1 % bei einer Irrtumswahrscheinlichkeit von 5 % gefordert wird. Die Kosten der Untersuchung wären vermutlich unverhältnismäßig hoch.

d) Abhilfe kann hier nur durch eine Reduktion der geforderten Genauigkeit geschaffen werden. Wird die Genauigkeit z. B. auf d = 5 % gesenkt, dann resultiert für
(a) π_1 = 50 % ein notwendiger Stichprobenumfang von n = 1536
(b) π_1 = 55 % ein notwendiger Stichprobenumfang von n = 1522
(c) π_1 = 70 % ein notwendiger Stichprobenumfang von n = 1291

Als Entscheidungshilfe kann dem Planungskomitee also nur der Hinweis gegeben werden, dass ein vertretbarer Kostenaufwand entweder zulasten der Genauigkeit oder der Irrtumswahrscheinlichkeit oder beider Faktoren geht.

Soll z. B. die in Teilaufgabe a) berechnete Genauigkeit von 16 % bei gleich bleibender Irrtumswahrscheinlichkeit von 10 % verdoppelt, d. h. die Breite des Konfidenzintervalls auf 8 % oder 0.08 verringert werden, und würde das Befragungsergebnis von 55 % Befürwortungen raucherfreier Aufenthaltsräume als Vermutung für den unbekannten Populationsanteil eingesetzt, dann müsste der Stichprobenumfang aus Teilaufgabe a) von n = 100 auf n = 418 erhöht werden. Formale Darstellung:

$$n = \frac{4 \cdot z^2_{1-\alpha/2} \cdot \pi_1 \cdot (1-\pi_1)}{d^2} = \frac{4 \cdot (1.65)^2 \cdot 0.55 \cdot 0.45}{0.08^2} = 418$$

Würde gleichzeitig die Irrtumswahrscheinlichkeit auf 5 % gesenkt, dann müsste der Stichprobenumfang auf n = 594 erhöht werden. Formale Darstellung:

$$n = \frac{4 \cdot z^2_{1-\alpha/2} \cdot \pi_1 \cdot (1-\pi_1)}{d^2} = \frac{4 \cdot (1.96)^2 \cdot 0.55 \cdot 0.45}{0.08^2} = 594$$

Eine Stichprobengröße von n = 418 oder n = 594 ist vom Durchführungs- und Kostenaufwand her vertretbar. Die Entscheidung, welcher Grad der Genauigkeit und welche Irrtumswahrscheinlichkeit akzeptiert werden soll, hängt vor allem auch von der inhaltlichen Vermutung über den unbekannten Populationswert ab.

e) Die Genauigkeit bei einem vermuteten Populationsanteil von π_1 = 55 %, einem Stichprobenumfang von n = 1000 und einer Irrtumswahrscheinlichkeit von 10 % wird berechnet nach:

$$d = 2 \cdot z_{1-\alpha/2} \cdot \sigma(p_1) = 2 \cdot 1.65 \cdot \sqrt{\frac{0.55 \cdot 0.45}{1000}} = 0.052 = 5.2\%$$

Die Genauigkeit bei einem vermuteten Populationsanteil von π_1 = 55 %, einem Stichprobenumfang von n = 1000 und einer Irrtumswahrscheinlichkeit von 5 % wird berechnet nach:

$$d = 2 \cdot z_{1-\alpha/2} \cdot \sigma(p_1) = 2 \cdot 1.96 \cdot \sqrt{\frac{0.55 \cdot 0.45}{1000}} = 0.062 = 6.2\%$$

Bei einer Irrtumswahrscheinlichkeit von 5 % kann mit n = 594 Interviews eine Genauigkeit von 8 % (siehe Ergebnisse in Teilaufgabe d)), mit n = 1000 Interviews eine Genauigkeit von 6.2 % erreicht werden.

Die Erhöhung des Stichprobenumfangs auf n = 1000 bringt im Vergleich zu einem Stichprobenumfang von n = 594 also nur einen relativ geringen Zuwachs an Genauigkeit. Der Kostenaufwand für 400 zusätzliche Interviews ist daher kaum zu rechtfertigen.

Die Genauigkeit von 1 % bei einer Irrtumswahrscheinlichkeit von 5 % kann nur mit einem unverhältnismäßig hohen Kostenaufwand erreicht werden (siehe Ergebnisse aus Teilaufgabe c)).

8 Prüfung von Hypothesen über einen Populationswert

8.1 Übungsaufgaben zu Kapitel 10.1

Aufgabe 8.1

Erläutern Sie die Begriffe

a) Signifikanzniveau
b) empirisches Signifikanzniveau

Aufgabe 8.2

Es wird vermutet, dass in einer Stadt A der Anteil der Haushalte mit geringem Haushaltseinkommen höher ist als der Populationswert, der nach den Ergebnissen des fünf Jahre zuvor erhobenen Mikrozensus bei 37 % lag. Zur Prüfung dieser Hypothese wird aus der Gesamtheit der Haushalte in Stadt A eine Stichprobe von n = 150 Haushalten gezogen. In 63 Haushalten (42 %) dieser Stichprobe ist das Haushaltseinkommen gering.

Kann die Hypothese mit einer Irrtumswahrscheinlichkeit von 10 % aufrechterhalten werden? Beschreiben Sie, wie Sie bei der Hypothesenprüfung vorgehen.

Aufgabe 8.3

Unter Anwendung einer Behandlungsmethode A können Schlaganfallpatienten in einem Rehabilitationszentrum nach durchschnittlich 42 Tagen das Krankenhaus verlassen. Eine neue Behandlungsmethode B wird als erfolgreicher angesehen und bei einer Stichprobe von n = 100 Personen versuchsweise angewandt. Die Patienten können bei Anwendung der neuen Methode die Klinik bereits nach durchschnittlich 40 Tagen mit einer Streuung von $s_x = 4$ Tagen verlassen.

a) Kann die Forschungshypothese mit einer Irrtumswahrscheinlichkeit von 5 % aufrechterhalten werden? Beschreiben Sie den Lösungsweg.
b) Wie ermitteln Sie das empirische Signifikanzniveau? Beschreiben Sie den Lösungsweg.
c) Ein überzeugter Gegner der Behandlungsmethode B behauptet, dass die neue Behandlungsmethode schlechter als die herkömmliche Behandlungsmethode ist und dass das Stichprobenergebnis ein reines Zufallsereignis ist.

   Wie lautet die Forschungshypothese in diesem Fall? Kann sie aufrechterhalten werden? Beschreiben Sie den Lösungsweg, und führen sie die notwendigen Berechnungen durch.
d) Bestimmen Sie das empirische Signifikanzniveau für die Hypothese des Gegners der Methode B.
e) Worin besteht der Unterschied zwischen den in a) und c) geprüften Hypothesen?

Aufgabe 8.4

Der Anteil der privaten Internetnutzung in der Bevölkerung wurde in der Vergangenheit jeweils am Jahresende gleich bleibend mit rund 25 % angegeben. In einer Anfang 2003 durchgeführten Umfrage zur Mediennutzung bei (einer einfachen Zufallsauswahl von) n = 1500 Personen beträgt der Anteil der Internetnutzer (nach eigenen Angaben der Befragten) 45 %.

Wie überprüfen Sie mit einer Irrtumswahrscheinlichkeit von 1 %, ob sich die gegenwärtige Rate der Internetnutzung im Vergleich zu den Erfahrungswerten der letzten Jahre signifikant erhöht hat?

Zeigen Sie alle Schritte auf, die zur Entscheidung nötig sind, und nehmen Sie dann die notwendigen Berechnungen vor.

Aufgabe 8.5

Die Sportredaktion eines öffentlich-rechtlichen Fernsehsenders behauptet, dass die Mehrheit der Bevölkerung eine Übertragung der Fußballweltmeisterschaft im öffentlich-rechtlichen Fernsehen fordert. In einer Stichprobe von n = 100 Personen haben sich 55 Personen dafür ausgesprochen.

a) Wie prüfen Sie mit einer Irrtumswahrscheinlichkeit von 10 % die Vermutung, dass in der Population eine Mehrheit die Übertragung der Spiele im öffentlich-rechtlichen Fernsehen fordert? Zeigen Sie den Lösungsweg auf.

b) Führen Sie die notwendigen Berechnungen zur Überprüfung der Hypothese durch, und formulieren Sie das Ergebnis in einem abschließenden Satz.

Aufgabe 8.6

In einer Stammtischdiskussion wird die Vermutung geäußert, dass bei Jugendlichen eine zunehmend fremdenfeindliche Einstellung zu beobachten sei. Da die Auffassungen hierüber kontrovers sind, wird beschlossen, der Sache auf den Grund zu gehen.

In der Stammtischrunde befindet sich ein Sozialforscher, der Zugang zu den Daten einer Umfrage bei Jugendlichen hat. Die Stammtischrunde beauftragt ihn, die Vermutung zu überprüfen, dass mehr als ein Viertel der Jugendlichen fremdenfeindliche Ansichten äußert. Eine Irrtumswahrscheinlichkeit von 5 % wird als akzeptabel angesehen.

Die Befragung wurde bei 1600 Jugendlichen durchgeführt. Der Anteil der Personen mit fremdenfeindlichen Ansichten liegt in der Stichprobe bei $p_1 = 15\,\%$.

a) Formulieren Sie das zur Hypothesenprüfung notwendige Hypothesenpaar.

b) Ist hier ein einseitiger oder ein zweiseitiger Hypothesentest angemessen? Begründen Sie Ihre Antwort.

c) Wann wird die Nullhypothese abgelehnt, wann beibehalten? Beschreiben Sie das anhand der Lage des Ablehnungs- bzw. Annahmebereichs für die Nullhypothese.

d) Wenn der Ablehnungsbereich festgelegt ist – welche Größen

(Werte) sind dann noch nötig, um eine Entscheidung über Ablehnung oder Akzeptanz der Nullhypothese fällen zu können? Beschreiben Sie die Schritte zur Bestimmung der notwendigen Größen.

e) Führen Sie die notwendigen Berechnungen aus.

Aufgabe 8.7

Ein medizinischer Test für Blutfettwerte (Cholesteringehalt) hat einen Mittelwert von 200 und eine Varianz von 3600 für die allgemeine Bevölkerung. (Es wird angenommen, dass die Cholesterin-Werte normalverteilt sind.)

Wenn die Blutfettwerte im oberen Achtel der Verteilung liegen, werden die betroffenen Patienten routinemäßig aufgefordert, sich einer eingehenderen Untersuchung zu unterziehen.

a) Wie wird der «kritische» Blutfettwert bestimmt, den ein Arzt für die Diagnose «Alarm» und die Aufforderung zu einer intensiven Untersuchung benutzt? Zeigen Sie den Lösungsweg, und berechnen Sie den «kritischen» Blutfettwert auf der Basis der gegebenen Informationen.

b) Es wird vermutet, dass weniger als ein Drittel aller Personen über 60 Jahre einen zu hohen Cholesteringehalt, d. h. einen Blutfettwert hat, der größer als der «kritische» Wert ist.

Zur Prüfung dieser Vermutung wird bei 1000 zufällig ausgewählten über 60-jährigen Personen ein entsprechender Test durchgeführt. Der Mittelwert liegt bei 230 mit einer Streuung von 49.

Kann die Vermutung mit einer Irrtumswahrscheinlichkeit von 5 % aufrechterhalten werden? Führen Sie die entsprechenden Berechnungen durch, begründen Sie Ihre Entscheidungen und ziehen Sie Ihre Schlussfolgerung.

Aufgabe 8.8

In den 1970er Jahren hat Ronald Inglehart die These formuliert, dass in modernen Industriegesellschaften postmaterialistische Wertvorstellungen (z. B. freie Meinungsäußerung, Selbstverwirklichung) stärker ausgeprägt sind als materialistische Wertvorstellungen (z. B. Ruhe und Ordnung, stabile Preise). Ein Sozialforscher, der sich mit der Debatte um den Transformations- und Modernisierungsprozess der östlichen Bundesländer beschäftigt, möchte an einer Stichprobe von n = 1600 Personen überprüfen, ob diese These zwölf Jahre nach der deutsch-deutschen Vereinigung für die Mehrheit der Bevölkerung in den neuen Bundesländern zutrifft.

In der Stichprobe ist bei 17 % der Personen eine eindeutig postmaterialistische Orientierung beobachtbar. Die Prüfung der Hypothese erfolgt mit einer Irrtumswahrscheinlichkeit von 1 %.

a) Formulieren Sie das zur Hypothesenprüfung notwendige Hypothesenpaar.
b) Ist hier ein einseitiger oder ein zweiseitiger Hypothesentest angemessen? Begründen Sie Ihre Antwort.
c) Welche Größen (Werte) sind insgesamt nötig, um eine Entscheidung über Ablehnung oder Akzeptanz der Nullhypothese fällen zu können? Beschreiben Sie die Schritte zur Bestimmung der notwendigen Größen.
d) Wann wird die Nullhypothese abgelehnt, wann beibehalten? Nennen Sie die Entscheidungskriterien, und konkretisieren Sie diese im Hinblick auf das vorliegende Beispiel.
e) Führen Sie die notwendigen Berechnungen durch, und ziehen Sie daraus eine Schlussfolgerung.

Aufgabe 8.9

Ein Sozialpolitiker vermutet, dass in der Bevölkerung Deutschlands der Eindruck vorherrscht, für den individuellen Erfolg seien eher die äußeren Umstände als die eigene Leistung verantwortlich. Zur Bestätigung dieser Vermutung verweist er auf die nationale Umfrage des Allbus 2000. Dort hätten 67.9 % der 3026 Befragten (mit gültigen Werten) folgender Meinung voll oder zumindest eher zugestimmt: «Was man im Leben bekommt, hängt gar nicht so sehr von den eigenen Anstrengungen ab, sondern von der Wirtschaftslage, der Lage auf dem Arbeitsmarkt, den Tarifabschlüssen und den Sozialleistungen des Staates.»

a) Gegen dieses Argument des Sozialpolitikers wird vorgebracht, dass die mehrheitliche Zustimmung zu dieser Aussage auf Zufälligkeiten der Stichprobenziehung zurückzuführen sei.

Beschreiben Sie ein statistisches Testverfahren, bei dem mit einer Sicherheit von mindestens 1 % anhand der Allbus-Daten geprüft werden kann, ob die Vermutung des Sozialpolitikers zutrifft.

b) Führen Sie den in a) beschriebenen Test durch, und diskutieren Sie die Bedeutung des Testergebnisses.

c) Würde man zu einem anderen Ergebnis kommen, wenn statt des Tests ein 99 %-Konfidenzintervall berechnet wird?

Zeigen Sie an diesem Beispiel die Gemeinsamkeiten bzw. Unterschiede der Hypothesenprüfung anhand eines statistischen Tests und anhand eines Konfidenzintervalls auf.

Aufgabe 8.10

Es gibt unterschiedliche Kriterien dafür, was ein gerechtes Einkommen ist. Nach dem Leistungsprinzip sollte sich das Einkommen in erster Linie nach den Leistungen der Haushaltsmitglieder richten, nach dem Bedürftigkeitsprinzip sollte dagegen der Bedarf berücksichtigt werden. Zur Erfassung der vorherrschenden Meinung in der Bevölkerung wird die Zustimmung zu folgender Aussage erfasst: «Das Einkommen sollte sich nicht allein nach der Leistung des Einzelnen richten. Vielmehr sollte jeder das haben, was er mit seiner Familie für ein anständiges Leben braucht.» Im Allbus 2000 stimmen 1528 von 3029 Befragten der Aussage voll oder eher zu.

Prüfen Sie mit einer Irrtumswahrscheinlichkeit von 5 %, ob das Bedürftigkeitsprinzip als Gerechtigkeitskriterium der Einkommensverteilung befürwortet wird.

Aufgabe 8.11

In der Diskussion um die Kosten des Gesundheitssystems hört man gelegentlich die Auffassung, dass Ärzte ein zu hohes Einkommen hätten. Ein Forscher A vermutet jedoch, dass das Ärzteeinkommen in der Bevölkerung stark überschätzt wird, und will diese Vermutung mit Daten aus dem Allbus 2000 empirisch prüfen.

In der Allbus-Umfrage sollten die Befragten einschätzen, was ein praktischer Arzt monatlich verdient. Der Mittelwert der Einkommensschätzungen beträgt 6092.91 DM. Die geschätzte Standardabweichung in der Population beträgt 5044.45 DM. Diese Daten basieren auf den Antworten von n = 1204 Befragten mit gültigen Angaben zu dieser Frage (insgesamt wurden in dieser Teilstichprobe n = 1432 Personen befragt).

In der gleichen Allbus-Stichprobe waren auch 14 Ärzte vertreten, von denen neun Ärzte Angaben zu ihrem tatsächlichen Einkommen gemacht haben. Der Mittelwert dieser Einkommensangaben liegt bei 3424.04 DM. Dieser Wert wird vom Forscher A als tatsächliches Einkommen der Ärzte unterstellt.

a) Wie prüfen Sie die Vermutung des Forschers, dass das Einkommen der praktischen Ärzte von der Bevölkerung (drastisch) überschätzt wird?

   Beschreiben Sie das Vorgehen bei der Hypothesenprüfung.

b) Wenden Sie den von Ihnen beschriebenen Test auf die Daten an. Gehen Sie dabei von einer Irrtumswahrscheinlichkeit von 1 % aus.

c) Beurteilen Sie mit Hilfe statistischer Kriterien das Vorgehen von Forscher A, das Ergebnis der Hypothesenprüfung inhaltlich als Unterstützung für seine Hypothese zu interpretieren. Worin besteht der zentrale Einwand gegen dieses Vorgehen?

d) Weiterhin wurde im Allbus 2000 danach gefragt, wie hoch das Einkommen von praktischen Ärzten nach Ansicht der Befragten sein sollte. Hier wurde im Durchschnitt ein «angemessenes» Einkommen von 5483.20 DM genannt.

   Zur Prüfung der Frage, ob das von den Befragten vermutete Einkommen im Durchschnitt höher ist als das für «angemessen» gehaltene Einkommen, wird die Differenz zwischen diesen beiden Einkommensangaben berechnet.

   Aus den Angaben von n = 1147 Befragten (mit gültigen Werten) resultiert für die Differenz ein Durchschnittswert von 597.70 DM bei einer geschätzten Standardabweichung in der Population von 3120.61 DM.

   Prüfen Sie mit einer Irrtumswahrscheinlichkeit von 1 % die Vermutung, dass das Ärzteeinkommen nach Ansicht der Bevölkerung höher ist, als es sein sollte.

Aufgabe 8.12

Im Rahmen der Diskussion über die Studiendauer und die Einführung von Studiengebühren wird die Behauptung aufgestellt, dass der Anteil der Langzeitstudierenden (50 % länger als Regelstudienzeit) mehr als 25 % der Studierenden ausmacht. Diese Behauptung soll an einer Zufallsstichprobe von 1600 Studierenden überprüft werden. In dieser Stichprobe beträgt der Anteil der Langzeitstudierenden 0.23.

Kann die oben geäußerte Behauptung anhand dieser Stichprobendaten mit einer Irrtumswahrscheinlichkeit von 1 % zurückgewiesen werden? Zeigen Sie alle Schritte auf, die zur Entscheidung nötig sind, und führen Sie die entsprechenden Berechnungen durch.

Aufgabe 8.13

Es wird angenommen, dass Studierende täglich im Durchschnitt 4.5 Stunden für das Studium mit einer Varianz von 4.0 Stunden aufwenden.

An verschiedenen Universitäten werden zur Überprüfung dieser Vermutung Befragungen an Stichproben von Studierenden durchgeführt. Der Umfang von drei Stichproben beträgt: $n_1 = 250$, $n_2 = 490$ und $n_3 = 1000$. Die in den Stichproben angegebene durchschnittliche Stundenzahl beträgt 5.5, 3.0 und 4.0 Stunden.

Wie prüfen Sie mit einer Irrtumswahrscheinlichkeit von 1 % die Hypothese, dass die angenommene Zahl von 4.5 Stunden zutreffend ist? Beschreiben Sie den Lösungsweg, und prüfen Sie die Hypothese für jede Stichprobe.

8.2 Lösungen der Übungsaufgaben zu Kapitel 10.1

Lösung 8.1

a) Das Signifikanzniveau gibt bei einem statistischen Test das maximal akzeptierte Risiko (gemessen als Wahrscheinlichkeit) an, mit dem ein Forscher bereit ist, eine wahre Nullhypothese fälschlicherweise zu verwerfen. Es handelt sich daher um die maximale Wahrscheinlichkeit des α-Fehlers (Irrtumswahrscheinlichkeit).

b) Das empirische Signifikanzniveau p gibt im Gegensatz zum theoretischen, a priori festgelegten Signifikanzniveau α an, mit welcher Wahrscheinlichkeit der empirisch beobachtete Wert oder ein Wert, der noch stärker gegen die Nullhypothese spricht, unter Annahme der Gültigkeit der Nullhypothese tatsächlich auftritt. Je kleiner das empirische Signifikanzniveau, desto unwahrscheinlicher ist es, dass die Nullhypothese zutrifft. Umgekehrt ist bei einem hohen Wert des empirischen Signifikanzniveaus zu erwarten, dass die Nullhypothese gilt.

Lösung 8.2

Gegeben sind der Stichprobenumfang mit $n = 150$, der Anteil der Haushalte mit niedrigem Einkommen in der Stichprobe $p_1 = 0.42$ sowie der vermutete Populationsanteil $\pi_1 = 0.37$.

Es soll geprüft werden, ob der in der Stichprobe erhaltene Anteil überzufällig (signifikant) über dem vermuteten Populationswert liegt, also ob der Anteil der Haushalte mit geringem Haushaltseinkommen in Stadt A im Vergleich zum Anteil der Haushalte mit geringem Einkommen in allen anderen Städten (der gleichen Größenklasse) größer ist.

Damit liegt eine gerichtete Hypothese vor, denn es wird untersucht, ob der Anteil in A größer ist als der Durchschnittsanteil in der Population. Die Prüfung der Hypothese erfolgt in fünf Schritten.

1. Schritt: Formulierung der Forschungs- und der Nullhypothese

$$H_1: \pi_1 > 0.37 \quad \text{versus} \quad H_0: \pi_1 \leq 0.37$$

2. Schritt: Auswahl der Testverteilung und der Teststatistik
Da Stichprobenanteile asymptotisch normalverteilt sind, wird die Teststatistik Z ausgewählt, und die Testverteilung ist die Standardnormalverteilung.

3. Schritt: Festlegung des Ablehnungsbereichs und des kritischen Werts

Da eine gerichtete Hypothese formuliert wurde, liegt der Ablehnungsbereich im linken (oberen) Bereich der Verteilung. Die Irrtumswahrscheinlichkeit beträgt 10 %, also ist $\alpha = 0.10$. Für den einseitigen Hypothesentest wird das $z_{1-\alpha}$-Quantil verwendet, sodass der kritische Wert $z_{1-\alpha} = z_{0.90} = 1.282$ beträgt. Die Nullhypothese wird verworfen, wenn die Teststatistik über dem kritischen Wert liegt.

4. Schritt: Berechnung der Teststatistik

Für die Berechnung der Teststatistik wird die Differenz aus dem in der Stichprobe beobachteten Anteil p_1 von dem mit der Nullhypothese noch gerade zu vereinbarenden Anteil π_1 durch den Standardfehler von p_1 geteilt. An der Stelle π_1 beträgt der Standardfehler:

$$\sigma(p_1) = \sqrt{\frac{\pi_1 \cdot (1-\pi_1)}{n}} = \sqrt{\frac{0.37 \cdot (1-0.37)}{150}} = 0.039$$

Der Wert der Teststatistik Z ist dann:

$$Z = \frac{p_1 - \pi_1}{\sigma(p_1)} = \frac{0.42 - 0.37}{0.039} = 1.282$$

5. Schritt: Entscheidung über Akzeptanz oder Ablehnung der Nullhypothese

Die Nullhypothese wird verworfen, wenn der aus den Stichprobendaten berechnete Wert der Teststatistik größer ist als der kritische Wert.

Der Wert der Teststatistik $Z = 1.282$ ist genauso groß wie der kritische Wert $z_{0.90} = 1.282$, der den Annahmebereich vom Ablehnungsbereich trennt. Es stellt sich hier die Frage, ob der kritische Wert noch zum Annahmebereich oder bereits zum Ablehnungsbereich gehört. Im Sinne eines möglichst strengen Testens der Forschungshypothese zählen wir ihn zum Annahmebereich, wenn die Forschungshypothese als Alternativhypothese H_1 formuliert ist. Die Nullhypothese kann daher nicht zurückgewiesen werden.

Mit einer Irrtumswahrscheinlichkeit von 10 % ist davon auszugehen, dass der Anteil der Haushalte mit geringem Haushaltseinkommen in der untersuchten Stadt nicht überdurchschnittlich hoch ist. Obwohl der Stichprobenanteil mit 42 % über dem im Mikrozensus ermittelten Wert von 37 % liegt, ist es möglich, dass diese Abweichung auch zufällig auftritt.

Bei der inhaltlichen Interpretation sollte jedoch berücksichtigt werden, dass die Bezugsgröße von 37 % auf einer 5 Jahre zurückliegenden Erhebung basiert. Es ist denkbar, dass sich in der Zwischenzeit der Populationswert verändert hat.

Lösung 8.3

Gegeben sind der Stichprobenumfang n = 100, der Stichprobenmittelwert $\bar{x} = 40$ und die Standardabweichung $s_X = 4$ in der Stichprobe sowie der Populationsmittelwert $\mu_A = 42$.

a) Die Prüfung der Hypothese, dass die neue Behandlungsmethode B besser ist als die herkömmliche Methode, d. h. zu einer im Durchschnitt kürzeren Aufenthaltsdauer in der Klinik führt, wird in fünf Schritten durchgeführt.

1. Schritt: Formulierung der Forschungs- und der Nullhypothese
H_1: Behandlungsmethode B ist besser (kürzere Aufenthaltsdauer) als Behandlungsmethode A (längere Aufenthaltsdauer):

$$H_1 : \mu_B < \mu_A$$

H_0: Behandlungsmethode B ist gleich gut wie oder schlechter (gleiche oder längere Aufenthaltsdauer) als A:

$$H_0 : \mu_B \geq \mu_A$$

2. Schritt: Auswahl der Testverteilung und der Teststatistik
Der Stichprobenmittelwert ist asymptotisch normalverteilt, die Populationsvarianz wird unter Verwendung der Stichprobenvarianz geschätzt. Wenn die Populationsvarianz unbekannt ist und die betrachtete Variable in der Population normalverteilt ist, wird als Teststatistik der T-Wert verwendet, da die Testverteilung dann

die T-Verteilung mit df = n – 1 = 99 Freiheitsgraden ist. Im Sinne eines vorsichtigen (konservativen) Vorgehens wird die T-Verteilung auch dann angewendet, wenn die Normalverteilungsannahme in der Population nicht gegeben ist.

3. Schritt: Festlegung des Ablehnungsbereichs und des kritischen Werts
Vorgegeben ist eine Irrtumswahrscheinlichkeit von 5 %, also ist $\alpha = 5\,\%$ oder $\alpha = 0.05$. Da eine gerichtete Hypothese formuliert wurde, liegt der Ablehnungsbereich im unteren (linken) Bereich der Verteilung. Der kritische Wert, $t_{df;\,\alpha}$, beträgt hier: $t_{99;\,5\,\%} = -1.671$. Das entspricht dem T-Wert, der in der Tabelle mit den Quantilen der T-Verteilung in der Spalte 95 % und der Zeile df = 60 aufgeführt ist. Die Spalte 95 % wird gewählt, weil die T-Verteilung symmetrisch ist, df = 60 wird im Sinne eines «konservativen» (sicheren) Vorgehens gewählt (df = 60 < df = 99).

4. Schritt: Berechnung der Teststatistik
Zur Berechnung der Teststatistik ist der Standardfehler notwendig. Dieser wird aus den Stichprobendaten «geschätzt» als:

$$\hat{\sigma}(\bar{x}) = \sqrt{\frac{s_x^2}{n-1}} = \frac{4}{\sqrt{99}} = 0.40$$

Die Berechnung der Teststatistik T erfolgt nach:

$$T = \frac{\bar{x} - \mu_x}{\hat{\sigma}(\bar{x})} = \frac{40 - 42}{0.40} = -5$$

5. Schritt: Entscheidung über Akzeptanz oder Ablehnung der Nullhypothese
Die Nullhypothese wird abgelehnt, wenn die Teststatistik kleiner ist als der kritische Wert.

Da $T = -5.0 < t_{df;\,\alpha} = -1.671$, ist die Nullhypothese bei einer Irrtumswahrscheinlichkeit von 5 % zu verwerfen.

Mit einer Irrtumswahrscheinlichkeit von 5 % ist davon auszugehen, dass mit der neuen Behandlungsmethode B im Mittel eine signifikant kürzere Aufenthaltsdauer erreicht werden kann als mit der herkömmlichen Behandlungsmethode A.

b) Das empirische Signifikanzniveau kann mit Hilfe der Quantilwahrscheinlichkeit des aus den Stichprobendaten berechneten Werts der Teststatistik festgestellt werden.

Die Quantilwahrscheinlichkeit α (nicht zu verwechseln mit der Irrtumswahrscheinlichkeit α) für die Teststatistik $T = -5.0$ kann aus der Tabelle mit den Quantilen der T-Verteilung bei $df = 99$ Freiheitsgraden abgelesen werden.

Da die T-Verteilung symmetrisch ist, sind in der Tabelle mit den Quantilen der T-Verteilung nur die Werte des positiven (oberen linken) Bereichs der Verteilung aufgeführt. Bei negativen Werten der Teststatistik ist daher die abgelesene Quantilwahrscheinlichkeit von 1.00 zu subtrahieren.

Der höchste Wert in der Zeile $df = 60$ (im Sinne des sicheren Vorgehens wird $df = 60 < df = 99$ gewählt) hat den Betrag 3.460 und eine Quantilwahrscheinlichkeit von $P(X \leq \alpha) = P(X \leq 99.95\,\%)$.

Damit ergibt sich die Quantilwahrscheinlichkeit für die Teststatistik $T = -5.0$ als:
$1.00 - 0.9995 = 0.0005 = 0.05\,\%$.

Das empirische Signifikanzniveau ist bei der oben formulierten Nullhypothese die Wahrscheinlichkeit, einen T-Wert von -5.0 oder kleiner zu erhalten, und ist damit hier $p < 0.05\,\%$.

Die Ablehnung der Nullhypothese kann auch aus dem Vergleich des empirischen Signifikanzniveaus mit der vorgegebenen Irrtumswahrscheinlichkeit ($\alpha = 5\,\%$) begründet werden. Die Nullhypothese wird abgelehnt, wenn das empirische Signifikanzniveau p kleiner als die Irrtumswahrscheinlichkeit α ist.

c) Die Prüfung der Hypothese erfolgt in fünf Schritten. Ausgangspunkt ist die Hypothese, dass die durchschnittliche Anzahl der Aufenthaltstage in der Klinik unter Methode B signifikant größer ist als mit Methode A.

1. Schritt: Formulierung der Forschungs- und der Nullhypothese

$H_1 : \mu_B > \mu_A$ versus $H_0 : \mu_B \leq \mu_A$

2. Schritt: Auswahl der Teststatistik und der Testverteilung: wie in Aufgabe 8.3 a)

3. Schritt: Festlegung des Ablehnungsbereichs und des kritischen Werts
Da die Forschungshypothese eine längere Aufenthaltsdauer (größeren Wert von μ_B als von μ_A) postuliert, ist die Nullhypothese bei großen Werten der Teststatistik vermutlich falsch. Daher wird der kritische Wert so festgelegt, dass der Ablehnungsbereich im rechten (oberen) Bereich der Verteilung liegt. Bei einer Irrtumswahrscheinlichkeit von $\alpha = 5\,\%$ ist der kritische Wert $t_{df;\,1-\alpha}$ dann: $t_{99;\,95\,\%} = 1.671$.

4. Schritt: Berechnung der Teststatistik T: wie in Aufgabe 8.3 a)

5. Schritt: Entscheidung über Akzeptanz oder Zurückweisung der Nullhypothese
Die Nullhypothese wird abgelehnt, wenn der Wert der Teststatistik größer ist als der kritische Wert. Da dies nicht der Fall ist, ist die Nullhypothese beizubehalten. Entgegen der Vermutung des Gegners der neuen Methode B ist diese nicht signifikant schlechter (längere Aufenthaltsdauer) als die alte Methode A.

d) Aus Teilaufgabe b) ist bekannt, dass die Quantilwahrscheinlichkeit für den Wert –5.0 der Teststatistik $t_{df;\,\alpha}$ bei df = 99 Freiheitsgraden $\alpha \leq 0.05\,\%$ ist.

Bei der in Teilaufgabe c) formulierten Nullhypothese ist die Quantilwahrscheinlichkeit für einen Wert von $T = -5.0$ der Teststatistik $t_{df;\,1-\alpha}$ bei df = 99 gesucht. Da die Quantilwahrscheinlichkeit für $t_{df;\alpha}$ $P(X \leq 0.0005)$ beträgt, ist die Quantilwahrscheinlichkeit für $t_{df;1-\alpha}$ entsprechend $1 - P(X \leq 0.0005) = 1.00 - 0.0005 = 0.9995$ oder 99.95 %.

Mit der neuen Behandlungsmethode wird keine längere (Teilaufgabe c)), sondern eine signifikant kürzere Aufenthaltsdauer (Teilaufgabe a)) im Krankenhaus erreicht.

e) Der Unterschied besteht in der Richtung der Hypothesen, wodurch sich der Ablehnungsbereich der Hypothese und auch der kritische Wert ändert: Während bei a) der Ablehnungsbereich im linken (unteren) Bereich der T-Verteilung liegt und der kritische Wert $t_{df;\,\alpha} \leq -1.671$ beträgt, liegt er bei c) im rechten (oberen) Bereich der T-Verteilung, und der kritische Wert beträgt $t_{df;\,1-\alpha} \geq 1.671$.

Lösung 8.4

Gegeben sind der Umfang der Stichprobe n = 1500, der Anteil der Internetnutzung in der Stichprobe mit $p_1 = 0.45$ und der Populationsanteil mit $\pi_1 = 0.25$. Geprüft werden soll, ob der aktuell ermittelte Anteil der Internetnutzer in der Stichprobe höher ist als der (ältere) Populationsanteil. Die Hypothesenprüfung wird in fünf Schritten durchgeführt.

1. Schritt: Formulierung der Forschungs- und der Nullhypothese

$H_1: \pi_1 > 0.25$ versus $H_0: \pi_1 \leq 0.25$

2. Schritt: Auswahl der Testverteilung und der Teststatistik

Stichprobenanteile sind asymptotisch normalverteilt. Die Normalverteilung kann angewendet werden, wenn die Anwendungsvoraussetzungen

$$n \cdot \frac{\pi_1}{1-\pi_1} > 9 \quad \text{sowie} \quad n \cdot \frac{1-\pi_1}{\pi_1} > 9$$

erfüllt sind. Dies ist hier der Fall, da 1500 · 0.25 / 0.75 = 500 > 9.[10] Als

10. Der zweite ist noch größer: 1500 · 0.75 / 0.25 = 4500 > 9. Da ein Quotient umso kleiner ist, je kleiner der Nenner und je größer der Zähler ist, ist es bei der Prüfung der Anwendungsvoraussetzungen hinreichend, die Fallzahl mit der kleineren Wahrscheinlichkeit zu multiplizieren und durch die größere zu teilen. Ist das Resultat > 9, sind die Anwendungsvoraussetzungen (auch für die komplementäre Wahr-

Teststatistik wird daher Z und als Testverteilung die Standardnormalverteilung gewählt.

3. Schritt: Festlegung des Ablehnungsbereichs und des kritischen Werts
Da ein einseitiger Hypothesentest durchgeführt wird und die Nullhypothese bei Werten der Teststatistik im oberen (rechten) Bereich der Verteilung vermutlich falsch ist, beträgt – bei einer Irrtumswahrscheinlichkeit von $\alpha = 0.01$ – der kritische Wert $z_{1-\alpha} = 2.326$.

4. Schritt: Berechnung der Teststatistik
Zur Berechnung des Standardfehlers wird der in der Nullhypothese postulierte Wert des Populationsanteils verwendet. Der Standardfehler wird berechnet nach:

$$\sigma(p_1) = \sqrt{\frac{\pi_1 \cdot (1-\pi_1)}{n}} = \sqrt{\frac{0.25 \cdot 0.75}{1500}} = 0.011$$

Der Wert der Teststatistik wird auf der Basis der Stichprobendaten berechnet als:

$$Z = \frac{p_1 - \pi_1}{\sigma(p_1)} = \frac{0.45 - 0.25}{\sqrt{\frac{0.25 \cdot 0.75}{1500}}} = 18.18$$

5. Schritt: Entscheidung über Akzeptanz oder Ablehnung der Nullhypothese
Da der Wert der Teststatistik größer ist als der kritische Wert, ist die Nullhypothese zu verwerfen.

Mit einer Irrtumswahrscheinlichkeit von 1 % ist davon auszugehen, dass die Rate der Internetnutzung in der Population deutlich zugenommen hat.

scheinlichkeit) erfüllt, ist das Resultat ≤ 9, gibt es Zweifel an der hinreichenden Annäherung an die Normalverteilung.

Lösung 8.5

Da sich die Lösungen für die Teilaufgaben a) und b) zum Teil überschneiden, werden sie hier gemeinsam dargestellt.

Die Prüfung der Hypothese, dass die Mehrheit der Bevölkerung eine Übertragung der Fußballweltmeisterschaft im öffentlich-rechtlichen Fernsehen fordert, erfolgt in den bekannten fünf Schritten.

1. Schritt: Formulierung der Forschungs- und der Nullhypothese

Die Vermutung lautet, dass die Mehrheit der Population die Übertragung der Fußballspiele im öffentlich-rechtlichen Fernsehen fordere. Also:

$$H_1: \pi_1 > 0.50 \quad \text{versus} \quad H_0: \pi_1 \leq 0.50$$

2. Schritt: Entscheidung über die Testverteilung und die Teststatistik

Da der Stichprobenanteil asymptotisch normalverteilt ist und die Anwendungsvoraussetzungen

$$n \cdot \frac{\pi_1}{1-\pi_1} > 9 \quad \text{sowie} \quad n \cdot \frac{1-\pi_1}{\pi_1} > 9$$

erfüllt sind, wird als Testverteilung die Standardnormalverteilung und als Teststatistik der Z-Wert verwendet.

3. Schritt: Festlegung des Ablehnungsbereichs und des kritischen Werts

Der Ablehnungsbereich liegt im rechten (oberen) Bereich der Verteilung. Bei einer Irrtumswahrscheinlichkeit von $\alpha = 0.10$ ist der kritische Wert $z_{1-\alpha}$ und beträgt $z_{0.90} = 1.282$.

4. Schritt: Berechnung der Teststatistik

Für die Berechnung der Teststatistik wird die Differenz aus dem in der Stichprobe beobachteten Anteil p_1 von dem mit der Nullhypothese noch gerade zu vereinbarenden Anteil π_1 durch den Standardfehler von p_1 geteilt. An der Stelle π_1 beträgt der Standardfehler:

$$\sigma(p_1) = \sqrt{\frac{\pi_1 \cdot (1-\pi_1)}{n}} = \sqrt{\frac{0.50 \cdot (1-0.50)}{100}} = 0.05$$

Der Wert der Teststatistik wird berechnet nach:

$$Z = \frac{p_1 - \pi_1}{\sigma(p_1)} = \frac{0.55 - 0.5}{0.05} = 1.00$$

5. Schritt: Entscheidung über Akzeptanz oder Zurückweisung der Nullhypothese

Die Nullhypothese wird abgelehnt, wenn der aus den Stichprobendaten berechnete Wert der Teststatistik größer als der kritische Wert ist. Da $1.00 < 1.28$ ist, wird die Nullhypothese beibehalten.

Bei einer Irrtumswahrscheinlichkeit von 10 % kann nicht davon ausgegangen werden, dass eine Mehrheit der Bevölkerung die Übertragung der Fußballspiele im öffentlich-rechtlichen Rundfunk fordert.

Lösung 8.6

a) Die Forschungshypothese lautet: Der Anteil Jugendlicher mit fremdenfeindlichen Ansichten, π_1, ist größer als 25 %. Die entsprechende Nullhypothese lautet: Der Anteil Jugendlicher mit fremdenfeindlichen Ansichten ist gleich 25 % oder kleiner. Die Prüfung der Hypothese erfolgt in den bekannten fünf Schritten.

$$H_1: \pi_1 > 0.25 \quad \text{versus} \quad H_0: \pi_1 \leq 0.25$$

b) Angemessen ist ein einseitiger Hypothesentest, weil die Hypothese gerichtet ist.

c) Der Ablehnungsbereich der Nullhypothese (H_0: $\pi_1 \leq 25\,\%$) liegt im oberen (rechten) Bereich der Kennwerteverteilung des Stichprobenanteils. Anteilswerte, die größer als 25 % sind, sind mit der Nullhypothese nicht vereinbar. Generell gilt: Der Ablehnungsbereich einer (gerichteten) Nullhypothese liegt in dem der Hypothesenrichtung entgegengesetzten Bereich der Verteilung.

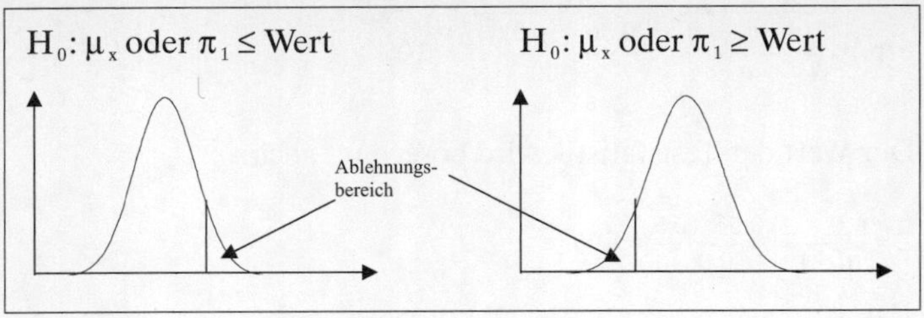

Bei ungerichteten Hypothesen, bei denen lediglich Gleichheit oder Ungleichheit von Werten angenommen wird, liegt der Ablehnungsbereich sowohl im unteren (linken) als auch im oberen (rechten) Bereich der Verteilung. Die Nullhypothese, in der vermutet wird, dass ein Wert gleich einem bestimmten Betrag ist, ist vermutlich dann falsch, wenn die Teststatistik sehr kleine (negative) oder sehr große (positive) Werte aufweist.

Das Entscheidungskriterium für Akzeptanz oder Zurückweisung der Nullhypothese ist eine Teststatistik, die aus den Stichprobendaten berechnet wird. Diese Berechnung stellt eine Transformation des empirischen Stichprobenwerts in seine Kennwerteverteilung dar.

Im vorliegenden Beispiel gilt: Da Stichprobenanteile asymptotisch normalverteilt sind, kann angenommen werden, dass die Kennwerteverteilung annähernd eine Normalverteilung ist. Als Testverteilung wird daher die Standardnormalverteilung und als Teststatistik der Z-Wert verwendet.

Bei einer gegebenen Irrtumswahrscheinlichkeit wird der kritische Wert entsprechend der Richtung der Nullhypothese festgelegt. Bei der in Teilaufgabe a) formulierten Nullhypothese liegt der Ablehnungsbereich im oberen (rechten) Bereich der Verteilung. Da die Irrtumswahrscheinlichkeit 5 % beträgt, ist der kritische Wert $z_{1-\alpha} = z_{0.95} = 1.645$.

Wenn der aus den Stichprobendaten berechnete Wert der Teststatistik größer ist als dieser kritische Z-Wert, dann wird die Nullhypothese zurückgewiesen. Ist der Wert der Teststatistik dagegen kleiner als der kritische Wert, wird die Nullhypothese beibehalten.

d) Der Wert der Teststatistik muss berechnet werden, um ihn mit dem kritischen Z-Wert vergleichen zu können.

Zur Berechnung der Teststatistik wird der Standardfehler benötigt. Bei dem nach der Nullhypothese noch gerade zu vereinbarenden Wert beträgt der Standardfehler:

$$\sigma(p_1) = \sqrt{\frac{\pi_1 \cdot (1-\pi_1)}{n}} = \sqrt{\frac{0.25 \cdot (1-0.25)}{1600}} = 0.011$$

e) Die Teststatistik wird berechnet als Differenz aus dem beobachteten Stichprobenanteil minus dem vermuteten Populationsanteil, dividiert durch den Standardfehler. Formale Darstellung:

$$Z = \frac{p_1 - \pi_1}{\sigma(p_1)} = \frac{0.15 - 0.25}{0.011} = -9.09$$

Die Nullhypothese, dass der Populationsanteil Jugendlicher mit fremdenfeindlichen Ansichten kleiner als 25 % ist, wird mit einer Irrtumswahrscheinlichkeit von 5 % beibehalten. Der Populationsanteil fremdenfeindlicher Einstellungen bei den Jugendlichen ist vermutlich kleiner als 25 %.

Lösung 8.7

a) Das obere Achtel einer Verteilung liegt zwischen 87.5 % (= 100 % – 12.5 %) und 100 %.

Da angenommen wird, dass die Blutfettwerte normalverteilt sind, wird der Z-Wert für das 0.875-Quantil der Normalverteilung aus der Tabelle mit den Quantilen der Normalverteilung abgelesen als $z_{1-\alpha} = z_{0.875} = 1.15$.

Gegeben sind Mittelwert und Varianz der Blutfettwerte in der Population.

Der fragliche «kritische» Blutfettwert wird mit Hilfe der Umformung der Formel zur Z-Transformation berechnet nach:

$$X = \mu_X + Z_{0.875} \cdot \sigma_X = 200 + 1.15 \cdot 60 = 269$$

Der «kritische» Blutfettwert liegt demnach bei X = 269. Patienten, die diesen oder einen höheren Cholesterinwert haben, wird eine intensive Untersuchung nahe gelegt.

b) Zunächst muss festgestellt werden, wie groß der Stichprobenanteil der Personen mit einem zu hohen (X > 269) Blutfettwert ist. Dazu wird der Z-Wert auf der Basis der Stichprobendaten berechnet, wobei der «kritische» Blutfettwert als Realisierung «i» des Merkmals «Blutfettwert» verwendet wird. Anschließend kann für den so ermittelten Z-Wert der empirische Quantilanteil (für die aktuelle Stichprobe) aus der Tabelle mit den Quantilen der Normalverteilung abgelesen werden.

$$Z = \frac{x_i - \bar{x}}{s_X} = \frac{269 - 230}{49} = 0.79$$

Der empirische Quantilanteil für diesen Z-Wert beträgt 0.785 oder 78.5 %.

In der Stichprobe ist der Anteil von Personen mit einem Blutfettwert von $x_i = 269$ kleiner oder gleich (≤) 78.5 %.

Der Anteil von Personen mit einem Blutfettwert $x_i > 269$ ist dann: 100 % – 78.5 % = 21.5 %.

Die Prüfung der Hypothese, dass der Anteil der Personen mit «kritischen» Blutfettwerten, π_1, bei den über 60-jährigen Personen knapp ein Drittel, also weniger als 33 %, ausmacht, erfolgt in den bekannten fünf Schritten.

1. Schritt: Formulierung der Forschungs- und der Nullhypothese

$H_1 : \pi_1 < 0.33$ versus $H_0 : \pi_1 \geq 0.33$

2. Schritt: Auswahl der Testverteilung und der Teststatistik
Da Stichprobenanteile annähernd normalverteilt sind, wird als Testverteilung die Standardnormalverteilung und als Teststatistik der Z-Wert verwendet.

3. Schritt: Festlegung des Ablehnungsbereichs und des kritischen Werts
Aufgrund der Richtung der Nullhypothese liegt der Ablehnungsbereich im unteren (linken) Bereich der Verteilung. Bei einer Irrtumswahrscheinlichkeit von $\alpha = 5\,\%$ beträgt der kritische Wert $z_\alpha = z_{0.05} = -1.645$.

4. Schritt: Berechnung der Teststatistik
Zunächst muss der Standardfehler berechnet werden. Da der Populationsanteil nicht bekannt ist, wird der Standardfehler mit Hilfe des Stichprobenanteils «geschätzt» nach der Formel:

$$\sigma(p_1) = \sqrt{\frac{\pi_1 \cdot (1-\pi_1)}{n}} = \sqrt{\frac{0.33 \cdot (1-0.33)}{1000}} = 0.015$$

Die Berechnung der Teststatistik erfolgt dann nach der Formel:

$$Z = \frac{p_1 - \pi_1}{\hat{\sigma}(p_1)} = \frac{0.22 - 0.33}{0.015} = -7.33$$

5. Schritt: Entscheidung über Beibehaltung oder Zurückweisung der Nullhypothese
Die Nullhypothese wird zurückgewiesen, wenn der Wert der Teststatistik kleiner als der kritische Wert ist. Im vorliegenden Beispiel wird daher die Nullhypothese, dass der Populationsanteil größer als 33 % ist, zurückgewiesen.

Mit einer Irrtumswahrscheinlichkeit von 5 % ist davon auszugehen, dass weniger als ein Drittel der über 60-jährigen Personen «kritische» Blutfettwerte hat.

Lösung 8.8

a) Die Forschungshypothese lautet, dass die Mehrheit, d. h. mehr als 50 % der Population in den neuen Bundesländern, postmaterialistische Wertvorstellungen hat. Die Nullhypothese behauptet das Gegenteil. Wenn der Anteil der postmaterialistischen Wertvorstellungen mit π_1 bezeichnet wird, lautet das zu prüfende Hypothesenpaar:

$H_1: \pi_1 > 0.50$ versus $H_0: \pi_1 \leq 0.50$

b) Angemessen ist ein einseitiger Hypothesentest, weil die Nullhypothese gerichtet ist.

c) Zunächst muss eine Entscheidung über die zu verwendende Testverteilung und die Teststatistik getroffen werden. Da Stichprobenanteile asymptotisch normalverteilt sind, kann hier als Testverteilung die Standardnormalverteilung und als Teststatistik der Z-Wert verwendet werden.

Der Ablehnungsbereich muss entsprechend der Richtung der Nullhypothese festgelegt werden. Im Beispiel liegt der Ablehnungsbereich im oberen (rechten) Bereich der Verteilung.

Zur Festlegung des kritischen Werts muss eine Irrtumswahrscheinlichkeit gegeben sein oder angenommen werden. Hier ist eine Irrtumswahrscheinlichkeit von $\alpha = 1\,\%$ gegeben.

Der kritische Wert beträgt demnach: $z_{1-\alpha} = z_{0.99} = 2.326$.

Die Teststatistik, deren Wert als Kriterium bei der Entscheidung über Beibehaltung oder Zurückweisung der Nullhypothese verwendet wird, muss aus den Stichprobendaten berechnet werden, um den berechneten Z-Wert mit dem kritischen Wert vergleichen zu können.

Zur Berechnung der Teststatistik ist der Standardfehler notwendig. Ist der Populationsanteil bekannt oder wird in der Nullhypothese ein Wert für den Populationsanteil postuliert, dann kann dieser zur Berechnung des Standardfehlers verwendet werden. Die entsprechende Formel lautet:

$$\sigma(p_1) = \sqrt{\frac{\pi_1 \cdot (1 - \pi_1)}{n}}$$

Ist der Populationsanteil nicht bekannt, kann der Standardfehler mit Hilfe des Stichprobenanteils «geschätzt» werden, sodass der geschätzte Standardfehler resultiert:

$$\hat{\sigma}(p_1) = \sqrt{\frac{p_1 \cdot (1 - p_1)}{n}}$$

Der Wert der Teststatistik wird berechnet als die Differenz aus beobachtetem Stichprobenanteil minus vermutetem Populationsanteil, dividiert durch den geschätzten Standardfehler. Da die Nullhypothese einen (maximalen) Populationswert vorgibt, ist der Standardfehler bei gültiger Nullhypothese bekannt. Die Teststatistik ist dann der Quotient aus der Differenz des in der Stichprobe beobachteten Anteils p_1 und dem mit der Nullhypothese noch gerade zu vereinbarenden (minimalen) Anteil π_1, geteilt durch den Standardfehler von p_1:

$$Z = \frac{p_1 - \pi_1}{\sigma(p_1)}$$

d) Die Nullhypothese, dass der Populationsanteil der Personen mit postmaterialistischer Orientierung größer als 50 % ist, wird mit einer Irrtumswahrscheinlichkeit von 1 % abgelehnt, wenn der Wert der Teststatistik im Ablehnungsbereich der Nullhypothese liegt.

Der Ablehnungsbereich liegt im oberen (rechten) Bereich der Testverteilung und umfasst Werte, die größer als (der kritische Wert) $z_{1-\alpha} = z_{0.99} = 2.326$ sind. Das bedeutet, dass die Nullhypothese abgelehnt wird, wenn der aus den Stichprobendaten ermittelte Wert der Teststatistik Z größer als dieser kritische Wert ist. Ist der Wert der Teststatistik kleiner als 2.326, wird die Nullhypothese beibehalten, da der Z-Wert dann im Annahmebereich der Nullhypothese liegt.

e) Berechnung des Standardfehlers mit den gegebenen Daten:

$$\sigma(p_1) = \sqrt{\frac{\pi_1 \cdot (1 - \pi_1)}{n}} = \sqrt{\frac{0.5 \cdot (1 - 0.5)}{1600}} = 0.0125$$

Berechnung des Werts der Teststatistik mit den gegebenen Daten:

$$Z = \frac{p_1 - \pi_1}{\sigma(p_1)} = \frac{0.17 - 0.50}{0.0125} = -26.4$$

Da der Wert der Teststatistik kleiner ist als der kritische Wert, kann die Nullhypothese nicht zurückgewiesen werden. Mit einer Irrtumswahrscheinlichkeit von 1 % ist davon auszugehen, dass der Anteil der Personen mit eindeutig postmaterialistischer Orientierung in der Population der neuen Bundesländer nicht die Mehrheit der Bevölkerung ausmacht.

Lösung 8.9

Da sich die Lösungen für die Teilaufgaben a) und b) weitgehend überschneiden, werden sie hier gemeinsam dargestellt.

Das Verfahren, das hier zur Anwendung kommen sollte, ist die statistische Hypothesenprüfung. Diese erfolgt in den bekannten fünf Schritten.

Zunächst ist die Meinung des Sozialpolitikers in ein Hypothesenpaar über Populationsanteile zu überführen. Das «Vorherrschen des Eindrucks, dass die äußeren Umstände und nicht die eigene Leistung für den individuellen Erfolg verantwortlich» ist, bedeutet, dass der Populationsanteil der Zustimmung über 50 % liegt. Dies ist die Vermutung des Sozialpolitikers (Forschungshypothese). Im Sinne einer strengen Hypothesenprüfung wird das Gegenteil dieser Forschungshypothese als Nullhypothese formuliert und überprüft. Gibt es statistische Argumente (Entscheidungskriterien) für die Nullhypothese, dann wird diese beibehalten. Ist das nicht der Fall, gilt bis auf weiteres die Forschungshypothese.

1. Schritt: Formulierung der Forschungs- und der Nullhypothese
Wenn π_1 den Anteil der Zustimmung zu dem Item in der Population bezeichnet, dann lautet das zu testende Hypothesenpaar:

$$H_1: \pi_1 > 0.50 \quad \text{versus} \quad H_0: \pi_1 \leq 0.50$$

2. Schritt: Auswahl der Testverteilung und der Teststatistik
Unter der Annahme einer einfachen Zufallsauswahl ist der Stichprobenanteil asymptotisch um den zu testenden Populationsanteil normalverteilt. Die asymptotische Annäherung ist hinreichend genau, wenn gilt:

$$n \cdot \frac{\pi_1}{1-\pi_1} = 3026 > 9 \quad \text{bzw.} \quad n \cdot \frac{1-\pi_1}{\pi_1} = 3026 > 9$$

Die Anwendungsvoraussetzungen des Tests sind damit erfüllt. Als Testverteilung wird dann die Standardnormalverteilung und als Teststatistik der Z-Wert verwendet. Wenn der unbekannte Populationswert tatsächlich 0.5 beträgt, dann ist die Teststatistik Z standardnormalverteilt. Ist die Nullhypothese falsch, dann ist die Teststatistik Z asymptotisch normalverteilt mit einem Erwartungswert größer null.

3. Schritt: Bestimmung des Ablehnungsbereichs und des kritischen Werts
Da bei großen Werten der Teststatistik die Nullhypothese vermutlich falsch ist, liegt der Ablehnungsbereich im oberen (rechten) Bereich der Standardnormalverteilung. Die maximal zugelassene Irrtumswahrscheinlichkeit beträgt hier $\alpha = 0.01$. Der kritische Wert entspricht dem Quantilwert des $(1 - \alpha)$-Quantils der Standardnormalverteilung und hat hier den Wert $z_{1-\alpha} = z_{0.99} = 2.326$.

4. Schritt: Berechnung der Teststatistik
Zur Berechnung der Teststatistik wird die Differenz aus dem in der Stichprobe beobachteten Anteil p_1 und dem mit der Nullhypothese noch gerade zu vereinbarenden (maximalen) Anteil π_1 durch den Standardfehler von p_1 geteilt. An der Stelle π_1 beträgt der Standardfehler:

$$\sigma(p_1) = \sqrt{\frac{\pi_1 \cdot (1-\pi_1)}{n}} = \sqrt{\frac{0.5 \cdot 0.5}{3026}} = 0.009$$

Der Wert der Teststatistik Z kann nun berechnet werden als:

$$Z = \frac{p_1 - \pi_1}{\sigma(p_1)} = \frac{0.679 - 0.5}{0.009} = 19.7$$

5. Schritt: Entscheidung über Beibehaltung oder Zurückweisung der Nullhypothese
Die Nullhypothese wird abgelehnt, wenn der Z-Wert größer als der kritische Wert ist. Da 19.7 > 2.326 ist, liegt der Wert der Teststatistik im Ablehnungsbereich.

Mit einer Irrtumswahrscheinlichkeit von 1 % ist davon auszugehen, dass der Populationsanteil der Zustimmung zu dem Item größer als 50 % ist.

Demnach wäre die Vermutung des Sozialpolitikers zutreffend. Allerdings sind hier drei Einwände möglich.

Zum einen ist bekannt, dass die Allbus-Stichprobe keine einfache, sondern eine (stratifizierte) mehrstufige Zufallsauswahl ist. Die Annahme einer einfachen Zufallsauswahl unterschätzt daher den Standardfehler. Vermutlich ist der tatsächliche Standardfehler größer und daher der Wert der Teststatistik kleiner. Der Wert von 19.7 ist aber so hoch, dass auch bei einem größeren Standardfehler die Nullhypothese abzulehnen wäre.

Ein zweiter Einwand kann sich gegen die Formulierung von Null- und Alternativhypothese wenden. So könnte argumentiert werden, dass von einer «vorherrschenden Meinung» erst gesprochen werden kann, wenn der Populationsanteil mindestens 75 % oder gar 90 % beträgt. Da der Stichprobenanteil nur 67.9 % beträgt, könnte die Nullhypothese bei dieser Sichtweise nicht abgelehnt werden. Dieser Einwand zeigt, dass sprachliche Formulierungen oft unklar sind und interpretiert werden müssen, bevor die formale Umsetzung in einen statistischen Test erfolgen kann. Vor der Anwendung des Tests muss also zunächst Einvernehmen darüber bestehen, ab welchem Populationsanteil von einer «vorherrschenden Meinung» gesprochen werden kann.

Der dritte Einwand richtet sich gegen die Operationalisierung der Vermutung des Sozialpolitikers in die beschriebene Allbus-Frage. Hier ist zu fragen, ob die Frageformulierung und die Antwortvorgaben tatsächlich mit hinreichender Genauigkeit erfassen können, ob jemand die eigene Leistung oder äußere Umstände für den Erfolg verantwortlich macht.

c) Bei einem 99 %-Konfidenzintervall erfolgt die Berechnung der Intervallgrenzen mit den im Beispiel gegebenen Informationen nach der Formel:

$$c.i.(\pi_i) = p_i \pm z_{1-\alpha/2} \cdot \sqrt{\frac{p_i \cdot (1-p_i)}{n}}$$

$$= 0.679 \pm 2.576 \cdot \sqrt{\frac{0.679 \cdot 0.321}{3026}} = 0.679 \pm 0.022$$

Da die untere Grenze des Konfidenzintervalls 0.66 (= 0.68 – 0.02) > 0.5 beträgt, liegt der in der Nullhypothese postulierte Wert nicht im Konfidenzintervall. Die Nullhypothese wird auch bei der Berechnung eines Konfidenzintervalls abgelehnt. Das Ergebnis unterscheidet sich also nicht von dem der statistischen Hypothesenprüfung.

Die Vorgehensweise bei der Prüfung einer Hypothese mit Hilfe eines Konfidenzintervalls ist der Hypothesenprüfung mit Hilfe der Teststatistik Z sehr ähnlich. Anstelle der Teststatistik, die mit dem (oder den) kritischen Wert(en) verglichen wird, werden beim Arbeiten mit dem Konfidenzintervall die kritischen Werte (im Beispiel: ±2.576) mit dem geschätzten Standardfehler multipliziert.

Es zeigen sich aber zwei Unterschiede der beiden Verfahren. So wird beim Konfidenzintervall für die Berechnung des Standardfehlers der Stichprobenanteil ($p_1 = 0.679$) verwendet, bei der Berechnung der Teststatistik Z dagegen die Differenz aus dem Stichprobenanteil und dem von der Nullhypothese postulierten (maximalen) Populationsanteil ($\pi_1 = 0.50$). Dadurch können sich geringfügig andere Werte ergeben.

Die Verschiedenheit dieser beiden statistischen Verfahren ist darin begründet, dass bei der Hypothesenprüfung mit Hilfe einer Teststatistik (im Unterschied zur Hypothesenprüfung mit Hilfe eines Konfidenzintervalls) die zusätzliche A-priori-Information der Nullhypothese, dass der Populationswert (höchstens) π_1 beträgt, ausgenutzt wird.

Darüber hinaus besteht ein weiterer Unterschied zwischen den beiden Verfahren darin, dass unterschiedliche kritische Werte verwendet werden: Beim Hypothesentesten mittels der Teststatistik Z beträgt der kritische Wert $z_{1-\alpha} = z_{0.99} = 2.326$, beim Konfidenzintervall betragen die kritischen Werte $z_{1-\alpha/2} = z_{0.9995} = \pm 2.576$. Die Berechnung eines Konfidenzintervalls entspricht einem zweiseitigen Hypothesentest, da die Ober- und die Untergrenze des Intervalls berechnet werden. Die kritischen Werte wären identisch, wenn das zweiseitige Hypothesenpaar H_0: $\pi_1 = 0.5$ versus H_1: $\pi_1 \neq 0.5$ getestet worden wäre. Im Beispiel wurde jedoch ein einseitiger Hypothesentest durchgeführt.

Lösung 8.10

Die Zustimmung zu der Aussage kann als Befürwortung des Bedürftigkeitsprinzips gewertet werden, die Ablehnung als Befürwortung des Leistungsprinzips. Das Vorherrschen eines Gerechtigkeitskriteriums kann so operationalisiert werden, dass eines der beiden Prinzipien einen Populationsanteil von über 50 % hat.

1. Schritt: Formulierung der Forschungs- und der Alternativhypothese

Da nicht vorgegeben ist, welches der beiden Kriterien vorherrschen soll, besagt die Forschungshypothese (Alternativhypothese), dass die Zustimmung oder Ablehnung der Aussage über 50 % liegt. Die Nullhypothese behauptet dagegen, dass beide Anteile jeweils 50 % betragen. Wenn π_1 den Anteil der Zustimmung zu der Aussage (pro Bedürftigkeitsprinzip) bezeichnet, ergibt sich somit folgendes zu testende Hypothesenpaar:

$$H_1 : \pi_1 \neq 0.50 \quad \text{versus} \quad H_0 : \pi_1 = 0.50$$

2. Schritt: Auswahl der Testverteilung und der Teststatistik

Unter der Annahme einer einfachen Zufallsauswahl ist der Stichprobenanteil asymptotisch um den zu testenden Populationsanteil normalverteilt. Wenn der unbekannte Populationswert tatsächlich 0.5 beträgt, ist die Teststatistik standardnormalverteilt.

Die asymptotische Annäherung ist hinreichend genau, da in diesem Beispiel gilt:

$$n \cdot \frac{\pi_1}{1-\pi_1} = 3029 > 9 \quad \text{bzw.} \quad n \cdot \frac{1-\pi_1}{\pi_1} = 3029 > 9$$

Als Testverteilung wird daher die Standardnormalverteilung und als Teststatistik der Z-Wert verwendet.

3. Schritt: Festlegung des Ablehnungsbereichs und der kritischen Werte
Da bei sehr hohen und sehr geringen Werten der Teststatistik die Nullhypothese vermutlich falsch ist, liegt der Ablehnungsbereich sowohl im unteren (linken) als auch im oberen (rechten) Bereich der Testverteilung. Die kritischen Werte sind dann der Quantilwert des $(1-\alpha/2)$-Quantils und der Quantilwert des $\alpha/2$-Quantils der Standardnormalverteilung.

Da die maximal zugelassene Irrtumswahrscheinlichkeit $\alpha = 0.05$ ist, betragen die kritischen Werte $z_{0.025} = -1.96$ und $z_{0.975} = 1.96$.

4. Schritt: Berechnung der Teststatistik
Wird der von der Nullhypothese postulierte Maximalwert als möglicher Populationswert verwendet, kann die Teststatistik Z berechnet werden nach:

$$Z = \frac{p_1 - \pi_1}{\sigma(p_1)} = \frac{p_1 - 0.5}{\sqrt{\frac{\pi_1 \cdot (1-\pi_1)}{n}}} = \frac{\frac{1528}{3029} - 0.5}{\sqrt{\frac{0.5 \cdot (1-0.5)}{3029}}} = 0.491$$

5. Schritt: Entscheidung über Akzeptanz oder Ablehnung der Nullhypothese
Die Nullhypothese wird abgelehnt, wenn der Wert der Teststatistik Z kleiner als der untere oder größer als der obere kritische Wert ist. Da $Z = 0.491$ größer ist als der untere kritische Wert $z_{0.025} = -1.96$ und gleichzeitig kleiner ist als der obere kritische Wert $z_{0.975} = 1.96$, kann die Nullhypothese nicht verworfen werden.

Mit einer Irrtumswahrscheinlichkeit von 5 % kann nicht ausgeschlossen, dass das Bedürftigkeitsprinzip oder das Leistungsprinzip mehrheitlich als Gerechtigkeitskriterien befürwortet werden. Beide Kriterien können in der Bevölkerung gleich stark vertreten werden.

Lösung 8.11

a) Gegeben ist der Stichprobenumfang n = 1204 sowie das von den Befragten vermutete durchschnittliche Ärzteeinkommen, $\bar{x} = 6092.91$ DM sowie die (geschätzte) Standardabweichung des vermuteten durchschnittlichen Ärzteeinkommens in der Population der Befragten mit $\hat{\sigma}(\bar{x}) = 5044.45$ DM. Weiterhin ist der Durchschnittswert der faktischen Einkommensangaben von 14 in der Stichprobe vorhandenen Ärzten mit einem Betrag von 3424.04 DM gegeben. Dieser Wert wird vom Forscher als Schätzung für das durchschnittliche Ärzteeinkommen (in der Population der Ärzte) angesehen und wie ein (aus möglichen Angaben von Krankenkassen oder Abrechnungsstellen bekannter) Anhaltspunkt für den Populationswert des durchschnittlichen Einkommens der Ärzte behandelt.

Basierend auf den Angaben der n = 1204 Befragen soll nun geprüft werden, dass in der Population (der Befragten) die Schätzung des Durchschnittseinkommens der Ärzte (μ_X) signifikant über dem Betrag liegt, der vom Forscher A als durchschnittlicher Verdienst der Ärzte angenommen (bzw. «gesetzt») wird.

1. Schritt: Formulierung von Forschungs- und Nullhypothese
Die Forschungshypothese lautet, dass $\mu_X > 3424.04$ DM ist. Für die Hypothesenprüfung kann folgendes Hypothesenpaar formuliert werden:

$$H_1: \mu_X > 3424.04 \text{ DM} \quad \text{versus} \quad H_0: \mu_X \leq 3424.04 \text{ DM}$$

2. Schritt: Auswahl der Testverteilung und der Teststatistik
Folgende Überlegungen können hier angestellt werden:

1. Bei einer einfachen Zufallsauswahl ist der Stichprobenmittelwert asymptotisch um den unbekannten Populationswert normalverteilt. Ist die betrachtete Größe X (hier: die Schätzung der n = 1204 Befragten über das vermutete Durchschnittseinkommen der praktischen Ärzte) in der Population der Befragten normalverteilt, dann ist der Stichprobenmittelwert unabhängig vom Stichprobenumfang ebenfalls normalverteilt. Obwohl be-

kannt ist, dass empirische Einkommensverteilungen nicht normal, sondern sehr schief verteilt sind, muss dies nicht für die Verteilung der Schätzung des Einkommens gelten. Da zudem die Fallzahl mit n = 1204 Fällen deutlich mehr als 30 Fälle umfasst, ist die Anwendungsvoraussetzung für die Normalverteilungsannahme unabhängig von der Verteilungsform in der Population gegeben.

2. Wenn das Merkmal X in der Population normalverteilt ist, ist die Teststatistik bei gültiger Nullhypothese nicht asymptotisch standardnormalverteilt, sondern t-verteilt mit df = n – 1 Freiheitsgraden. Da die T-Verteilung zu kritischen Werten führt, die weiter von null entfernt sind als diejenigen der Normalverteilung, und da daher der Akzeptanzbereich für die Nullhypothese größer wird, wird die T-Verteilung im Sinne eines vorsichtigen Vorgehens auch dann verwendet, wenn das Merkmal X nicht normalverteilt ist.
3. Da es bei df = 1203 Freiheitsgraden zwischen den Quantilwerten der Standardnormalverteilung und der T-Verteilung jedoch praktisch keine Unterschiede gibt, wird hier als Testverteilung die Normalverteilung und als Teststatistik der Z-Wert verwendet.

3. Schritt: Festlegung des Ablehnungsbereichs und des kritischen Werts

Bei der gegebenen Richtung der Hypothese liegt der Ablehnungsbereich im oberen (rechten) Bereich der Testverteilung, da bei hohen Werten der Teststatistik die Nullhypothese vermutlich falsch ist. Der kritische Wert ist dann der Wert des $(1 - \alpha)$-Quantils der Standardnormalverteilung. Geht man von einer Irrtumswahrscheinlichkeit von $\alpha = 5\%$ aus, dann hat der kritische Wert den Betrag $z_{1-\alpha} = 1.645$.

4. Schritt: Berechnung der Teststatistik

Der Wert der Teststatistik wird berechnet als Differenz zwischen dem Stichprobenwert der Einkommensschätzung der Befragten und dem durch die Nullhypothese postulierten (maximalen), vom Forscher A «gesetzten» Durchschnittseinkommensbetrag der Ärzte, dividiert durch den Standardfehler der Einkommensschätzung der Befragten. Entsprechend wird der Wert der Teststatistik berechnet nach:

$$Z = \frac{\bar{x} - \mu_x}{\sqrt{\frac{\hat{\sigma}_x}{n}}}$$

5. Schritt: Entscheidung über Akzeptanz oder Ablehnung der Nullhypothese
Die Nullhypothese wird abgelehnt, wenn die $Z > z_{1-\alpha}$.

b) Bei einer Irrtumswahrscheinlichkeit von 1 % ist der kritische Wert $z_{0.99} = 2.326$.
Zur Berechnung der Teststatistik Z wird die Differenz aus dem Durchschnittswert des von den Befragten vermuteten Ärzteeinkommens und des von Forscher A unterstellten Populationswerts des Ärzteeinkommens (Zähler) dividiert durch den Standardfehler des von den Befragten geschätzten Einkommensbetrags (Nenner). Der Wert der Teststatistik resultiert dann als:

$$Z = \frac{\bar{x} - \mu_0}{\sqrt{\frac{\hat{\sigma}_x}{n}}} = \frac{6092.91 - 3424.04}{\sqrt{\frac{5044.45}{1204}}} = 1303.9$$

Da $Z = 1303.9 > z_{1-\alpha} = 2.326$, ist die Nullhypothese zu verwerfen. Mit einer Irrtumswahrscheinlichkeit von 1 % ist dann davon auszugehen, dass der in der Population der Befragten geschätzte Betrag des Durchschnittseinkommens von praktischen Ärzten deutlich höher ist als der vom Forscher A unterstellte Einkommensbetrag von 3424.04 DM.

c) Dieses Ergebnis scheint für die Vermutung des Forschers zu sprechen, dass das Ärzteeinkommen in der Bevölkerung erheblich überschätzt wird.

Gegen diese Interpretation sowie gegen das gesamte Vorgehen können jedoch erhebliche Einwände vorgebracht werden.

Der zentrale Einwand richtet sich gegen die Vorgehensweise von Forscher A, den Durchschnittswert der Einkommensangaben von Ärzten in der Stichprobe quasi als Erwartungswert für das Einkommen in der Population der Ärzte zu verwenden.

Das von den Ärzten selbst berichtete Einkommen ist kein Populationswert, sondern eine Stichprobenschätzung. Weiterhin handelt es sich bei den n = 14 Ärzten in der Stichprobe nicht um eine Zufallsauswahl aus der Population der Ärzte, sodass der vom Forscher A ermittelte Durchschnittswert auf gar keinen Fall in der beschriebenen Weise verwendet werden kann. Darüber hinaus ist die Anzahl von n = 14 Ärzten so klein, dass aus den Angaben dieser Personen überhaupt keine Schätzung abgeleitet werden kann (neben den bereits genannten Gründen auch deshalb nicht, weil der Standardfehler sehr groß ist).

Ein weiterer Einwand, der aber neben der Unmöglichkeit des Vorgehens von Forscher A vergleichsweise harmlos erscheint, ist die Unterschiedlichkeit der Bezugsgruppe: Während sich die Einkommensschätzung der Befragten auf das Einkommen der praktischen Ärzte bezieht, können die faktischen Einkommensangaben von Ärzten aus allen Fachrichtungen stammen (es ist unbekannt, welchen Fachrichtungen die Ärzte, die Angaben gemacht haben, angehören).

Das Vorgehen von Forscher A ist ein Paradebeispiel dafür, wie mit empirischer Forschung und mit Daten nicht umgegangen werden sollte.

d) Hier handelt es sich um die Prüfung einer Hypothese über zwei Populationsmittelwerte aus abhängigen Stichproben, da die Angaben zum «vermuteten» und zum «als gerecht erachteten» Ärzteeinkommen von identischen Personen stammen.

Zu prüfen ist die Hypothese, dass in der Population die Auffassung vorherrscht, das Einkommen der praktischen Ärzte sei höher, als es sein sollte. Faktisch wird dabei in zwei Schritten vorgegangen. Zunächst werden die Angaben der Befragten paarweise miteinander verglichen (Bildung der Differenzen aus den Befragtenangaben zum vermuteten Einkommen minus der Angaben zum angemessenen Einkommen)[11]. Anschließend wird der Durchschnittswert dieser Differenzen gebildet, der hier als $\bar{d} = 597.70$ DM gegeben ist.

Die Prüfung der Hypothese, dass das vermutete Einkommen höher als das für angemessen gehaltene Einkommen ist, entspricht dann der Prüfung der Hypothese, dass der Durchschnittswert der Differenzen[12] größer als null ist.

Damit handelt es sich formal um die Prüfung der Hypothese über einen Populationswert, obwohl die eigentliche Problemstellung die Prüfung der Hypothese über den Unterschied von zwei Populationsmittelwerten aus abhängigen Stichproben ist.

Die Prüfung der Hypothese erfolgt in den bekannten fünf Schritten.

1. Schritt: Formulierung der Forschungs- und der Nullhypothese
Das vermutete Ärzteeinkommen ist höher als das für gerecht erachtete Einkommen, wenn der Durchschnittswert der Differenz D größer als null ist. Daraus ergibt sich das Hypothesenpaar:

$$H_1: \mu(D) > 0 \quad \text{versus} \quad H_0: \mu(D) \leq 0$$

2. Schritt: Auswahl der Testverteilung und der Teststatistik
Der Mittelwert der Stichprobendifferenz ist asymptotisch um die Populationsdifferenz normalverteilt, wobei aufgrund der hohen Fallzahl von $n = 1147 > 30$ die Annäherung an die Normalverteilung hinreichend genau ist. Als Teststatistik wird der Z-Wert verwendet.

11. Die Angabe der einzelnen Wertepaare ist hier nicht möglich, deshalb werden lediglich die Durchschnittswerte sowohl der beiden Messwertereihen X_1 und X_2 als auch der Differenz D angegeben.
12. Bei der Berechnung des Durchschnittswerts der Differenzen gilt: $\mu(D) = \mu(\bar{x}_1) - \mu(\bar{x}_2)$. Dass hier die Stichprobendifferenz $\bar{d} = 6092.91 - 5483.20 \neq 597.70$ ist, liegt daran, dass der Durchschnittswert des vermuteten Einkommens auf den Angaben von n = 1204, der Durchschnittswert des für angemessen erachteten Einkommens jedoch auf den Angaben von n = 1147 Befragten basiert. Für die Berechnung der Differenz können nur die Fälle berücksichtigt werden, die sowohl zum vermuteten als auch zum als angemessen erachteten Ärzteeinkommen Angaben gemacht haben.

3. Schritt: Festlegung des Ablehnungsbereichs und des kritischen Werts
Bei der gegebenen Richtung der Hypothese liegt der Ablehnungsbereich im oberen (rechten) Bereich der Verteilung, da bei sehr hohen Werten der Teststatistik die Nullhypothese vermutlich falsch ist. Bei einer Irrtumswahrscheinlichkeit von $\alpha = 1\,\%$ ist der kritische Wert dann der Quantilwert des $(1 - \alpha)$-Quantils der Standardnormalverteilung, also $z_{0.99} = 2.326$.

4. Schritt: Berechnung der Teststatistik
Der Wert der Teststatistik wird berechnet als Differenz aus dem Stichprobenmittelwert (der Differenzen zwischen vermutetem und als angemessen erachtetem Einkommensbetrag) und dem durch die Nullhypothese postulierten (maximalen) Differenzbetrag in der Population (Zähler), dividiert durch den Standardfehler der durchschnittlichen Stichprobendifferenz (Nenner). Entsprechend wird der Wert der Teststatistik berechnet nach:

$$Z = \frac{\bar{d} - \mu(D)}{\sqrt{\frac{\hat{\sigma}(\bar{d})}{n}}} = \frac{\bar{d} - 0}{\sqrt{\frac{\hat{\sigma}(\bar{d})}{n}}} = \frac{597.70}{\sqrt{\frac{3120.61}{1147}}} = 362.36$$

5. Schritt: Entscheidung über Akzeptanz oder Ablehnung der Nullhypothese
Die Nullhypothese wird abgelehnt, wenn die Teststatistik Z größer ist als der kritische Wert. Da $362.236 > z_{1-\alpha} = 2.326$, ist die Nullhypothese abzulehnen.

Mit einer Irrtumswahrscheinlichkeit von 1 % kann davon ausgegangen werden, dass das geschätzte Ärzteeinkommen in der Population der Befragten über dem als gerecht empfundenen Einkommen liegt.

Lösung 8.12

Bei der Fragestellung handelt es sich um die Prüfung einer Hypothese über einen Populationsanteil. Die Hypothese wird in den bekannten fünf Schritten geprüft.

1. Schritt: Formulierung der Forschungs- und der Nullhypothese
Die Forschungshypothese lautet, dass der Anteil der Langzeitstudierenden mehr als 25 % der Studierenden ausmacht. Daraus ergibt sich für die Hypothesenprüfung folgendes Hypothesenpaar:

$$H_1: \pi_1 > 0.25 \quad \text{versus} \quad H_0: \pi_1 \leq 0.25$$

2. und 3. Schritt: Auswahl der Testverteilung und Festlegung des kritischen Werts
Da Stichprobenanteile asymptotisch um den Populationsanteil normalverteilt sind, wird als Testverteilung die Normalverteilung und als Teststatistik der Z-Wert verwendet.

Der Ablehnungsbereich liegt im oberen (rechten) Bereich der Verteilung.

Da $\alpha = 1\,\%$, ist der kritische Wert $z_\alpha = 2.326$.

4. Schritt: Berechnung der Teststatistik
Zur Berechnung der Teststatistik wird die Differenz aus dem Stichprobenanteil p_1 minus dem in der Nullhypothese behaupteten (maximalen) Wert des Populationsanteils π_1 (Zähler) durch den Standardfehler von p_1 geteilt. An der Stelle π_1 beträgt der Standardfehler der Testverteilung:

$$\sigma(p_1) = \sqrt{\frac{\pi_1 \cdot (1-\pi_1)}{n}} = \sqrt{\frac{0.25 \cdot (1-0.25)}{1600}} = 0.011$$

Der Wert der Teststatistik wird dann aus den Stichprobendaten berechnet als:

$$Z = \frac{p_1 - \pi_1}{\sigma(p_1)} = \frac{p_1 - \pi_1}{\sqrt{\frac{\pi_1 \cdot (1-\pi_1)}{n}}} = \frac{0.23 - 0.25}{0.011} = -1.85$$

5. Schritt: Entscheidung über Akzeptanz oder Zurückweisung der Nullhypothese
Die Nullhypothese wird zurückgewiesen, wenn der Wert der Teststatistik größer ist als der kritische Wert. Im vorliegenden Fall ist der

Wert der Teststatistik deutlich kleiner als der kritische Wert. Deshalb wird die Nullhypothese, dass weniger als 25 % der Studierenden die Regelstudienzeit überschreiten, beibehalten.

Mit einer Irrtumswahrscheinlichkeit von 1 % ist anzunehmen, dass in der Population die Regelstudienzeit von weniger als 25 % der Studierenden überschritten wird.

Lösung 8.13

Gegeben sind der postulierte Populationsmittelwert $\mu_X = 4.5$ und die Populationsvarianz $\sigma_X^2 = 4$. Die Stichproben sind von der Größe n = 250, 490 und 1000, die jeweiligen Stichprobenmittelwerte betragen $\bar{x} = 5.5, 3.0$ und 4.

Es soll geprüft werden, ob der mittlere Arbeitsaufwand der Studierenden in den jeweiligen Stichproben signifikant vom Populationsmittelwert abweicht. Da sowohl größerer als auch geringerer Arbeitsaufwand im Vergleich zum Populationswert betrachtet werden, handelt es sich um einen zweiseitigen Hypothesentest.

1. Schritt: Formulierung der Forschungs- und der Nullhypothese:

$H_1: \mu_X \neq 4.5$ versus $H_0: \mu_X = 4.5$

2. Schritt: Auswahl der Testverteilung und der Teststatistik
Da Stichprobenmittelwerte asymptotisch normalverteilt sind und die Populationsvarianz bekannt ist, wird als Testverteilung die Standardnormalverteilung und als Teststatistik der Z-Wert verwendet.

3. Schritt: Festlegung des Ablehnungsbereichs und des kritischen Werts
Es liegt eine ungerichtete Hypothese vor. Deshalb wird ein zweiseitiger Hypothesentest durchgeführt. Da die Forschungs- oder Alternativhypothese einen Wert ungleich μ_X postuliert, ist die Nullhypothese vermutlich falsch, wenn die Teststatistik sehr kleine (negative) oder sehr große (positive) Werte aufweist. Daher wird der kritische Wert so festgelegt, dass der Ablehnungsbereich jeweils zur Hälfte im unteren (linken) und im oberen (rechten) Bereich der Verteilung

liegt. Bei einer Irrtumswahrscheinlichkeit von $\alpha = 1\,\%$ sind die beiden kritischen Werte dann $z_{\alpha/2} = -2.326$ und $z_{1-\alpha/2} = 2.326$.

4. Schritt: Berechnung der Teststatistik anhand der Stichprobendaten
Die Berechnungsformel für die Teststatistik Z lautet:

$$Z = \frac{\bar{x} - \mu_X}{\sqrt{\frac{\sigma_X^2}{n}}}$$

Durch Einsetzen der Werte werden die Teststatistiken für die verschiedenen Stichproben ermittelt als:

$$n_1 = 250: \quad Z = \frac{\bar{x} - \mu_X}{\sqrt{\frac{\sigma_X^2}{n}}} = \frac{5.5 - 4.5}{\sqrt{\frac{4}{250}}} = 7.9$$

$$n_2 = 490: \quad Z = \frac{\bar{x} - \mu_X}{\sqrt{\frac{\sigma_X^2}{n}}} = \frac{3.0 - 4.5}{\sqrt{\frac{4}{490}}} = -16.6$$

$$n_3 = 1000: \quad Z = \frac{\bar{x} - \mu_X}{\sqrt{\frac{\sigma_X^2}{n}}} = \frac{4.0 - 4.5}{\sqrt{\frac{4}{1000}}} = -7.9$$

5. Schritt: Entscheidung über Akzeptanz oder Ablehnung der Nullhypothese
In allen drei Fällen liegt der auf der Basis der Stichprobendaten berechnete Wert der Teststatistik im Ablehnungsbereich. Die Nullhypothese wird daher in allen drei Stichproben verworfen. Mit einer Irrtumswahrscheinlichkeit von 1 % kann ausgeschlossen werden, dass die zum Studium verwendete durchschnittliche Stundenzahl an den drei Universitäten 4.5 Stunden beträgt. Es wird entweder deutlich mehr oder deutlich weniger Zeit für das Studium aufgewendet, als der angenommene Wert von 4.5 Stunden vermuten lässt.

Da die drei Stichproben an unterschiedlichen Universitäten erhoben wurden und die Mittelwerte sich sehr stark unterscheiden, ist nicht davon auszugehen, dass es sich im Hinblick auf die zum Studium verwendete Stundenzahl um eine homogene Population von Studierenden handelt.

Alternativer Lösungsweg: Die Hypothesenprüfung kann auch mit Hilfe eines 99 %-Konfidenzintervalls erfolgen, was hier am Beispiel der Stichprobe von $n_3 = 1000$ dargestellt wird.

Liegt der in der Nullhypothese postulierte Populationswert von $\mu_X = 4.5$ Stunden innerhalb der Grenzen des Konfidenzintervalls, das auf der Basis der Stichprobendaten berechnet wird, dann wird die Nullhypothese beibehalten. Andernfalls wird sie mit einer Irrtumswahrscheinlichkeit von 1 % zurückgewiesen.

Das Konfidenzintervall wird berechnet nach:

$$\text{c.i.}(\mu_x) = \bar{x} \pm z_{\alpha/2} \cdot \sqrt{\frac{\sigma_X^2}{n}} = 4.0 \pm 2.576 \cdot 0.063 = 4.0 \pm 0.16$$

Der geschätzte Populationsdurchschnitt der für das Studium täglich aufgewendeten Stundenzahl liegt in dieser Stichprobe zwischen 3.84 und 4.16 Stunden. Dieses Intervall enthält den in der Hypothese vermuteten Durchschnittswert von 4.5 nicht. Die Nullhypothese ist daher mit einer Irrtumswahrscheinlichkeit von 1 % abzulehnen.

9 Prüfung von Hypothesen über Unterschiede von zwei Populationswerten

9.1 Übungsaufgaben zu Kapitel 10.2 und 10.3

Aufgabe 9.1

Die folgende Tabelle enthält das durchschnittliche Haushaltseinkommen der Befragten des Allbus 1998 in DM und die geschätzte Populationsstandardabweichung für die Bundesländer Hessen und Thüringen.

	n	$\bar{x}$	$\hat{\sigma}(\bar{x})$
Hessen	126	1833.17	90.95
Thüringen	122	1348.03	65.38

Wie können Sie mit einer Irrtumswahrscheinlichkeit von 5 % die Hypothese prüfen, dass in der Population von Hessen das durchschnittliche Haushaltsnettoeinkommen über dem in Thüringen liegt? Beschreiben Sie alle Schritte des Lösungswegs, und führen Sie die notwendigen Berechnungen durch.

Aufgabe 9.2

Ein Forscher interessiert sich für die Veränderung der Einstellung zu Ausländern zwischen zwei Zeitpunkten. Dazu werden in einer Wiederholungsbefragung (Panelstudie) n = 2400 Personen zweimal befragt. Die Einstellung wird bei beiden Befragungen durch ein identisches Messinstrument erhoben, das metrische Werte ergibt.

Wie prüfen Sie mit einem geeigneten statistischen Verfahren, ob eine Veränderung vorliegt? Beschreiben Sie alle Schritte des Lösungswegs.

Aufgabe 9.3

In der öffentlichen Diskussion wird die zunehmende Gewaltbereitschaft von Jugendlichen beklagt. Zur Prüfung dieser Behauptung werden die Angaben von Jugendlichen im Alter zwischen 14 und 18 Jahren zur Gewaltbereitschaft herangezogen. Als Datenbasis dient eine Befragung im Jahr 1980 und eine Befragung im Jahr 2000. Beide Stichproben enthalten die fragliche Altersgruppe der 14- bis 18-Jährigen. Die Angaben zur Gewaltbereitschaft wurden mit einer metrischen Skala erfasst.

Wie können Sie mit einer Irrtumswahrscheinlichkeit von $\alpha = 5\,\%$ die oben genannte Behauptung prüfen? Beschreiben Sie alle hierzu notwendigen Schritte.

Aufgabe 9.4

Ein Forscher vermutet, dass sich die Beteiligung an politischen Aktivitäten in West- und Ostdeutschland unterscheidet. Zur Überprüfung dieser Hypothese verwendet er die Daten des Allbus 1998, in dem den Befragten nacheinander 15 verschiedene politische Aktivitäten vorgelegt wurden und die Teilnahme an diesen Aktivitäten abgefragt wurde. Aus diesen Angaben berechnete der Forscher einen Summenindex, sodass für die geringste Beteiligung der Wert null resultiert (Teilnahme an keiner der Aktivitäten) und als maximale Beteiligung der Wert 15 möglich ist (Teilnahme an allen Aktivitäten).

2130 Befragte in Westdeutschland haben im Mittel an 2.72 Aktivitäten teilgenommen, mit einer geschätzten Standardabweichung von 1.84. Die 935 Befragten in Ostdeutschland nahmen im Mittel an 2.51 Aktivitäten teil, die geschätzte Standardabweichung beträgt 1.68.

a) Formulieren Sie eine inhaltlich sinnvolle Hypothese zur Erklärung dieser Daten.

b) Begründen Sie Ihre Hypothesenformulierung, und prüfen Sie die Hypothese mit einer Irrtumswahrscheinlichkeit von 1 %.
c) Die folgende Tabelle gibt den Test wieder, wenn er mit dem SPSS-Procedure-T-Test durchgeführt wird. Dabei werden die Testergebnisse sowohl für gleiche als auch für ungleiche Populationsvarianzen angeführt. Interpretieren Sie das Testergebnis, und vergleichen Sie es mit Ihren Berechnungen aus Teilaufgabe a).

T-Test für Mittelwertgleichheit,
Test bei unabhängigen Stichproben

	T	df	Signifikanz (zweiseitig)
Varianzen sind gleich*	−2.993	3083.0	0.003
Varianzen sind nicht gleich	−3.103	1943.2	0.002

* Der in der SPSS-Ausgabe gleichzeitig ausgegebene Levene-Test für die Gleichheit der Varianzen ergibt einen signifikanten Unterschied der Varianzen (p = 0.021).

Quelle: Allbus 1998

Aufgabe 9.5

Ein Nachrichtenmagazin plant einen Bericht über die Zukunft der Arbeit. Unter anderem soll für diesen Bericht die Bedeutung von Arbeit und Freizeit in der Bevölkerung betrachtet werden. Ein Redakteur vermutet, dass die Freizeit heute für wichtiger gehalten wird als die Arbeit.

Um diese Vermutung statistisch abzusichern, werden Ergebnisse des Allbus 1998 herangezogen. In dieser Umfrage konnten die Befragten sowohl die Wichtigkeit von Beruf und Arbeit als auch die Wichtigkeit von Freizeit und Erholung in ihrem Leben auf einer siebenstufigen Skala einschätzen (1 = «unwichtig» und 7 = «sehr wichtig»). Im Mittel haben die Befragten die Wichtigkeit von Arbeit und Beruf mit $\bar{x} = 5.25$ eingeschätzt, während der Bereich Freizeit und Erholung mit $\bar{x} = 5.43$ als etwas wichtiger eingeschätzt wird.

Für die 3219 Befragten (die beide Fragen beantwortet haben) wurde die (individuelle) Differenz zwischen den beiden Einschätzungen berechnet. Der Mittelwert dieser Differenzen ist $\bar{d} = -0.17$ mit einer Streuung von 2.09.

Prüfen Sie auf Basis dieser Angaben die Hypothese des Redakteurs mit einer Irrtumswahrscheinlichkeit von 5 %.

Aufgabe 9.6

In einer Diskussion wird die Vermutung geäußert, dass das Interesse von Frauen für den politischen Teil der Tageszeitung (auch heute noch) geringer ist als das Interesse von Männern.

Zur Untersuchung dieser Frage werden Daten aus dem Allbus 1998 herangezogen. Die Frage «Wie stark interessieren Sie sich für den politischen Teil in der Tageszeitung» wurde auf einer fünfstufigen Antwortskala mit den Vorgaben «sehr stark» (1), «stark» (2), «mittel» (3), «wenig» (4) und «überhaupt nicht» (5) beantwortet. Diese fünf Antwortvorgaben werden für die Analyse dichotomisiert, d. h. in eine neue Variable mit nur zwei Ausprägungen recodiert, sodass die erste Ausprägung der neuen Variablen «(eher) starkes Interesse» die ersten drei Antwortvorgaben der Ausgangsvariablen enthält und die zweite Ausprägung der neuen Variablen «(eher) geringes Interesse» die übrigen beiden Antwortkategorien der Ausgangsvariablen enthält.

Die folgende Tabelle gibt die gemeinsame Häufigkeitsverteilung der dichotomisierten Variablen und das Geschlecht wieder:

Interesse am Politikteil	Geschlecht der Befragten		
	männlich	weiblich	gesamt
eher starkes Interesse	1161 83.2 %	1142 70.9 %	2303 76.6 %
eher geringes Interesse	253 16.8 %	468 29.1 %	703 23.4 %
gesamt	1396	1610	3006

Quelle: Allbus 1998

a) Prüfen Sie die Hypothese mit einer Irrtumswahrscheinlichkeit von 5 %.
b) Neben dem Interesse am politischen Teil der Tageszeitung wurde auch das Interesse am Wirtschaftsteil der Tageszeitung erfragt. Die folgende Tabelle zeigt die gemeinsame Häufigkeitsverteilung der dichotomisierten Antworten auf die beiden Fragen nach dem Interesse am Politik- und am Wirtschaftsteil.

   Prüfen Sie mit einer Irrtumswahrscheinlichkeit von 1 % die Vermutung, dass das Interesse am politischen Teil stärker ist als das Interesse am Wirtschaftsteil.

Interesse am Politikteil	Interesse am Wirtschaftsteil eher starkes Interesse	eher geringes Interesse	gesamt
eher starkes Interesse	(a) 1941	(b) 360	2301
eher geringes Interesse	(c) 204	(d) 499	703
gesamt	2145	859	3004

Quelle: Allbus 1998

Aufgabe 9.7

In einer Diskussion wird die Vermutung geäußert, dass in den neuen Bundesländern ein geringeres Vertrauen in die Polizei besteht als in den alten Bundesländern. Ein Sozialwissenschaftler wird beauftragt, diese Vermutung zu überprüfen. Im Allbus 2000 findet er Angaben zum Vertrauen in die Polizei. Auf einer Antwortskala mit den Polen 1 = «überhaupt kein Vertrauen» und 7 = «sehr großes Vertrauen» konnten die Befragten das Ausmaß ihres Vertrauens in die Polizei angeben. Bei den 976 Befragten aus den alten Bundesländern liegt das Vertrauen im Durchschnitt bei 5.01 mit einer geschätzten Standardabweichung von 1.30. Bei den 546 Befragten aus den neuen Bundesländern liegt der Mittelwert bei 4.54 und die geschätzte Standardabweichung bei 1.28.

a) Wie gehen Sie vor, um bei einer Irrtumswahrscheinlichkeit von 5 % die in der Diskussion geäußerte Vermutung zu überprüfen? Beschreiben Sie den Lösungsweg.
b) Wenden Sie den von Ihnen beschriebenen Test an, und interpretieren Sie das Ergebnis.
c) Was würde sich am Ergebnis ändern, wenn die Standardabweichung in den neuen Bundesländern statt bei 1.28 bei 2.56 liegen würde?
d) Gegen das Ergebnis wird eingewendet, dass das zur Hypothesenprüfung verwendete statistische Verfahren metrisches Messniveau voraussetzt, die zugrunde gelegten Daten aber nur ordinales Messniveau besitzen. Daraufhin dichotomisiert der Sozialwissenschaftler die siebenstufige Antwortskala so, dass die Ausprägung «kein Vertrauen» die ersten drei Ausprägungen (Antwortkategorien 1 bis 3) der Ausgangsvariablen beinhaltet. Die übrigen vier Ausprägungen (Antwortkategorien 4 bis 7) bilden die komplementäre Kategorie «Vertrauen».

   Nach dieser Umformung haben in den alten Bundesländern 121 der 976 Befragten und in den neuen Bundesländern 107 der 546 Befragten «kein Vertrauen» in die Polizei.

   Wie gehen Sie nun vor, um bei einer Irrtumswahrscheinlichkeit von 5 % die Hypothese zu prüfen, dass in den neuen Bundesländern ein geringeres Vertrauen in die Polizei besteht als in den alten Bundesländern? Beschreiben Sie Ihre Vorgehensweise.
e) Führen Sie den in d) beschriebenen Test durch. Ergibt sich bei dieser Hypothesenprüfung ein anderes Ergebnis als bei dem in Teilaufgabe a) beschriebenen Hypothesenprüfverfahren?

   Welcher der beiden Tests ist Ihrer Ansicht nach hier angemessener? Begründen Sie Ihre Antwort.

Aufgabe 9.8

Wie ist das Verhältnis von West- und Ostdeutschen zehn Jahre nach der Vereinigung? Im Allbus 2000 wurde die Zustimmung zu folgender Aussage erfasst: «Die Bürger im anderen Teil Deutschlands sind mir in vielem fremder als die Bürger anderer Staaten.» In den alten Bundesländern stimmten 247 von 907 Befragten dieser Aussage voll oder eher zu, in den neuen Bundesländern 144 von 525 Befragten.

a) Wie müssen Sie vorgehen, um die Vermutung zu prüfen, dass in den alten Bundesländern eine größere Distanz zu den Bürgern in der ehemaligen DDR besteht als umgekehrt in den neuen Bundesländern zu den Bürgern der alten Bundesrepublik?

   Beschreiben Sie die Vorgehensweise.

b) Wenden Sie die in Teilaufgabe a) beschriebene Vorgehensweise an. Gehen Sie dabei von einer Irrtumswahrscheinlichkeit von 1 % aus.

c) Wie ändert sich die Vorgehensweise, wenn die Vermutung lautet, dass die Anteile der Zustimmung zu der oben aufgeführten Aussage in den alten und neuen Bundesländern unterschiedlich groß sind und wenn diese Vermutung mit einer Irrtumswahrscheinlichkeit von 5 % geprüft werden soll?

   Beschreiben Sie die Vorgehensweise, und wenden Sie den vorgeschlagenen Test an.

Aufgabe 9.9

In einer nationalen Stichprobe von 3000 Personen gibt es 496 Personen aus dem Bundesland Bayern und 485 Personen aus dem Bundesland Nordrhein-Westfalen.

In der Stichprobe der Bayern gibt es 40 Personen (8.1 %) mit Schlaganfallerkrankung, in der Stichprobe der Nordrhein-Westfalen sind es 50 Personen (10.3 %), die einen Schlaganfall erlitten haben.

Stellen Sie mit einer Irrtumswahrscheinlichkeit von $\alpha = 5\,\%$ fest, ob es im Hinblick auf die Häufigkeit des Auftretens von Schlaganfällen einen signifikanten Unterschied zwischen diesen beiden Bundesländern gibt.

Aufgabe 9.10

In den Allbus-Umfragen wird regelmäßig die Frage nach der «Zufriedenheit mit der Demokratie in der Bundesrepublik» gestellt. Zur Beantwortung wird den Befragten eine 6-Punkte-Skala vorgelegt, bei der alle Skalenpunkte verbalisiert sind. Für das Beispiel ist jedoch nur der Inhalt der Endpunkte von Bedeutung: 1 = «sehr zufrieden»; 6 = «sehr unzufrieden».

Um festzustellen, ob sich die Ansichten der Bevölkerung in Ost und West in den 10 Jahren seit der deutsch-deutschen Vereinigung einander angenähert haben, werden die Mittelwerte der «Zufriedenheit mit der Demokratie ...» zu den Erhebungszeitpunkten 1991 und 2000 miteinander verglichen. Beobachtet wurden folgende Werte:

Erhebungszeitpunkt	1991			2000		
	$\bar{x}$	s_x	n	$\bar{x}$	s_x	n
alte Bundesländer	2.47	1.10	1499	2.66	1.08	2430
neue Bundesländer	3.25	1.22	1445	3.47	1.22	1283

a) Kann mit einer Irrtumswahrscheinlichkeit von 5 % die Hypothese aufrechterhalten werden, dass sich die Zufriedenheit mit der Demokratie in den alten und den neuen Bundesländern zwischen den Erhebungszeitpunkten 1991 und 2000 verändert hat?

Beschreiben Sie alle Schritte, die zur Beantwortung dieser Frage notwendig sind, führen Sie die notwendigen Berechnungen durch, und ziehen Sie Ihre Schlussfolgerung.

b) Kann aufgrund der Allbus-Daten die Hypothese aufrechterhalten werden, dass sich die Ansichten in Ost und West zum Erhebungszeitpunkt 2000 deutlich (signifikant) voneinander unterscheiden?

Beschreiben Sie alle Schritte, die zur Beantwortung dieser Frage notwendig sind, führen Sie mit einer Irrtumswahrscheinlichkeit von 5 % die notwendigen Berechnungen durch, und ziehen Sie Ihre Schlussfolgerung.

Aufgabe 9.11

Mit dem ersten Bekanntwerden von BSE-Fällen in England wurde ein Verbraucherpanel (Panel = Wiederholungsbefragung) eingeführt, in dem die Einstellung der deutschen Verbraucher zum Verzehr von Rindfleisch regelmäßig erhoben wurde. Um festzustellen, ob mit dem Auftreten von BSE-Fällen in Deutschland eine Veränderung dieser Einstellungen einherging, werden die Angaben der Befragten vor und nach dem Bekanntwerden von BSE-Fällen in Deutschland miteinander verglichen.

a) Welche Art der Fragestellung liegt hier vor?
b) Beschreiben Sie die einzelnen Schritte des statistischen Verfahrens, mit dem Sie prüfen können, ob mit dem Auftreten von BSE-Fällen in Deutschland eine signifikante Veränderung in der Verbrauchereinstellung zum Verzehr von Rindfleisch stattgefunden hat.

Aufgabe 9.12

In der Statistik wird oft die Frage nach einem signifikanten Merkmalsunterschied (Anteils- oder Mittelwertunterschied) zwischen zwei Gruppen gestellt. Bei der Beantwortung der Frage ist zu beachten, ob die Gruppen abhängige oder unabhängige Stichproben darstellen.

a) Was versteht man in der Statistik unter abhängigen bzw. unabhängigen Stichproben? Geben Sie je ein Beispiel.
b) Beschreiben Sie in Worten die Prüfung von Mittelwertunterschieden bei abhängigen Stichproben und bei unabhängigen Stichproben.
c) Worin besteht der Verfahrensunterschied?

Aufgabe 9.13

Alle Teilnehmer/-innen einer Fortbildungsveranstaltung leiden gleichermaßen an der Motivationsschwäche NBL (null Bock auf Lernen). Nach dem Zufallsprinzip werden zwei Gruppen, A und B, gebildet. Gruppe A bekommt ein «Treatment» (jede Woche eine extra Übungsstunde), Gruppe B nicht. Das mittlere Ausmaß der Motivationsschwäche in Gruppe A liegt nach einigen Wochen bei 20.8 mit einer Varianz von 4; in Gruppe B (ohne Behandlung) bei 22.3 mit einer Varianz von 8.

Ein Statistiker (Kollege der Seminar-Leitung) wird gebeten, den Unterschied zwischen den beiden Gruppen auf Signifikanz zu prüfen. Der Statistiker sagt, dass eine entsprechende Berechnung mit den vorliegenden Informationen nicht möglich ist.

a) Benennen Sie ein geeignetes statistisches Verfahren zur Feststellung eines signifikanten Unterschieds zwischen den Gruppen.
b) Weshalb kann der Statistiker die gewünschte Berechnung nicht vornehmen?

9.2 Lösungen der Übungsaufgaben zu Kapitel 10.2 und 10.3

Lösung 9.1

Die Fragestellung bezieht sich auf den Vergleich der Populationsmittelwerte in Hessen und Thüringen. Die Differenz der Popultionsmittelwerte wird mittels der Differenz der Stichprobenmittelwerte geschätzt. Die zu prüfende Hypothese ist richtig, wenn der unbekannte Populationsmittelwert in Hessen größer ist als der entsprechende Wert in Thüringen, wenn also die Differenz der beiden Werte größer als null ist.

Die beiden Stichproben sind unabhängig, sodass die Prüfung der Hypothese anhand der Differenz der mittleren Einkommensbeträge in Hessen und Thüringen erfolgt. Die Prüfung der Hypothese erfolgt in fünf Schritten.

1. Schritt: Formulierung der Forschungs- und der Nullhypothese
Zur Vereinfachung wird folgende Schreibweise für die Differenz der Mittelwerte eingeführt:

Differenz der Mittelwerte in der Population: $\mu_D = \mu_{Hessen} - \mu_{Thüringen}$

Differenz der Mittelwerte in der Stichprobe: $\bar{x}_D = \bar{x}_{Hessen} - \bar{x}_{Thüringen}$

Das zu prüfende Hypothesenpaar lautet dann:

$H_1 : \mu_D > 0$ versus $H_0 : \mu_D \leq 0$

2. Schritt: Auswahl der Testverteilung und der Teststatistik
Da Stichprobenmittelwerte asymptotisch normalverteilt sind und es sich hier um unabhängige Stichproben handelt, ist auch deren Differenz asymptotisch normalverteilt. Als Testverteilung wird daher die Standardnormalverteilung und als Teststatistik der Z-Wert verwendet.

3. Schritt: Festlegung des Ablehnungsbereichs und des kritischen Werts
Da die Hypothese mit einer Irrtumswahrscheinlichkeit von 5 % geprüft werden soll, ist $\alpha = 0.05$. Der Ablehnungsbereich für die einseitige Hypothesenprüfung ist also der Bereich oberhalb des $(1 - \alpha)$-Quantils (im oberen (rechten) Bereich der Verteilung). Der kritische Wert ist daher $z_{1-\alpha} = z_{0.95} = 1.645$.

4. Schritt: Berechnung der Teststatistik
Zunächst muss der Standardfehler der Differenz der Stichprobenmittelwerte berechnet werden. Dazu ist die Populationsvarianz der Differenz notwendig, die unter Verwendung der Stichprobenvarianzen der beiden Teilstichproben «geschätzt» wird.

Bei unabhängigen Stichproben ist die Varianz der Differenz der Mittelwerte gleich der Summe der Varianzen aus den beiden Teilstichproben. Die Wurzel dieser Varianz ist der Standardfehler der Differenz der Stichprobenmittelwerte.

Die geschätzten Standardfehler der durchschnittlichen Haushaltseinkommen in Hessen und Thüringen sind in der letzen Spalte der Tabelle gegeben.[13] Der Standardfehler der Differenz der Stichprobenmittelwerte wird dann berechnet nach der Formel:

$$\hat{\sigma}(\bar{x}_D) = \sqrt{\hat{\sigma}^2(\bar{x}_{\text{Hessen}}) + \hat{\sigma}^2(\bar{x}_{\text{Thüringen}})}$$

$$= \sqrt{90.95^2 + 65.38^2} = 112.01$$

13. Die Standardfehler können jedoch nicht addiert werden, weil nur die Varianzen erwartungstreue Schätzer der unbekannten Populationsvarianzen sind. Deshalb müssen die hier gegebenen Standardfehler zunächst quadriert werden, um dann den Standardfehler der Differenz berechnen zu können.

Die Teststatistik für die Differenz der Mittelwerte wird berechnet nach:

$$Z = \frac{\bar{X}_D - \mu_D}{\hat{\sigma}(\bar{X}_D)}$$

$$= \frac{485.14 - 0}{112.01} = 4.33$$

5. Schritt: Entscheidung über Akzeptanz oder Ablehnung der Nullhypothese
Die Nullhypothese wird verworfen, wenn der aus den Stichprobendaten berechnete Wert der Teststatistik größer ist als der kritische Wert.

Da 4.33 > 1.645, kann die Nullhypothese verworfen werden.

Mit einer Irrtumswahrscheinlichkeit von 5 % ist davon auszugehen, dass das mittlere Haushaltseinkommen in Hessen größer ist als das in Thüringen.

Lösung 9.2

Eine Veränderung der Einstellung zu Ausländern liegt dann vor, wenn sich die Populationsmittelwerte zwischen den beiden Untersuchungszeitpunkten t_1 und t_2 unterscheiden. Dies wird anhand der Differenz der Populationsmittelwerte festgestellt:

$$\mu(D) = \mu_D = \mu(X_1) - \mu(X_2) = \mu_1 - \mu_2$$

Diese Differenz wird mit Hilfe der Differenz der Stichprobenmittelwerte zu den beiden Untersuchungszeitpunkten geschätzt. Dabei ist zu berücksichtigen, ob die Messungen zu den beiden Zeitpunkten unabhängig oder abhängig voneinander sind.

Im vorliegenden Fall sind die Messungen abhängig voneinander, weil die n = 2400 Personen jeweils zweimal befragt wurden, also Angaben aus identischen Quellen zu jeweils zwei Zeitpunkten vorliegen. Zur Prüfung der Veränderung wird daher für jede befragte Person die Differenz der Messwerte zu den beiden Untersuchungszeitpunkten berechnet:

$D = X_1 - X_2$

Der Stichprobenmittelwert dieser Differenz (der Messwertepaare), bezeichnet mit $\bar{d}$, ist ein Schätzer der Populationsdifferenz.

Das geeignete statistische Verfahren zur Prüfung der den Forscher interessierenden Hypothese der Einstellungsänderung ist die Prüfung der Hypothese, dass der Mittelwert der Differenz in der Population ungleich null ist (Forschungs- oder Alternativhypothese: Veränderung) oder dass diese Differenz gleich null ist (Nullhypothese: keine Veränderung).

Der Hypothesentest wird in den bekannten fünf Schritten durchgeführt.

1. Schritt: Formulierung der Forschungs- und der Nullhypothese

$H_1 : \mu(D) \neq 0$ versus $H_0 : \mu(D) = 0$

2. Schritt: Auswahl der Testverteilung und der Teststatistik
Da der Mittelwert der Differenz, $\bar{d}$, um den unbekannten Populationswert normalverteilt ist, kommt als Testverteilung sowohl die Standardnormalverteilung als auch die T-Verteilung mit $df = n - 1$ (hier $df = 2399$) in Frage. Aufgrund der sehr großen Zahl von Freiheitsgraden unterscheiden sich die beiden Verteilungen praktisch nicht voneinander. Als Teststatistik kann daher sowohl der Z-Wert als auch der T-Wert verwendet werden.

3. Schritt: Festlegung des Ablehnungsbereichs und des kritischen Werts
Da eine ungerichtete Hypothese vorliegt, handelt es sich um einen zweiseitigen Hypothesentest. Die Irrtumswahrscheinlichkeit $\alpha = 0.05$ wird daher halbiert und auf beide Seiten der Verteilung aufgeteilt.

Für $\alpha = 0.05$ betragen die kritischen Werte $z_{\alpha/2} = z_{0.025} = -1.96$ und $z_{1-\alpha/2} = z_{0.975} = 1.96$.

4. Schritt: Berechnung der Teststatistik
Die Teststatistik ist der Quotient aus dem Mittelwert der Stichprobendifferenzen minus dem vermuteten Mittelwert der Populationsdifferenzen (Zähler), geteilt durch den Standardfehler des Stichprobenmittelwerts der Differenzen (der Messwertepaare).

Der Standardfehler des Stichprobenmittelwerts der Differenzen wird berechnet als Quotient aus geschätzter Populationsvarianz der Differenzen, dividiert durch den Stichprobenumfang. Die entsprechende Formel lautet:

$$\hat{\sigma}(\bar{d}) = \sqrt{\frac{\hat{\sigma}^2(D)}{n}} = \frac{\hat{\sigma}(D)}{\sqrt{n}} = \frac{s(D)}{\sqrt{n-1}}$$

Die Berechnung der Teststatistik erfolgt nach:

$$T = Z = \frac{\bar{d} - \mu(D)}{\frac{\hat{\sigma}(D)}{\sqrt{n}}} = \frac{\bar{d} - \mu(D)}{\frac{s(D)}{\sqrt{n-1}}}$$

5. Schritt: Entscheidung über Akzeptanz oder Ablehnung der Nullhypothese
Die Nullhypothese wird verworfen, wenn der aus den Stichprobendaten berechnete Wert der Teststatistik größer oder kleiner ist als die kritischen Werte, d. h. kleiner als der Wert des $\alpha/2$-Quantils oder größer als der Wert des $(1-\alpha/2)$-Quantils der Standardnormalverteilung bzw. der T-Verteilung mit df = 2399 Freiheitsgraden.

Lösung 9.3
Die Behauptung postuliert eine Zunahme der Gewaltbereitschaft zwischen zwei Zeitpunkten t_1 und t_2. Aus den Angaben ist zu entnehmen, dass zu den beiden Untersuchungszeitpunkten verschiedene Personen im Alter von 14 bis 18 Jahren befragt wurden. Die Stichproben sind also unabhängig voneinander. Die behauptete Zunahme der Gewaltbereitschaft entspricht daher einer Hypothese über die Differenz der Populationsmittelwerte $\mu_1 - \mu_2$. Diese Populationsdifferenz kann mit Hilfe der Differenz der Stichprobenmittelwerte $\bar{x}_1 - \bar{x}_2$ geschätzt werden.

Der Erwartungswert der Differenz der Stichprobenmittelwerte ist gleich der Differenz der Populationsmittelwerte $\mu_1 - \mu_2$.

Ist die Hypothese einer Zunahme der Gewaltbereitschaft korrekt, dann ist der Erwartungswert der Differenz kleiner als null. Ist die Hypothese falsch, dann ist der Erwartungswert der Differenz größer oder gleich null.

Die Hypothesenprüfung erfolgt in den bekannten fünf Schritten.

1. Schritt: Formulierung der Forschungs- und der Nullhypothese
Die Behauptung der zunehmenden Gewaltbereitschaft wird in der Forschungs- bzw. der Alternativhypothese formuliert. Das Gegenteil, dass die Gewaltbereitschaft gleich geblieben ist oder abgenommen hat, wird in der Nullhypothese formuliert. Das zu prüfende Hypothesenpaar lautet:

$H_1: \mu_1 - \mu_2 < 0$ versus $H_0: \mu_1 - \mu_2 \geq 0$

2. Schritt: Auswahl der Testverteilung und der Teststatistik
Die Differenz der Stichprobenmittelwerte ist asymptotisch um die Differenz der Populationsmittelwerte normalverteilt. Als Testverteilung kann daher die Standardnormalverteilung und als Teststatistik der Z-Wert verwendet werden.

Im Sinne eines vorsichtigen Testens kann bei gleichen Populationsvarianzen auch die T-Verteilung mit $df = n_1 + n_2 - 2$ Freiheitsgraden verwendet werden.

3. Schritt: Festlegung des Ablehnungsbereichs und des kritischen Werts
Es handelt sich um eine gerichtete Hypothese. Der Ablehnungsbereich liegt im unteren (linken) Bereich der Testverteilung. Bei einer Irrtumswahrscheinlichkeit von $\alpha = 0.05$ ist der kritische Wert $z_\alpha = z_{0.05} = -1.645$ (das ist der Wert des 5 %-Quantils der Standardnormalverteilung). Bei Verwendung der T-Verteilung wird der kritische Wert in der Spalte 95 % und der Zeile $df = n_1 + n_2 - 2$ abgelesen. Bei großen Fallzahlen unterscheiden sich die kritischen Werte dieser beiden Verteilungen praktisch nicht voneinander.

4. Schritt: Berechnung der Teststatistik
Zunächst muss der Standardfehler berechnet werden. Dabei ist zu berücksichtigen, ob die Populationsvarianz der Gewaltbereitschaft zu beiden Messzeitpunkten gleich oder ungleich ist bzw. als gleich oder ungleich angenommen wird.

Bei ungleicher Populationsvarianz ist der Standardfehler der Differenz der Mittelwerte die Quadratwurzel aus der Summe der Varianzen der Mittelwerte in Teilstichprobe eins und in Teilstichprobe zwei. Der geschätzte Standardfehler der Differenz der Mittelwerte (der beiden Teilstichproben) wird dann berechnet nach der Formel:

$$\hat{\sigma}(\bar{x}_1 - \bar{x}_2) = \sqrt{\hat{\sigma}^2(\bar{x}_1) + \hat{\sigma}^2(\bar{x}_2)} = \sqrt{\frac{\hat{\sigma}^2(X_1)}{n_1} + \frac{\hat{\sigma}^2(X_2)}{n_2}} = \sqrt{\frac{s^2(X_1)}{n_1 - 1} + \frac{s^2(X_2)}{n_2 - 1}}$$

Kann angenommen werden, dass die Populationsvarianz zu beiden Messzeitpunkten gleich groß ist, dann kann eine gemeinsame («pooled») Schätzung der Populationsvarianz auf der Basis der Varianzen in den beiden Teilstichproben vorgenommen werden. Die Schätzung des Standardfehlers der Differenz bei angenommener gleicher Populationsvarianz zu den beiden Messzeitpunkten wird dann berechnet nach der Formel:

$$\hat{\sigma}(\bar{x}_1 - \bar{x}_2) = \sqrt{\frac{(n_1 - 1)\cdot\hat{\sigma}^2(X_1) + (n_2 - 1)\cdot\hat{\sigma}^2(X_2)}{n_1 + n_2 - 2} \cdot \left(\frac{1}{n_1} + \frac{1}{n_2}\right)}$$

$$= \sqrt{\frac{n_1 \cdot s^2(X_1) + n_2 \cdot s^2(X_2)}{n_1 + n_2 - 2} \cdot \left(\frac{1}{n_1} + \frac{1}{n_2}\right)}$$

Der Wert der Teststatistik Z (oder gegebenenfalls T) wird berechnet nach der Formel:

$$\left.\begin{matrix} Z \\ \text{bzw.} \\ T \end{matrix}\right\} = \frac{(\bar{x}_1 - \bar{x}_2) - (\mu_1 - \mu_2)}{\hat{\sigma}(\bar{x}_1 - \bar{x}_2)}$$

Da der in der Nullhypothese postulierte (minimale) Wert der Differenz $\mu_1 - \mu_2$ null ist, kann im Zähler der Teststatistik der Wert der Differenz $\mu_1 - \mu_2$ weggelassen werden.

5. Schritt: Entscheidung über Akzeptanz oder Ablehnung der Nullhypothese
Ist der Wert der Teststatistik kleiner als der kritische Wert, dann wird die Nullhypothese zurückgewiesen. Mit einer Irrtumswahrscheinlichkeit von 5 % ist dann davon auszugehen, dass die Gewaltbereitschaft in der Population zwischen den beiden Erhebungszeitpunkten zugenommen hat.

Ist der Wert der Teststatistik dagegen größer als der kritische Wert, wird die Nullhypothese beibehalten.

Lösung 9.4

a) Bei der Frage geht es um Unterschiede im Ausmaß der politischen Aktivitäten in den Populationen von Ost- und Westdeutschland. Wenn es theoretisch offen ist, in welcher Richtung Unterschiede bestehen, besteht die sinnvollste Annahme in der Hypothese, dass die Anzahl politischer Aktivitäten in den beiden Landesteilen unterschiedlich groß ist. Die Hypothese wird anhand der Stichprobendaten geprüft, wobei es sich hier um unabhängige Stichproben handelt.

1. Schritt: Formulierung der Forschungs- und der Nullhypothese
Mit μ_1 für den Mittelwert der politischen Aktivitäten in Westdeutschland und μ_2 für den Mittelwert der politischen Aktivitäten in Ostdeutschland lautet das Hypothesenpaar:

$$H_1: \mu_1 \neq \mu_2 \quad \text{versus} \quad H_0: \mu_1 = \mu_2$$

Diese Hypothesenformulierung impliziert, dass die Differenz der durchschnittlichen Anzahl politischer Aktivitäten betrachtet wird. Entsprechend kann das Hypothesenpaar umformuliert werden in Hypothesen über die Differenz der beiden Populationsmittelwerte:

$$H_1: \mu_1 - \mu_2 \neq 0 \quad \text{versus} \quad H_0: \mu_1 - \mu_2 = 0$$

Da es sich um unabhängige Stichproben handelt, wird diese Populationsdifferenz durch die Differenz der Mittelwerte in den Stichproben geschätzt.

2. Schritt: Auswahl der Testverteilung und der Teststatistik
Da Stichprobenmittelwerte asymptotisch normalverteilt sind, sind auch ihre Differenzen (bei unabhängigen Stichproben) normalverteilt. Als Testverteilung gilt daher die Standardnormalverteilung. Da die Fallzahlen > 30 sind, ist der Z-Wert als Teststatistik zur Prüfung der Mittelwertunterschiede bei unabhängigen Stichproben anwendbar.

3. Schritt: Festlegung des Ablehnungsbereichs und des kritischen Werts
Die ungerichtete Hypothese soll mit einer Irrtumswahrscheinlichkeit von 1 % geprüft werden. Die kritischen Bereiche liegen daher sowohl im unteren (linken) als auch im oberen (rechten) Bereich der Testverteilung. Die kritischen Werte sind die Werte des $\alpha/2$-Quantils und des $1-\alpha/2$-Quantils, also: $z_{0.005} = -2.576$ und $z_{0.995} = 2.576$.

4. Schritt: Berechnung der Teststatistik
Benötigt werden die Fallzahlen, Mittelwerte und Standardfehler der Mittelwerte in den beiden (Teil-)Stichproben.

Der Standardfehler der Mittelwertdifferenz ist die Quadratwurzel aus der Summe der quadrierten Standardfehler. Die in den quadrierten Standardfehlern enthaltenen Populationsvarianzen werden unter Verwendung der Stichprobenvarianzen «geschätzt».

Da die geschätzten Populationsvarianzen (1.84^2 und 1.68^2) sehr unterschiedlich sind, ist davon auszugehen, dass die Annahme gleicher Varianz in der Population vermutlich falsch ist.[14]

14. Dass hier von ungleichen Varianzen ausgegangen werden sollte, zeigt der im SPSS-Ausdruck wiedergegebene Levene-Test auf Varianzgleichheit. Das empirische Signifikanzniveau ist $p = 0.021$. Bei dieser Prüfung plädiert die Nullhypothese auf Varianzgleichheit. Das empirische Signifikanzniveau p gibt dann die Wahrscheinlichkeit für den beobachteten oder einen noch ungünstigeren Wert der Teststatistik bei Geltung der Nullhypothese an. Die Wahrscheinlichkeit ist hier mit $p = 2.1\,\%$ sehr gering. Mit einer Irrtumswahrscheinlichkeit von 5 % ist davon auszugehen, dass sich die Varianzen in Ost und West signifikant voneinander unterscheiden.

Da die beiden Stichproben unabhängig sind, muss der Standardfehler der Mittelwertdifferenz daher als Wurzel aus der Summe der quadrierten Standardfehler der Mittelwerte in den beiden Teilstichproben «geschätzt» werden.

Der geschätzte Standardfehler steht im Nenner des Quotienten zur Berechnung der Teststatistik.

Berechnung der Teststatistik nach der Formel:

$$Z = \frac{(\bar{x}_1 - \bar{x}_2) - (\mu_1 - \mu_2)}{\sqrt{\frac{\hat{\sigma}^2(X_1)}{n_1} + \frac{\hat{\sigma}^2(X_2)}{n_2}}} = \frac{(\bar{x}_1 - \bar{x}_2) - (\mu_1 - \mu_2)}{\sqrt{\frac{s^2(X_1)}{n_1 - 1} + \frac{s^2(X_2)}{n_2 - 1}}}$$

$$= \frac{(2.72 - 2.51) - 0}{\sqrt{\frac{1.84^2}{2130} + \frac{1.68^2}{935}}} = 3.1$$

5. Schritt: Entscheidung über Akzeptanz oder Ablehnung der Nullhypothese
Die Nullhypothese wird abgelehnt, wenn der Wert der Teststatistik größer oder kleiner ist als die kritischen Werte. Da $Z = 3.1 > z_{1-\alpha/2} = 2.576$, ist die Nullhypothese zu verwerfen.

Das bedeutet, dass es mit einer Irrtumswahrscheinlichkeit von 1 % einen Unterschied im Ausmaß der politischen Aktivitäten in den alten und neuen Bundesländern gibt.

Aufgrund der Mittelwerte liegt die Interpretation nahe, dass das Ausmaß politischer Aktivität im Westen höher ist als im Osten. Prozentual betrachtet liegt das Ausmaß der Aktivitäten in den neuen Bundesländern um 7.8 % (= 100 · (2.72 – 2.51) / 2.72) unter dem der alten Bundesländer.

Unter Rückgriff auf inhaltliche (theoretische) Argumente wäre auch ein entsprechender einseitiger Hypothesentest möglich.

b) Im SPSS-Ausdruck sind für die Teststatistik zwei Werte angegeben: ein Wert für die Annahme gleicher Populationsvarianzen und ein zweiter Wert für unterschiedliche Populationsvarianzen in den beiden (Teil-)Stichproben.

Werden gleiche Populationsvarianzen angenommen, dann kann die gemeinsame Populationsvarianz durch Zusammenfassung der beiden (Teil-)Stichproben «geschätzt» werden. Die Wurzel aus dieser gemeinsamen «geschätzten» Varianz wird berechnet nach der Formel:

$$\hat{\sigma}_{pooled} = \sqrt{\frac{n_1 \cdot s^2(X_1) + n_2 \cdot s^2(X_2)}{n_1 + n_2 - 2}}$$

Der Standardfehler der Differenz der Mittelwerte wird dann mit Hilfe dieser gemeinsamen Schätzung berechnet nach der Formel:

$$\hat{\sigma}(\bar{x}_1 - \bar{x}_2) = \hat{\sigma}_{pooled} \cdot \sqrt{\left(\frac{n_1 + n_2}{n_1 \cdot n_2}\right)} = \hat{\sigma}_{pooled} \cdot \sqrt{\frac{1}{n_1} + \frac{1}{n_2}}$$

Der Wert der Teststatistik T, die im SPSS-Ausdruck verwendet wird, ergibt sich nach der Formel:

$$T = \frac{(\bar{x}_1 - \bar{x}_2) - (\mu_1 - \mu_2)}{\hat{\sigma}_{pooled} \cdot \sqrt{\left(\frac{n_1 + n_2}{n_1 \cdot n_2}\right)}} = \frac{(\bar{x}_1 - \bar{x}_2) - (\mu_1 - \mu_2)}{\hat{\sigma}_{pooled} \cdot \sqrt{\frac{1}{n_1} + \frac{1}{n_2}}}$$

Zu beachten ist hier, dass der so berechnete T-Wert $df = n - 2$ Freiheitsgrade hat, wobei $n = n_1 + n_2$.

Zur Begründung: Bei Annahme gleicher Populationsvarianzen werden die Varianzen in den (Teil-)Stichproben als Schätzer für die unbekannte gemeinsame und gleiche («pooled») Populationsvarianz verwendet. Dabei werden zwei Mittelwerte geschätzt. Damit gehen zwei Freiheitsgrade verloren.

Wird angenommen, dass die Populationsvarianzen der beiden (Teil-)Stichproben nicht gleich sind, dann erfolgt die Berechnung der Teststatistik analog der Beschreibung in Teilaufgabe a). Der dort berechnete Wert der Teststatistik Z ist identisch mit dem Wert der Teststatistik T im SPSS-Ausdruck. Anstelle der Standardnormalverteilung wird von SPSS eine T-Verteilung verwendet. Aufgrund der hohen Anzahl der Freiheitsgrade gibt es praktisch keinen Unterschied zwischen den beiden Verteilungen.

Das empirische Signifikanzniveau ist im SPSS-Ausdruck mit

p = 0.002. Da dieser Wert kleiner ist als 1 % (0.01), ist die Nullhypothese wie in Teilaufgabe a) abzulehnen.

Wird der T-Test bei unveränderter Problemstellung unter der Annahme gleicher Varianzen durchgeführt, bleibt das Ergebnis praktisch gleich. Mit p = 0.003 unterscheidet sich das empirische Signifikanzniveau praktisch nicht von dem p-Wert, der unter der Annahme ungleicher Varianzen resultiert.

Lösung 9.5

Hier wird eine Hypothese über den Unterschied von zwei Populationsmittelwerten formuliert. Da beide Fragen von den gleichen Personen beantwortet wurden, handelt es sich um abhängige Messungen und entsprechend um abhängige Stichproben (in Abhängigkeit davon, ob eine Person die erste Frage beantwortet hat, wird ihre Antwort auf die zweite Frage in die Analyse einbezogen).

Daher wird der Stichprobenmittelwert $\bar{d}$ der bei allen Befragten beobachtbaren Differenzen zwischen den beiden Antworten berechnet und mit dem in der Hypothese postulierten Mittelwert der Populationsdifferenzen verglichen. Die Differenzen werden hier so gebildet, dass die Codes der Antworten auf «Freizeit und Erholung» von den Codes der Antworten auf «Arbeit und Beruf» subtrahiert werden.

Die fünf Schritte des Hypothesentestens zusammenfassend, ergibt sich folgendes Vorgehen:

Die Vermutung des Redakteurs, dass der Bereich «Freizeit und Erholung» für wichtiger gehalten wird als der Bereich «Arbeit und Beruf», wird formal dadurch ausgedrückt, dass der Mittelwert der Populationsdifferenzen (der Wichtigkeitseinschätzungen), $\mu(D)$, negativ ist.

Das entsprechende Hypothesenpaar lautet dann:

$$H_1 : \mu(D) < 0 \quad \text{versus} \quad H_0 : \mu(D) \geq 0$$

Alternative Formulierung des Hypothesenpaars (W = Wichtigkeit):

$$H_1 : \mu(D) = W_{A\&B} - W_{F\&E} < 0 \quad \text{versus} \quad H_0 : \mu(D) = W_{A\&B} - W_{F\&E} \geq 0$$

Als Testverteilung wird die Standardnormalverteilung und als Teststatistik der Z-Wert verwendet. Der kritische Wert beträgt $z_\alpha = z_{0.05} = -1.645$.

Wenn die Differenzen in der Population normalverteilt sind, kann anstelle der Standardnormalverteilung auch die T-Verteilung mit df = n – 1 = 3218 Freiheitsgraden verwendet werden. Aufgrund der hohen Fallzahl unterscheiden sich die beiden Verteilungen allerdings kaum.

Der Standardfehler kann berechnet werden als:

$$\hat{\sigma}(\bar{d}) = \frac{s_D}{\sqrt{n-1}} = \frac{2.09}{\sqrt{3218}} = 0.037$$

Der Wert der Teststatistik wird berechnet als:

$$Z = \frac{\bar{d} - \mu(D)}{\hat{\sigma}(\bar{d})} = \frac{-0.17 - 0}{0.037} = -4.59$$

Bei einer Irrtumswahrscheinlichkeit von 5 % ist die Nullhypothese zu verwerfen, wenn der Wert der Teststatistik kleiner ist als der kritische Wert. Da $-4.59 < -1.65$, wird die Nullhypothese abgelehnt.

Mit einer Irrtumswahrscheinlichkeit von 5 % kann davon ausgegangen werden, dass Freizeit und Erholung in der Grundgesamtheit tatsächlich im Durchschnitt für wichtiger gehalten werden als Arbeit und Beruf.

Lösung 9.6

a) Hier geht es um die Prüfung einer Hypothese über den Unterschied zwischen zwei Populationsanteilen. Die aus der Gesamtstichprobe gebildeten Teilstichproben der Männer und Frauen sind unabhängig voneinander, weil Männer und Frauen unabhängig voneinander nach dem Zufallsprinzip ausgewählt wurden. Die Prüfung der Hypothese erfolgt in den bekannten fünf Schritten.

1. Schritt: Formulierung der Forschungs- und der Nullhypothese
Wenn π_M das Interesse der Männer und π_F das Interesse der Frauen am Politikteil der Tageszeitung bezeichnet, dann folgt aus der Vermutung, dass der Anteil der in dieser Weise politisch inter-

essierten Männer größer ist als der Anteil der politisch interessierten Frauen, folgendes Hypothesenpaar:

$$H_1: \pi_M - \pi_F > 0 \quad \text{versus} \quad H_0: \pi_M - \pi_F \leq 0$$

2. Schritt: Auswahl der Testverteilung und der Teststatistik
Da Stichprobenanteile asymptotisch normalverteilt sind, wird als Testverteilung die Standardnormalverteilung und als Teststatistik der Z-Wert verwendet.

3. Schritt: Festlegung des Ablehnungsbereichs und des kritischen Werts
Der Ablehnungsbereich liegt im oberen (rechten) Bereich der Verteilung, da die Nullhypothese bei sehr großen Werten der Anteilsdifferenz vermutlich falsch ist. Bei einer Irrtumswahrscheinlichkeit von $\alpha = 5\,\%$ ist der kritische Wert gleich dem Wert des $(1-\alpha)$-Quantils und beträgt $z_{1-\alpha/2} = z_{0.95} = 1.645$.

4. Schritt: Berechnung der Teststatistik
Zunächst muss der Standardfehler der Differenz der Stichprobenanteile berechnet werden. Die Nullhypothese postuliert, dass der (maximale) Wert der Differenz der Populationsanteile gleich null ist. Trifft die Nullhypothese zu, dann sind die beiden Populationsanteile gleich groß. Wird also in der Nullhypothese ein maximaler oder minimaler Wert von null für die Anteilsdifferenz behauptet, dann kann aus den Stichprobendaten ein für beide Teilstichproben gleicher, gemeinsamer («pooled») Populationsanteil «geschätzt» werden. Die Berechnung des «geschätzten», für beide (Teil-)Gruppen gemeinsamen («pooled») Populationsanteils erfolgt nach der Formel:

$$\hat{\pi}_{pooled} = p_1 \cdot \frac{n_1}{n_1 + n_2} + p_2 \cdot \frac{n_2}{n_1 + n_2}$$

Der Standardfehler für die Differenz der Stichprobenanteile der beiden (Teil-)Gruppen kann unter Verwendung des geschätzten gemeinsamen («pooled») Populationsanteils «geschätzt» werden. Die Berechnung erfolgt nach:

$$\hat{\sigma}(p_1 - p_2) = \sqrt{\hat{\pi}_{pooled} \cdot (1 - \hat{\pi}_{pooled}) \cdot \left(\frac{1}{n_1} + \frac{1}{n_2}\right)}$$

Die Teststatistik wird dann berechnet nach:

$$Z = \frac{(p_M - p_F) - (\pi_M - \pi_F)}{\sqrt{\hat{\pi}_{pooled} \cdot (1 - \hat{\pi}_{pooled}) \cdot \left(\frac{1}{n_M} + \frac{1}{n_F}\right)}}$$

$$= \frac{\left(\frac{1161}{1396} - \frac{1142}{1610}\right) - 0}{\sqrt{\frac{1161+1142}{1396+1610} \cdot \left(1 - \frac{1161+1142}{1396+1610}\right) \cdot \left(\frac{1}{1396} + \frac{1}{1610}\right)}} = 7.90$$

5. Schritt: Entscheidung über Akzeptanz oder Zurückweisung der Nullhypothese

Bei einer Irrtumswahrscheinlichkeit von 5 % ist die Nullhypothese abzulehnen, wenn der Wert der Teststatistik größer ist als der kritische Wert. Das ist hier der Fall, deshalb kann die Nullhypothese nicht aufrechterhalten werden.

Mit einer Irrtumswahrscheinlichkeit von 5 % kann davon ausgegangen werden, dass das Interesse der Männer am politischen Teil der Tageszeitung stärker ist als das Interesse der Frauen.

b) Bei dieser Fragestellung handelt es sich um die Prüfung einer Hypothese über den Vergleich von zwei Populationsanteilen. Da die Angaben zum «politischen Teil» und zum «Wirtschaftsteil» von identischen Personen stammen und nur die Personen berücksichtigt werden, die beide Fragen beantwortet haben, sind die zu vergleichenden Teilgruppen nicht unabhängig voneinander. Deshalb wird ein Hypothesentest für abhängige Stichproben durchgeführt.

Die Beantwortung der Forschungsfrage, ob der Anteil der Befragten mit Interesse am Politikteil größer ist als der Anteil der Befragten mit Interesse am Wirtschaftsteil, erfolgt durch eine Gegenüberstellung (Bildung der Anteilsdifferenz) der Tabellenfelder (b) und (c). Wenn es mehr Personen mit starkem Interesse am Politikteil gibt als Personen mit starkem Interesse am Wirtschaftsteil, dann ist die Anteilsdifferenz der Tabellenfelder (b) – (c) größer als null. Die Forschungs- und die Nullhypothese lauten daher:

$$H_1: \pi(b) - \pi(c) > 0 \quad \text{versus} \quad H_0: \pi(b) - \pi(c) \leq 0$$

Zur leichteren Prüfung der Hypothese kann eine Hilfsvariable Y mit den Ausprägungen 1 und 2 gebildet werden. Dabei steht die Ausprägung 1 für den Anteil im Tabellenfeld (b), die Ausprägung 2 für den Anteil im Tabellenfeld (c). Die Häufigkeiten der Ausprägungen der Hilfsvariable Y betragen bei Y = 1: $n_1 = 360$ und bei Y = 2: $n_2 = 204$.

Ist der Anteil der Ausprägung 1 der Hilfsvariable Y größer als 50 %, dann bedeutet das, dass es mehr Personen mit starkem Interesse am Politikteil als Personen mit starkem Interesse am Wirtschaftsteil der Tageszeitung gibt. Entsprechend der Forschungsfrage kann das Hypothesenpaar unter Verwendung der Hilfsvariable Y dann formuliert werden als:

$$H_1: \pi(Y = 1) > 0.50 \quad \text{versus} \quad H_0: \pi(Y = 1) \leq 0.50$$
$$H_1: \pi_1 > 0.50 \quad \text{versus} \quad H_0: \pi_1 \leq 0.50$$

Diese Formulierung der Hypothese ist deshalb zulässig, weil die Gesamtheit der Realisierungen der Hilfsvariable Y gleich 100 % = 564 Fälle ausmacht. Da Anteile sich stets zu 100 % addieren, ist der Anteil von (Y = 1) dann größer als der Anteil von (Y = 2), wenn der Anteil von (Y = 1) größer als 50 % oder > 0.50 ist.

Folgende Größen sind bekannt bzw. können aus den Daten berechnet werden:

	n	p
eher starkes Interesse am Politikteil & eher geringes Interesse am Wirtschaftsteil (Y = 1)	$n_1 = 360$	0.64
eher starkes Interesse am Wirtschaftsteil & eher geringes Interesse am Politikteil (Y = 2)	$n_2 = 204$	0.36
Summe	n = 564	1.00

Der Standardfehler für den Stichprobenanteil p_1 (der Ausprägung 1) der Hilfsvariable Y wird aus den Stichprobendaten berechnet nach der Formel:

$$\hat{\sigma}(p_1) = \sqrt{\frac{p_1 \cdot (1 - p_1)}{n_1 + n_2}} = \sqrt{\frac{0.50 \cdot 0.50}{564}} = 0.02$$

Die Berechnung der Teststatistik erfolgt nach:

$$Z = \frac{p_1 - 0.50}{\hat{\sigma}(p_1)} = \frac{0.64 - 0.50}{0.02} = 7.0$$

Bei einer Irrtumswahrscheinlichkeit von 1 % ist die Nullhypothese zu verwerfen, wenn der Wert der Teststatistik größer ist als der Wert des 99 %-Quantils der Standardnormalverteilung, der hier der kritische Wert ist: $z_{1-\alpha/2} = z_{0.99} = 2.236$. Da 7.0 > 2.326, ist die Nullhypothese zu verwerfen.

Mit einer Irrtumswahrscheinlichkeit von 1 % ist davon auszugehen, dass in der Population das Interesse am Politikteil der Zeitungen stärker ist als das Interesse am Wirtschaftsteil.

Lösung 9.7

a) Die Fragestellung bezieht sich auf die Prüfung der Hypothese über den Unterschied zwischen den beiden Populationsmittelwerten in Ost- und Westdeutschland, die durch die Stichprobenmittelwerte geschätzt werden. Die beiden Stichproben sind unabhängig voneinander, da die Befragten aus den alten und neuen Bundesländern unabhängig voneinander in die Stichprobe aufgenommen wurden. Es wird daher ein Hypothesentest für unabhängige Stichproben durchgeführt.

Die Ausgangsvermutung, dass das Vertrauen in die Polizei im Osten geringer ist als im Westen, kann als Differenz zwischen den beiden Populationsmittelwerten ausgedrückt werden. Die Hypothesenprüfung erfolgt in den bekannten fünf Schritten.

1. Schritt: Formulierung der Forschungs- und der Nullhypothese
Wenn die Differenz der Populationsmittelwerte $\mu_{West} - \mu_{Ost}$ größer als null ist, dann ist die Ausgangsvermutung (Forschungshypothese) zutreffend. Das zu prüfende Hypothesenpaar lautet:

$$H_1 : \mu_{West} - \mu_{Ost} > 0 \quad \text{versus} \quad H_0 : \mu_{West} - \mu_{Ost} \leq 0$$

2. Schritt: Auswahl der Testverteilung und der Teststatistik
Da die Stichprobenmittelwerte asymptotisch normalverteilt sind, ist auch die Differenz der beiden Stichprobenmittelwerte asymptotisch um die Differenz der Populationsmittelwerte normalverteilt. Als Testverteilung könnte also die Standardnormalverteilung und als Teststatistik der Z-Wert verwendet werden. Die Teststatistik (Differenz der Stichprobenmittelwerte, geteilt durch den Standardfehler der Differenz) ist asymptotisch standardnormalverteilt, wenn die Differenz der Populationsmittelwerte gleich null ist.

Gibt es außerdem Anhaltspunkte dafür, dass das betrachtete Merkmal (hier: das Vertrauen in die Polizei) in den Subpopulationen mit gleichen Varianten normalverteilt ist, dann ist bei zutreffender Nullhypothese die Teststatistik (der Quotient aus der Differenz der Stichprobenmittelwerte, geteilt durch den Standardfehler) nicht nur asymptotisch, sondern exakt t-verteilt mit $df = n_{West} + n_{Ost} - 2$ Freiheitsgraden.

Im Sinne eines vorsichtigen Testens kann die T-Verteilung auch dann als Testverteilung und der T-Wert als Teststatistik verwendet werden, wenn nicht angenommen werden kann, dass das

Merkmal X in der Population normalverteilt ist. Dieses Vorgehen ist jedoch nur dann gerechtfertigt, wenn jede der beiden Stichproben hinreichend groß ($n > 30$) ist.

3. Schritt: Festlegung des Ablehnungsbereichs und des kritischen Werts

Bei der vorliegenden Nullhypothese liegt der Ablehnungsbereich im oberen (rechten) Bereich der Testverteilung, da die Nullhypothese bei sehr hohen Werten der Teststatistik vermutlich falsch ist. Der kritische Wert ist dann der Quantilwert des $(1-\alpha)$-Quantils der Standardnormalverteilung bzw. der T-Verteilung mit $df = n_{West} + n_{Ost} - 2$ Freiheitsgraden.

Bei einer Irrtumswahrscheinlichkeit von $\alpha = 5\,\%$ und Verwendung der Standardnormalverteilung ist der kritische Wert $z_{1-\alpha/2} = 1.645$.

Bei Verwendung der T-Verteilung beträgt der kritische Wert $t_{df;1-\alpha} = t_{1520;\,95\,\%}$ und liegt zwischen $t_{120;\,95\,\%} = 1.658$ und $t_{\infty;\,95\,\%} = 1.645$.

Bei großen Stichproben unterscheiden sich die kritischen Werte der Standardnormalverteilung und der T-Verteilung praktisch nicht voneinander.

4. Schritt: Berechnung der Teststatistik

Zur Berechnung der Teststatistik muss der Standardfehler bekannt sein. Die Berechnung des geschätzten Standardfehlers der Differenz der Stichprobenmittelwerte hängt davon ab, ob die Populationsvarianzen in den beiden Gruppen gleich sind bzw. als gleich angenommen werden können.

Da sich die geschätzten Standardabweichungen in Ost und West (1.28 und 1.30) kaum voneinander unterscheiden, kann hier von Varianzgleichheit ausgegangen werden.

Die Schätzung der gemeinsamen («pooled») Populationsvarianz erfolgt auf der Basis der Varianzen in den beiden (Teil-)Stichproben. Die Quadratwurzel aus dieser geschätzten gemeinsamen Populationsvarianz wird zur Berechnung des geschätzten Standardfehlers der Differenz der Stichprobenmittelwerte benötigt und wird berechnet nach:

$$\hat{\sigma}_{pooled} = \sqrt{\frac{(n_{West} - 1) \cdot \hat{\sigma}^2_{West} + (n_{Ost} - 1) \cdot \hat{\sigma}^2_{Ost}}{n_{West} + n_{Ost} - 2}} = \sqrt{\frac{n_{West} \cdot s^2_{West} + n_{Ost} \cdot s^2_{Ost}}{n_{West} + n_{Ost} - 2}}$$

Bei angenommener gleicher Populationsvarianz der beiden Teilgruppen wird der geschätzte Standardfehler der Differenz der Stichprobenmittelwerte berechnet nach:

$$\hat{\sigma}(\bar{x}_1 - \bar{x}_2) = \sqrt{\frac{(n_{West} - 1) \cdot \hat{\sigma}^2_{West} + (n_{Ost} - 1) \cdot \hat{\sigma}^2_{Ost}}{n_{West} + n_{Ost} - 2} \cdot \left(\frac{1}{n_{West}} + \frac{1}{n_{Ost}}\right)}$$

Die Teststatistik kann nun berechnet werden nach:

$$T = \frac{(\bar{x}_{West} - \bar{x}_{Ost}) - (\mu_{West} - \mu_{Ost})}{\sqrt{\frac{(n_{West} - 1) \cdot \hat{\sigma}^2_{West} + (n_{Ost} - 1) \cdot \hat{\sigma}^2_{Ost}}{n_{West} + n_{Ost} - 2} \cdot \left(\frac{1}{n_{West}} + \frac{1}{n_{Ost}}\right)}}$$

Da in der Nullhypothese für die Differenz der Populationsmittelwerte $\mu_{West} - \mu_{Ost}$ der Maximalwert null angenommen wird, kann dieser Ausdruck in der Formel zur Berechnung der Teststatistik entfallen.

5. Schritt: Entscheidung über Akzeptanz oder Ablehnung der Nullhypothese
Die Nullhypothese wird abgelehnt, wenn der Wert der Teststatistik T größer ist als der kritische Wert $t_{df;\,1-\alpha}$.

Mit einer Irrtumswahrscheinlichkeit von 5 % ist dann davon auszugehen, dass die in der Forschungshypothese enthaltene Vermutung gilt.

b) Aus den Beispieldaten resultiert der Wert der Teststatistik als:

$$T = \frac{(\bar{x}_{West} - \bar{x}_{Ost}) - (\mu_{West} - \mu_{Ost})}{\sqrt{\frac{(n_{West} - 1) \cdot \hat{\sigma}^2_{West} + (n_{Ost} - 1) \cdot \hat{\sigma}^2_{Ost}}{n_{West} + n_{Ost} - 2} \cdot \left(\frac{1}{n_{West}} + \frac{1}{n_{Ost}}\right)}}$$

$$= \frac{(5.01 - 4.54) - 0}{\sqrt{\frac{(976 - 1) \cdot 1.30^2 + (546 - 1) \cdot 1.28^2}{976 + 546 - 2} \cdot \left(\frac{1}{976} + \frac{1}{546}\right)}} = 6.80$$

Der kritische Wert liegt bei df = 1520 Freiheitsgraden und einer Irrtumswahrscheinlichkeit von 5 % zwischen $t_{120;\,95\,\%} = 1.658$ und $t_{\infty;\,95\,\%} = 1.645$. Da der aus den Stichprobendaten berechnete T-Wert deutlich größer ist, ist die Nullhypothese zu verwerfen.

Mit einer Irrtumswahrscheinlichkeit von 5 % kann davon ausgegangen werden, dass das Vertrauen in die Polizei in den neuen Bundesländern geringer ist als in den alten Bundesländern.

c) Wenn sich die geschätzten Standardabweichungen stark voneinander unterscheiden, muss der Standardfehler anders als in Teilaufgabe a) bzw. b) berechnet werden. In diesem Fall gilt, dass der Standardfehler der Differenz der Stichprobenmittelwerte die Summe aus den Standardfehlern der beiden Teilgruppen ist.

Bei ungleichen Varianzen in den beiden Teilpopulationen ist der geschätzte Standardfehler der Differenz der Stichprobenmittelwerte gleich der Quadratwurzel aus der Summe der quadrierten geschätzten Standardfehler der Mittelwerte in der Teilgruppe und wird berechnet nach:

$$\hat{\sigma}(\bar{x}_1 - \bar{x}_2) = \sqrt{\hat{\sigma}^2(\bar{x}_1) + \hat{\sigma}^2(\bar{x}_2)}$$

Wird in diesem Fall anstelle der T-Verteilung die asymptotische Standardnormalverteilung und als Teststatistik der Z-Wert verwendet (bei der großen Zahl an Freiheitsgraden unterscheiden sich T- und Z-Verteilung praktisch nicht mehr voneinander), dann ist bei einer Irrtumswahrscheinlichkeit von $\alpha = 5\,\%$ der kritische Wert $z_{1-\alpha/2} = z_{0.95} = 1.645$.

Die Teststatistik Z wird berechnet als:

$$Z = \frac{(\bar{x}_{West} - \bar{x}_{Ost}) - (\mu_{West} - \mu_{Ost})}{\sqrt{\frac{\hat{\sigma}^2_{West}}{n_{West} - 1} + \frac{\hat{\sigma}^2_{Ost}}{n_{Ost} - 1}}} = \frac{(5.01 - 4.54) - 0}{\sqrt{\frac{1.30^2}{975} + \frac{2.56^2}{545}}} = 4.02$$

Da die Teststatistik größer ist als der kritische Wert, wird die Nullhypothese ebenso wie in Teilaufgabe b) abgelehnt.

Das Testergebnis würde sich in diesem Beispiel nicht ändern, wenn die geschätzte Standardabweichung in den neuen Bundesländern statt 1.28 den doppelten Wert aufweisen würde.

d) Durch die Dichotomisierung der Variablen ändert sich die Fragestellung. Jetzt geht es um die Prüfung der Hypothese über den Unterschied zwischen zwei Populationsanteilen bei unabhängigen Stichproben. Das Vertrauen in die Polizei ist im Osten dann geringer als im Westen, wenn der Anteil der Personen mit geringem Vertrauen im Osten größer ist als im Westen, wenn also die Differenz der Anteile West minus Ost kleiner als null ist (Forschungshypothese).

Damit kann das zu prüfende Hypothesenpaar formuliert werden als:

$H_1: \pi_{West} - \pi_{Ost} < 0$ versus $H_0: \pi_{West} - \pi_{Ost} \geq 0$

Die Differenz der Anteilswerte $p_1 = 121/976$ und $p_2 = 107/546$ ist asymptotisch normalverteilt. Der Hypothesentest ist hinreichend genau, wenn für beide Stichprobenanteile die Annäherung an die Normalverteilung als gegeben betrachtet werden kann. Die Anwendungsvoraussetzungen sind für beide Teilstichproben gegeben, da:

$$n_{West} \cdot \frac{\pi_{West}}{1-\pi_{West}} = 976 \cdot \frac{0.124}{0.876} = 132.8 > 9 \quad \text{und}$$

$$n_{Ost} \cdot \frac{\pi_{Ost}}{1-\pi_{Ost}} = 546 \cdot \frac{0.196}{0.804} = 133.1 > 9$$

Als Testverteilung wird also die Standardnormalverteilung und als Teststatistik der Z-Wert verwendet.

Der Ablehnungsbereich der Nullhypothese liegt im linken (unteren) Bereich der Verteilung, weil die Nullhypothese bei kleinen Werten der Differenz vermutlich falsch ist. Der kritische Wert ist $z_\alpha = z_{0.05} = -1.645$.

Wenn die Anteilsdifferenz in der Population gleich null ist, sind beide Populationsanteile gleich groß. In diesem Fall wird für die beiden Teilgruppen ein gemeinsamer («pooled») Populationsanteil aus den Stichprobendaten «geschätzt». Die Formel hierfür lautet:

$$\hat{\pi}_{pooled} = p_1 \cdot \frac{n_1}{n_1 + n_2} + p_2 \cdot \frac{n_2}{n_1 + n_2}$$

Mit Hilfe dieses geschätzten gemeinsamen Populationsanteils kann der Standardfehler der Differenz der Anteile in den beiden Teilstichproben berechnet werden nach:

$$\hat{\sigma}(p_1 - p_2) = \sqrt{\hat{\pi}_{pooled} \cdot (1 - \hat{\pi}_{pooled}) \cdot \left(\frac{1}{n_1} + \frac{1}{n_2}\right)}$$

Der Wert der Teststatistik wird dann berechnet nach:

$$Z = \frac{(p_1 - p_2) - (\pi_1 - \pi_2)}{\sqrt{\hat{\pi}_{pooled} \cdot (1 - \hat{\pi}_{pooled}) \cdot \left(\frac{1}{n_1} + \frac{1}{n_2}\right)}}$$

Ausführlich geschrieben lautet die Berechnungsformel für den Wert der Teststatistik Z im vorliegenden Beispiel:

$$Z = \frac{(p_{West} - p_{Ost}) - (\pi_{West} - \pi_{Ost})}{\sqrt{\left(\frac{p_{West} \cdot n_{West}}{n_{West} + n_{Ost}} + \frac{p_{Ost} \cdot n_{Ost}}{n_{West} + n_{Ost}}\right) \cdot \left(1 - \frac{p_{West} \cdot n_{West}}{n_{West} + n_{Ost}} - \frac{p_{Ost} \cdot n_{Ost}}{n_{West} + n_{Ost}}\right) \cdot \left(\frac{1}{n_{West}} + \frac{1}{n_{Ost}}\right)}}$$

Wenn die Nullhypothese falsch ist, ist mit kleinen Werten der Teststatistik zu rechnen. Die Nullhypothese wird daher abgelehnt, wenn Z kleiner ist als der kritische Wert z_α.

e) Auf der Basis der Daten im Beispiel beträgt der Wert der Teststatistik:

$$Z = \frac{\left(\frac{121}{976} - \frac{107}{546}\right) - 0}{\sqrt{\left(\frac{\frac{121}{976} \cdot 976}{976 + 546} + \frac{\frac{107}{546} \cdot 546}{976 + 546}\right) \cdot \left(1 - \frac{\frac{121}{976} \cdot 976}{976 + 546} + \frac{\frac{107}{546} \cdot 546}{976 + 546}\right) \cdot \left(\frac{1}{976} + \frac{1}{546}\right)}} = -3.77$$

Die Nullhypothese wird verworfen, wenn der Wert der Teststatistik kleiner ist als $z_{0.05} = -1.645$. Da dies der Fall ist, wird die Nullhypothese abgelehnt.

Bei Dichotomisierung der Daten (Hypothesenprüfung über den Unterschied von zwei Populationsanteilen) erhält man dasselbe Ergebnis wie beim Vergleich der Mittelwerte (Hypothesenprüfung über den Unterschied von zwei Populationsmittelwerten, siehe Teilaufgabe a) und b)). In beiden Fällen lassen die Ergebnisse den Schluss zu, das in den neuen Bundesländern ein geringeres Vertrauen in die Polizei besteht als in den alten Bundesländern.

Der Vorteil einer Dichotomisierung besteht darin, dass nicht mehr unterstellt werden muss, dass das Messniveau metrisch ist, was hier heißt, dass die Abstände zwischen den sieben Ausprägungen gleich groß sind.

Auf der anderen Seite bedeutet die Dichotomisierung einen Informationsverlust, da jeweils drei bzw. vier Ausprägungen zusammengefasst werden und somit nicht mehr unterschieden wird, ob eine befragte Person überhaupt kein oder nur geringes Vertrauen bzw. ein mittleres Vertrauen oder ein sehr hohes Vertrauen in die Polizei hat. Insbesondere muss in diesem Beispiel unterstellt werden, dass die ersten drei Kategorien tatsächlich für eine negative Bewertung, die übrigen vier für eine mittlere bzw. positive Bewertung stehen. Es stellt sich somit die Frage, was problematischer ist: der Informationsverlust durch die Dichotomisierung oder die ungeprüfte Annahme gleicher Abstände. Wenn die Befragten aufgrund der Antwortskalenvorgabe ungefähr gleiche Abstände zwischen den Kategorien wahrnehmen (was jedoch nicht überprüfbar ist), dann ist die Annahme des metrischen Skalenniveaus berechtigt. In diesem Fall wäre der erste Lösungsweg vorzuziehen.

Lösung 9.8

a) Die Fragestellung beinhaltet die Prüfung einer Hypothese über den Unterschied von zwei Populationsanteilen. Dieser Unterschied kann als Differenz zwischen den beiden (Sub-)Populationsanteilen ausgedrückt werden.

Die Hypothesenprüfung erfolgt mit Hilfe der Stichprobenanteile. Die beiden (Teil-)Stichproben sind unabhängig voneinander, da die Befragten aus den alten und neuen Bundesländern unabhängig voneinander in die Stichprobe aufgenommen wurden. Die Prüfung der Hypothese erfolgt in fünf Schritten.

1. Schritt: Formulierung der Null- und der Alternativhypothese
Wenn in den alten Bundesländern eine größere Distanz zu den Bürgern der neuen Bundesländer besteht als umgekehrt, dann ist der Anteil derer, die der Aussage zustimmen, im Westen größer als im Osten, sodass die Differenz zwischen Anteil West und Anteil Ost größer als null ist.

Das zu prüfende Hypothesenpaar lautet:

$$H_1: \pi_{West} - \pi_{Ost} > 0 \quad \text{versus} \quad H_0: \pi_{West} - \pi_{Ost} \leq 0$$

2. Schritt: Auswahl der Testverteilung und der Teststatistik
Da die Stichprobenanteile asymptotisch normalverteilt sind, ist auch die Differenz der beiden Stichprobenanteile asymptotisch um die Differenz der Populationsanteile normalverteilt.

Die Voraussetzungen für die Anwendung des zentralen Grenzwertsatzes auf Stichprobenanteile (bei hinreichend großen Stichproben sind Stichprobenanteile normalverteilt) ist gegeben, wenn gilt:

$$n_{West} \cdot \frac{\pi_{West}}{1-\pi_{West}} = 907 \cdot \frac{0.272}{0.728} = 338.9 > 9 \text{ und } n_{Ost} \cdot \frac{\pi_{Ost}}{1-\pi_{Ost}} = 525 \cdot \frac{0.274}{0.726} = 198.3 > 9$$

3. Schritt: Festlegung des Ablehnungsbereichs und des kritischen Werts
Da bei hohen Werten der Teststatistik die Nullhypothese vermutlich falsch ist, liegt der Ablehnungsbereich im oberen (rechten) Bereich der Testverteilung. Bei einer Irrtumswahrscheinlichkeit von 5 % ist der kritische Wert der Wert des $(1-\alpha)$-Quantils der Standardnormalverteilung $z_{1-\alpha} = 1.645$.

4. Schritt: Berechnung der Teststatistik
Zur Berechnung der Teststatistik muss der Standardfehler der Differenz der Stichprobenanteile aus den Stichprobendaten «geschätzt» werden. Wenn die Anteilsdifferenz in der Population gleich null ist, sind beide Anteile gleich groß. Dann erfolgt die Schätzung des Standardfehlers mit Hilfe der gemeinsamen («pooled») Schätzung des Populationsanteils.

Die Berechnungsformel für den geschätzten gemeinsamen Populationsanteil lautet wie in Teilaufgabe 9.7d):

$$\hat{\pi}_{pooled} = p_{West} \cdot \frac{n_{West}}{n_{West} + n_{Ost}} + p_{Ost} \cdot \frac{n_{Ost}}{n_{West} + n_{Ost}}$$

Der Wert der Teststatistik wird wie dort berechnet nach:

$$Z = \frac{(p_{West} - p_{Ost}) - (\pi_{West} - \pi_{Ost})}{\sqrt{\left(\frac{p_{West} \cdot n_{West}}{n_{West} + n_{Ost}} + \frac{p_{Ost} \cdot n_{Ost}}{n_{West} + n_{Ost}}\right) \cdot \left(1 - \frac{p_{West} \cdot n_{West}}{n_{West} + n_{Ost}} - \frac{p_{Ost} \cdot n_{Ost}}{n_{West} + n_{Ost}}\right) \cdot \left(\frac{1}{n_{West}} + \frac{1}{n_{Ost}}\right)}}$$

5. Schritt: Entscheidung über Akzeptanz oder Ablehnung der Nullhypothese
Die Nullhypothese wird abgelehnt, wenn der Wert der Teststatistik Z größer ist als der kritische Wert.

b) Bei einer Irrtumswahrscheinlichkeit von 1 % beträgt der kritische Wert $z_{0.99} = 2.326$.

Der Wert der Teststatistik wird berechnet als:

$$Z = \frac{\left(\frac{247}{907} - \frac{144}{525}\right) - 0}{\sqrt{\left(\frac{247 + 144}{907 + 525}\right) \cdot \left(1 - \frac{247 + 144}{907 + 525}\right) \cdot \left(\frac{1}{907} + \frac{1}{525}\right)}} = -0.080$$

Da der Wert der Teststatistik kleiner ist als der kritische Wert, kann die Nullhypothese nicht verworfen werden.

Mit einer Irrtumswahrscheinlichkeit von 1 % ist nicht davon auszugehen, dass in den alten Bundesländern eine größere Distanz zu den Bürgern der ehemaligen DDR besteht als bei den Bürgern der ehemaligen DDR zu den Bürgern der alten Bundesländer.

Bei der inhaltlichen Interpretation ist zu beachten, dass sich die Aussage genau genommen auf die jetzigen Bewohner des Gebiets der ehemaligen DDR bzw. der alten Bundesländer bezieht. Durch Migration zwischen den beiden Gebieten enthält die West-Stichprobe auch Bürger der ehemaligen DDR und die Ost-Stichprobe auch ehemalige Bürger der alten Bundesländer. Bei Ost-West-Vergleichen wird unterstellt, dass diese Migrationen keinen erheblichen Einfluss auf das Ergebnis haben.

c) Die geänderte Fragestellung hat zunächst Auswirkungen auf die Formulierung des Hypothesenpaars, das nun lautet:

$H_1: \pi_{West} \neq \pi_{Ost}$ versus $H_0: \pi_{West} = \pi_{Ost}$

Alternative Formulierung des Hypothesenpaars:

$H_1: \pi_{West} - \pi_{Ost} \neq 0$ versus $H_0: \pi_{West} - \pi_{Ost} = 0$

Testverteilung und Teststatistik ändern sich nicht, da die Anteilsdifferenz asmptotisch normalverteilt und damit die Teststatistik bei gültiger Nullhypothese asymptotisch standardnormalverteilt ist.

Allerdings ist die Nullhypothese hier vermutlich falsch, wenn die Teststatistik Werte annimmt, die weit von null entfernt sind. Deshalb liegt der Ablehnungsbereich der Nullhypothese sowohl im unteren (linken) als auch im oberen (rechten) Bereich der Testverteilung. Bei einer Irrtumswahrscheinlichkeit von 5 % wird die Nullhypothese daher abgelehnt, wenn der Wert der Teststatistik kleiner als der (kritische) Wert des 2.5 %-Quantils oder größer als der (kritische) Wert des 97.5 %-Quantils der Normalverteilung ist.

Die kritischen Werte sind daher $z_{\alpha/2}$ bzw. $z_{1-\alpha/2} = \pm 1.96$.

Da der Wert der Teststatistik $Z = -0.080$ (siehe Teilaufgabe b)) nicht im Ablehnungsbereich liegt, kann die Nullhypothese wiederum nicht verworfen werden.

Mit einer Irrtumswahrscheinlichkeit von 5 % ist nicht auszuschließen, dass die Populationsanteile der Zustimmung auf die «Distanzaussage» in den beiden Gebieten gleich groß sind.

Alternative Vorgehensweise: siehe Aufgabe 10.7

Lösung 9.9

Es handelt sich hier um die Prüfung einer Hypothese über zwei Populationsanteile. Da die Personen unabhängig voneinander in die Stichprobe aufgenommen wurden, sind die beiden (Teil-)Stichproben unabhängig voneinander.

Gegeben sind die Stichprobenanteile, $p_B = 0.08$ und $p_{NRW} = 0.10$, sowie die Fallzahlen in den (Teil-)Stichproben, $n_B = 496$ und $n_{NRW} = 485$.

Die Prüfung der Hypothese, dass in der Population ein signifikanter Unterschied in der Häufigkeit des Auftretens von Schlaganfallerkrankungen besteht, erfolgt in den bekannten fünf Schritten.

1. Schritt: Formulierung der Forschungs- und der Nullhypothese
Da in der Forschungsfrage keine Richtung vorgegeben ist, sondern nur nach einem signifikanten Unterschied gefragt wird, lautet das Hypothesenpaar zur Überprüfung der Forschungsfrage:

$$H_1: \pi_B \neq \pi_{NRW} \quad \text{versus} \quad H_0: \pi_B = \pi_{NRW}$$

Die alternative Formulierung des Hypothesenpaars lautet:

$$H_1: \pi_B - \pi_{NRW} \neq 0 \quad \text{versus} \quad H_0: \pi_B - \pi_{NRW} = 0$$

2. Schritt: Auswahl der Testverteilung und der Teststatistik
Da Stichprobenanteile asymptotisch normalverteilt sind, wird hier die Standardnormalverteilung als Testverteilung und der Z-Wert als Teststatistik verwendet. Die Anwendungsvoraussetzungen

$$n_B \cdot \frac{\pi_B}{1-\pi_B} = 496 \cdot \frac{0.081}{0.919} = 43.7 > 9 \quad \text{und} \quad n_{NRW} \cdot \frac{\pi_{NRW}}{1-\pi_{NRW}} = 485 \cdot \frac{0.103}{0.897} = 55.7 > 9$$

sind bei beiden (Teil-)Stichproben erfüllt.

3. Schritt: Festlegung des Ablehnungsbereichs und des kritischen Werts
Bei einer zweiseitigen Hypothesenprüfung liegt der Ablehnungsbereich sowohl im unteren (linken) als auch im oberen (rechten) Be-

reich der Verteilung, da die Nullhypothese sowohl bei sehr kleinen als auch bei sehr großen Werten der Teststatistik vermutlich falsch ist. Da die Irrtumswahrscheinlichkeit $\alpha = 5\,\%$ beträgt, gibt es zwei kritische Werte: $z_{\alpha/2} = -1.96$ und $z_{1-\alpha/2} = 1.96$.

4. Schritt: Berechnung der Teststatistik
Bei Prüfung einer beliebig vorgegebenen Differenz der Populationsanteile erfolgt die Berechnung der Teststatistik nach der Formel:

$$Z = \frac{p_B - p_{NRW} - (\pi_B - \pi_{NRW})}{\sqrt{\frac{p_B \cdot (1-p_B)}{n_B} + \frac{p_{NRW} \cdot (1-p_{NRW})}{n_{NRW}}}}$$

Da in der Nullhypothese jedoch behauptet wird, dass der Wert der Differenz der Populationsanteile gleich null ist, was impliziert, dass die Populationsanteile gleich groß sind, kann der gemeinsame («pooled») Populationsanteil der beiden Teilgruppen «geschätzt» werden nach der Formel:

$$\hat{\pi}_{pooled} = p_B \cdot \frac{n_B}{n_B + n_{NRW}} + p_{NRW} \cdot \frac{n_{NRW}}{n_B + n_{NRW}}$$

Der gemeinsame («pooled») Populationsanteil der beiden Teilgruppen wird im vorliegenden Beispiel berechnet als:

$$\hat{\pi}_{pooled} = 0.08 \cdot \frac{496}{981} + 0.10 \cdot \frac{485}{981} = 0.04 + 0.05 = 0.09$$

Der aus den Stichprobendaten «geschätzte» gemeinsame Populationsanteil wird zur Berechnung des geschätzten Standardfehlers der Differenz der Stichprobenanteile verwendet. Die entsprechende Berechnungsformel lautet:

$$\hat{\sigma}(p_B - p_{NRW}) = \sqrt{\hat{\pi}_{pooled} \cdot (1 - \hat{\pi}_{pooled}) \cdot \left(\frac{1}{n_B} + \frac{1}{n_{NRW}}\right)}$$

Im vorliegenden Beispiel wird der Standardfehler der Anteilsdifferenz berechnet als:

$$\hat{\sigma}(p_B - p_{NRW}) = \sqrt{0.09 \cdot 0.91 \cdot \left(\frac{1}{496} + \frac{1}{485}\right)} = 0.018$$

Der Wert der Teststatistik Z wird nun berechnet als:

$$Z = \frac{(p_B - p_{NRW}) - (\pi_B - \pi_{NRW})}{\sqrt{\hat{\pi}_{pooled} \cdot (1 - \hat{\pi}_{pooled}) \cdot \left(\frac{1}{n_B} + \frac{1}{n_{NRW}} \right)}} = \frac{(0.08 - 0.10) - 0}{0.018} = -1.11$$

5. Schritt: Entscheidung über Akzeptanz oder Zurückweisung der Nullhypothese
Die Nullhypothese wird abgelehnt, wenn der Wert der Teststatistik größer oder kleiner als der kritische Wert ist. Da der Z-Wert nicht kleiner als −1.96, aber auch nicht größer als 1.96 ist, wird die Nullhypothese beibehalten.

Mit einer Irrtumswahrscheinlichkeit von 5 % kann also nicht ausgeschlossen werden, dass die Prävalenzraten für Schlaganfallerkrankungen in Bayern und Nordrhein-Westfalen gleich hoch sind.

Lösung 9.10

a) Die Frage, ob sich die Zufriedenheit mit der Demokratie in den alten und den neuen Bundesländern zwischen den Erhebungszeitpunkten verändert hat, impliziert zwei Hypothesen und deren Überprüfung:

1. eine Hypothese für die alten Bundesländer,
2. eine Hypothese für die neuen Bundesländer.

Dabei geht es jeweils um die Prüfung einer Hypothese über zwei Populationsmittelwerte, die anhand der Daten zweier voneinander unabhängiger Stichproben vorgenommen wird. Die Stichproben sind unabhängig voneinander, da zu den Erhebungszeitpunkten 1991 und 2000 jeweils unterschiedliche Personen befragt wurden.

Die Prüfung der Hypothese für die alten (und die neuen) Bundesländer erfolgt in den bekannten fünf Schritten.

1. Schritt: Formulierung der Forschungs- und der Nullhypothese
Die Forschungsfrage nach der Veränderung der «Zufriedenheit mit der Demokratie» zwischen den beiden Erhebungszeitpunkten 1991 und 2000 gibt keine Richtung vor. Das Hypothesenpaar kann daher formuliert werden als:

$H_1: \mu_{1991} \neq \mu_{2000}$ versus $H_0: \mu_{1991} = \mu_{2000}$

Alternative Formulierung des Hypothesenpaars:

$H_1: \mu_{1991} - \mu_{2000} \neq 0$ versus $H_0: \mu_{1991} - \mu_{2000} = 0$

2. Schritt: Auswahl der Testverteilung und der Teststatistik
Die Differenz der Stichprobenmittelwerte ist, ebenso wie die Stichprobenmittelwerte, asymptotisch normalverteilt. Da sich die Standardabweichungen in den Stichproben deutlich voneinander unterscheiden, wird die Standardnormalverteilung als Testverteilung und die Teststatistik Z für einen Mittelwertvergleich bei ungleichen Varianzen verwendet. (Bei Annahme gleicher Varianzen in den beiden (Teil-)Stichproben könnte alternativ als Testverteilung auch die T-Verteilung und die Teststatistik des T-Werts verwendet werden.)

3. Schritt: Festlegung des Ablehnungsbereichs und des kritischen Werts
Die Irrtumswahrscheinlichkeit beträgt $\alpha = 5\,\%$. Da es um eine zweiseitige Hypothesenprüfung geht, liegt der Ablehnungsbereich sowohl im unteren (linken) als auch im oberen (rechten) Wertebereich der Verteilung, weil die Nullhypothese bei sehr kleinen und sehr großen Werten der Teststatistik vermutlich falsch ist.

Bei Verwendung des Z-Werts sind die kritischen Werte $z_{\alpha/2}$ und $z_{1-\alpha/2}$ mit den Werten ± 1.96.

4. Schritt: Berechnung der Teststatistik
Zur Berechnung der Teststatistik Z ist der Standardfehler der Differenz notwendig.

Der geschätzte Standardfehler für die Differenz der Mittelwerte zu den Erhebungszeitpunkten 1991 und 2000 ergibt sich aufgrund der ungleichen Standardabweichungen als Quadratwurzel aus der Summe der geschätzten quadrierten Standardfehler von 1991 und von 2000 und wird berechnet nach der Formel:

$$\hat{\sigma}\left(\bar{x}_{1991}-\bar{x}_{2000}\right)=\sqrt{\hat{\sigma}^2\left(\bar{x}_{1991}\right)+\hat{\sigma}^2\left(\bar{x}_{2000}\right)}=\sqrt{\frac{s_{1991}^2}{n_{1991}-1}+\frac{s_{2000}^2}{n_{2000}-1}}$$

Der Standardfehler für die alten Bundesländer beträgt:

$$\hat{\sigma}\left(\bar{x}_{1991}-\bar{x}_{2000}\right)=\sqrt{\frac{s_{1991}^2}{n_{1991}-1}+\frac{s_{2000}^2}{n_{2000}-1}}=\sqrt{\frac{1.10^2}{1498}+\frac{1.08^2}{2429}}=0.036$$

Der Standardfehler für die neuen Bundesländer beträgt:

$$\hat{\sigma}\left(\bar{x}_{1991}-\bar{x}_{2000}\right)=\sqrt{\frac{s_{1991}^2}{n_{1991}-1}+\frac{s_{2000}^2}{n_{2000}-1}}=\sqrt{\frac{1.22^2}{1444}+\frac{1.22^2}{1282}}=0.047$$

Die Teststatistik Z wird berechnet nach der Formel:

$$Z=\frac{\left(\bar{x}_{1991}-\bar{x}_{2000}\right)-\left(\mu_{1991}-\mu_{2000}\right)}{\hat{\sigma}\left(\bar{x}_{1991}-\bar{x}_{2000}\right)}$$

Der auf der Basis der Stichprobendaten berechnete Z-Wert für die alten Bundesländer beträgt:

$$Z=\frac{\left(\bar{x}_{1991}-\bar{x}_{2000}\right)-\left(\mu_{1991}-\mu_{2000}\right)}{\hat{\sigma}\left(\bar{x}_{1991}-\bar{x}_{2000}\right)}=\frac{(2.47-2.66)-0}{0.036}=-5.28$$

Der auf der Basis der Stichprobendaten berechnete Z-Wert für die neuen Bundesländer beträgt:

$$Z=\frac{\left(\bar{x}_{1991}-\bar{x}_{2000}\right)-\left(\mu_{1991}-\mu_{2000}\right)}{\hat{\sigma}\left(\bar{x}_{1991}-\bar{x}_{2000}\right)}=\frac{(3.25-3.47)-0}{0.047}=-4.68$$

5. Schritt: Entscheidung über Akzeptanz oder Zurückweisung der Nullhypothese

Die Nullhypothese wird abgelehnt, wenn der Wert der Teststatistik größer (oder kleiner) ist als der kritische Wert. Das ist hier für die alten wie für die neuen Bundesländer der Fall.

Mit einer Irrtumswahrscheinlichkeit von 5 % ist deshalb davon auszugehen, dass sich die «Zufriedenheit mit der Demokratie» sowohl in der Population im Osten als auch in der Population im Westen zwischen den Erhebungszeitpunkten 1991 und 2000 verändert hat.

Aufgrund der Mittelwerte kann dieses Ergebnis dahin gehend interpretiert werden, dass die Bevölkerung in beiden Teilen Deutschlands im Jahr 2000 unzufriedener mit der Demokratie ist, als das im Jahr 1991 der Fall war.

b) Bei dieser Frage geht es um den Vergleich der Mittelwerte für die «Zufriedenheit mit der Demokratie» in den alten und den neuen Bundesländern zum Erhebungszeitpunkt 2000. Es handelt sich wieder um die Prüfung einer Hypothese über die Differenz zwischen zwei Populationsmittelwerten. Die zur Prüfung der Hypothese verwendeten (Teil-)Stichproben sind unabhängig voneinander.

Die Prüfung der Hypothese erfolgt in den bekannten fünf Schritten.

1. Schritt: Formulierung der Forschungs- und der Nullhypothese
Das Hypothesenpaar mit den Bezeichnungen μ_1 für Westdeutschland und μ_2 für Ostdeutschland lautet:

$H_1: \mu_1 \neq \mu_2$ versus $H_0: \mu_1 = \mu_2$

Alternative Formulierung:

$H_1: \mu_1 - \mu_2 \neq 0$ versus $H_0: \mu_1 - \mu_2 = 0$

2. und 3. Schritt: Auswahl der Testverteilung und Festlegung des kritischen Werts
Als Testverteilung wird wie in Teilaufgabe a) die Standardnormalverteilung und die Teststatistik Z verwendet.

Der Ablehnungsbereich für die Nullhypothese liegt im unteren (linken) und oberen (rechten) Bereich der Verteilung. Da α = 5 %, betragen die kritischen Werte: $z_{\alpha/2}$ und $z_{1-\alpha/2} = \pm 1.96$.

4. Schritt: Berechnung der Teststatistik
Der Standardfehler für die Differenz der Mittelwerte wird wie in Teilaufgabe a) berechnet nach der Formel:

$$\hat{\sigma}(\bar{x}_1 - \bar{x}_2) = \sqrt{\frac{s_1^2}{n_1 - 1} + \frac{s_2^2}{n_2 - 1}} = \sqrt{\frac{1.08^2}{2429} + \frac{1.22^2}{1282}} = 0.041$$

Die Berechnung der Teststatistik Z erfolgt nach:

$$Z = \frac{(\bar{x}_1 - \bar{x}_2) - (\mu_1 - \mu_2)}{\hat{\sigma}(\bar{x}_1 - \bar{x}_2)} = \frac{2.66 - 3.47 - 0}{0.041} = -19.76$$

5. Schritt: Entscheidung über Akzeptanz oder Zurückweisung der Nullhypothese

Die Nullhypothese wird abgelehnt, wenn der Wert der Teststatistik größer oder kleiner ist als der kritische Wert. Da das hier der Fall ist ($-19.76 < -1.96$), ist mit einer Irrtumswahrscheinlichkeit von 5 % davon auszugehen, dass es in der Population zwischen Ost und West im Hinblick auf die «Zufriedenheit mit der Demokratie» einen deutlichen Unterschied gibt.

Dieser Unterschied ist aufgrund der Mittelwerte dahin gehend zu interpretieren, dass die Bevölkerung im Osten deutlich (signifikant) unzufriedener mit der Demokratie ist als die Bevölkerung im Westen.

Lösung 9.11

a) Bei dieser Fragestellung handelt es sich um die Prüfung einer Hypothese über den Unterschied zwischen zwei Populations(mittel)werten. Diese Hypothese kann unter Verwendung von Stichprobendaten geprüft werden, wobei es sich hier um abhängige Stichproben handelt, weil eine Längsschnittstudie vorliegt, in der die Personen wiederholt (zu zwei Erhebungszeitpunkten t_1 und t_2) befragt wurden, sodass die Angaben der nachfolgenden Erhebung E_2 nicht unabhängig sind von denen der vorangehenden Erhebung E_1.

Deshalb kann hier nicht eine Hypothese über die Differenz der Populations(mittel)werte formuliert werden, sondern es muss eine Hypothese formuliert werden, die den individuellen Vergleich, d. h. die Differenz D der individuellen Angaben zu den Erhebungszeitpunkten t_1 und t_2, berücksichtigt. Der Unterschied zwischen den Populations(mittel)werten drückt sich dann im Durchschnittswert dieser Differenz D aus.

Formal wird der Durchschnittswert der Differenz dargestellt als:

$$\mu(D) = \mu(E_1) - \mu(E_2) = \mu_1 - \mu_2$$

b) Zuerst werden Forschungs- und Nullhypothese formuliert. Der Durchschnittswert der Differenz kann größer, kleiner oder gleich null bzw. größer, kleiner oder gleich einem vermuteten Populationsdurchschnittswert μ sein. Grundsätzlich sind daher drei Hypothesenpaare möglich:

$H_1: \mu(D) > \mu$ versus $H_0: \mu(D) \leq \mu$

$H_1: \mu(D) < \mu$ versus $H_0: \mu(D) \geq \mu$

$H_1: \mu(D) \neq \mu$ versus $H_0: \mu(D) = \mu$

Im zweiten Schritt wird festgelegt, welche Testverteilung und welche Teststatistik bei der Hypothesenprüfung verwendet werden sollen. Dieser Schritt ist notwendig, weil die Teststatistik das Entscheidungskriterium für Akzeptanz oder Ablehnung der Nullhypothese ist. Hierzu wird der aus den Stichprobendaten berechnete Wert der Teststatistik mit dem kritischen Wert der Teststatistik verglichen.

Im dritten Schritt wird der Ablehnungsbereich für die Nullhypothese und damit der kritische Wert der Teststatistik festgelegt. Die Lokalisierung des Ablehnungsbereichs hängt von der Richtung der Nullhypothese ab. Der Betrag des kritischen Werts hängt von der Position des Ablehnungsbereichs in der Testverteilung und von der Irrtumswahrscheinlichkeit ab.

Im vierten Schritt erfolgt die Berechnung des Werts der Teststatistik aus den Stichprobendaten. Dazu müssen zunächst die Stichprobendifferenzen zwischen den individuellen Messwertpaaren und der Stichprobenmittelwert dieser Differenzen berechnet werden.

Die Bildung der Differenz für jedes individuelle Messwertpaar erfolgt nach: $D = E_1 - E_2$. Der Stichprobenmittelwert dieser Differenz wird mit $\bar{d}$ bezeichnet.

Zur Berechnung der Teststatistik muss nun noch der Standardfehler des Mittelwerts $\bar{d}$ der Differenzen berechnet werden. Diese Berechnung erfolgt nach der Formel:

$$\hat{\sigma}(\bar{d}) = \sqrt{\frac{s^2(\bar{d})}{n-1}}$$

Der Wert der Teststatistik wird dann berechnet als Quotient aus der Differenz zwischen dem Stichprobenmittelwert der Differenzen und dem in der Population vermuteten Durchschnittswert der Differenzen, dividiert durch den Standardfehler des Stichprobenmittelwerts der Differenzen:

$$Z = \frac{\bar{d} - \mu(D)}{\hat{\sigma}(\bar{d})}$$

Im fünften und letzten Schritt wird durch die Gegenüberstellung des aus den Stichprobendaten berechneten Werts der Teststatistik mit dem kritischen Wert der Teststatistik die Entscheidung über Aufrechterhaltung oder Zurückweisung der Nullhypothese getroffen. Je nach Richtung der Nullhypothese führt ein Unter- oder Überschreiten (oder beides bei ungerichteten Hypothesen) zur Ablehnung der Nullhypothese. Mit der vorgegebenen Irrtumswahrscheinlichkeit ist zu vermuten, dass der in der Forschungshypothese behauptete Sachverhalt in der Population vorliegt.

Lösung 9.12

a) Stichproben sind dann unabhängig voneinander, wenn die Stichprobenelemente unabhängig voneinander in die Stichprobe aufgenommen werden.

   Beispiel 1: Männer und Frauen sind voneinander unabhängige Teilgruppen innerhalb einer Zufallsstichprobe.

   Stichproben sind abhängig voneinander, wenn die Stichprobenelemente nicht unabhängig voneinander in die Stichprobe gelangen.

Beispiel 2: Männer und Frauen sind dann voneinander abhängige Teilgruppen innerhalb einer Zufallsstichprobe, wenn z. B. bei Partnerbefragungen die Auswahl eines Partners die Aufnahme des anderen Partners in die Stichprobe nach sich zieht.

Beispiel 3: Werden wiederholte Messungen bei identischen Personen vorgenommen, liegen ebenfalls abhängige Stichproben vor, weil die Existenz des Messwerts einer Person bei der ersten Erhebung ihre Einbeziehung in die zweite Erhebung (prä-)determiniert.

b) Die Prüfung von Hypothesen über Mittelwertunterschiede in der Population bei *unabhängigen* Messungen erfolgt (mittels unabhängiger Stichproben) anhand der *Differenz der Mittelwerte* der beiden Subgruppen.

Die Prüfung von Hypothesen über Mittelwertunterschiede in der Population bei *abhängigen* Messungen erfolgt (mittels abhängiger Stichproben) durch die Berechnung des *Mittelwerts der Differenzen* zwischen den Messwertereihen in den beiden Substichproben.

c) Der Verfahrensunterschied bei der Prüfung von Hypothesen über Mittelunterschiede bei abhängigen und unabhängigen Messungen besteht darin, dass bei abhängigen Messungen (und entsprechend abhängigen Stichproben) zuerst die Differenzen der einzelnen Messwertpaare und dann deren Mittelwert berechnet wird. Die Prüfung der Hypothese bezieht sich auf diesen Mittelwert der Differenzen.

Bei unabhängigen Messungen (und entsprechend unabhängigen Stichproben) wird dagegen eine Hypothese über die Differenz der Mittelwerte in den beiden Teilgruppen geprüft.

Lösung 9.13

a) Die Fragestellung beinhaltet die Prüfung einer Hypothese über den Unterschied zwischen zwei Populationsmittelwerten. Die Messungen sind unabhängig voneinander, da die Gruppen der Seminarteilnehmer als unabhängige (Teil-)Gruppen anzusehen sind.

Die einzelnen Schritte der Hypothesenprüfung sind:

1. Schritt: Formulierung der Forschungshypothese und der Nullhypothese
Die geschilderte Verfahrensweise beinhaltet implizit die Vermutung, dass die Behandlung zu einer Reduktion der Motivationsschwäche führt. Das zu prüfende Hypothesenpaar lautet daher:

$$H_1: \mu(\bar{x}_A) < \mu(\bar{x}_B) \quad \text{versus} \quad H_0: \mu(\bar{x}_A) \geq \mu(\bar{x}_B)$$

Alternative Formulierung:

$$H_1: \mu(\bar{x}_A) - \mu(\bar{x}_B) < 0 \quad \text{versus} \quad H_0: \mu(\bar{x}_A) - \mu(\bar{x}_B) \geq 0$$

2. Schritt: Auswahl der Testverteilung und der Teststatistik
Da Stichprobenmittelwerte asymptotisch normalverteilt sind, sind auch die Differenzen von Stichprobenmittelwerten asymptotisch normalverteilt. Als Testverteilung kann daher die Standardnormalverteilung und als Teststatistik der Z-Wert verwendet werden.

3. Schritt: Festlegung des Ablehnungsbereichs und des kritischen Werts
Der Ablehnungsbereich liegt im unteren (linken) Bereich der Verteilung, da die Nullhypothese bei sehr kleinen Werten der Teststatistik vermutlich falsch ist. Der kritische Wert ist daher z_α. Bei einer angenommenen Irrtumswahrscheinlichkeit von 5 % beträgt der kritische Wert $z_\alpha = -1.645$.

4. Schritt: Berechnung der Teststatistik
Zunächst muss der Standardfehler der Differenz der Stichprobenmittelwerte aus den Stichprobendaten «geschätzt» werden. Die entsprechende Formel lautet:

$$\hat{\sigma}(\bar{x}_A - \bar{x}_B) = \sqrt{\hat{\sigma}^2(\bar{x}_A) + \hat{\sigma}^2(\bar{x}_B)} = \sqrt{\frac{s^2(X_A)}{n_A - 1} + \frac{s^2(X_B)}{n_B - 1}}$$

Die Berechnung der Teststatistik erfolgt nach der Formel:

$$Z = \frac{(\bar{x}_A - \bar{x}_B) - (\mu_A - \mu_B)}{\hat{\sigma}(\bar{x}_A - \bar{x}_B)}$$

5. Schritt: Entscheidung über Akzeptanz oder Zurückweisung der Nullhypothese
Die Nullhypothese wird abgelehnt, wenn der Wert der Teststatistik Z kleiner als der kritische Wert ist. Ist das der Fall, dann ist davon auszugehen, dass die beiden Gruppen A und B sich signifikant im Ausmaß der Motivationsschwäche unterscheiden.

Das würde bedeuten, dass die regelmäßig besuchte zusätzliche Übungsstunde eine deutliche Reduktion der Motivationsschwäche bei der Gruppe A bewirkt hätte. Diese Interpretation ist deshalb gerechtfertigt, weil (a) die Motivationsschwäche bei allen Seminar-Teilnehmern ähnlich ausgeprägt ist und weil (b) durch die randomisierte Zuweisung der Teilnehmer zu den Gruppen von einer gleichen Verteilung des Merkmals in den beiden Gruppen ausgegangen werden kann. Der nach einigen Wochen beobachtete Unterschied zwischen den Gruppen A und B kann dann tatsächlich dem «Treatment» zugeschrieben werden.

b) Die gewünschte Berechnung, ob ein signifikanter Unterschied zwischen den Gruppen A und B besteht, kann nicht durchgeführt werden, weil der Stichprobenumfang n bzw. die Gruppengröße von A und B, n_A und n_B, nicht angegeben ist. Die Fallzahlen werden aber zur Berechnung des Standardfehlers benötigt, und ohne den Standardfehler kann der Wert der Teststatistik, die das Entscheidungskriterium für einen signifikanten Unterschied darstellt, nicht berechnet werden.

10 Tabellenanalyse

10.1 Übungsaufgaben zu Kapitel 11, 12 und 15

Aufgabe 10.1

Im Allbus 1996 wurde unter anderem die Frage gestellt, ob Schwangerschaftsabbruch bei finanzieller Notlage erlaubt oder verboten sein soll. Gegeben sind zwei univariate Verteilungen. Von den 3100 befragten Personen (mit validen Werten) antworteten 1870 mit «sollte erlaubt sein», 1230 Personen antworteten mit «sollte verboten sein». Die Geschlechterverteilung der 3100 Personen ist: 1532 Männer und 1568 Frauen.

a) Es ist bekannt, dass 962 Frauen mit «sollte erlaubt sein» geantwortet haben. Erstellen Sie die Kreuztabelle der absoluten Häufigkeiten aus den vorhandenen Angaben.
b) Berechnen Sie eine geeignete Prozentuierung, sodass geprüft werden kann, ob die Geschlechtszugehörigkeit die Befürwortung von Schwangerschaftsabbruch «bei finanzieller Notlage» beeinflusst.
c) Welche Aussage erlaubt die Tabelle über den Zusammenhang von Geschlechtszugehörigkeit und Einstellung zum Schwangerschaftsabbruch «bei finanzieller Notlage»?

Aufgabe 10.2

In der folgenden Tabelle ist die gemeinsame Verteilung von Bildungsniveau und überwiegend materialistischen bzw. überwiegend postmaterialistischen Wertorientierungen enthalten. Die Angaben basieren auf den Antworten der Befragten des Allbus 1996. Die postmaterialistischen bzw. materialistischen Mischtypen wurden zusammen mit den jeweils «reinen» Wertorientierungstypen (nach Inglehart) zu «überwiegend Postmaterialist» bzw. «überwiegend Materialist» zusammengefasst.

Die Angaben zum «höchsten allgemein bildenden Schulabschluss» wurden durch Zusammenfassung der Antwortvorgaben in die Variable «Bildungsniveau» recodiert. Dabei wurden die Angaben «kein Schulabschluss» und «Volks- / Hauptschulabschluss» zur Kategorie «gering», die Angaben «Mittlere Reife», «Fachhochschulreife» und «Abitur / Hochschulreife» zur Kategorie «hoch» zusammengefasst.

Tabelle zu 10.2: **Wertorientierung und Bildungsniveau**

Wertorientierung überwiegend …		Bildungsniveau		
		gering	hoch	gesamt
… postmaterialistisch	n	609	1072	1681
	Zeilen-%	36.2 %	63.8 %	100.0 %
	Spalten-%	37.5 %	59.7 %	49.1 %
	gesamt-%	17.8 %	31.3 %	49.1 %
… materialistisch	n	1017	724	1741
	Zeilen-%	58.4 %	41.6 %	100.0 %
	Spalten-%	62.5 %	40.3 %	50.9 %
	gesamt-%	29.7 %	21.2 %	50.9 %
gesamt	n	1626	1796	3422
	Zeilen-%	47.5 %	52.5 %	100.0 %
	Spalten-%	100.0 %	100.0 %	100.0 %
	gesamt-%	47.5 %	52.5 %	100.0 %

Quelle: Allbus 1996

a) Wie hoch ist der Anteil der Materialisten unter den Hochgebildeten?
b) Wie hoch ist der Anteil der Personen mit hoher Bildung unter den Postmaterialisten?
c) Wie groß ist der Anteil der Befragten, die Materialisten sind und eine geringe Bildung haben?
d) Welcher Anteil ist höher: der Anteil der Postmaterialisten bei den hoch gebildeten oder der Anteil der Materialisten bei den gering gebildeten Personen?
e) Wie viele Materialisten gibt es in der Stichprobe?

Aufgabe 10.3

Im Allbus 1996 wird die Einstellung der Befragten zum Schwangerschaftsabbruch in verschiedenen Situationen erfasst. Gefragt wird u. a. nach der Befürwortung oder Ablehnung von Schwangerschaftsabbruch unter der Bedingung, «… wenn die Frau es will». Die folgende Tabelle enthält die gemeinsame Verteilung der Antworten auf diese Frage und auf die Frage nach der Zugehörigkeit zu einer christlichen oder nicht-christlichen Religionsgemeinschaft:

***Tabelle zu 10.3:* Befürwortung von Schwangerschaftsabbruch und (christliche) Konfessionszugehörigkeit**

Schwangerschaftsabbruch, «... wenn die Frau es will»		Mitglied in einer christlichen Konfession		
		ja	nein	gesamt
ja, sollte möglich sein	n	753	685	1438
	Zeilen-%	52.4	47.6	100.0
	Spalten-%	36.7	64.3	46.1
nein, sollte nicht möglich sein	n	1298	380	1678
	Zeilen-%	77.4	22.6	100.0
	Spalten-%	63.3	35.7	53.9
gesamt	n	2051	1065	3116
	Zeilen-%	65.8	34.2	100.0
	Spalten-%	100.0	100.0	100.0

Quelle: Allbus 1996

Schreiben Sie zur Beantwortung der Teilaufgaben a) bis d) die entsprechenden Zahlen aus der Tabelle ab, und geben Sie jeweils an, ob es sich dabei um Zeilen- oder Spaltenprozentwerte handelt.

a) In welcher Gruppe ist die Zustimmung zum Schwangerschaftsabbruch größer – bei den Personen mit christlicher Konfessionszugehörigkeit oder bei denen mit nicht-christlicher Konfessionszugehörigkeit?
b) Wie groß ist der Anteil der Personen mit christlicher Konfessionszugehörigkeit an der Gesamtheit derer, die Schwangerschaftsabbruch ablehnen?
c) Wie groß ist der Anteil der Befürworter von Schwangerschaftsabbruch an der Gesamtheit der befragten Personen?

d) Wie groß ist der Anteil der Mitglieder christlicher Konfessionsgemeinschaften an der Gesamtheit der Befürworter von Schwangerschaftsabbruch?
e) Wie bilden Sie aus den Prozentwerten eine Maßzahl zur Feststellung eines Zusammenhangs in der Tabelle?
f) Gibt es bei Verwendung des in e) verwendeten Zusammenhangsmaßes einen Zusammenhang in dieser Tabelle? Auf welches Kriterium stützen Sie Ihr Urteil?

Aufgabe 10.4

Die gemeinsame Verteilung von Wahlabsicht und Konfessionszugehörigkeit ist in der folgenden Tabelle angegeben. Datenbasis sind die Angaben der Befragten des Allbus 2000.

***Tabelle zu 10.4:* Wahlabsicht (Sonntagsfrage) und Konfessionszugehörigkeit**

Wahlabsicht (Sonntagsfrage)		Konfessionszugehörigkeit			
		evangelisch	katholisch	keine	gesamt
1 CDU/CSU	n	288	312	141	741
	Zeilen-%	38.9 %	42.1 %	19.0 %	100.0 %
	Spalten-%	30.0 %	40.3 %	14.8 %	27.5 %
2 SPD	n	363	227	324	914
	Zeilen-%	39.7 %	24.8 %	35.4 %	100.0 %
	Spalten-%	37.8 %	29.3 %	34.0 %	34.0 %
3 FDP	n	70	66	51	187
	Zeilen-%	37.4 %	35.3 %	27.3 %	100.0 %
	Spalten-%	7.3 %	8.5 %	5.3 %	7.0 %
4 Bündnis 90/ Die Grünen	n	75	53	65	193
	Zeilen-%	38.9 %	27.5 %	33.7 %	100.0 %
	Spalten-%	7.8 %	6.8 %	6.8 %	7.2 %
5 Republikaner	n	8	7	14	29
	Zeilen-%	27.6 %	24.1 %	48.3 %	100.0 %
	Spalten-%	.8 %	.9 %	1.5 %	1.1 %
6 PDS	n	22	4	190	216
	Zeilen-%	10.2 %	1.9 %	88.0 %	100.0 %
	Spalten-%	2.3 %	.5 %	19.9 %	8.0 %
7 andere Partei	n	9	10	13	32
	Zeilen-%	28.1 %	31.3 %	40.6 %	100.0 %
	Spalten-%	.9 %	1.3 %	1.4 %	1.2 %
8 würde nicht wählen	n	126	96	156	378
	Zeilen-%	33.3 %	25.4 %	41.3 %	100.0 %
	Spalten-%	13.1 %	12.4 %	16.4 %	14.1 %
gesamt	n	961	775	954	2690
	Zeilen-%	35.7 %	28.8 %	35.5 %	100.0 %
	Spalten-%	100.0 %	100.0 %	100.0 %	100.0 %

Quelle: Allbus 2000

a) Geben Sie eine Interpretation der Zeilenprozentwerte.
b) Geben Sie eine Interpretation der Spaltenprozentwerte.
c) Welches Zusammenhangsmaß ist für diese Tabelle angemessen? Begründen Sie Ihre Entscheidung.

Aufgabe 10.5

Die folgende Tabelle gibt den Zusammenhang zwischen dem Ausmaß anomischer Orientierungen und dem Vertrauen zur Bundesregierung wieder. Die Daten basieren auf den Angaben der Befragten des Allbus 2000. Das Ausmaß anomischer Orientierungen wird durch einen Anomia-Index erfasst, der als Zählvariable aus der Anzahl der zustimmenden Antworten auf vier Anomia-Items gebildet wurde. Als gering wird das Ausmaß anomischer Orientierungen bezeichnet, wenn keinem, einem oder zwei Items zugestimmt wird. Als hoch wird das Ausmaß anomischer Orientierungen bezeichnet, wenn drei oder allen vier Anomia-Items zugestimmt wird.

Das Vertrauen in die Bundesregierung wurde mit einer 7-Punkte-Skala (1 = «überhaupt kein Vertrauen»; 7 = «sehr großes Vertrauen») erfasst, die zum Zweck der Analyse trichotomisiert wurde in: 1, 2, 3 = «geringes Vertrauen», 4 = «mittleres Vertrauen», 5, 6, 7 = «großes Vertrauen».

In der folgenden Tabelle wurde die Kategorie «mittleres Vertrauen» aus der Analyse ausgeschlossen, da das Interesse auf den Gruppen unterhalb und oberhalb des mittleren Skalenpunkts lag.

***Tabelle zu 10.5:* Anomia und Vertrauen zur Bundesregierung**

Anomia-Index		Vertrauen zur Bundesregierung		
		geringes Vertrauen	großes Vertrauen	gesamt
geringes Ausmaß an Anomia (maximal zweimal Zustimmung)	n	206	225	431
	Zeilen-%	47.8 %	52.2 %	100.0 %
	Spalten-%	24.3 %	49.9 %	33.2 %
hohes Ausmaß an Anomia (drei- und viermal Zustimmung)	n	643	226	869
	Zeilen-%	74.0 %	26.0 %	100.0 %
	Spalten-%	75.7 %	50.1 %	66.8 %
gesamt	n	849	451	1300
	Zeilen-%	65.3 %	34.7 %	100.0 %
	Spalten-%	100.0 %	100.0 %	100.0 %

Quelle: Allbus 2000

Wortlaut der Anomia-Items:

Item 1: «Egal, was manche Leute sagen: Die Situation der einfachen Leute wird nicht besser, sondern schlechter.»

Item 2: «So, wie die Zukunft aussieht, kann man es kaum noch verantworten, Kinder auf die Welt zu bringen.»

Item 3: «Die meisten Politiker interessieren sich in Wirklichkeit gar nicht für die Probleme der einfachen Leute.»

Item 4: «Die meisten Leute kümmern sich in Wirklichkeit gar nicht darum, was mit ihren Mitmenschen geschieht.»

a) Berechnen Sie die Prozentsatzdifferenz, wenn das «Vertrauen ...» als unabhängige Variable angesehen wird.
b) Berechnen Sie die Prozentsatzdifferenz, wenn das Ausmaß der anomischen Orientierungen, «Anomia», als unabhängige Variable angesehen wird.
c) Geben Sie eine inhaltliche Interpretation von a) und b).
d) Prüfen Sie mit einer Irrtumswahrscheinlichkeit von 1 % die Hypothese, dass die Prozentsatzdifferenz bei «Vertrauen ...» als abhängige Variable in der Population mehr als 25 Prozentpunkte beträgt.
e) Geben Sie ein 99 %-Konfidenzintervall für den unbekannten Populationswert der Prozentsatzdifferenz an, wenn «Anomia» abhängige Variable ist.

Aufgabe 10.6

In der folgenden Tabelle geht es um den Zusammenhang zwischen politischem Interesse und der Links-rechts-Orientierung der Befragten in der Allbus-Umfrage 2000.

Die Links-rechts-Selbsteinstufung wurde mit folgender Frage erfasst: «Viele Leute verwenden die Begriffe ‹links› und ‹rechts›, wenn es darum geht, unterschiedliche politische Einstellungen zu kennzeichnen. Wir haben hier einen Maßstab, der von links nach rechts verläuft. Wenn Sie an Ihre eigenen politischen Ansichten denken, wo würden Sie diese Ansichten auf dieser Skala einstufen? Machen Sie bitte ein Kreuz in eines der Kästchen.» Die zehn vorgegebenen Kästchen sind von links nach rechts mit den Zahlen 1 bis 10 beschriftet.

Für die Analyse wurden die Ausprägungen 1 bis 4 zu der Kategorie «(eher) links», die Ausprägungen 5 und 6 zu der Kategorie «Mitte» und die Ausprägungen 7 bis 10 zu der Kategorie «(eher) rechts» zusammengefasst.

Das politische Interesse wurde durch folgende Frage erhoben: «Wie stark interessieren Sie sich für Politik?» Die Antwortvorgaben lauteten: «sehr stark» (1), «stark» (2), «mittel» (3), «wenig» (4) und «gar nicht» (5). Diese Werte wurden zusammengefasst zu den Kategorien: «(sehr) stark» (1, 2), «mittel» (3) und «gering» (4, 5).

***Tabelle zu 10.6:* Links-rechts-Orientierung und politisches Interesse**

Orientierung		politisches Interesse			gesamt
		wenig/ gar nicht	mittel	(sehr) stark	
(eher) links	n	296	515	411	1222
	Zeilen-%	24.2 %	42.1 %	33.6 %	100.0 %
	Spalten-%	28.1 %	36.9 %	40.8 %	35.4 %
Mitte	n	582	645	382	1609
	Zeilen-%	36.2 %	40.1 %	23.7 %	100.0 %
	Spalten-%	55.2 %	46.2 %	37.9 %	46.6 %
(eher) rechts	n	176	235	214	625
	Zeilen-%	28.2 %	37.6 %	34.2 %	100.0 %
	Spalten-%	16.7 %	16.8 %	21.3 %	18.1 %
gesamt	n	1054	1395	1007	3456
	Zeilen-%	30.5 %	40.4 %	29.1 %	100.0 %
	Spalten-%	100.0 %	100.0 %	100.0 %	100.0 %

Quelle: Allbus 2000

a) Welche Interpretation leiten Sie aus den Spaltenprozentwerten ab?

b) Angenommen, die Links-rechts-Orientierung wird als unabhängige Variable bestimmt: Formulieren Sie anhand der gegebenen Daten eine Aussage über den Zusammenhang zwischen politischer Orientierung und politischem Interesse.

c) Prüfen Sie mit einer Irrtumswahrscheinlichkeit von 5 % die Hypothese, dass in der Population ein Zusammenhang zwischen politischem Interesse und politischer Orientierung besteht. Zeigen Sie den Lösungsweg auf.

d) Führen Sie die notwendigen Berechnungen zur Prüfung der Hypothese durch.

Aufgabe 10.7

Wie ist das Verhältnis von West- und Ostdeutschen zehn Jahre nach der Vereinigung? Im Allbus 2000 wurde die Zustimmung zu folgender Aussage erfasst: «Die Bürger im anderen Teil Deutschlands sind mir in vielem fremder als die Bürger anderer Staaten.» In den alten Bundesländern stimmten 247 von 907 Befragten dieser Aussage voll oder eher zu, in den neuen Bundesländern 144 von 525 Befragten.

Die Vermutung lautet, dass die Anteile der Zustimmung zu der oben aufgeführten Aussage in den alten und den neuen Bundesländern unterschiedlich groß sind.

a) Wie prüfen Sie diese Vermutung mit einer Irrtumswahrscheinlichkeit von 5 %? Beschreiben Sie die Vorgehensweise.

b) Führen Sie die notwendigen Berechnungen für das vorgeschlagene statistische Verfahren durch.

   Es handelt sich hier um eine alternative Möglichkeit der Hypothesenprüfung in Aufgabe 9.8.

Aufgabe 10.8

Die Verteilung des Einkommens bei Männern und Frauen ist in der folgenden Tabelle angegeben. Die Daten basieren auf den Angaben der Befragten des Allbus 2000.

***Tabelle zu 10.8:* Einkommen und Geschlecht**

Einkommen		Geschlecht		
		männlich	weiblich	gesamt
bis 1499 DM	n	268	595	863
	Spalten-%	18.1 %	41.5 %	29.6 %
1500 bis 2999 DM	n	656	633	1288
	Spalten-%	44.4 %	44.2 %	44.3 %
3000 DM u. höher	n	554	205	759
	Spalten-%	37.5 %	14.3 %	26.1 %
gesamt	n	1478	1433	2911
	Spalten-%	100.0 %	100.0 %	100.0 %

Quelle: Allbus 2000

a) Wie stellen Sie mit einer Irrtumswahrscheinlichkeit von 5 % fest, ob hier ein Zusammenhang vorliegt, der überzufällig von null (kein Zusammenhang) verschieden ist? Zeigen Sie den Lösungsweg auf, und führen Sie die notwendigen Berechnungen durch.

b) Welche der folgenden Zusammenhangsmaße und Tests der SPSS-Ausgabe sind für diese Tabelle angemessen? Für welches Zusammenhangsmaß würden Sie sich entscheiden? Begründen Sie Ihre Entscheidung.

Chi-Quadrat-Test

	Wert	df	asymptotische Signifikanz (2-seitig)
Pearson's Chi-Quadrat	284.15	2	.000
Likelihood-Quotient	293.44	2	.000
n	2911		

Asymmetrische Zusammenhangsmaße

		Wert	asymptotischer Standardfehler	asymptotische Signifikanz (2-seitig)
Lambda	symmetrisch	.107	.009	.000
	Einkommen abhängige Variable	.000	.000	[1]
	Geschlecht abhängige Variable	.228	.018	.000
Unsicherheitskoeffizient	symmetrisch	.057	.006	.000
	Einkommen abhängige Variable	.047	.005	.000
	Geschlecht abhängige Variable	.073	.008	.000
Somer's d	symmetrisch	–.293	.016	.000
	Einkommen abhängige Variable	–.336	.018	.000
	Geschlecht abhängige Variable	–.259	.014	.000

[1] Kann nicht berechnet werden, weil der asymptotische Standardfehler gleich null ist.

Symmetrische Zusammenhangsmaße

	Wert	asymptotischer Standardfehler	asymptotische Signifikanz (2-seitig)
Phi	.312		.000
Cramér's V	.312		.000
Kontingenzkoeffizient	.298		.000
Kendall's tau-b	–.295	.016	.000
gamma	–.498	.025	.000
n	2911		

Quelle: Allbus 2000

Aufgabe 10.9

Es geht um die Frage des Zusammenhangs zwischen Geschlecht und Bildungsniveau. Im Allbus 1998 wurde als Indikator für das Bildungsniveau der höchste allgemein bildende Schulabschluss der Befragten erhoben.

Tabelle zu 10.9: **Bildungsniveau und Geschlecht**

höchster allgemein bildender Schulabschluss der Befragten	Geschlecht des/der Befragten		
	männlich	weiblich	gesamt
kein Schulabschluss	38	57	95
Volks-, Hauptschulabschluss	620	793	1413
Mittlere Reife, Realschulabschluss	468	567	1035
Fachhochschulreife	90	76	166
Abitur, Hochschulreife	264	218	482
gesamt	1480	1711	3191

Quelle: Allbus 1998

a) Formulieren Sie eine Hypothese über den Zusammenhang zwischen Bildungsniveau und Geschlecht der Befragten.
b) Wie stellen Sie mit einer Irrtumswahrscheinlichkeit von 5 % fest, ob es einen Zusammenhang zwischen Bildungsniveau und Geschlecht gibt?
c) Welches Zusammenhangsmaß ist angemessen, um die Stärke des Zusammenhangs zwischen Bildungsniveau und Geschlecht auszudrücken?
d) Wie prüfen Sie mit einer Irrtumswahrscheinlichkeit von 5 %, ob das Zusammenhangsmaß signifikant (von null verschieden) ist?

Aufgabe 10.10

In einer Vierfeldertabelle sind die Zeilenprozentwerte angegeben.
a) Wie ermitteln Sie den Zusammenhang zwischen den Variablen? Beschreiben Sie die Vorgehensweise.
b) Wie bilden Sie ein Konfidenzintervall für das Zusammenhangsmaß?

Aufgabe 10.11

Eine Sozialforscherin interessiert sich für den Zusammenhang zwischen politischer Anomia und politischem Engagement. Datenbasis ist die Umfrage des Allbus 2000. Als Indikator für politische Anomia dient das Item: «Die meisten Politiker interessieren sich in Wirklichkeit gar nicht für die Probleme der einfachen Leute.» Den Befragten wurden hierzu die Antworten «Bin derselben Meinung» und «Bin anderer Meinung» vorgegeben.

Zur Erfassung des politischen Engagements verwendet die Forscherin einen Indikator, der die Wahlbeteiligung zum Ausdruck bringen soll. Informationen über die Wahlbeteiligung leitet die Forscherin aus den Angaben zur Wahlabsicht bei der Sonntagsfrage ab. Die Angaben zu der Frage «Wenn am nächsten Sonntag Bundestagswahl wäre, welche Partei würden Sie dann mit Ihrer Zweitstimme wählen?» werden so in eine neue Variable recodiert, dass Nennungen einer Partei als Wahlbeteiligung und die Antwortvorgabe «würde nicht wählen» als Wahlverweigerung gelten. Die (Antwort-)Kategorien «weiß nicht», «verweigert» und «keine Angabe» werden bei dieser Recodierung nicht berücksichtigt.

Die folgende Kreuztabelle gibt die gemeinsame Verteilung der Antworthäufigkeiten der Wahlbeteiligung und des Anomia-Items wieder:

Tabelle zu 10.11: **(Beabsichtigte) Wahlbeteiligung und politische Anomia**

Wahlbeteiligung	Politiker uninteressiert an einfachen Leuten		
	bin derselben Meinung	bin anderer Meinung	gesamt
Wahlbeteiligung	1599	277	1876
Wahlverweigerung	287	19	306
gesamt	1886	296	2182

Quelle: Allbus 2000

a) Geben Sie an, welche Erwartungen Sie hinsichtlich einer Beziehung zwischen Zeilen- und Spaltenvariable haben.
b) Berechnen Sie für die Tabelle die Prozentsatzdifferenz und die symmetrischen Zusammenhangsmaße Phi (Φ) und Yule's Q.
c) Prüfen Sie mit einer Irrtumswahrscheinlichkeit von 5 % Ihre Erwartungen für den Zusammenhang von Wahlbeteiligung und Anomia.
d) Berechnen Sie ein 99 %-Konfidenzintervall für die Prozentsatzdifferenz (entsprechend Ihrer Vermutung in Teilaufgabe a)).
e) Ein Statistikprogramm hat für Yule's Q einen asymptotischen Standardfehler von 0.098 ausgegeben. Berechnen Sie mit Hilfe dieses Standardfehlers ein 95 %-Konfidenzintervall für Yule's Q.

Aufgabe 10.12

Für den Zusammenhang zwischen den Variablen Links-rechts-Orientierung und politisches Interesse in Aufgabe 10.6 gibt SPSS (auf der Basis der Daten des Allbus 2000) folgende Zusammenhangsmaße aus:

Chi-Quadrat-Test

	Wert	df	asymptotische Signifikanz (2-seitig)
Pearson's Chi-Quadrat	66.19	4	.000
Likelihood-Quotient	66.87	4	.000
n	3456		

Asymmetrische Zusammenhangsmaße

		Wert	asymptotischer Standardfehler	asymptotische Signifikanz (2-seitig)
Lambda	symmetrisch	.007	.007	.303
	links-rechts abhängige Variable	.016	.015	.303
	politisches Interesse abhängige Variable	.000	.000	[1]
Unsicherheitskoeffizient	symmetrisch	.009	.002	4.126
	links-rechts abhängige Variable	.009	.002	4.126
	politisches Interesse abhängige Variable	.009	.002	4.126
Somer's d	symmetrisch	–.050	.015	.001
	links-rechts abhängige Variable	–.049	.015	.001
	politisches Interesse abhängige Variable	–.049	.015	.001

[1] Kann nicht berechnet werden, weil der asymptotische Standardfehler gleich null ist.

Symmetrische Zusammenhangsmaße

	Wert	asymptotischer Standardfehler	asymptotische Signifikanz (2-seitig)
Phi	.138	–	.000
Cramér's V	.098	–	.000
Kontingenzkoeffizient	.137	–	.000
Kendall's tau-b	–.050	.015	.001
gamma	–.077	.024	.001
n	3456		

Quelle: Allbus 2000

a) Welche der Zusammenhangsmaße sind für die Variablen «politisches Interesse» und «Links-rechts-Orientierung» angemessen? Begründen Sie Ihre Entscheidung.
b) Welche Information gibt der Chi-Quadrat-Test?
c) Welche Information gibt der Likelihood-Ratio-Test?
d) Welche Information gibt der Unsicherheitskoeffizient?
e) Worin besteht der Unterschied zwischen Phi und Cramér's V?
f) Weshalb haben die Zusammenhangsmaße tau-b und gamma unterschiedliche Werte?

Aufgabe 10.13

Zusammenhangsmaße für ordinale Variablen basieren auf der Logik der Paarvergleiche. Beschreiben Sie die Grundzüge dieser Logik.

Aufgabe 10.14

Welche Aussage ist richtig, welche falsch? Begründen Sie Ihre Antwort.

a) Der Wert des Koeffizienten γ ist immer kleiner als der Wert des Koeffizienten τ_a.

b) Zwischen den Zusammenhangsmaßen gilt die Beziehung: $\tau_a < \tau_b < \gamma$.

Aufgabe 10.15

Für den Zusammenhang zwischen den Variablen «Ausmaß anomischer Orientierungen» und «Vertrauen zur Bundesregierung» in Aufgabe 10.5 gibt SPSS (basierend auf den Daten des Allbus 2000) folgende Zusammenhangsmaße aus.

Chi-Quadrat-Test

	Wert	df	asymptotische Signifikanz (2-seitig)
Pearson's Chi-Quadrat	87.27	1	.000
Likelihood-Quotient	85.60	1	.000
n	1300		

Asymmetrische Zusammenhangsmaße

		Wert	asymptotischer Standardfehler	asymptotische Signifikanz (2-seitig)
Lambda	symmetrisch	.022	.023	.360
	Anomia abhängige Variable	.000	.000	[1]
	Vertrauen … abhängige Variable	.042	.045	.360
Unsicherheitskoeffizient	symmetrisch	.051	.011	.000
	Anomia abhängige Variable	.052	.011	.000
	Vertrauen … abhängige Variable	.051	.011	.000
Somer's d	symmetrisch	–.259	.028	.000
	Anomia abhängige Variable	–.256	.028	.000
	Vertrauen … abhängige Variable	–.262	.028	.000

1) Kann nicht berechnet werden, weil der asymptotische Standardfehler gleich null ist.

Symmetrische Zusammenhangsmaße

	Wert	asymptotischer Standardfehler	asymptotische Signifikanz (2-seitig)
Phi	–.259		.000
Cramér's V	.259		.000
Kontingenz-koeffizient	–.251		.000
Kendall's tau-b	–.259	.028	.000
gamma	–.513	.046	.000
n	1300		

Quelle: Allbus 2000

a) Welche der Zusammenhangsmaße sind für die Variablen «Vertrauen zur Bundesregierung» und «Ausmaß anomischer Orientierungen» angemessen? Begründen Sie Ihre Entscheidung.
b) Welche Information gibt der Chi-Quadrat-Test?
c) Weshalb haben die Zusammenhangsmaße von Somer's d und gamma unterschiedliche Werte?
d) Vergleichen Sie die numerischen Werte von Somer's d und der Prozentsatzdifferenz, die Sie in Aufgabe 10.5 a) berechnet haben. Welche Beziehung besteht zwischen diesen beiden Werten?
e) Berechnen Sie Yule's Q, vergleichen Sie das Ergebnis mit dem Wert von gamma, und formulieren Sie das Resultat in einem Satz.
f) Berechnen Sie den χ^2-Wert für die Tabelle 10.5.

Aufgabe 10.16

Neben dem Bildungsniveau der Befragten wurde im Allbus 1998 das Bildungsniveau ihrer Ehepartner und ihrer Eltern basierend auf den Angaben der Befragungspersonen erhoben.

Die folgenden fünf (mit SPSS berechneten) Kreuztabellen geben die gemeinsamen Verteilungen der Variablen «höchster allgemein bildender Schulabschluss» der (Ehe-)Partner (von weiblichen und männlichen Befragten) sowie der Eltern (jeweils getrennt für Vater und Mutter) wieder.

***Tabelle zu 10.16-1:* Zusammenhang zwischen dem Bildungsniveau der (Ehe-)Partner**

Allgemein bildender Schulabschluss des Mannes	Allgemein bildender Schulabschluss der Frau					gesamt
	kein Schulabschluss	Volks-, Hauptschulabschluss	Mittlere Reife, Realschulabschluss	Fachhochschulreife	Abitur, Hochschulreife	
kein Schulabschluss	20	13	3			36
Volks-, Hauptschulabschluss	34	718	138	9	15	914
Mittlere Reife, Realschulabschluss	3	136	446	29	52	666
Fachhochschulreife	1	34	52	26	21	134
Abitur, Hochschulreife	3	33	121	21	174	352
gesamt	61	934	760	85	262	2102

Quelle: Allbus 1998

***Tabelle zu 10.16-2:* Zusammenhang zwischen dem Bildungsniveau der Söhne und der Väter**

Allgemein bildender Schulabschluss der Söhne	Allgemein bildender Schulabschluss der Väter					gesamt
	kein Schulabschluss	Volks-, Hauptschulabschluss	Mittlere Reife, Realschulabschluss	Fachhochschulreife	Abitur, Hochschulreife	
kein Schulabschluss	17	9				26
Volks-, Hauptschulabschluss	52	490	17	2	6	567
Mittlere Reife, Realschulabschluss	15	300	66	14	29	424
Fachhochschulreife	3	50	8	8	10	79
Abitur, Hochschulreife	3	96	58	19	72	248
gesamt	90	945	149	43	117	1344

Quelle: Allbus 1998

***Tabelle zu 10.16-3:* Zusammenhang zwischen dem Bildungsniveau der Töchter und der Väter**

Allgemein bildender Schulabschluss der Töchter	Allgemein bildender Schulabschluss der Väter					
	kein Schulabschluss	Volks-, Hauptschulabschluss	Mittlere Reife, Realschulabschluss	Fachhochschulreife	Abitur, Hochschulreife	gesamt
kein Schulabschluss	21	17		1		39
Volks-, Hauptschulabschluss	35	625	26	9	6	701
Mittlere Reife, Realschulabschluss	6	367	90	17	27	507
Fachhochschulreife	2	40	12	4	11	69
Abitur, Hochschulreife	1	62	47	13	75	198
gesamt	65	1111	175	44	119	1514

Quelle: Allbus 1998

***Tabelle zu 10.16-4:* Zusammenhang zwischen dem Bildungsniveau der Söhne und der Mütter**

Allgemein bildender Schulabschluss der Söhne	Allgemein bildender Schulabschluss der Mütter					gesamt
	kein Schulabschluss	Volks-, Hauptschulabschluss	Mittlere Reife, Realschulabschluss	Fachhochschulreife	Abitur, Hochschulreife	
kein Schulabschluss	16	7			1	24
Volks-, Hauptschulabschluss	77	475	14		2	568
Mittlere Reife, Realschulabschluss	25	337	71	5	8	446
Fachhochschulreife	6	62	14	2	2	66
Abitur, Hochschulreife	7	126	80	17	28	258
gesamt	131	1007	179	24	41	1382

Quelle: Allbus 1998

***Tabelle zu 10.16-5:* Zusammenhang zwischen dem Bildungsniveau der Töchter und der Mütter**

Allgemein bildender Schulabschluss der Töchter	Allgemein bildender Schulabschluss der Mütter					gesamt
	kein Schulabschluss	Volks-, Hauptschulabschluss	Mittlere Reife, Realschulabschluss	Fachhochschulreife	Abitur, Hochschulreife	
kein Schulabschluss	30	15	2			47
Volks-, Hauptschulabschluss	66	629	20	1	3	719
Mittlere Reife, Realschulabschluss	16	406	94	5	11	532
Fachhochschulreife	2	48	16		4	70
Abitur, Hochschulreife		84	71	11	42	208
gesamt	114	1182	203	17	60	1576

Quelle: Allbus 1998

a) Formulieren Sie für jede der Tabellen eine Hypothese.
b) Welches Zusammenhangsmaß ist für welche Hypothese angemessen? Begründen Sie Ihre Antwort.
c) Prüfen Sie die Hypothesen mit einer Irrtumswahrscheinlichkeit von 5 %. Sprechen die Daten für oder gegen die Hypothesen?

Aufgabe 10.17

Im Anschluss an Aufgabe 10.16 kann die Vermutung bestehen, dass sich das Bildungsniveau der Töchter im Vergleich zum Bildungsniveau ihrer Mütter stärker erhöht hat als das Bildungsniveau der Söhne im Vergleich zum Bildungsniveau ihrer Väter.

a) Welche Berechnungen nehmen Sie vor, um diese Hypothese prüfen zu können? Beschreiben Sie den Lösungsweg.
b) Prüfen Sie die Hypothese mit einer Irrtumswahrscheinlichkeit von 5 %.

Aufgabe 10.18

Bei der Allgemeinen Ortskrankenkasse einer Großstadt werden die Erkrankungen entsprechend der ärztlichen Diagnose sortiert und vierteljährlich zusammengefasst. Für Herz- und Kreislauferkrankungen ergibt sich folgende Verteilung über die vier Quartale eines Jahres:

Tabelle zu 10.18: **Vierteljahresaufstellung der Anzahl von Herz- und Kreislauferkrankungen**

Quartal	Anzahl Herz- und Kreislauferkrankungen
1. Quartal: 1.1.–31.3.	500
2. Quartal: 1.4.–30.6.	150
3. Quartal: 1.7.–30.9.	200
4. Quartal: 1.10.–31.12.	150

Wie stellen Sie mit einer Irrtumswahrscheinlichkeit von $\alpha = 5\,\%$ fest, ob es jahreszeitlich (quartalsmäßig) bedingte Unterschiede bei den Herz- und Kreislauferkrankungen gibt? Beschreiben Sie die einzelnen Schritte des Vorgehens und führen Sie den Test durch.

Aufgabe 10.19

Die sozialpsychologische Theorie des Wahlverhaltens der Michigan-Schule geht davon aus, dass die Wahlentscheidung durch die Parteineigung und die Kandidatenpräferenz bestimmt wird.

In der Bundesrepublik Deutschland wird die Parteineigung üblicherweise durch die Frage erfasst: «In Deutschland neigen viele Leute längere Zeit einer bestimmten politischen Partei zu, obwohl sie auch ab und zu eine andere Partei wählen. Wie ist das bei Ihnen: Neigen Sie – ganz allgemein gesprochen – einer bestimmten Partei zu? Wenn ja, welcher?»

In Wahlumfragen zur Bundestagswahl 1998 wurde des Weiteren nach dem bevorzugten Kanzler gefragt: «Wenn Helmut Kohl und Gerhard Schröder kandidieren, wer wäre Ihnen dann als Bundeskanzler lieber?»

Als dritte Frage ist hier die Wahlabsicht (Sonntagsfrage, siehe Kapitel 2) interessant.

Wenn bei der Parteineigung und der Wahlabsicht nur die Anhänger bzw. potenziellen Wähler von CDU/CSU und SPD berücksichtigt werden, dann kann aus den Daten der Umfragen des ZDF-Politbarometers zur Bundestagswahl 1998 folgende trivariate Häufigkeitsverteilung erstellt werden:

***Tabelle zu 10.19:* Trivariate Häufigkeitsverteilung von Wahlabsicht, Kandidatenpräferenz und Parteineigung**

bevorzugter Kandidat:	Parteineigung			
	CDU/CSU		SPD	
	Kohl	Schröder	Kohl	Schröder
Wahlabsicht CDU/CSU:	2016	287	21	34
SPD:	47	194	76	2896

Quelle: Vorwahlbefragungen der Wahlstudie 1998 des ZDF-Politbarometers

a) Es wird vermutet, dass der (langfristige) Effekt der Parteineigung nur vermittelt (indirekt) über den (kurzfristigen) Effekt der Kandidatenpräferenz auf die Wahlabsicht wirkt. Welches ist bei dieser Fragestellung der bedingte Effekt?

b) Welche Konsequenz erwarten Sie bei Gültigkeit dieser Hypothese für den bedingten Effekt?

c) Wie können Sie die Vermutung mit einer Irrtumswahrscheinlichkeit von 1 % überprüfen? Beschreiben Sie die Vorgehensweise.

d) Führen Sie die zur Prüfung der Hypothese unter Teilaufgabe a) notwendigen Berechnungen durch.

e) Eine andere Vermutung besagt, dass ein additiver Effekt von Parteineigung und Kandidatenpräferenz auf die Wahlabsicht besteht.

   Welches ist bei dieser Fragestellung der bedingte Effekt? Welche Konsequenzen erwarten Sie bei Gültigkeit dieser Hypothese für den bedingten Effekt?

f) Wie können Sie die Vermutung mit einer Irrtumswahrscheinlichkeit von 1 % überprüfen? Beschreiben Sie die Vorgehensweise.

g) Führen Sie die zur Prüfung der Hypothese unter Teilaufgabe e) notwendigen Berechnungen durch.

h) Eine dritte Vermutung lautet, dass es einen Interaktionseffekt zwischen der Parteineigung und der Kandidatenpräferenz gibt.

Wie können Sie diese Hypothese prüfen? Beschreiben Sie die Vorgehensweise.

10.2 Lösungen der Übungsaufgaben zu Kapitel 11, 12 und 15

Lösung 10.1

a) Mit den Randverteilungen und den Angaben über die Zustimmungen der Frauen kann die Tabelle vollständig rekonstruiert werden. Folgende Informationen liegen vor:

Schwangerschaftsabbruch ... ... bei finanzieller Notlage (Y)	Geschlecht (X)		
	männlich (x_1)	weiblich (x_2)	gesamt
sollte erlaubt sein (y_1)	?	962	1870
sollte verboten sein (y_2)	?	?	1230
gesamt	1532	1568	3100

Quelle: Allbus 1996

Da die Randverteilungen gleich der Summe der gemeinsamen Häufigkeitsverteilung in den inneren Tabellenzellen sind, lassen sich die fehlenden Tabellenzellen durch die Bildung von Differenzen rekonstruieren:

Schwangerschaftsabbruch ... ... bei finanzieller Notlage (Y)	Geschlecht (X)		
	männlich (x_1)	weiblich (x_2)	gesamt
sollte erlaubt sein (y_1)	1870 − 962	962	1870
sollte verboten sein (y_2)	1532 − (1870 − 962)	1568 − 962	1230
gesamt	1532	1568	3100

Quelle: Allbus 1996

Die gemeinsame Verteilung von Geschlechtszugehörigkeit und Einstellung zum Schwangerschaftsabbruch «bei finanzieller Notlage» ist in der folgenden Tabelle enthalten. Aufgeführt sind die absoluten Werte:

Schwangerschaftsabbruch … … bei finanzieller Notlage (Y)	Geschlecht (X)		
	männlich (x_1)	weiblich (x_2)	gesamt
sollte erlaubt sein (y_1)	908	962	1870
sollte verboten sein (y_2)	624	606	1230
gesamt	1532	1568	3100

Quelle: Allbus 1996

b) Um den Einfluss der Geschlechtszugehörigkeit auf die Einstellung von Schwangerschaftsabbruch «bei finanzieller Notlage» zu analysieren, werden die Spaltenprozentwerte, d. h. der Anteil der Zustimmungen und Ablehnungen in der Gruppe der Männer und der Anteil der Zustimmungen und Ablehnungen in der Gruppe der Frauen, berechnet.

Schwangerschaftsabbruch … … bei finanzieller Notlage (Y)	Geschlecht (X)		
	männlich (x_1)	weiblich (x_2)	gesamt
sollte erlaubt sein (y_1)	59.3 %	61.4 %	60.3 %
sollte verboten sein (y_2)	40.7 %	38.6 %	39.7 %
gesamt	1532	1568	3100

Quelle: Allbus 1996

c) Der Vergleich der Verteilungen zeigt, dass es zwischen Männern und Frauen keinen nennenswerten Unterschied in der Zustimmung bzw. Ablehnung bei dieser Aussage gibt. Das bedeutet, dass zwischen den beiden Variablen in der Tabelle kein nennenswerter Zusammenhang besteht. Beide Gruppen sind eher liberal zum Schwangerschaftsabbruch «bei finanzieller Notlage» eingestellt. Die Prozentsatzdifferenz beträgt nur –2.1 Prozentpunkte.

Lösung 10.2

a) Der Anteil der Materialisten unter den hoch Gebildeten beträgt 40.3 % (Spaltenprozentwerte; Bezugsbasis ist die Anzahl der hoch Gebildeten).

b) Der Anteil der Personen mit hoher Bildung unter den Postmaterialisten beträgt 63.8 % (Zeilenprozentwerte; Bezugsbasis ist die Anzahl der Postmaterialisten).

c) Der Anteil der Befragten, die Materialisten sind und eine geringe Bildung haben, beträgt 29.7 % (Gesamtprozentwerte; Bezugsbasis ist die Gesamtzahl der Befragten).

d) Der Anteil der Postmaterialisten an der Gesamtzahl der hoch Gebildeten beträgt 59.7 %; der Anteil der Materialisten an der Gesamtzahl der niedrig Gebildeten beträgt 62.5 %. Der Anteil der Materialisten ist bei den niedrig Gebildeten etwas höher.

e) In der Stichprobe gibt es 1741 Personen mit überwiegend materialistischer Orientierung.

Lösung 10.3

a) Bei Personen ohne christliche Konfessionszugehörigkeit ist der Prozentwert für die Zustimmung zu Schwangerschaftsabbruch mit 64.3 % (Spaltenprozent) größer als bei Personen mit christlicher Konfessionszugehörigkeit. Hier beträgt der Anteilswert der Zustimmung 36.7 %.

b) Der gesuchte Anteil beträgt 77.4 % (Zeilenprozent).

c) Der Anteil beträgt 46.1 % (Gesamtprozentwert in der Randspalte).

d) Der Anteil beträgt 52.4 % (Zeilenprozent).

e) Die geeignete Maßzahl ist die Prozentsatzdifferenz. Wenn die Konfessionszugehörigkeit als erklärende Variable angesehen wird, ist die Prozentsatzdifferenz der Spaltenprozentwerte zu berechnen.

f) Die Prozentsatzdifferenz zwischen den Spaltenprozentwerten beträgt 27.6 Prozentpunkte. Da der Wert über 25 liegt, ist von einem starken Zusammenhang auszugehen.

Lösung 10.4

a) Aus den Zeilenprozentwerten ist abzulesen, dass die potenziellen CDU-Wähler sich hauptsächlich aus der Gruppe der Befragten mit katholischer Konfessionszugehörigkeit rekrutieren. Die potenziellen SPD-Wähler sind dagegen zu fast gleichen Teilen ohne Konfessionszugehörigkeit oder stammen aus dem protestantischen Konfessionsbereich. Ein vergleichsweise geringer (um rund 10 % niedrigerer Anteil) dieses Wählerpotenzials gehört der katholischen Konfession an. Die Verteilung der potenziellen Wähler von Bündnis 90/Die Grünen auf die Konfessionsgruppen ist dem Wählerpotenzial der SPD sehr ähnlich. Auch hier liegen die niedrigsten Anteile bei der katholischen Konfession. Das Wählerpotenzial der FDP verteilt sich nahezu gleichmäßig auf die beiden Konfessionen. Ein um rund 10 % geringerer Anteil der FDP-Wähler gehört keiner Konfession an.

Deutlich anders sieht es dagegen beim Wählerpotenzial der Republikaner und der PDS aus: Fast die Hälfte der potenziellen Wähler der Republikaner und nahezu 90 % der potenziellen PDS-Wähler gehören keiner Konfessionsgemeinschaft an.

Diese Zahlen lassen darauf schließen, dass Wahlabsicht und Konfessionszugehörigkeit nicht unabhängig voneinander sind.

b) Während der Zusammenhang zwischen Wahlabsicht und Konfessionszugehörigkeit bei Betrachtung der Zeilenprozentwerte aus der Perspektive der potenziellen Wählerschaft erfolgt, ermöglichen die Spaltenprozentwerte die Betrachtung des Zusammenhangs aus der Perspektive der Konfessionszugehörigkeit.

Den größten Anteil bei den Personen, die keiner Konfessionsgemeinschaft angehören (das sind rund 36 % der Befragten), stellen die potenziellen SPD-Wähler (mit 34 %), der Anteil der potenziellen PDS-Wähler beträgt rund 20 % und der der CDU rund 15 %. Im Vergleich dazu beabsichtigt der größte Anteil der Mitglieder der katholischen Konfession (40 %), CDU zu wählen. Der Anteil der SPD-Wähler ist hier mit 29 % deutlich niedriger. 12 % der katholischen Befragten würden nicht zur Wahl gehen im Vergleich zu 13 % bei den Protestanten und 16 % bei den Konfessionslosen.

Beide Betrachtungsweisen lassen also den Schluss zu, dass die Absicht, eine bestimmte Partei zu wählen, durchaus mit der Konfessionszugehörigkeit zusammenhängt, was mit den durch die jeweilig bevorzugten Parteien vertretenen Zielen zu erklären ist (wobei zu beachten ist, dass letzteres Argument keine statistische, sondern eine inhaltliche Schlussfolgerung ist).

Für eine weiter gehende inhaltliche Interpretation müsste zwischen den alten und den neuen Bundesländern unterschieden werden, denn es ist bekannt, dass der Anteil der Personen, die keiner Konfession angehören, in den neuen Bundesländern sehr viel höher ist als in den alten Bundesländern. Wenn das Wahlverhalten in den alten und neuen Bundesländern unterschiedlich ist, so kann dies den Zusammenhang zwischen Konfession und Wahlverhalten konfundieren (stören). So gilt die FDP als eine säkulare Partei, die eher von Konfessionslosen gewählt wird. Das ist in der Tabelle nicht erkennbar. Dies kann daran liegen, dass die FDP in den neuen Bundesländern nur von wenigen Personen präferiert wird.

c) Für diese Tabelle ist ein Zusammenhangsmaß für nominalskalierte Variablen angemessen. Cramér's V ist wegen seiner Unabhängigkeit von der Anzahl der Tabellenfelder dem Kontingenzkoeffizienten C vorzuziehen.

Möglich sind aber auch die beiden PRE-Maße, Lambda und der Unsicherheitskoeffizient. Lambda gibt die proportionale Reduktion des Fehlers bei der Vorhersage der abhängigen Variablen bei Kenntnis der unabhängigen Variablen an. Der Unsicherheitskoeffizient gibt dagegen an, um wie viel Prozent sich die Devianz (Streuung) der nominalskalierten abhängigen Variablen bei Kenntnis der unabhängigen Variablen reduziert.

Lösung 10.5

a) Wenn «Vertrauen ...» die unabhängige Variable ist, wird die Prozentsatzdifferenz für die Spaltenprozentwerte berechnet als:

$$d_{YX}\% = 100 \cdot \left(\frac{a}{a+c} - \frac{b}{b+d}\right) = 100 \cdot \left(\frac{n_{11}}{n_{\bullet 1}} - \frac{n_{12}}{n_{\bullet 2}}\right)$$

$$= 100 \cdot \left(\frac{206}{849} - \frac{225}{451}\right) = 100 \cdot (0.243 - 0.499)$$

$$= 100 \cdot (-0.256) = -25.6\ \%$$

Die Prozentsatzdifferenz beträgt rund 26 Prozentpunkte.

b) Wenn «Anomia» als unabhängige Variable angenommen wird, erfolgt die Berechnung der Prozentsatzdifferenz auf der Basis der Häufigkeitsverteilung der Zeilenvariablen, die in der Randspalte der Tabelle enthalten ist. Bei Zeilenprozentuierung wird die Prozentsatzdifferenz berechnet nach:

$$d_{XY}\% = 100 \cdot \left(\frac{a}{a+b} - \frac{c}{c+d}\right) = 100 \cdot \left(\frac{n_{11}}{n_{1\bullet}} - \frac{n_{21}}{n_{2\bullet}}\right)$$

$$= 100 \cdot \left(\frac{206}{431} - \frac{643}{869}\right) = 100 \cdot (0.478 - 0.740)$$

$$= 100 \cdot -0.262 = -26.2\ \%$$

Die Prozentsatzdifferenz beträgt ebenfalls rund 26 Prozentpunkte.

c) Eine Prozentsatzdifferenz von 26 Prozentpunkten ist als Anhaltspunkt für einen Zusammenhang mittlerer Stärke zwischen Spalten- und Zeilenvariablen anzusehen. Das negative Vorzeichen bringt zum Ausdruck, dass der Zusammenhang nicht gleichgerichtet ist. Das bedeutet, dass bei geringem Ausmaß an Anomia das Vertrauen in die Bundesregierung groß ist, während das «Vertrauen …» bei hohem Ausmaß an anomischen Orientierungen gering ist.

d) Die Prüfung der Hypothese, dass die Prozentsatzdifferenz bei «Vertrauen …» als abhängige Variable mindestens 25 % beträgt, erfolgt in mehreren Schritten. Da die Hypothese nur den Betrag der Prozentsatzdifferenz beinhaltet, wird das Vorzeichen des Differenzbetrages nicht berücksichtigt.

1. Schritt: Formulierung der Forschungs- und der Nullhypothese

$H_1 : \delta_{XY}\% > 25$ versus $H_0 : \delta_{XY}\% \leq 25$

2. Schritt: Entscheidung über die Testverteilung und die Teststatistik

Die Prozentsatzdifferenz ist die mit 100 multiplizierte Differenz zwischen zwei Anteilswerten. Da Anteile und ihre Differenzen asymptotisch normalverteilt sind, kann als Testverteilung die Standardnormalverteilung und als Teststatistik der Z-Wert verwendet werden. Allerdings muss sichergestellt werden, dass die Voraussetzungen zur Anwendung des zentralen Grenzwertsatzes und zur Berechnung des Standardfehlers auf der Basis der Stichprobenwerte erfüllt sind. Die Anwendungsvoraussetzungen für eine Vierfeldertabelle lauten bei einer abhängigen Spaltenvariable:

Erstens

$a + b > 60$, hier: $431 > 60$

$c + d > 60$, hier: $869 > 60$

Zweitens

$$\frac{a}{b}\cdot(a+b)>9,\ \text{hier: } \frac{206}{225}\cdot 431=394.60>9$$

$$\frac{b}{a}\cdot(a+b)>9,\ \text{hier: } \frac{225}{206}\cdot 431=470.75>9$$

$$\frac{c}{d}\cdot(c+d)>9,\ \text{hier: } \frac{643}{226}\cdot 869=2472.42>9$$

$$\frac{d}{c}\cdot(c+d)>9,\ \text{hier: } \frac{226}{643}\cdot 869=305.43>9$$

Aus den Berechnungen ist ersichtlich, dass alle Anwendungsvoraussetzungen erfüllt sind.

3. Schritt: Festlegung des Ablehnungsbereichs und des kritischen Werts
Da es sich um eine gerichtete Hypothese handelt, wird ein einseitiger Hypothesentest durchgeführt. Da die Nullhypothese bei großen Werten der (Prozentsatz-)Differenz vermutlich falsch ist, liegt der Ablehnungsbereich im rechten oberen Bereich der Verteilung.

Bei einer Irrtumswahrscheinlichkeit von 1 % beträgt der kritische Wert $z_{1-\alpha} = 2.326$.

4. Schritt: Berechnung der Teststatistik
Bevor die Teststatistik Z berechnet werden kann, muss der Standardfehler für die Prozentsatzdifferenz bekannt sein, der mit Hilfe der Stichprobendaten «geschätzt» werden kann.

Da gilt: Prozentsatzdifferenz = Anteilsdifferenz × 100, wird der mit 100 multiplizierte «geschätzte» Standardfehler einer Anteilsdifferenz zur Berechnung des Standardfehlers der Prozentsatzdifferenz verwendet und (bei Zeilenprozentuierung) berechnet nach der Formel:

$$\hat{\sigma}(d_{XY}\%) = 100 \cdot \hat{\sigma}(p_1 - p_2)$$

$$= 100 \cdot \sqrt{\frac{\left(\underbrace{\frac{a}{a+b}}_{p_1} \cdot \underbrace{\frac{b}{a+b}}_{(1-p_1)}\right)}{\underbrace{a+b}_{n_1}} + \frac{\left(\underbrace{\frac{c}{c+d}}_{p_2} \cdot \underbrace{\frac{d}{c+d}}_{(1-p_2)}\right)}{\underbrace{c+d}_{n_2}}} = 100 \cdot \sqrt{\frac{a \cdot b}{(a+b)^3} + \frac{c \cdot d}{(c+d)^3}}$$

Durch Einsetzen der entsprechenden Zahlen aus der Tabelle resultiert der Standardfehler der Prozentsatzdifferenz bei Vertrauen als abhängiger Variable als:

$$100 \cdot \hat{\sigma}(p_1 - p_2) = 100 \cdot \sqrt{\frac{p_1 \cdot (1-p_1)}{n_1} + \frac{p_2 \cdot (1-p_2)}{n_2}}$$

$$= 100 \cdot \sqrt{\frac{0.478 \cdot 0.522}{431} + \frac{0.740 \cdot 0.260}{869}} = 2.81$$

Der Wert der Teststatistik Z wird in Anlehnung an die Formel zur Prüfung einer Hypothese über eine Anteilsdifferenz berechnet:

$$Z = \frac{(p_1 - p_2) - (\pi_1 - \pi_2)}{\sqrt{\frac{p_1 \cdot (1-p_1)}{n_1} + \frac{p_2 \cdot (1-p_2)}{n_2}}} = \frac{(p_1 - p_2) - \pi}{\sqrt{\frac{p_1 \cdot (1-p_1)}{n_1} + \frac{p_2 \cdot (1-p_2)}{n_2}}}$$ [15]

Das Einsetzen der (absoluten oder relativen) Häufigkeiten der Kreuztabelle in obige Formel verdeutlicht die Beziehung zwischen den Anteilen p_1 und p_2 und den absoluten Häufigkeiten a, b, c, d, n_1 und n_2 sowie zwischen der in der Population vermuteten Prozentsatzdifferenz $\delta_{XY}\%$ und dem Betrag der Anteilsdifferenz in der Population:

15. Anstelle des Ausdrucks $(\pi_1 - \pi_2)$ kann in der Formel auch der Betrag der Differenz der Populationsanteile, π, verwendet werden. Dann wird deutlich, dass der Quotient zur Berechnung der Teststatistik Z für die Prüfung der Hypothese über eine Anteils- und eine Prozentsatzdifferenz identisch sind, wenn der in der Nullhypothese behauptete Betrag der Prozentsatzdifferenz durch 100 dividiert wird.

$$Z = \frac{\left(\underbrace{\frac{a}{a+b}}_{p_1} - \underbrace{\frac{c}{c+d}}_{p_2}\right) - \underbrace{\frac{\delta_{XY}\%}{100}}_{\pi}}{\sqrt{\frac{\left(\underbrace{\frac{a}{a+b}}_{p_1} \cdot \underbrace{\frac{b}{a+b}}_{(1-p_1)}\right)}{\underbrace{a+b}_{n_1}} + \frac{\left(\underbrace{\frac{c}{c+d}}_{p_2} \cdot \underbrace{\frac{d}{c+d}}_{(1-p_2)}\right)}{\underbrace{c+d}_{n_2}}}} = \frac{\left(\frac{a}{a+b} - \frac{c}{c+d}\right) - \frac{\delta_{XY}\%}{100}}{\sqrt{\frac{a \cdot b}{(a+b)^3} + \frac{c \cdot d}{(c+d)^3}}}$$

Durch Einsetzen der Zahlen ergibt sich:

$$Z = \frac{|0.478 - 0.740| - 0.25}{0.0281} = \frac{0.012}{0.0281} = 0.43$$ [16]

5. Schritt: Entscheidung über Beibehaltung oder Zurückweisung der Nullhypothese
Die Nullhypothese wird zurückgewiesen, wenn der Z-Wert größer ist als der kritische Wert. Da der Z-Wert kleiner als der kritische Wert ist, wird die Nullhypothese beibehalten.

Mit einer Irrtumswahrscheinlichkeit von 1 % kann nicht ausgeschlossen werden, dass die Prozentsatzdifferenz in der Population weniger als 25 Prozentpunkte beträgt.

e) Zur Berechnung des Konfidenzintervalls für den unbekannten Populationswert der Prozentsatzdifferenz muss zuerst der Standardfehler der Prozentsatzdifferenz für die Spaltenprozentwerte berechnet werden, da «Vertrauen …» jetzt als erklärende Variable angenommen wird. Der Standardfehler der Prozentsatzdifferenz wird bei Spaltenprozentuierung berechnet nach:

16. Hier wird der Standardfehler der Anteilsdifferenz verwendet, weil die Prozentsatzdifferenz δ_{XY} % im Zähler durch 100 dividiert und damit zu einer Anteilsdifferenz wird.

$$\hat{\sigma}(d_{YX}\%) = 100 \cdot \hat{\sigma}(p_1 - p_2)$$

$$= 100 \cdot \sqrt{\frac{\left(\underbrace{\frac{a}{a+c}}_{p_1} \cdot \underbrace{\frac{c}{a+c}}_{(1-p_1)}\right)}{\underbrace{a+c}_{n_1}} + \frac{\left(\underbrace{\frac{b}{b+d}}_{p_2} \cdot \underbrace{\frac{d}{b+d}}_{(1-p_2)}\right)}{\underbrace{b+d}_{n_2}}}$$

$$= 100 \cdot \sqrt{\frac{0.243 \cdot 0.757}{849} + \frac{0.499 \cdot 0.501}{451}} = 2.77$$

Alternativ können auch die absoluten Zahlen zur Berechnung des Standardfehlers verwendet werden, was zum identischen Ergebnis führt:

$$\hat{\sigma}(d_{YX}\%) = 100 \cdot \sqrt{\frac{a \cdot c}{(a+c)^3} + \frac{b \cdot d}{(b+d)^3}}$$

$$= 100 \cdot \sqrt{\frac{206 \cdot 643}{849^3} + \frac{225 \cdot 226}{451^3}} = 2.77$$

Die Werte für die Berechnung des 99 %-Konfidenzintervalls betragen z_α bzw. $z_{1-\alpha} = \pm 2.576$. Das Konfidenzintervall wird berechnet als:

$$\text{c.i.}(\delta_{YX}\%) = d_{YX}\% \pm z_{1-\alpha/2} \cdot \hat{\sigma}(d_{YX}\%)$$

$$= 26.5\% \pm 2.576 \cdot 2.77 = 26.5\% \pm 7.14$$

Mit einer Irrtumswahrscheinlichkeit von 1 % enthält das Intervall mit der unteren Grenze 19.36 und der oberen Grenze 33.64 den unbekannten Populationswert der Prozentsatzdifferenz.

Lösung 10.6

a) Aus den Spaltenprozentwerten ist ersichtlich, dass die wenig oder gar nicht politisch interessierten Personen sich hauptsächlich (55 %) der politischen Mitte zurechnen. Personen mit (sehr) starkem politischen Interesse sind in diesen Personengruppen zu einem deutlich geringeren Anteil (38 %) vertreten. Weiterhin sind deutlich mehr Personen mit starkem politischen Interesse links (41 %) als rechts (22 %) orientiert. Aus der Tabelle lässt sich somit folgern, dass eine Polarisierung in «links» und «rechts» mit dem Ausmaß des politischen Interesses zusammenhängt.

b) Wird die Links-rechts-Orientierung als erklärende Variable für politisches Interesse angesehen, dann ist festzustellen, dass es zwischen den eher links und den eher rechts orientierten Personen im Hinblick auf starkes politisches Interesse praktisch keine nennenswerten Unterschiede gibt: Rund ein Drittel (34 %) der «Linken» und «Rechten» geben starkes politisches Interesse an. Dagegen ist starkes politisches Interesse nur bei einem Viertel (24 %) der Personen, die sich der politischen Mitte zurechnen, zu beobachten. Geringes politisches Interesse kommt bei den «Linken» mit 24 % am wenigsten, bei den «Rechten» mit 28 % etwas häufiger und bei den Personen der «politischen Mitte» mit 36 % am häufigsten vor.

Besonders bei den beiden Extremgruppen (geringes und starkes politisches Interesse) sind Unterschiede in Abhängigkeit von der politischen Orientierung zu beobachten. Dabei unterscheiden sich nicht vorrangig die «Linken» von den «Rechten», sondern beide unterscheiden sich von den Personen, die sich selbst der politischen Mitte zuordnen.

Fazit: Personen, die sich selbst explizit dem «rechten» oder «linken» politischen Spektrum der Gesellschaft zuordnen, geben in höherem Ausmaß Interesse an der Politik an als Personen, die sich eher der politischen Mitte zuordnen. Die Frage nach dem politischen Interesse wurde im Allbus 2000 vor der Frage nach der politischen Orientierung gestellt. Es ist denkbar, dass Personen, die wenig oder mittelstarkes politisches Interesse angegeben haben, sich bei der Links-rechts-Selbsteinstufung ebenfalls in der Mitte eingeordnet haben. Inwiefern hier jedoch ein Reihenfolgeeffekt der Fragenordnung vorliegt, kann auf der Basis der Allbus-Daten nicht geklärt werden.

c) Die Frage, ob zwischen politischem Interesse und politischer Orientierung ein Zusammenhang besteht, kann mit Hilfe des Chi-Quadrat-Tests auf Unabhängigkeit beantwortet werden. Die

Logik dieses Tests besteht darin zu prüfen, ob die beiden Variablen in der Kreuztabelle statistisch unabhängig voneinander sind (Nullhypothese).

Bei Gültigkeit der Nullhypothese ist die Teststatistik Chi-Quadrat zentral chiquadratverteilt. Bei nicht zutreffender Nullhypothese ist die Teststatistik Chi-Quadrat nichtzentral chiquadratverteilt. Die Konsequenz hieraus ist, dass der Erwartungswert der Teststatistik bei nicht zutreffender Nullhypothese größer ist als bei Gültigkeit der Nullhypothese. Daraus folgt, dass der Ablehnungsbereich für die Nullhypothese im oberen (rechten) Bereich der Chi-Quadrat-Verteilung mit df Freiheitsgraden liegt.

Statistische Unabhängigkeit von Ereignissen liegt dann vor, wenn die bedingte Wahrscheinlichkeit eines Ereignisses gleich der unbedingten Wahrscheinlichkeit dieses Ereignisses ist. In diesem Fall ist die Wahrscheinlichkeit für das gemeinsame Auftreten von Ereignissen gleich dem Produkt aus den Einzelwahrscheinlichkeiten für jedes der Ereignisse.

Übertragen auf die Kreuztabelle heißt das: Die Wahrscheinlichkeit für das gemeinsame Auftreten eines Ereignisses, z. B. «(sehr) starkes» politisches Interesse und «eher linke» politische Orientierung, ist nur dann gleich dem Produkt aus der Wahrscheinlichkeit für «(sehr) starkes» politisches Interesse und der Wahrscheinlichkeit für «eher linke» politische Orientierung, wenn diese beiden Variablen statistisch unabhängig voneinander sind.

Zur Prüfung der Hypothese werden die Wahrscheinlichkeiten über die entsprechenden Anteile (bzw. Prozentwerte) in der Tabelle «geschätzt».

Die Prüfung der Hypothese, dass in der Tabelle ein Zusammenhang zwischen politischer Orientierung und politischem Interesse besteht, erfolgt in fünf Schritten:

1. Schritt: Formulierung der Forschungs- und der Nullhypothese

$H_1: \pi_{ij} \neq \pi_{i\bullet} \cdot \pi_{\bullet j}$ für mindestens eine Kombination ij

$H_0: \pi_{ij} = \pi_{i\bullet} \cdot \pi_{\bullet j}$ für alle Zellen ij

2. Schritt: Entscheidung über Testverteilung und Teststatistik
In der Tabellenanalyse wird die Prüfung auf Unabhängigkeit der Zeilen- und Spaltenvariablen mit Hilfe der Teststatistik Chi-Quadrat χ^2 vorgenommen. Die Testverteilung ist die Chi-Quadrat-Verteilung, die bei Unabhängigkeit der Variablen (Nullhypothese) einer zentralen Chi-Quadrat-Verteilung folgt. Ist die Nullhypothese dagegen falsch, folgt die Teststatistik Chi-Quadrat einer nichtzentralen Chi-Quadrat-Verteilung.

3. Schritt: Festlegung des Ablehnungsbereichs und des kritischen Werts
Aus der Tatsache, dass die Teststatistik Chi-Quadrat bei falscher Nullhypothese einer nichtzentralen Chi-Quadrat-Verteilung folgt, folgt, dass bei falscher Nullhypothese eher mit größeren Werten der Teststatistik χ^2 zu rechnen ist als bei zutreffender Nullhypothese. Der Ablehnungsbereich liegt also im rechten oberen Bereich der Chi-Quadrat-Verteilung.

Der kritische Wert kann erst nach Feststellung der Anzahl der Freiheitsgrade aus der Tabelle mit den Quantilen der Chi-Quadrat-Verteilung abgelesen werden.

Die Anzahl der Freiheitsgrade ergibt sich als Differenz aus der Anzahl der Datenpunkte (K) minus der Anzahl der zu schätzenden Parameter (t). Formale Darstellung:

$$df = K - t = \underbrace{(I \times J)}_{K} - \underbrace{((I-1) + (J-1) + 1)}_{t} \equiv (I-1) \times (J-1)$$

Alternativ kann die Anzahl der Freiheitsgrade in Mehrfeldertabellen als Produkt aus der Zeilenzahl minus eins multipliziert und der Spaltenzahl minus eins ermittelt werden. Formale Darstellung:

$$df = (I-1) \times (J-1)$$

Für die vorliegende Tabelle mit drei Zeilen und drei Spalten ergeben sich somit df = 4 Freiheitsgrade.

Bei einer Irrtumswahrscheinlichkeit von $\alpha = 5\,\%$ beträgt der kritische Wert: $\chi^2_{df;\,1-\alpha} = \chi^2_{4;\,95\%} = 9.488$, der aus der Tabelle mit den Quantilen der Chi-Quadrat-Verteilung in der Spalte 95 % und der Zeile df = 4 abgelesen werden kann.

4. Schritt: Berechnung der Teststatistik
Zur Berechnung der Teststatistik χ^2 auf der Basis der Stichprobendaten ist zunächst die Berechnung der bei Unabhängigkeit erwarteten Häufigkeiten in jeder Tabellenzelle notwendig. Die bei Unabhängigkeit erwarteten Häufigkeiten werden berechnet nach:

$$e_{ij} = n_{\bullet\bullet} \cdot p_{i\bullet} \cdot p_{\bullet j} = \frac{n_{i\bullet} \cdot n_{\bullet j}}{n_{\bullet\bullet}} \quad \text{für alle i und j}$$

Die Teststatistik Chi-Quadrat resultiert aus der Summe der für jede Tabellenzelle berechneten Quotienten aus quadrierter Differenz zwischen beobachteter und bei Unabhängigkeit erwarteter Häufigkeit, dividiert durch die bei Unabhängigkeit erwartete Häufigkeit.

Formale Darstellung:

$$\chi^2 = \sum_{i=1}^{I}\sum_{j=1}^{J}\frac{\left(n_{ij} - e_{ij}\right)^2}{e_{ij}}$$

5. Schritt: Entscheidung über Akzeptanz oder Zurückweisung der Nullhypothese
Ist der aus den Stichprobendaten berechnete χ^2-Wert größer als der kritische Wert der Teststatistik, $\chi^2_{4;\,95\%} = 9.488$, dann wird die Nullhypothese zurückgewiesen.

Bei einem solchen Ergebnis ist mit einer Irrtumswahrscheinlichkeit von 5 % davon auszugehen, dass in der Population ein Zusammenhang zwischen den beiden Variablen in der Tabelle besteht.

d) Zuerst erfolgt die Berechnung der bei Unabhängigkeit erwarteten Häufigkeiten für jede Tabellenzelle

Bei Unabhängigkeit erwartete Häufigkeiten der gemeinsamen Verteilung von Links-rechts-Orientierung und politischem Interesse:

	politisches Interesse			gesamt
	wenig/ gar nicht	mittel	(sehr) stark	
(eher) links	$372.68 = 1222 \times 1054/3456$	$493.25 = 1222 \times 1395/3456$	$356.06 = 1222 \times 1007/3456$	1222
Mitte	$490.71 = 1609 \times 1054/3456$	$649.47 = 1609 \times 1395/3456$	$468.83 = 1609 \times 1007/3456$	1609
(eher) rechts	$190.61 = 625 \times 1054/3456$	$252.28 = 625 \times 1395/3456$	$182.11 = 625 \times 1007/3456$	625
gesamt	1054	1395	1007	3456

Quelle: Allbus 2000

Die Teststatistik χ^2 wird berechnet als:

$$\chi^2 = \frac{(296-372.68)^2}{372.68} + \frac{(515-493.25)^2}{493.25} + \frac{(411-356.06)^2}{356.06}$$
$$+ \frac{(582-490.71)^2}{490.71} + \frac{(645-649.47)^2}{649.47} + \frac{(382-468.83)^2}{468.83}$$
$$+ \frac{(176-190.61)^2}{190.61} + \frac{(235-252.28)^2}{252.28} + \frac{(214-182.11)^2}{182.11}$$
$$= 15.78 + 0.96 + 8.48 + 16.98 + 0.03 + 16.08 + 1.12 + 1.18 + 5.58$$
$$= 66.19$$

Der aus den Stichprobendaten berechnete χ^2-Wert ist größer als der kritische χ^2-Wert. Die Nullhypothese, dass kein Zusammenhang zwischen dem politischen Interesse und der politischen Orientierung besteht, wird deshalb abgelehnt.

Mit einer Irrtumswahrscheinlichkeit von 5 % ist anzunehmen,

dass in der Population ein Zusammenhang zwischen diesen beiden Variablen besteht.

Lösung 10.7

In der Lösung zu Aufgabe 9.8 wurde die Hypothese geprüft, dass die Anteile gleich groß sind.

Die Prüfung einer Anteilsdifferenz auf Gleichheit entspricht der Prüfung auf statistische Unabhängigkeit in der Vierfeldertabelle.

Aus den gegebenen Daten kann folgende Tabelle berechnet werden:

«Bürger im anderen Teil fremder?»	Region		gesamt
	alte Bundesländer	neue Bundesländer	
Zustimmung	247	144	391 = 247 + 144
Ablehnung	660 = 907 − 247	381 = 525 − 144	1041 = 660 + 381
gesamt	907	525	1432 = 907 + 525

Als Teststatistik kann Pearson's Chi-Quadrat-Wert nach der vereinfachten Formel für die Vierfeldertabelle berechnet werden als:

$$\chi^2 = n \cdot \frac{(a \cdot d - b \cdot c)^2}{(a+b) \cdot (c+d) \cdot (a+c) \cdot (b+d)}$$

$$= 1432 \cdot \frac{(247 \cdot 381 - 144 \cdot 660)^2}{391 \cdot 1041 \cdot 907 \cdot 525} = 0.00643$$

Der Wert der Teststatistik χ^2 ist genau das Quadrat der in Aufgabe 9.8 berechneten Teststatistik Z, der dort mit $Z = -0.080$ angegeben wird.

Die Teststatistik χ^2 ist in einer Vierfeldertabelle bei gültiger Nullhypothese asymptotisch chiquadratverteilt mit $df = 1$ Freiheitsgrad. Da bei falscher Nullhypothese mit großen Werten der Teststatistik zu rechnen ist, wird die Nullhypothese abgelehnt, wenn der χ^2-Wert größer ist als das $(1-\alpha)$-Quantil der Chi-Quadrat-Verteilung mit $df = 1$.

Bei einer Irrtumswahrscheinlichkeit von 5 % ist der kritische Wert $\chi^2_{df;\,1-\alpha} = \chi^2_{1;\,95\%} = 3.84$. Da $0.006 < 3.84$, kann die Nullhypothese nicht verworfen werden. Vermutlich sind die beiden Variablen statistisch unabhängig voneinander.

Da die Region also vermutlich nicht mit der Zustimmung zu der Aussage zusammenhängt, gibt es auch keinen regionalen Unterschied in der Zustimmung.

Lösung 10.8

a) Das Vorliegen eines signifikanten Zusammenhangs kann mit Hilfe des Chi-Quadrat-Tests auf Unabhängigkeit und der Teststatistik Chi-Quadrat festgestellt werden. Dabei ist die Vermutung eines Zusammenhangs die Forschungshypothese, während die Vermutung der Unabhängigkeit (kein Zusammenhang) die Nullhypothese ist.

Die Überprüfung der Hypothese erfolgt in fünf Schritten.

1. Schritt: Formulierung der Forschungs- und der Nullhypothese
Da Unabhängigkeit vorliegt, wenn die bivariaten (gemeinsamen) Wahrscheinlichkeiten (Anteile) gleich den Produkten der univariaten (Rand-)Wahrscheinlichkeiten (Anteile) sind, ergibt sich folgendes Hypothesenpaar:

$H_1: \pi_{ij} \neq \pi_{i\bullet} \cdot \pi_{\bullet j}$ für mindestens eine Kombination ij
$H_0: \pi_{ij} = \pi_{i\bullet} \cdot \pi_{\bullet j}$ für alle Zellen ij

2. Schritt: Entscheidung über die Testverteilung und die Teststatistik
Werden bei einer einfachen Zufallsauswahl anstelle der unbekannten Wahrscheinlichkeiten die entsprechenden relativen Häufigkeiten verwendet, kann daraus die Chi-Quadrat-Statistik berechnet werden.

3. Schritt: Festlegung des Ablehnungsbereichs und des kritischen Werts

Bei gültiger Nullhypothese ist die Teststatistik (zentral) chiquadratverteilt. Ist die Nullhypothese falsch, ist die Teststatistik nichtzentral chiquadratverteilt. Dann ist eher mit größeren Werten zu rechnen als bei zutreffender Nullhypothese. Der Ablehnungsbereich liegt also im rechten oberen Bereich der Chi-Quadrat-Verteilung. Der Festlegung des kritischen Werts der Teststatistik muss die Bestimmung der Anzahl der Freiheitsgrade in der Tabelle vorausgehen. Die Anzahl der Freiheitsgrade ist gleich dem Produkt aus Zeilenzahl minus eins mal Spaltenzahl minus eins:

$$df = (I-1) \cdot (J-1) = (3-1) \cdot (2-1) = 2$$

Bei einer Irrtumswahrscheinlichkeit von 5 % kann dann der kritische Wert für $\chi^2_{df;\,\alpha}$ aus der Tabelle mit den Quantilen der Chi-Quadrat-Verteilung in der mit 95 % überschriebenen Spalte und der Zeile mit df = 2 abgelesen werden. Der kritische Wert beträgt $\chi^2_{2;\,95\%} = 5.991$.

4. Schritt: Berechnung der Teststatistik

Um den Wert der Teststatistik auf der Basis der Stichprobendaten berechnen zu können, müssen zunächst die bei Unabhängigkeit erwarteten Zellenhäufigkeiten berechnet werden:

$$e_{ij} = n \cdot p_{i\bullet} \cdot p_{\bullet j} = \frac{n_{i\bullet} \cdot n_{\bullet j}}{n}$$

Sind diese bekannt, kann die Teststatistik Chi-Quadrat berechnet werden nach der Formel:

$$\chi^2 = \sum_{i=1}^{I} \sum_{j=1}^{J} \frac{\left(n_{ij} - e_{ij}\right)^2}{e_{ij}}$$

Bei Unabhängigkeit erwartete Häufigkeiten der gemeinsamen Verteilung von Einkommen und Geschlecht

Einkommen	Geschlecht		
	männlich	weiblich	gesamt
bis 1499 DM	438.17	424.83	863
1500 bis 2999 DM	653.96	634.04	1288
3000 DM u. höher	385.37	373.63	759
gesamt	1478	1433	2911

Der Wert der Teststatistik beträgt dann:

$$\chi^2 = \frac{(268-438.17)^2}{438.17} + \frac{(656-653.96)^2}{653.96} + \frac{(554-385.37)^2}{385.37}$$

$$+ \frac{(595-424.83)^2}{424.83} + \frac{(633-634.04)^2}{634.04} + \frac{(205-373.63)^2}{373.63} = 284.16$$

5. Schritt: Entscheidung über Ablehnung oder Beibehaltung der Nullhypothese
Ist der aus den Stichprobendaten berechnete Wert der Teststatistik größer als der kritische Wert, dann ist die Nullhypothese zu verwerfen. Der Wert der Teststatistik ist mit einem Wert von 284.16 größer als der kritische Wert 5.991.

Mit einer Irrtumswahrscheinlichkeit von 5 % ist davon auszugehen, dass in der Population ein signifikant von null verschiedener Zusammenhang zwischen Einkommen und Geschlecht besteht.

Da die Testverteilung nur asymptotisch zutrifft, ist zu prüfen, ob die Annäherung hinreichend genau ist. Dies ist der Fall, wenn alle erwarteten Häufigkeiten größer 5 sind. Dies trifft zu, da die kleinste erwartete Häufigkeit 373.63 beträgt.

Alternative Teststatistik: Als Alternative zu Pearson's Chi-Quadrat-Statistik kann auch der Likelihood-Ratio-Test berechnet werden. Die Teststatistik ergibt sich nach:

$$L^2 = 2 \cdot \sum_{i=1}^{I} \sum_{j=1}^{J} n_{ij} \cdot \ln\left(\frac{n_{ij}}{e_{ij}}\right)$$

Durch Einsetzen der Zahlen aus der vorliegenden Tabelle resultiert der Wert von L^2 als:

$$L^2 = 2 \cdot 268 \cdot \ln\left(\frac{268}{438.17}\right) + 2 \cdot 656 \cdot \ln\left(\frac{656}{653.96}\right) + 2 \cdot 554 \cdot \ln\left(\frac{554}{385.37}\right)$$

$$+2 \cdot 595 \cdot \ln\left(\frac{595}{424.83}\right) + 2 \cdot 633 \cdot \ln\left(\frac{633}{634.04}\right) + 2 \cdot 205 \cdot \ln\left(\frac{205}{373.63}\right)$$

$$= 295.43$$

Testverteilung, kritischer Wert und Anwendungsvoraussetzung sind die gleichen wie bei Pearson's Chi-Quadrat-Test.

Der Likelihood-Ratio-Test kommt zum gleichen Ergebnis wie Pearson's Chi-Quadrat-Test: Die Nullhypothese, dass kein Zusammenhang zwischen Einkommen und Geschlecht besteht, wird verworfen. Die Werte von Chi-Quadrat-Test und Likelihood-Ratio-Test lassen auf einen signifikanten Zusammenhang zwischen Einkommenshöhe und Geschlecht schließen.

Zur Prüfung der Frage, ob ein signifikanter Zusammenhang zwischen den Variablen in der Tabelle besteht, sind beide Tests gleichermaßen angemessen.

b) Über die Stärke des Zusammenhangs kann ein Zusammenhangsmaß Auskunft geben. Dabei ist das Skalenniveau der beiden Variablen und die erwartete Beziehung zwischen den Variablen in der Tabelle zu berücksichtigen. Bei nominalskalierten Variablen und einem asymmetrischen Zusammenhang sind Lambda und der Unsicherheitskoeffizient angemessen; wird ein symmetrischer Zusammenhang angenommen, sind Cramér's V und der Kontingenzkoeffizient angemessene Zusammenhangsmaße.

Einkommen ist eine metrische Variable, die aufgrund der Zusammenfassung in drei Klassen hier jedoch eher als ordinale Variable aufgefasst werden sollte.

Geschlecht ist eine nominalskalierte Variable. Da sie jedoch nur zwei Ausprägungen hat, kann sie bei Beachtung der Anordnung der Ausprägungen in der Tabelle wie eine ordinale oder sogar metrische Variable behandelt werden. Daher können in der vorliegenden Tabelle die Zusammenhangsmaße für ordinale Variablen angewendet werden.

Bei einer symmetrischen Beziehung wären die Koeffizienten Kendall's tau-b und gamma angemessen. Da es sich aber um eine asymmetrische Beziehung handelt, denn nur «Geschlecht» kann als erklärende und «Einkommen» als abhängige Variable in Frage kommen, ist hier das asymmetrische Zusammenhangsmaß Somer's d_{YX} geeignet.

Wird vermutet, dass Frauen ein geringeres Einkommen haben als Männer, ist bei der gegebenen Anordnung der Variablenausprägungen in der Tabelle mit einem negativen Zusammenhang zu rechnen. Tatsächlich weist Somer's d_{YX} einen Wert von -0.336 auf. Es besteht also ein deutlicher negativer Zusammenhang.

Die asymptotische Signifikanz von $p = 0.000$ weist darauf hin, dass die Nullhypothese, dass in der Grundgesamtheit ein Wert von null (kein Zusammenhang) auftritt (und dass der negative Wert von d_{YX} eine Folge der Zufallsauswahl ist), selbst bei einer Irrtumswahrscheinlichkeit von 0.1 % verworfen werden kann.

Die empirischen Daten sprechen also dafür, dass Frauen weniger verdienen als Männer. Eine Erklärung, warum dies der Fall ist, ist aus der Tabelle nicht zu entnehmen. Hierzu müssten weitere Informationen berücksichtigt werden. So kann ein geringeres Einkommen z. B. dann auftreten, wenn Frauen geringere Arbeitszeiten aufweisen als Männer oder wenn sie in schlechter bezahlten Berufen arbeiten. Es ist aber auch nicht ausgeschlossen, dass Frauen im Berufsleben diskriminiert werden und bei gleicher Arbeitszeit, Qualifikation und Berufserfahrung ein geringeres Einkommen haben. Dies sind inhaltliche Fragen, die allein mit den Mitteln der Statistik (ohne zusätzliche inhaltliche Überlegungen) nicht zu entscheiden sind.

Lösung 10.9

a) Zusammenhang von Bildung und Geschlecht

Gegenwärtig gibt es (aufgrund der durch die Bildungsexpansion gestiegenen Bildungsbeteiligung von Frauen) bei jüngeren Personen vermutlich keinen Zusammenhang zwischen Schulbildung und Geschlecht. Da es sich jedoch um eine nationale Umfrage handelt und die Population nicht nur die jüngeren Personen, sondern Personen aller Altersgruppen umfasst, ist mit einem schwachen negativen Zusammenhang zwischen Bildungsniveau und Geschlecht zu rechnen, weil die Ausgewogenheit des Bildungsniveaus zwischen den Geschlechtern bei den älteren Personen noch nicht gegeben war und Frauen in der Vergangenheit eine geringere Chance hatten, eine höhere Bildung zu erhalten. Die Vermutung eines negativen Zusammenhangs folgt aus der Anordnung der Variablenausprägungen in der Tabelle. Wenn weibliche Befragte tendenziell eine geringere Bildung aufweisen, dann sind in den rechten oberen und den linken unteren Tabellenzellen überdurchschnittlich viele Fälle und entsprechend unterdurchschnittlich wenige Fälle in den linken oberen und rechten unteren Tabellenfeldern zu erwarten.

b) Die Feststellung, ob überhaupt ein Zusammenhang besteht, kann mit Hilfe der Teststatistik Chi-Quadrat vorgenommen werden. Dabei handelt sich um eine Prüfung auf Unabhängigkeit der Spalten- und Zeilenvariablen. Die Teststatistik nimmt den Wert null nur bei Unabhängigkeit der Variablen an.

Die Prüfung der Hypothese, ob ein Zusammenhang vorliegt, erfolgt in den bekannten fünf Schritten.

1. Schritt: Formulierung der Forschungs- und der Nullhypothese

Da ein (schwacher) Zusammenhang zwischen Bildungsniveau und Geschlecht vermutet wird, kann folgendes Hypothesenpaar formuliert werden:

$H_1\colon \pi_{ij} \neq \pi_{i\bullet} \cdot \pi_{\bullet j}$ für mindestens eine Kombination ij

$H_0\colon \pi_{ij} = \pi_{i\bullet} \cdot \pi_{\bullet j}$ für alle Zellen ij

2. Schritt: Entscheidung über die Testverteilung und die Teststatistik
Die Prüfung auf Unabhängigkeit der Spalten- und Zeilenvariable in der Tabelle erfolgt mit Hilfe der Teststatistik Chi-Quadrat. Die Testverteilung ist die Chi-Quadrat-Verteilung.

3. Schritt: Festlegung des Ablehnungsbereichs und des kritischen Werts
Bei Gültigkeit der Nullhypothese folgt die Teststatistik Chi-Quadrat einer zentralen Chi-Quadrat-Verteilung. Ist die Nullhypothese falsch, dann ist die Teststatistik nichtzentral chi-quadratverteilt und weist eher größere Werte auf. Für eine Irrtumswahrscheinlichkeit von $\alpha = 5\,\%$ kann der kritische Wert der Teststatistik mit der angemessenen Zahl von Freiheitsgraden, $\chi^2_{df;\,1-\alpha}$, aus der Tabelle mit den Quantilen der Chi-Quadrat-Verteilung abgelesen werden. Die Zahl der Freiheitsgrade beträgt hier:

$$df = (I-1)\cdot(J-1) = 4\cdot 1 = 4$$

Der kritische Wert $\chi^2_{df;\,1-\alpha}$ beträgt hier $\chi^2_{4;\,95\%} = 9.488$.

4. Schritt: Berechnung der Teststatistik
Zur Berechnung der Teststatistik müssen zunächst die bei Unabhängigkeit erwarteten Häufigkeiten in der Tabelle berechnet werden. Die Berechnung erfolgt nach der Formel:

$$e_{ij} = n_{\bullet\bullet}\cdot p_{i\bullet}\cdot p_{\bullet j} = \frac{n_{i\bullet}\cdot n_{\bullet j}}{n_{\bullet\bullet}} \quad \text{für alle ij}$$

Beobachtete und bei Unabhängigkeit erwartete Häufigkeiten der gemeinsamen Verteilung von Schulabschluss und Geschlecht

höchster allgemein bildender Schulabschluss	beobachtete und erwartete Häufigkeiten	Geschlecht		
		männlich (1)	weiblich (2)	gesamt
1 kein Schulabschluss	beobachtete Häufigkeit	38	57	95
	erwartete Häufigkeit	44.1	50.9	
2 Volks-, Hauptschule	beobachtete Häufigkeit	620	793	1413
	erwartete Häufigkeit	655.4	757.6	
3 Mittlere Reife, Realschule	beobachtete Häufigkeit	468	567	1035
	erwartete Häufigkeit	480.0	555.0	
4 Fachhochschulreife	beobachtete Häufigkeit	90	76	166
	erwartete Häufigkeit	77.0	89.0	
5 Abitur, Hochschulreife	beobachtete Häufigkeit	264	218	482
	erwartete Häufigkeit	223.6	258.4	
gesamt		1480	1711	3191

Die Berechnung der Teststatistik χ^2 aus den Stichprobendaten erfolgt nach der Formel:

$$\chi^2 = \sum_{i=1}^{I}\sum_{j=1}^{J}\frac{\left(n_{ij} - e_{ij}\right)^2}{e_{ij}}$$

Der so berechnete χ^2-Wert beträgt 23.42.

5. Schritt: Entscheidung über Beibehaltung oder Zurückweisung der Nullhypothese

Ist der aus den Stichprobendaten berechnete Wert der Teststatistik χ^2 größer als der kritische Wert, $\chi^2_{4;\,95\%} = 9.488$, dann wird die Nullhypothese abgelehnt. Das ist hier der Fall, da $23.42 > 9.488$.

Mit einer Irrtumswahrscheinlichkeit von 5 % ist davon auszugehen, dass in der Population ein Zusammenhang zwischen Bildungsniveau und Geschlecht besteht.

Damit ist aber noch nichts über die Stärke des Zusammenhangs ausgesagt. Da der Chi-Quadrat-Test nur nominales Skalenniveau voraussetzt, besagt der Test auch nichts über die Richtung des Zusammenhangs.

c) Bei der Antwort zu Teilaufgabe a) wurde die Erwartung geäußert, dass Frauen eher ein niedrigeres Bildungsniveau haben als Männer, dass dieser Zusammenhang aber nur schwach ausgeprägt ist. Diese Aussage setzt voraus, dass beide Variablen mindestens ordinales Messniveau aufweisen. Die Bildungsabschlüsse bilden eine ordinale Rangfolge. Geschlecht ist dagegen eine nominalskalierte Variable. Da es hier jedoch nur zwei Ausprägungen gibt, kann die Variable «Geschlecht» wie eine ordinale (oder sogar metrische) Variable behandelt werden. Da ein asymmetrischer Zusammenhang mit «Geschlecht» als unabhängiger Variable unterstellt wird, ist Somer's d_{YX} ein geeignetes Zusammenhangsmaß. Der Koeffizient wird berechnet nach der Formel:

$$d_{YX} = \frac{C - D}{C + D + T_Y}$$

wobei C die Anzahl der konkordanten, D die Anzahl der diskordanten und T_Y die Anzahl der Paare mit gleicher Ausprägung in der (abhängigen) Zeilenvariable (Y) symbolisiert. Die Zahl der konkordanten Paare ergibt sich aus der Summe der Produkte von Zellenhäufigkeiten, die rechts unter der Ausgangszelle liegen, und beträgt hier somit:

$$\begin{aligned} C &= 38 \cdot (793 + 567 + 76 + 218) + 620 \cdot (567 + 76 + 218) \\ &\quad + 468 \cdot (76 + 218) + 90 \cdot 218 \\ &= 753884 \end{aligned}$$

Die Anzahl der diskordanten Paare ist die Summe der Produkte von Zellenhäufigkeiten, die links unter der Ausgangszelle liegen:

$$\begin{aligned} D &= 57 \cdot (620 + 468 + 90 + 264) + 793 \cdot (468 + 90 + 264) \\ &\quad + 567 \cdot (90 + 264) + 76 \cdot 264 \\ &= 954822 \end{aligned}$$

Die Anzahl der Paare mit gleichen Werten bei der (abhängigen) Zeilenvariable ist gleich der Summe der Produkte der Zellen in der gleichen Zeile:

$$\begin{aligned} T_Y &= 38 \cdot 57 + 620 \cdot 793 + 468 \cdot 567 + 90 \cdot 76 + 264 \cdot 218 \\ &= 823574 \end{aligned}$$

Aus diesen Zahlen wird der Zusammenhangskoeffizient Somer's d_{YX} berechnet als:

$$d_{YX} = \frac{C - D}{C + D + T_Y} = \frac{753884 - 954822}{753884 + 954822 + 823574} = -0.079$$

Wie erwartet resultiert ein negativer Wert nahe null, der einen schwachen Zusammenhang zum Ausdruck bringt.

d) Dass überhaupt ein Zusammenhang besteht, wurde bereits mit dem Chi-Quadrat-Test in Teilaufgabe b) überprüft. Die Feststellung, dass der beobachtete Zusammenhang signifikant (von null verschieden) ist, entspricht der Forschungshypothese, dass Somer's d_{YX} in der Grundgesamtheit – symbolisiert als δ_{YX} – größer oder kleiner, also ungleich null ist. Die Hypothesenprüfung erfolgt in den bekannten fünf Schritten.

1. Schritt: Formulierung der Forschungs- und der Nullhypothese

$H_1: \delta_{YX} < 0$ versus $H_0: \delta_{YX} \geq 0$

2. Schritt: Entscheidung über die Testverteilung und die Teststatistik
Eine exakte Testverteilung für Somer's d_{YX} ist nicht bekannt. Es kann jedoch ein asymptotisch gültiger Standardfehler berechnet werden, der im SPSS-Ausdruck angegeben wird. Ist die Fallzahl hinreichend groß ($n > 30$), dann kann unterstellt werden, dass der Koeffizient Somer's d_{YX} um den Populationswert δ_{YX} normalverteilt ist. Als Testverteilung wird dann die Standardnormalverteilung und als Teststatistik der Quotient aus Somer's d_{YX} dividiert durch seinen Standardfehler verwendet. Die so berechnete Teststatistik Z ist asymptotisch standardnormalverteilt, wenn der Populationswert δ_{YX} gleich null ist.

3. Schritt: Festlegung des Ablehnungsbereichs und des kritischen Werts
Ist die Nullhypothese richtig, dann hat der Koeffizient Somer's d_{YX} einen Wert von null oder größer als null. Ist die Nullhypothese falsch, dann hat der Koeffizient Somer's d_{YX} einen Wert, der kleiner als null ist. Bei einer Irrtumswahrscheinlichkeit von $\alpha = 5\,\%$ wird die Nullhypothese daher abgelehnt, wenn die Teststatistik kleiner als das α-Quantil der Standardnormalverteilung, also kleiner als $z_v = -1.645$ ist.

4. Schritt: Berechnung der Teststatistik
Für den asymptotischen Standardfehler von Somer's d_{YX} wird vom Statistikprogramm SPSS der Wert $\hat{\sigma}(d_{YX}) = 0.019$ angegeben. Die Teststatistik wird dann berechnet nach der Formel:

$$Z = \frac{d_{YX}}{\hat{\sigma}(d_{YX})} = \frac{-0.079}{0.019} = -4.16$$

5. Schritt: Entscheidung über Beibehaltung oder Verwerfung der Nullhypothese
Da die Teststatistik kleiner ist als der kritische Wert, ist die Nullhypothese zu verwerfen.

Mit einer Irrtumswahrscheinlichkeit von 5 % ist davon auszugehen, dass es einen signifikanten negativen Zusammenhang zwischen «Geschlecht» und «Bildungsniveau» gibt. Das Bildungsniveau der Frauen wäre demnach signifikant geringer als das der Männer.

Der Test gilt nur asymptotisch, wobei unbekannt ist, ab welcher Fallzahl davon ausgegangen werden kann, dass die Teststatistik hinreichend genau normalverteilt ist. Die Tatsache, dass einerseits ein sehr schwacher Zusammenhang zwischen «Bildungsniveau» und «Geschlecht» besteht, dieser Zusammenhang nach den Berechnungen aber signifikant kleiner null ist, hängt möglicherweise auch mit der großen Fallzahl in der Stichprobe zusammen. Bei großer Fallzahl werden oft auch schon sehr kleine Zusammenhangswerte signifikant. Deshalb ist bei jedem Test auch von Bedeutung, welchen Wert das Zusammenhangsmaß ausweist. Ist dieser Wert sehr niedrig, wie im Fall des Zusammenhangs zwischen «Bildungsniveau» und «Geschlecht», dann sollte die Interpretation sich eher auf den numerischen Wert des Zusammenhangskoeffizienten stützen als auf das Signifikanzniveau. Hier ist also davon auszugehen, dass es einen sehr schwachen negativen Zusammenhang gibt.

Lösung 10.10

a) Bei Zeilenprozentuierung werden die Prozentwerte spaltenweise betrachtet, d. h., die Prozentwerte in der ersten Spalte werden senkrecht miteinander verglichen, ebenfalls die in der zweiten Spalte. Entgegen der üblichen Darstellungsweise ist die abhängige Variable hier also die Spaltenvariable (X), die unabhängige Variable die Zeilenvariable (Y).

Berechnungsschema bei Zeilenprozentuierung

Unabhängige Zeilenvariable (Y).	Abhängige Spaltenvariable (X)		
	Ausprägung 1 (x_1)	Ausprägung 2 (x_2)	Bezugsgröße
Ausprägung 1 (y_1)	$100 \cdot \frac{a}{a+b}$	$100 \cdot \frac{b}{a+b}$	$(a+b)$
Ausprägung 2 (y_2)	$100 \cdot \frac{c}{c+d}$	$100 \cdot \frac{d}{c+d}$	$(c+d)$
Zeilenprozentwerte	$100 \cdot \frac{a+c}{n}$	$100 \cdot \frac{b+d}{n}$	(n)

Da nur die Prozentwerte angegeben sind, kann als Zusammenhangsmaß die Prozentsatzdifferenz verwendet werden.

Die Prozentsatzdifferenz der Zeilenprozentwerte innerhalb einer Spalte wird berechnet nach:

$$d_{XY}\% = 100 \cdot \left(\frac{a}{a+b} - \frac{c}{c+d} \right) = 100 \cdot \frac{n_{11}}{n_{1\bullet}} - \frac{n_{21}}{n_{2\bullet}}$$

b) Da die Prozentsatzdifferenz = Anteilsdifferenz × 100 ist, wird zur Bildung eines Konfidenzintervalls für eine auf Zeilenprozentuierung basierende Prozentsatzdifferenz der mit 100 multiplizierte Standardfehler der Anteilsdifferenz zwischen den Zeilen einer Spalte verwendet.

$$\begin{aligned} c.i.(\delta_{XY}\%) &= d_{XY}\% \pm z_{1-\alpha/2} \cdot 100 \cdot \hat{\sigma}\left(\frac{n_{11}}{n_{1.}} - \frac{n_{21}}{n_{2.}} \right) \\ &= d_{XY}\% \pm z_{1-\alpha/2} \cdot 100 \cdot \sqrt{\frac{p_{11} \cdot (1-p_{11})}{n_{1.}} + \frac{p_{21} \cdot (1-p_{21})}{n_{2.}}} \\ &= d_{XY}\% \pm z_{1-\alpha/2} \cdot 100 \cdot \sqrt{\frac{a \cdot b}{(a+b)^3} + \frac{c \cdot d}{(c+d)^3}} \end{aligned}$$

Lösung 10.11

a) Es ist von einer asymmetrischen (gerichteten) Beziehung auszugehen, bei der Anomia (Spaltenvariable) die Wahlbeteiligung (Zeilenvariable) beeinflusst. Wenn nach Ansicht der Befragten Politiker uninteressiert an den Problemen der einfachen Leute sind, dann ist anzunehmen, dass auch die Motivation, zur Wahl zu gehen, und damit die Wahlbeteiligung nachlässt. Aufgrund der Anordnung der Tabelle ist mit einem negativen Zusammenhang zu rechnen, da Wahlbeteiligung (1. Zeile) eher bei niedriger Anomia («bin anderer Meinung» in der 2. Spalte) als bei hoher Anomia («bin derselben Meinung» in der 1. Spalte) zu erwarten ist.

b) Die Zusammenhangsmaße werden wie folgt berechnet:
Prozentsatzdifferenz

$$d_{YX}\% = 100 \cdot \left(\frac{a}{a+c} - \frac{b}{b+d}\right) = 100 \cdot \left(\frac{1599}{1886} - \frac{277}{296}\right) = -8.8 \text{ Prozentpunkte}$$

Phi (Φ)

$$\Phi = \frac{a \cdot d - b \cdot c}{\sqrt{(a+b) \cdot (c+d) \cdot (a+c) \cdot (b+d)}} = \frac{1599 \cdot 19 - 277 \cdot 287}{\sqrt{1876 \cdot 306 \cdot 1886 \cdot 296}} = -0.087$$

Yule's Q

$$Q = \frac{a \cdot d - b \cdot c}{a \cdot d + b \cdot c} = \frac{1599 \cdot 19 - 277 \cdot 287}{1599 \cdot 19 + 277 \cdot 287} = -0.447$$

c) Aufgrund der Erwartungen, dass ein negativer Zusammenhang zwischen Wahlbeteiligung und Anomia besteht, wird angenommen, dass die Prozentsatzdifferenz kleiner als null ist.

Die Prüfung dieser Hypothese erfolgt in fünf Schritten.

1. Schritt: Formulierung der Forschungs- und der Nullhypothese

$H_1: \delta_{YX}\% < 0$ versus $H_0: \delta_{YX}\% \geq 0$

2. Schritt: Auswahl der Testverteilung und der Teststatistik
Da Stichprobenanteile asymptotisch normalverteilt sind, ist auch die Differenz von Stichprobenanteilen asymptotisch normalverteilt. Da es hier um die Differenz von Stichprobenanteilen geht, kann als Testverteilung die Standardnormalverteilung und als Teststatistik der Z-Wert verwendet werden.

3. Schritt: Festlegung des Ablehnungsbereichs und des kritischen Werts
Der Ablehnungsbereich liegt im unteren (linken) Bereich der Testverteilung. Bei einer Irrtumswahrscheinlichkeit von 5 % beträgt der kritische Wert der Teststatistik $z_{\alpha} = -1.645$.

4. Schritt: Berechnung der Teststatistik
Die Berechnung der Teststatistik Z kann erst erfolgen, wenn der Standardfehler der Prozentsatzdifferenz bekannt ist.

Da die Nullhypothese einen (minimalen) Wert von null für die Prozentsatzdifferenz behauptet, kann als erster Schritt zur Berechnung des Standardfehlers der gemeinsame («pooled») Populationsanteil in den beiden Teilgruppen «geschätzt» werden. Hierzu können die Angaben in der Randspalte der Tabelle genutzt werden.

Der «geschätzte» gemeinsame Populationsanteil der Ausprägung 1 der Randspalte wird berechnet nach:

$$\begin{aligned}\hat{\pi}_{pooled} &= p_1 \cdot \frac{n_1}{n_1 + n_2} + p_2 \cdot \frac{n_2}{n_1 + n_2} \\ &= \frac{a}{a+c} \cdot \frac{a+c}{n} + \frac{b}{b+d} \cdot \frac{b+d}{n} = \frac{a+b}{n}\end{aligned}$$

Der «geschätzte» Anteil der Ausprägung 2 der Randspalte ergibt sich hieraus als:

$$1 - \hat{\pi}_{pooled} = \frac{c+d}{n}$$

Der Standardfehler der Differenz der Stichprobenanteile kann mit Hilfe der geschätzten gemeinsamen («pooled») Populationsanteile berechnet werden nach:

$$\hat{\sigma}(p_1 - p_2) = \sqrt{\hat{\pi}_{pooled} \cdot (1 - \hat{\pi}_{pooled}) \cdot \left(\frac{1}{n_1} + \frac{1}{n_2}\right)}$$

Die Teststatistik zur Prüfung der Nullhypothese über eine minimale Prozentsatzdifferenz von null wird dann berechnet nach der Formel:

$$Z = \frac{(p_1 - p_2) - (\pi_1 - \pi_2)}{\sqrt{\hat{\pi}_{pooled} \cdot (1 - \hat{\pi}_{pooled}) \cdot \left(\frac{1}{n_1} + \frac{1}{n_2}\right)}}$$

$$= \frac{\left(\frac{a}{a+c} - \frac{b}{b+d}\right) - \frac{\delta_{YX}\%}{100}}{\sqrt{\frac{a+b}{n} \cdot \frac{c+d}{n} \cdot \left(\frac{1}{a+c} + \frac{1}{b+d}\right)}}$$

$$= \frac{\left(\frac{1599}{1886} - \frac{277}{296}\right) - 0}{\sqrt{\frac{1876}{2182} \cdot \frac{306}{2182} \cdot \left(\frac{1}{1886} + \frac{1}{296}\right)}} = -4.05$$

5. Schritt: Entscheidung über Akzeptanz oder Zurückweisung der Nullhypothese

Wenn der empirisch berechnete Z-Wert kleiner ist als der kritische Wert, kann die Nullhypothese verworfen werden. Da $-4.05 < -1.645$, ist die Nullhypothese zu verwerfen.

Mit einer Irrtumswahrscheinlichkeit von 5 % ist davon auszugehen, dass zwischen Wahlbeteiligung und politischer Anomia ein signifikanter Zusammenhang besteht.

d) Bei einem 99 %-Konfidenzintervall wird die Irrtumswahrscheinlichkeit von 1 % auf beide Seiten der Testverteilung aufgeteilt. Die Z-Werte betragen dann $z_{\alpha/2}$ bzw. $z_{1-\alpha/2} = \pm 2.576$.

Das 99 %-Konfidenzintervall für die Prozentsatzdifferenz der abhängigen Variablen Wahlbeteiligung und der unabhängigen Variablen politische Anomia kann erst berechnet werden, wenn der Standardfehler der Prozentsatzdifferenz bekannt ist.

Da gilt: Prozentsatzdifferenz = Anteilsdifferenz × 100, ist der

Standardfehler der Prozentsatzdifferenz gleich dem mit 100 multiplizierten Standardfehler der Anteilsdifferenz und wird (bei Spaltenprozentuierung) berechnet nach der Formel:

$$\hat{\sigma}(d_{YX}\%) = 100 \cdot \hat{\sigma}(p_1 - p_2)$$

$$= 100 \cdot \sqrt{\frac{\left(\underbrace{\frac{a}{a+c}}_{p_1} \cdot \underbrace{\frac{c}{a+c}}_{(1-p_1)}\right)}{\underbrace{a+c}_{n_1}} + \frac{\left(\underbrace{\frac{b}{b+d}}_{p_2} \cdot \underbrace{\frac{d}{b+d}}_{(1-p_2)}\right)}{\underbrace{b+d}_{n_2}}} = 100 \cdot \sqrt{\frac{a \cdot c}{(a+c)^3} + \frac{b \cdot d}{(b+d)^3}}$$

$$= 100 \cdot \sqrt{\frac{1599 \cdot 287}{1886^3} + \frac{277 \cdot 19}{296^3}} = 1.64$$

Diese Berechnung des «geschätzten» Standardfehlers geht hier von ungleichen Anteilen in den beiden Teilgruppen aus, weshalb sich die Berechnung von der in Teilaufgabe c) unterscheidet. Darüber hinaus wird der Standardfehler in Teilaufgabe c) nicht mit 100 multipliziert, weil die Prozentsatzdifferenz $\delta_{YX}\%$ im Zähler durch 100 dividiert wurde.

Das 99 %-Konfidenzintervall für die Prozentsatzdifferenz der abhängigen Variablen Wahlbeteiligung und der unabhängigen Variablen politische Anomia kann jetzt berechnet werden nach der Formel:

$$\text{c.i.}(\delta_{YX}\%) = d_{YX}\% \pm z_{1-\alpha/2} \cdot 100 \cdot \sqrt{\frac{a \cdot c}{(a+c)^3} + \frac{b \cdot d}{(b+d)^3}}$$

$$= -8.8 \pm 2.576 \cdot 100 \cdot \sqrt{\frac{1599 \cdot 287}{1886^3} + \frac{277 \cdot 19}{296^3}} = -8.8 \pm 4.2$$

Mit einer Irrtumswahrscheinlichkeit von 1 % ist damit zu rechnen, dass die Prozentsatzdifferenz in der Population vermutlich zwischen –4.6 und –13.0 Prozentpunkten liegt.

e) Unter der Annahme, dass die Annäherung an eine Normalverteilung hinreichend genau ist, wird das 95 %-Konfidenzintervall für Yule's Q berechnet nach:

$$c.i.(Q) = Q \pm z_{1-\alpha/2} \cdot \hat{\sigma}_Q = -0.447 \pm 1.96 \cdot 0.098 = -0.447 \pm 0.192$$

Mit einer Irrtumswahrscheinlichkeit von 5 % ist davon auszugehen, dass Yule's Q in der Population zwischen −0.64 und −0.26 liegt.

Lösung 10.12

a) Bei beiden Variablen liegt ordinales Skalenniveau vor. Für die Prüfung eines monotonen Zusammenhangs (Je-desto-Hypothese) sind dann die Zusammenhangsmaße für ordinalskalierte Variablen zur Beschreibung von Richtung und Stärke des Zusammenhangs angemessen: gamma, Kendall's tau-b und Somer's d.

Am ehesten scheint hier Somer's d = −0.051 mit der abhängigen Variablen politisches Interesse in Frage zu kommen, da es plausibler ist, dass die politische Orientierung das politische Interesse beeinflusst als umgekehrt.

Gamma und Kendall's tau-b sind dagegen symmetrische Zusammenhangsmaße, bei denen Zeilen- und Spaltenvariable als gleichberechtigt angesehen werden. Die numerischen Werte von Kendall's tau-b und Somer's d_{XY} sind jedoch fast identisch, sodass die Festlegung einer der beiden Variablen als erklärende Variable keinen nennenswerten Effekt auf den Zusammenhang hat. Alle ordinalen Zusammenhangsmaße sind negativ, was bedeutet, dass politisch linke Orientierungspositionen eher mit starkem politischen Interesse einhergehen als rechte Orientierungen.

Bei der Interpretation der Tabelle wurde dagegen betont, dass vor allem mittlere Positionen mit einem mittleren Interesse einhergehen. Dies würde für einen nichtmonotonen Zusammenhang sprechen. In diesem Fall müssten die Zusammenhangsmaße für nominalskalierte Variablen (Phi, Lambda, Unsicherheitskoeffizient) auf einen deutlichen Zusammenhang hinweisen, die ordinalen Zusammenhangsmaße dagegen auf keinen Zusammenhang. Da dies nicht zutrifft, folgt, dass zwar Personen mit mittlerer Position auf der Links-rechts-Skala das relativ geringste politische Interesse aufweisen, dass aber gleichzeitig das politische Interesse der «Linken» tendenziell höher ist als das politische Interesse von Personen, die sich selbst als «rechts» einordnen.

b) Der Chi-Quadrat-Test gibt sowohl bei nominalskalierten als auch bei ordinalskalierten Variablen Auskunft darüber, ob zwischen den Variablen in der Tabelle ein signifikanter Zusammenhang besteht. Genau genommen erfolgt mit diesem Chi-Quadrat-Test die Prüfung auf Unabhängigkeit (Nullhypothese) der Variablen in einer Tabelle. Liegt keine Unabhängigkeit vor, dann besteht ein Zusammenhang zwischen den Variablen. Allerdings gibt der Chi-Quadrat-Test keine Auskunft über Stärke und/oder Richtung des Zusammenhangs.

Die Angabe der «asymptotischen Signifikanz» gibt das empirische Signifikanzniveau an. Das empirische Signifikanzniveau ist die Wahrscheinlichkeit, bei Gültigkeit der Nullhypothese den aus den Stichprobendaten berechneten χ^2-Wert (hier 66.19) oder einen noch extremeren (d. h. der Nullhypothese noch stärker widersprechenden Wert) zu beobachten. Wenn das empirische Signifikanzniveau kleiner als die maximale akzeptierte Irrtumswahrscheinlichkeit ist, wird die Nullhypothese, dass es keinen Zusammenhang gibt, abgelehnt.

c) Der Likelihood-Ratio-Test (abgekürzt durch die Teststatistik L^2) ist eine Alternative zum Chi-Quadrat-Test. Er informiert über die statistische Signifikanz der relativen Devianzreduktion, d. h. darüber, ob der Unsicherheitskoeffizient signifikant von null verschieden ist.

Die Devianz ist ein Streuungsmaß für nominalskalierte Variablen. Wird anstelle der Abweichung der absoluten Häufigkeiten vom Modus (siehe Lambda) die Devianz als Fehlermaß benutzt, dann ist die Devianzreduktion ein Maß dafür, um welchen Anteil sich die Streuung der nominalskalierten Zeilenvariable Y bei Kenntnis der nominalskalierten Spaltenvariablen X reduziert.

Bei Gültigkeit der Nullhypothese, d. h. bei statistischer Unabhängigkeit der nominalskalierten Spalten- und Zeilenvariablen, ist die Teststatistik L^2 asymptotisch chiquadratverteilt. Ebenso wie bei der Teststatistik χ^2 gilt, dass der Erwartungswert der Teststatistik bei Nichtzutreffen der Nullhypothese größer ist als bei Gültigkeit der Nullhypothese. Das liegt daran, dass die Teststatistik L^2 bei Gültigkeit der Nullhypothese zentral chiquadratverteilt, bei Nichtzutreffen der Nullhypothese dagegen nichtzentral chiquadratverteilt ist.

Der Likelihood-Ratio-Test sowie die Teststatistik L^2 wird bei nominalskalierten Variablen oder der Annahme nichtmonotoner Beziehungen verwendet.

d) Der Unsicherheitskoeffizient ist ein PRE-Maß für nominalskalierte Variablen und kann inhaltlich als relative Devianzreduktion beschrieben werden. Dabei wird die Devianz der bedingten Verteilungen von Y gegeben X ins Verhältnis zur Devianz von Y (E_0) gesetzt und dieser Quotient von 1 subtrahiert.

Bei statistischer Unabhängigkeit hat der Unsicherheitskoeffizient den Wert null. Je höher das Ausmaß der relativen Devianzreduktion ist, desto stärker ist der Zusammenhang zwischen den nominalskalierten Variablen.

e) Phi und Cramér's V sind symmetrische Zusammenhangsmaße für nominalskalierte Variablen. Bei einer Vierfeldertabelle sind beide Kennwerte identisch. Bei einer größeren Tabelle ist Cramér's V vorzuziehen, da die Statistik stets einen Maximalwert von eins aufweist, während der Maximalwert von Phi größer eins sein kann.

f) Kendall's tau-b und gamma sind symmetrische Zusammenhangsmaße für ordinalskalierte Variablen. Die unterschiedlichen Werte bei Kendall's tau-b und gamma ergeben sich aus der unterschiedlichen Berechnungsart der beiden Zusammenhangsmaße. Beide Maße basieren auf der Logik des Paarvergleichs. Um einen Zusammenhang in der Kreuztabelle festzustellen, werden die Werte der Variablen bei den beobachteten Personen paarweise miteinander verglichen. Dabei entstehen notwendigerweise Verknüpfungen («ties»), weil Zeilen- und/oder Spaltenvariable identische Werte haben können. Die beiden Koeffizienten unterscheiden sich in der Berücksichtigung dieser «ties». Gamma berücksichtigt nur die Anzahl der konkordanten und der diskordanten Paare und lässt die «ties» unberücksichtigt. Kendall's tau-b berücksichtigt dagegen die «ties» bei der Spaltenvariablen (X) und bei der Zeilenvariablen (Y), lässt dagegen die xy-Verknüpfungen unberücksichtigt, weil diese einer «Je-desto-Beziehung» nicht widersprechen. Da die «ties» im Nenner des Quotienten stehen, ist der numerische Wert von tau-b immer kleiner als der numerische Wert von gamma.

Lösung 10.13

Beim Paarvergleich werden die Ausprägungen von zwei Variablen in einer bivariaten Kreuztabelle für alle möglichen Paare der Untersuchungseinheiten miteinander verglichen. Auf diese Weise wird festgestellt, ob eine Untersuchungseinheit A, die bei der Variablen X einen höheren (oder geringeren) Wert hat als eine Untersuchungseinheit B, auch bei der Variablen Y einen höheren (oder geringeren) Wert hat als B.

Beim Paarvergleich gibt es genau fünf verschiedene Möglichkeiten:

(1) konkordante Paare: $x_A > x_B$ und $y_A > y_B$
(2) diskordante Paare: $x_A > x_B$ und $y_A > y_B$
(3) X-verbundene Paare: $x_A = x_B$ und $y_A \neq y_B$
(4) Y-verbundene Paare: $x_A \neq x_B$ und $y_A = y_B$
(5) XY-verbundene Paare: $x_A = x_B$ und $y_A = y_B$

Bei einer positiven Beziehung sollte die Anzahl der konkordanten Paare die Anzahl der diskordanten Paare übersteigen. Jedes konkordante Paar ist ein Beleg dafür, dass bei einer Untersuchungseinheit mit einer größeren Ausprägung des Merkmals X auch eine größere Ausprägung beim Merkmal Y auftritt. Umgekehrt ist ein diskordantes Paar ein Beleg dafür, dass bei einer Untersuchungseinheit mit einem größeren Wert in X ein kleinerer Wert in Y auftritt. Bei einer negativen Beziehung sollte daher die Zahl der diskordanten Paare die der konkordanten übersteigen. Alle Zusammenhangsmaße auf der Basis von Paarvergleichen basieren daher auf der Differenz der Anzahl der konkordanten minus der Anzahl der diskordanten Paare.

Unterschiede gibt es bei der Berücksichtigung von verbundenen Paaren. Für eine strikte symmetrische «Je-desto»-Beziehung sind die X-verbundenen und die Y-verbundenen Paare, die so genannten «ties», ungünstig, weil sie der Monotonie der Beziehung widersprechen. Dagegen widersprechen die XY-verbundenen Paare einer «Je-desto»-Beziehung im strengen Sinn nicht, da gleiche Werte eines Paars weder einem positiven noch einem negativen Zusammenhang widersprechen.

Daher wird beim symmetrischen Zusammenhangsmaß Kendall's tau-b im Nenner sowohl die Zahl der X- als auch die Zahl der Y-verbundenen Paare berücksichtigt. Je höher die Anzahl dieser «ties», desto niedriger ist der Zusammenhang.

Bei einer asymmetrischen Beziehung sprechen nur die verbundenen Paare der abhängigen Variablen gegen die Hypothese einer positiven bzw. negativen Beziehung. Wenn die Spaltenvariable X die Zeilenvariable Y beeinflusst, sollte es bei einer strikt monotonen Beziehung nicht möglich sein, dass bei unterschiedlichen Werten in X gleiche Werte in Y auftreten. Daher wird bei Somer's d nur die Zahl der verbundenen Paare der abhängigen Variablen berücksichtigt, nicht jedoch die der unabhängigen Variablen.

Lösung 10.14

a) Diese Aussage ist falsch, weil gamma immer größer ist als tau-a. Ordinale Zusammenhangsmaße werden durch die Feststellung gleichgerichteter (konkordanter), gegengerichteter (diskordanter) und/oder verknüpfter («tied») Wertepaare gebildet.

   Dabei wird die Differenz zwischen konkordanten und diskordanten Paaren (im Zähler) ins Verhältnis gesetzt zur Summe aus konkordanten und diskordanten Paaren plus der Anzahl der vom jeweiligen Koeffizienten berücksichtigten Verknüpfungen (im Nenner).

   Gamma berücksichtigt nur die konkordanten und diskordanten Paare (im Nenner), tau-a berücksichtigt alle konkordanten, diskordanten und verknüpften Paare (im Nenner) und ist deshalb immer kleiner als gamma.

b) Diese Aussage ist richtig, weil tau-b die X-Verknüpfungen und die Y-Verknüpfungen (im Nenner) berücksichtigt. Die XY-Verknüpfungen bleiben hingegen unberücksichtigt, weil sie nicht unbedingt gegen eine «Je-desto»-Beziehung sprechen. Deshalb ist tau-b größer als tau-a, aber kleiner als gamma.

Lösung 10.15

a) In der Tabelle haben sowohl die Spalten- als auch die Zeilenvariable Ordinalniveau. Als Zusammenhangsmaße kommen daher Somer's d, Kendall's tau-b und gamma in Frage. Da beide Variablen dichotom sind, können hier auch die Zusammenhangsmaße für nominalskalierte Variablen in der Vierfeldertabelle verwendet werden: Lambda, der Unsicherheitskoeffizient, Phi und der Kontingenzkoeffizient. Allerdings wird bei Verwendung von Lambda und dem Unsicherheitskoeffizienten Information verschenkt, da beide Maße nur nominales Skalenniveau voraussetzen, während bei ordinalem Skalenniveau auch die Richtung des Zusammenhangs interpretiert werden kann.

Kendall's tau-b und gamma sind symmetrische Zusammenhangsmaße, bei denen Spalten- und Zeilenvariablen als gleichberechtigt behandelt werden. Somer's d ist dagegen ein Zusammenhangsmaß, das einer der beiden Variablen den Status der erklärenden Variable zuweist. Welche Variable als bedingende und welche als bedingte anzusehen ist, ist eine inhaltliche Frage, die von der Statistik nicht beantwortet werden kann, sondern aus der Theorie begründet werden muss.

Vorteilhaft ist, dass für die ordinalen Zusammenhangsmaße Standardfehler angegeben werden können. Dadurch wird es möglich, bei jedem der drei Zusammenhangsmaße ein Konfidenzintervall für den unbekannten Populationswert des Zusammenhangs zu berechnen.

Aus inhaltlichen Gründen ist hier das «Ausmaß anomischer Orientierungen» als unabhängige Variable anzusehen, da die Einschätzung der allgemeinen zwischenmenschlichen Beziehungen in der Gesellschaft eher das «Vertrauen in die Bundesregierung» bedingt als umgekehrt. Deshalb ist hier Somer's d mit der abhängigen Variablen «Vertrauen ...» als das geeignete Zusammenhangsmaß anzusehen.

b) Der Chi-Quadrat-Test ist ein Test auf Unabhängigkeit der Spalten- und Zeilenvariable in einer bivariaten Tabelle. Die Teststatistik χ^2 nimmt den Wert null nur im Fall der Unabhängigkeit der beiden Variablen an.

Im vorliegenden Fall ist der χ^2-Wert von 87.27 bei einem Freiheitsgrad (df = 1) sehr hoch, was auf einen Zusammenhang zwischen dem «Ausmaß anomischer Orientierungen» und dem «Vertrauen in die Bundesregierung» schließen lässt.

Dies ist auch dem empirischen Signifikanzniveau zu entnehmen, dessen Wert von p = 0.000 angibt, dass die Wahrscheinlichkeit für ein Auftreten des beobachteten χ^2-Werts oder eines noch größeren Werts bei Gültigkeit der Nullhypothese (kein Zusammenhang bzw. Unabhängigkeit von Spalten- und Zeilenvariablen) praktisch gleich null ist.

c) Die Zusammenhangsmaße Somer's d und gamma haben unterschiedliche Werte, weil Somer's d Verknüpfungen («ties») bei der abhängigen Variablen berücksichtigt. Dahinter steht die Überlegung, dass bei Vorliegen eines Zusammenhangs eine Veränderung bei den Ausprägungen der unabhängigen Variablen eine Veränderung bei den Ausprägungen der abhängigen Variablen zur Folge haben sollte. Verknüpfungen bei der abhängigen Variable verstoßen gegen eine «Je-desto»-Beziehung, weshalb sie im Nenner von Somer's d berücksichtigt werden.

Bei Teilaufgabe a) wurde aus inhaltlichen Gründen die Entscheidung getroffen, dass die Spaltenvariable als abhängige Variable anzusehen ist. Die formale Darstellung von Somer's d für diesen Fall lautet:

$$d_{XY} = \frac{C - D}{C + D + T_X} = -0.26$$

Da gamma überhaupt keine «ties» berücksichtigt, ist der Wert von gamma immer größer als der Wert der übrigen Zusammenhangsmaße für ordinale Variablen. Formale Darstellung von gamma:

$$\gamma = \frac{C - D}{C + D} = -0.513$$

d) Die Prozentsatzdifferenz beträgt –26.2 Prozentpunkte. Somer's d hat den Wert $d_{XY} = -0.262$. Das Beispiel verdeutlicht, dass die Multiplikation von Somer's d mit 100 die Prozentsatzdifferenz ergibt. Formale Darstellung:

$$d_{XY}\% = d_{XY} \cdot 100 = -0.262 \cdot 100 = -26.2\ \%$$

Diese Beziehung gilt jedoch nur für die Vierfeldertabelle.

e) Yule's Q ist ein Zusammenhangsmaß für nominalskalierte Variablen. Formale Darstellung von Yule's Q:

$$Q = \frac{n_{11}n_{22} - n_{12}n_{21}}{n_{11}n_{22} + n_{12}n_{21}} = \frac{a \cdot d - b \cdot c}{a \cdot d + b \cdot c}$$

$$= \frac{206 \cdot 226 - 225 \cdot 643}{206 \cdot 226 + 225 \cdot 643} = \frac{46556 - 144675}{46556 + 144675} = \frac{-98119}{191231}$$

$$= -0.513$$

Der Wert von Yule's Q ist gleich dem Wert von gamma.
Auch diese Beziehung gilt nur für eine Vierfeldertabelle.

f) Um den χ^2-Wert berechnen zu können, müssen zuerst die bei Unabhängigkeit erwarteten Häufigkeiten für die Tabelle in Aufgabe 10.5 berechnet werden.

Die Formel zur Berechnung der erwarteten Häufigkeiten lautet:

$$e_{ij} = n_{\bullet\bullet} \cdot p_{i\bullet} \cdot p_{\bullet j} = \frac{n_{i\bullet} \cdot n_{\bullet j}}{n_{\bullet\bullet}} \quad \text{für alle i und j}$$

Durch Einsetzen der Zahlenwerte resultieren die erwarteten Häufigkeiten je Tabellenzelle:

$$e_{11} = \frac{431 \cdot 849}{1300} = 281.48; \quad e_{12} = \frac{431 \cdot 451}{1300} = 149.52$$

$$e_{21} = \frac{869 \cdot 849}{1300} = 567.52; \quad e_{22} = \frac{869 \cdot 451}{1300} = 301.48$$

Die Teststatistik χ^2 wird berechnet als:

$$\begin{aligned}\chi^2 &= \sum_{i=1}^{I}\sum_{j=1}^{J}\frac{\left(n_{ij} - e_{ij}\right)^2}{e_{ij}} \\ &= \frac{(206 - 281.48)^2}{281.48} + \frac{(225 - 149.52)^2}{149.52} + \frac{(643 - 567.52)^2}{567.52} + \frac{(226 - 301.48)^2}{301.48} \\ &= 20.24 + 38.10 + 10.04 + 18.90 \\ &= 87.28\end{aligned}$$

Eine vereinfachte Berechnung des χ^2-Werts für die Vierfeldertabelle erfolgt durch:

$$\begin{aligned}\chi^2 &= n_{\bullet\bullet} \cdot \frac{\left(n_{11}n_{22} - n_{12}n_{21}\right)^2}{n_{1\bullet}n_{2\bullet}n_{\bullet 1}n_{\bullet 2}} = n \cdot \frac{(ad - bc)^2}{(a+b)(c+d)(a+c)(b+d)} \\ &= 1300 \cdot \frac{(206 \cdot 226 - 225 \cdot 643)^2}{431 \cdot 869 \cdot 849 \cdot 451} \\ &= 87.27\end{aligned}$$

Dies ist der Wert, der auch von SPSS berechnet wird. Bis auf Rundungsfehler führen beide Berechnungsweisen zum gleichen Ergebnis.

Lösung 10.16

a) Für die einzelnen Tabellen können unterschiedliche Hypothesen formuliert werden.

(1) Hypothese über den Zusammenhang zwischen den Bildungsniveaus der (Ehe-)Partner:
Es wird ein schwacher negativer Zusammenhang vermutet. Die Begründung lautet wie in Aufgabe 10.9, dass zwar in der jungen Generation (bei den bis zu 30-Jährigen) mit einem gleichen Bildungsniveau bei Männern und Frauen zu rechnen ist, dass in der Population insgesamt jedoch das niedrigere Bildungsniveau der Frauen zu früheren Zeiten (vor der Bildungsexpansion der 70er Jahre des 20. Jahrhunderts) einen negativen Zusammenhang vermuten lässt.
(2) Hypothese über den Zusammenhang zwischen dem Bildungsniveau der Eltern und der Kinder:
Für jede der Tabellen 10.16-2 bis 10.16-5 wird ein positiver Zusammenhang vermutet:

Je höher die Bildung der Eltern, desto höher ist die Bildung der Kinder (z. B. weil die Aspirationen höher gebildeter Eltern größer sind oder weil sie die notwendigen Ressourcen bereitstellen).

b) Beim Zusammenhang der Bildungsniveaus der (Ehe-)Partner handelt es sich um eine symmetrische Beziehung, weil hier Spalten- und Zeilenvariablen gleichberechtigt sind. Es gibt keinen zwingenden Grund, weshalb das Bildungsniveau eines der beiden Partner als erklärende Variable angesehen werden sollte. Da die Bildung ordinales Skalenniveau aufweist, sind die symmetrischen Zusammenhangsmaße Kendall's tau-b oder gamma angemessen.

Beim Zusammenhang zwischen den Bildungsniveaus der Eltern und der Söhne bzw. Töchter handelt es sich dagegen um eine asymmetrische (gerichtete) Beziehung zwischen den beiden ordinalen Variablen «Bildungsniveau», wobei das Bildungsniveau der Kinder die abhängige Variable ist. Ein angemessenes asymmetrisches Zusammenhangsmaß für ordinale Variablen ist Somer's d_{YX}, hier mit «Bildungsniveau der Elterngeneration» als erklärender Variable.

c) Die Prüfung der Hypothesen erfolgt in den bekannten fünf Schritten.

Tabelle 10.16-1: Zusammenhang zwischen den Bildungsniveaus der (Ehe-)Partner

1. Schritt: Formulierung der Forschungs- und der Nullhypothese
Da ein schwacher negativer Zusammenhang zwischen den Bildungsniveaus vermutet wird, lautet das Hypothesenpaar für das Zusammenhangsmaß gamma (in der Population):

$H_1 : \gamma < 0$ versus $H_0 : \gamma \geq 0$

Analog kann eine Hypothese für Kendall's tau-b formuliert werden.

2. Schritt: Festlegung der Testverteilung und der Teststatistik
Das SPSS-Programm berechnet den asymptotischen Standardfehler der Koeffizienten gamma und Kendall's tau-b sowie eine Teststatistik T, die bei gültiger Nullhypothese (als Näherungswert) t-verteilt (bzw. asymptotisch standardnormalverteilt) ist. Die Testverteilung ist also eine T-Verteilung mit der Teststatistik T oder die Standardnormalverteilung mit der Teststatistik Z.

3. Schritt: Festlegung des Ablehnungsbereichs und des kritischen Werts
Der Ablehnungsbereich der Nullhypothese liegt im unteren (linken) Bereich der Verteilung. Der kritische Wert ist das 5 %-Quantil der Testverteilung. Bei einer Irrtumswahrscheinlichkeit von 5 % und unterstellter Normalverteilung ist der kritische Wert somit $z_\alpha = -1.645$.

Bei Verwendung der T-Verteilung ist der kritische Wert mit df = n–1 Freiheitsgraden, $t_{2101;\,95\,\%}$, identisch mit dem 5 %-Quantilwert der Standardnormalverteilung.

4. Schritt: Berechnung der Teststatistik
Die von SPSS ausgegebenen Werte lauten:

Symmetrische (ordinale) Zusammenhangsmaße und deren Standardfehler

	Wert	asymptotischer Standardfehler	asymptotischer Wert der Teststatistik T	asymptotische Signifikanz (2-seitig)
Kendall's tau-b	–.068	.016	–4.142	.000
gamma	–.118	.028	–4.142	.000
n	2102			

5. Schritt: Entscheidung über Akzeptanz oder Ablehnung der Nullhypothese

Die Nullhypothese wird abgelehnt, wenn der Wert der Teststatistik kleiner als der kritische Wert ist. Da der ausgedruckte asymptotische (näherungsweise) Wert für T = –4.142 kleiner als der kritische Wert $z_{0.05} = -1.645$ ist, wird die Nullhypothese, dass zwischen den Bildungsniveaus der (Ehe-)Partner kein Zusammenhang oder ein positiver Zusammenhang besteht, mit einer Irrtumswahrscheinlichkeit von 5 % zurückgewiesen.

In der Population ist vermutlich mit einem (schwachen) negativen Zusammenhang zu rechnen, wie das auch im Betrag der Koeffizienten gamma und Kendall's tau-b zum Ausdruck kommt. Dieses Ergebnis wird durch das empirische Signifikanzniveau unterstützt. Da $0.000 < 0.05$, ist die Nullhypothese, dass der Wert von gamma in der Grundgesamtheit gleich null ist, abzulehnen. Das Signifikanzniveau bezieht sich allerdings auf einen zweiseitigen Test, was hier jedoch nicht weiter ins Gewicht fällt.

Auffallend ist, dass die von SPSS ausgegebenen T-Werte für Kendall's tau-b und gamma zum gleichen Ergebnis kommen. Dies liegt daran, dass für beide Koeffizienten nur geprüft wird, ob die Zahl der konkordanten Paare gleich der Zahl der diskordanten Paare ist. Ist dies der Fall, weisen alle ordinalen Zusammenhangsmaße einen Wert von null auf.

Auch der Zusammenhang zwischen den Bildungsniveaus von Eltern und Kindern kann mit Hilfe eines asymptotischen Hypothesentests überprüft werden. Die Hypothesenprüfung erfolgt für alle Tabellen gleichermaßen in den bekannten fünf Schritten.

1. Schritt: Formulierung der Forschungs- und der Nullhypothese
Da in den Tabellen 10.16-2 bis 10.16-5 ein positiver Zusammenhang zwischen den Bildungsniveaus der Eltern und der Kinder vermutet wird, lautet das Hypothesenpaar zur Überprüfung des Koeffizienten Somer's d_{YX}:

$$H_1 : d_{YX} > 0 \quad \text{versus} \quad H_0 : d_{YX} \leq 0$$

2. Schritt: Festlegung der Testverteilung und der Teststatistik
SPSS berechnet den Standardfehler für Somer's d_{YX}, $\hat{\sigma}(d_{YX})$, und die Teststatistik T. Entsprechend wird als Testverteilung die T-Verteilung mit der Teststatistik T verwendet.

3. Schritt: Festlegung des Ablehnungsbereichs und des kritischen Werts
Der Ablehnungsbereich der Nullhypothese liegt im oberen (rechten) Bereich der Verteilung, da die Nullhypothese bei sehr großen Werten der Teststatistik vermutlich falsch ist.

Bei einer Irrtumswahrscheinlichkeit von 5 % und $df = n - 1$ Freiheitsgraden ist der kritische Wert $t_{df; 1-\alpha} = 1.645$.

4. Schritt: Berechnung der Teststatistik
Die von SPSS ausgegebenen Werte von Somer's d_{YX} für den Zusammenhang zwischen den Bildungsniveaus von Kindern und Eltern sowie für die Standardfehler und die Teststatistik T sind in der nachfolgenden Tabelle zusammengefasst.

Somer's d_{YX}, Standardfehler und Teststatistik T für die Hypothesen 10.16-2 bis 10.16-5

	n	Somer's d_{YX}	asymptotischer Standardfehler	asymptotischer Wert der Teststatistik T	asymptotische Signifikanz (2-seitig)
Söhne & Väter	1344	0.53	0.022	19.18	0.000
Töchter & Väter	1514	0.56	0.023	19.04	0.000
Söhne & Mütter	1382	0.48	0.024	16.12	0.000
Töchter & Mütter	1576	0.56	0.022	18.89	0.000

5. Schritt: Entscheidung über Akzeptanz oder Ablehnung der Nullhypothese
Die Nullhypothese wird abgelehnt, wenn der Wert der Teststatistik größer als der kritische Wert ist. Da alle T-Werte größer sind als der kritische Wert, wird die Nullhypothese, dass zwischen den Bildungsniveaus der Kinder und der Eltern kein Zusammenhang besteht, mit einer Irrtumswahrscheinlichkeit von 5 % zurückgewiesen.

In der Population ist vermutlich mit einem deutlichen Zusammenhang zwischen dem Bildungsniveau der Eltern und dem der Kinder zu rechnen, wie das auch in den Beträgen von Somer's d_{YX} zum Ausdruck kommt.

Abschließend werden zur Interpretation der Ergebnisse die Zusammenhangsstärken miteinander verglichen. Es ergibt sich folgendes Bild:

Zusammenhang zwischen Bildungsniveau von Eltern und Kindern

Bildungsniveau von	d_{YX}
Vater & Sohn	0.528
Vater & Tochter	0.558
Mutter & Sohn	0.480
Mutter & Tochter	0.561

Die Beziehung zwischen dem Bildungsniveau der Eltern (Vater sowie Mutter) und dem der Söhne ist schwächer als die Beziehung zwischen dem Bildungsniveau der Eltern und dem der Töchter. Dabei ist jedoch die Beziehung Vater & Sohn höher als die Beziehung Mutter & Sohn, während die Beziehung Mutter & Tochter höher ist als die Beziehung Vater & Tochter. Das Ergebnis lässt sich so zusammenfassen, dass einerseits das Bildungsniveau der Eltern den Bildungsabschluss der Töchter stärker beeinflusst als den der Söhne, während andererseits die größte Homogenität in der Bildung von Müttern und Töchtern besteht.

Lösung 10.17

a) Zur Prüfung der Hypothese müssen die Angaben für einerseits höheres, andererseits gleiches und niedrigeres Bildungsniveau der Kinder im Vergleich zum Bildungsniveau ihrer Eltern festgestellt werden. Dazu werden die Angaben in Tabelle 10.16-2 (Bildungsniveau Söhne & Väter) und in Tabelle 10.16-5 (Bildungsniveau Töchter & Mütter) zu jeweils zwei Werten zusammengefasst.

Für jede Tabelle erhält man zwei Teilgruppen: eine Teilgruppe, in der die Kinder (Söhne bzw. Töchter) ein höheres Bildungsniveau haben als ihre Eltern (Väter bzw. Mütter), und eine zweite Teilgruppe, in der die Kinder gleiches oder niedrigeres Bildungsniveau haben als ihre Eltern.

In Tabelle 10.16-2 wird für «Bildungsniveau höher» eine Fallzahl von 604 Personen (= 52 + 15 + 300 + 3 + 50 + 8 + 3 + 96 + 58 + 19) ermittelt, in der die Söhne eine höhere Bildung haben als ihre Väter. In die zweite Teilgruppe «Bildungsniveau gleich oder niedriger» fallen 740 (= 1344 – 604) Befragte.

Analog kann die Berechnung für Tabelle 10.16-5 durchgeführt werden. Hier fallen in die erste Teilgruppe 720 Personen (= 66 + 16 + 406 + 2 + 48 + 16 + 84 + 71 + 11), bei denen die Töchter eine höhere Bildung haben als die Mütter. In die zweite Teilgruppe fallen 856 Personen (= 1576 – 720).

Diese Resultate werden in folgender Tabelle zusammengefasst:

intergenerationaler Bildungsanstieg	Geschlecht		
	Söhne	Töchter	gesamt
Bildung höher	604	720	1324
	44.9 %	45.7 %	45.3 %
Bildung nicht höher	740	856	1596
	55.1	54.3	54.7
gesamt	1344	1576	2920
	100.0 %	100.0 %	100.0 %

Die Tabelle besagt, dass von den insgesamt 1344 männlichen Befragten (den Söhnen) im Allbus 1998 44.9 % eine höhere Bildung hatten als ihre Väter, während von den insgesamt 1576 weiblichen Befragten (den Töchtern) 45.7 % eine höhere Bildung hatten als ihre Mütter. Die sehr geringe negative Prozentsatzdifferenz von –0.8 % Prozentpunkten liefert einen Anhaltspunkt dafür, dass sich das Bildungsniveau der Söhne im Vergleich zu ihren Vätern praktisch in gleichem Maß erhöht hat wie das Bildungsniveau der Töchter im Vergleich zu ihren Müttern. Der Bildungsanstieg bei den Töchtern ist nur unwesentlich höher als der bei den Söhnen.

Ob der Wert der Prozentsatzdifferenz signifikant von null verschieden ist, kann mit dem Verfahren zur Prüfung einer Hypothese über den Wert einer Prozentsatzdifferenz festgestellt werden.

b) Die Hypothese, dass das Bildungsniveau der Töchter sich stärker erhöht hat als das Bildungsniveau der Söhne, kann durch den Vergleich der Anteile von Söhnen und Töchtern in der Gruppe «Bildungsniveau höher» geprüft werden. Das entspricht der Prüfung einer Hypothese über eine Prozentsatzdifferenz in der Population. Da die Gruppen der Söhne und Töchter unabhängig voneinander in die Stichproben gelangt sind, wird ein Hypothesentest für Anteilsdifferenzen bei unabhängigen Stichproben durchgeführt. Die Hypothesenprüfung erfolgt in mehreren Schritten.

1. Schritt: Formulierung der Forschungs- und der Nullhypothese
Wenn das Bildungsniveau sich bei den Töchtern stärker erhöht hat als bei den Söhnen, dann lautet das Hypothesenpaar:

$H_1 : \delta_{YX}\% < 0$ versus $H_0 : \delta_{YX}\% \geq 0$

2. Schritt: Entscheidung über die Testverteilung und die Teststatistik
Bei hinreichender Fallzahl sind Prozentsatzdifferenzen asymptotisch normalverteilt. Deshalb kann als Testverteilung die Standardnormalverteilung und als Teststatistik der Z-Wert verwendet werden.

3. Schritt: Festlegung des Ablehnungsbereichs und des kritischen Werts
Der Ablehnungsbereich für die Nullhypothese liegt im unteren (rechten) Bereich der Verteilung, da die Nullhypothese bei sehr kleinen Werten der Teststatistik vermutlich falsch ist. Bei einer

Irrtumswahrscheinlichkeit von $\alpha = 5\,\%$ ist der kritische Wert $z_\alpha = -1.645$.

4. Schritt: Berechnung der Teststatistik

Zunächst muss der Standardfehler der Prozentsatzdifferenz aus den Stichprobendaten geschätzt werden. Da gilt: Prozentsatzdifferenz = Anteilsdifferenz × 100, kann der mit 100 multiplizierte Standardfehler einer Anteilsdifferenz (bei unabhängigen Stichproben) verwendet werden. Da aber die Nullhypothese einen (minimalen) Populationswert der Prozentsatzdifferenz von null behauptet, wird zur Berechnung des Standardfehlers der Differenz der Stichprobenanteile zuerst der gemeinsame («pooled») Populationsanteil aus den Stichprobendaten «geschätzt» nach der Formel:

$$\hat{\pi}_{\text{pooled}} = p_1 \cdot \frac{n_1}{n_1 + n_2} + p_2 \cdot \frac{n_2}{n_1 + n_2}$$

$$= \frac{a}{a+c} \cdot \frac{a+c}{n} + \frac{b}{b+d} \cdot \frac{b+d}{n} = \frac{a+b}{n}$$

Der komplementäre Anteil wird dann «geschätzt» als:

$$1 - \hat{\pi}_{\text{pooled}} = \frac{c+d}{n}$$

Durch Einsetzen der entsprechenden Zahlen resultieren für die beiden Anteile folgende Werte:

$$\hat{\pi}_{\text{pooled}} = \frac{a+b}{n} = \frac{604+720}{2920} = 0.453$$

$$1 - \hat{\pi}_{\text{pooled}} = \frac{c+d}{n} = \frac{740+856}{2920} = 0.547$$

Der Standardfehler der Prozentsatz- bzw. Anteilsdifferenz wird dann berechnet nach der Formel:

$$\hat{\sigma}(d_{YX}\%) = 100 \cdot \hat{\sigma}(p_1 - p_2)$$

$$= 100 \cdot \sqrt{\hat{\pi}_{pooled} \cdot (1 - \hat{\pi}_{pooled}) \cdot \left(\frac{1}{n_1} + \frac{1}{n_2}\right)}$$

$$= 100 \cdot \sqrt{0.453 \cdot 0.547 \cdot \left(\frac{1}{1344} + \frac{1}{1576}\right)} = 100 \cdot 0.018$$

Die Berechnung der Teststatistik erfolgt nach der Formel:

$$Z = \frac{(p_1 - p_2) - \frac{\delta_{YX}\%}{100}}{\sqrt{\hat{\pi}_{pooled} \cdot (1 - \hat{\pi}_{pooled}) \cdot \frac{1}{n_1} + \frac{1}{n_2}}} = \frac{\left(\frac{604}{1344} - \frac{720}{1576}\right) - 0}{0.018} = -0.44$$

5. Schritt: Entscheidung über Akzeptanz oder Zurückweisung der Nullhypothese

Die Nullhypothese wird abgelehnt, wenn der Wert der Teststatistik kleiner ist als der kritische $z_{0.05} = -1.645$.

Da das hier nicht der Fall ist, wird die Nullhypothese, dass der Bildungsanstieg der Söhne gegenüber ihren Vätern größer als oder gleich groß ist wie der Bildungsanstieg der Töchter gegenüber ihren Müttern, beibehalten. Mit einer Irrtumswahrscheinlichkeit von 5 % ist nicht auszuschließen, dass in der Population das Bildungsniveau der Töchter im Vergleich zum Bildungsniveau ihrer Mütter nicht stärker angestiegen ist als das Bildungsniveau der Söhne im Vergleich zu ihren Vätern.

Lösung 10.18

Zur Prüfung der Fragestellung wird der Chi-Quadrat-Anpassungstest verwendet. Eine Gleichverteilung liegt vor, wenn Herz- und Kreislauferkrankungen in allen Quartalen mit gleicher Häufigkeit auftreten. Von den 1000 Erkrankungen müssten dann jeweils 250 auf ein Quartal entfallen. Dies ist die durch die Nullhypothese postulierte erwartete Häufigkeit e_{ij}.

Zur Prüfung der Gleichverteilung wird die Teststatistik Chi-Quadrat verwendet.

Die Forschungshypothese lautet: Es gibt jahreszeitlich bedingte Unterschiede in der Häufigkeit von Herz- und Kreislauferkrankungen (d. h., die Verteilung der Erkrankungen ist abhängig von der Jahreszeit).

Das Hypothesenpaar kann formal dargestellt werden als:

$$H_1: \pi_1 \neq \pi_2 \text{ oder } \pi_1 \neq \pi_3 \text{ oder} \ldots \pi_3 \neq \pi_4 \quad \text{versus} \quad H_0: \pi_1 = \pi_2 = \pi_3 = \pi_4$$

Die Berechnung der Teststatistik χ^2 erfolgt in mehreren Schritten.

Zunächst wird für jede Zelle die bei Gleichverteilung (Unabhängigkeit) erwartete Häufigkeit berechnet, die hier $e_{ij} = 250$ beträgt.

Dann wird für jedes Tabellenfeld der Quotient aus der quadrierten Differenz zwischen beobachteter n_{ij} und erwarteter e_{ij} Häufigkeit, dividiert durch die erwartete Häufigkeit, berechnet. Der Quotient lautet:

$$\frac{(n_{ij} - e_{ij})^2}{e_{ij}}$$

Der Wert der Teststatistik χ^2 ist die Summe dieser Werte über alle Zellen.

$$\chi^2 = \sum_{i=1}^{I} \sum_{j=1}^{1} \frac{(n_{ij} - e_{ij})^2}{e_{ij}}$$

$$= \frac{(500-250)^2}{250} + \frac{(150-250)^2}{250} + \frac{(200-250)^2}{250} + \frac{(150-250)^2}{250} = 340$$

Die Teststatistik ist bei gültiger Nullhypothese asymptotisch mit df = K − t Freiheitsgraden chiquadratverteilt.

Die Anzahl der Freiheitsgrade wird berechnet als Differenz aus der Anzahl der Datenpunkte (K) minus Anzahl der zu schätzenden Parameter (t). Formale Darstellung:

$$df = K - t = \underbrace{(I \cdot J)}_{K} - \underbrace{((I-1) + (J-1) + 1)}_{t} \equiv (I-1) \cdot (J-1)$$

In einer Tabelle entsprechen die I × J (inneren) Tabellenzellen der Anzahl der Datenpunkte (K). Die Anzahl der zu schätzenden Parameter (t) ergibt sich aus der Anzahl der Populationsanteile, die für jede Randverteilung «geschätzt» werden müssen. Für die I Zeilen einer Tabelle müssen I – 1 und für die J Spalten J – 1 Populationsanteile geschätzt werden; der I-te bzw. J-te Populationsanteil ergibt sich dann jeweils aus der Differenz zu 1.0 oder 100 %. Als weiterer Parameter ist der Stichprobenumfang zu berücksichtigen, der zur Schätzung der bei Unabhängigkeit erwarteten Häufigkeiten benötigt wird (Multiplikation der Produkte der geschätzten Populationsanteile mit der Stichprobenfallzahl n).

Durch Umformung der allgemeinen Formel df = K – t wird eine einfachere Formel zur Berechnung der Freiheitsgrade beim Chi-Quadrat-Test auf statistische Unabhängigkeit gewonnen. In einer Mehrfeldertabelle wird die Anzahl der Freiheitsgrade üblicherweise als Produkt aus Zeilenzahl minus eins mal Spaltenzahl minus eins berechnet nach der Formel:

$$df = (I - 1) \cdot (J - 1)$$

In der vorliegenden Tabelle ist K = 4 (Anzahl der Tabellenzellen) und t = 1 (Anzahl der voneinander unabhängigen geschätzten Häufigkeiten), da nur eine einzige erwartete Häufigkeit geschätzt wird, die für alle Zellen gilt. Die Anzahl der Freiheitsgrade beträgt daher: df = 4 – 1 = 3.

Wenn der empirisch berechnete Chi-Quadrat-Wert den kritischen Chi-Quadrat-Wert übersteigt, dann wird die Nullhypothese der Gleichverteilung (= Unabhängigkeit der Häufigkeit von Erkrankungen von der Jahreszeit) abgelehnt; dann besteht also ein signifikanter Unterschied der Häufigkeit von Erkrankungen in den verschiedenen Quartalen (die Häufigkeit von Erkrankungen ist abhängig von der Jahreszeit).

Bei einer Irrtumswahrscheinlichkeit von 5 % und df = 3 Freiheitsgraden lautet der kritische Wert $\chi^2_{3;\,95\%} = 7.82$. Dieser Wert wird in der Tabelle mit den Quantilen der Chi-Quadrat-Verteilung in der Spalte 95 % und der Zeile df = 3 abgelesen.

Da 340 > 7.82, ist die Nullhypothese zu verwerfen.

Mit einer Irrtumswahrscheinlichkeit von 5 % ist anzunehmen, dass die Häufigkeit der Erkrankungen von der Jahreszeit abhängig ist, dass also die Häufigkeiten in den vier Quartalen sich signifikant voneinander unterscheiden.

Lösung 10.19

a) Der bedingte Effekt ist bei der vorliegenden Anordnung der Tabelle der Effekt der «Kandidatenpräferenz» auf die «Wahlabsicht», weil dieser Effekt durch die Ausprägungen der «Parteineigung» bedingt wird. Da die Parteineigung die Kontrollvariable ist, fällt der Zusammenhang zwischen «Kandidatenpräferenz» und «Wahlabsicht» möglicherweise bei unterschiedlicher «Parteineigung» unterschiedlich aus. Deshalb wird der Effekt der «Kandidatenpräferenz» auf die «Wahlabsicht» unter einer Ausprägung der «Parteineigung» als bedingter Effekt oder als konditionaler Effekt oder als konditionaler Zusammenhang bezeichnet.

b) Wenn die Parteineigung ausschließlich vermittelt über die Kandidatenpräferenz die Wahlabsicht beeinflusst, dann ergibt sich eine Kausalkette, nach der die Parteineigung nur einen indirekten Effekt auf die Wahlabsicht aufweist:

   Parteineigung → Kandidatenpräferenz → Wahlabsicht

   Bei Kontrolle der Kandidatenpräferenz sollte die Parteineigung also keinen Effekt auf die Wahlabsicht haben, da durch das Konstanthalten der Ausprägungen der Kandidatenpräferenz die indirekte Beziehung gewissermaßen «ausgeschaltet» wird. Statistisch gesehen bedeutet dies, dass der durch die Kandidatenpräferenz bedingte Effekt der Parteineigung auf die Wahlabsicht in der Population gleich null ist oder – was das Gleiche ist – dass in den durch die Ausprägungen der Kandidatenpräferenz definierten Partialtabellen kein Zusammenhang besteht.

   Zur Prüfung dieser Hypothese muss jedoch die Ausgangstabelle so umgeformt werden, dass nun die Kandidatenpräferenz (und nicht die Parteineigung) die Kontrollvariable ist:

Zusammenhang zwischen Parteineigung und Wahlabsicht bei Kontrolle der Kandidatenpräferenz

	Kandidatenpräferenz			
	Kohl		Schröder	
Parteineigung	CDU/CSU	SPD	CDU/CSU	SPD
Wahlabsicht CDU/CSU:	2016	21	287	34
SPD:	47	76	194	2896

c) Nach dieser Umformung kann die Prüfung der Hypothese, dass die Parteineigung nur indirekt, vermittelt über (oder bedingt durch) die Kandidatenpräferenz, auf die Wahlabsicht wirkt, in den bekannten fünf Schritten erfolgen.

1. Schritt: Formulierung der Forschungs- und der Nullhypothese
Wenn bei Kontrolle der Kandidatenpräferenz der Effekt der Parteineigung gleich null ist, dann muss in den beiden Partialtabellen (mit den bedingten Effekten) statistische Unabhängigkeit vorliegen (Forschungshypothese). Die generelle Regel der Hypothesenprüfung, das Gegenteil der Forschungshypothese als Nullhypothese zu formulieren, kann hier nicht angewendet werden, da die Vermutung «kein Zusammenhang» eine typische Nullhypothese ist. Damit ist hier die eigentliche Forschungshypothese die Nullhypothese. Zur Hypothesenprüfung wird folgendes Hypothesenpaar formuliert:

$H_1: \pi_{ij(k)} \neq \pi_{i\bullet(k)} \cdot \pi_{\bullet j(k)}$ versus $H_0: \pi_{ij(k)} = \pi_{i\bullet(k)} \cdot \pi_{\bullet j(k)}$ für alle i, j und k

2. Schritt: Auswahl der Testverteilung und der Teststatistik
Zur Prüfung der Hypothese kann in jeder der beiden Partialtabellen der Chi-Quadrat-Test auf Unabhängigkeit durchgeführt werden. Die Teststatistik Chi-Quadrat ist in beiden Fällen bei zutref-

fender Nullhypothese asymptotisch mit einem Freiheitsgrad chiquadratverteilt, wobei die Annäherung hinreichend genau ist, wenn keine erwartete Häufigkeit $e_{ij} < 5$ ist.

Da die beiden Partialtabellen unabhängig voneinander sind, kann anstelle zweier gesonderter Chi-Quadrat-Tests für jede Partialtabelle die Summe der beiden Chi-Quadrat-Werte zur Prüfung der Hypothese verwendet werden. Diese Summe der Teststatistiken ist bei zutreffender Nullhypothese ebenfalls asymptotisch chiquadratverteilt. Die Anzahl der Freiheitsgrade dieser Summe resultiert aus der Summe der Freiheitsgrade in den Partialtabellen und ist im vorliegenden Beispiel df = 2.

3. Schritt: Festlegung des Ablehnungsbereichs und des kritischen Werts
Da die Teststatistik Chi-Quadrat nur bei Unabhängigkeit der Spalten- und der Zeilenvariablen den Wert null annimmt, ist die Nullhypothese bei hohen Werten der Teststatistik vermutlich falsch. Ist das der Fall, dann ist die Teststatistik nichtzentral chiquadratverteilt. Der Ablehnungsbereich liegt im oberen Wertebereich der Chi-Quadrat-Verteilung. Bei einer gegebenen Irrtumswahrscheinlichkeit α kann der kritische Wert in der Tabelle mit den Quantilen einer Chi-Quadrat-Verteilung mit df Freiheitsgraden als $\chi^2_{df;\,1-\alpha}$ abgelesen werden.

4. Schritt: Berechnung der Teststatistik
Als Teststatistik kann hier die Summe der Teststatistiken in den Partialtabellen verwendet werden. Die Summe der Chi-Quadrat-Werte wird berechnet nach der Formel:

$$\chi^2 = \sum_{k=1}^{2} n_{(k)} \cdot \frac{\left(a_{(k)} \cdot d_{(k)} - b_{(k)} \cdot c_{(k)}\right)^2}{\left(a_{(k)} + b_{(k)}\right) \cdot \left(c_{(k)} + d_{(k)}\right) \cdot \left(a_{(k)} + c_{(k)}\right) \cdot \left(b_{(k)} + d_{(k)}\right)}$$

wobei der Index k für die Partialtabellen steht, n für die Fallzahl in einer Partialtabelle und a, b, c und d für die vier Tabellenzellen.

5. Schritt: Entscheidung über Akzeptanz oder Zurückweisung der Nullhypothese
Die Nullhypothese wird abgelehnt, wenn die Teststatistik größer ist als das $(1 - \alpha)$-Quantil der Chi-Quadrat-Verteilung mit df = 2 Freiheitsgraden.

d) Zur Durchführung der Hypothesenprüfung wird die in Teilaufgabe a) reformulierte Tabelle verwendet.

Bei einer Irrtumswahrscheinlichkeit von 1 % beträgt der kritische Wert einer Chi-Quadrat-Verteilung mit df = 2 Freiheitsgraden $\chi^2_{2;\,99\%} = 9.210$.

Zur Berechnung der Teststatistik werden die Zahlen aus der in Teilaufgabe a) aufgeführten Tabelle in die Berechnungsformel für die Summe der Chi-Quadrat-Werte in den beiden Partialtabellen eingesetzt. Der Wert der Teststatistik wird berechnet als:

$$\chi^2 = 2160 \cdot \frac{(2016 \cdot 76 - 21 \cdot 47)^2}{2037 \cdot 123 \cdot 2063 \cdot 97} + 3411 \cdot \frac{(287 \cdot 2896 - 34 \cdot 194)^2}{321 \cdot 3090 \cdot 481 \cdot 2930} = 2657.3$$

Die Annäherung an die Chi-Quadrat-Verteilung ist erfüllt, da die kleinsten erwarteten Häufigkeiten in den beiden Partialtabellen 5.5 (= 123 × 97 / 2160) und 45.2 (= 321 × 481 / 3411) betragen.

Da der Wert der Teststatistik deutlich größer ist als der kritische Wert, ist die Nullhypothese, dass Parteineigung und Wahlabsicht in den Partialtabellen statistisch unabhängig voneinander sind, abzulehnen.

Bei einer Irrtumswahrscheinlichkeit von 1 % kann somit angenommen werden, dass eine Beziehung der Variablen in den Partialtabellen besteht. Die Vermutung, dass die Parteineigung nur indirekt über die Kandidatenpräferenz wirkt, ist mit großer Sicherheit falsch.

e) Wenn ein additiver Effekt von Parteineigung und Kandidatenpräferenz auf die Wahlabsicht angenommen wird, dann bestehen zwei mögliche bedingte Effekte: Es besteht sowohl in den Partialtabellen von Parteineigung und Wahlabsicht bei gegebener Kandidatenpräferenz als auch in den Partialtabellen von Kandidatenpräferenz und Wahlabsicht bei gegebener Parteineigung ein Effekt der jeweils erklärenden Variablen auf die abhängige Variable Wahlabsicht.

Ein additiver Effekt ist (im Gegensatz zu einem Interaktionseffekt) dadurch gekennzeichnet, dass die bedingten Effekte in den Partialtabellen gleich groß sind.

f) Die Prüfung der Hypothese, dass ein additiver Effekt von Parteineigung und Kandidatenpräferenz auf die Wahlabsicht besteht, erfolgt in fünf Schritten.

1. Schritt: Formulierung der Forschungs- und der Nullhypothese
Beim additiven Effekt sind die bedingten Effekte in den Partialtabellen gleich groß. Wird als Zusammenhangsmaß die Prozentsatzdifferenz verwendet, so muss diese (bzw. die Anteilsdifferenz) in den beiden Partialtabellen gleich groß sein (Forschungshypothese). Wiederum kann die Forschungshypothese nur als Nullhypothese geprüft werden. Es ergibt sich folgendes Hypothesenpaar:

$$H_1: \left(\pi_{1(11)} - \pi_{1(21)}\right) - \left(\pi_{1(12)} - \pi_{1(22)}\right) \neq 0 \text{ versus } H_0: \left(\pi_{1(11)} - \pi_{1(21)}\right) - \left(\pi_{1(12)} - \pi_{1(22)}\right) = 0$$

wobei sich die Indizes auf die Zeilen (1. Index), Spalten (2. Index) und die Werte der Kontrollvariablen (3. Index) beziehen.

2. Schritt: Auswahl der Testverteilung und der Teststatistik
Die Prozentsatzdifferenzen bzw. Anteilsdifferenzen sind um den entsprechenden Populationswert asymptotisch normalverteilt. Das Gleiche gilt für Linearkombinationen (z. B. Summen oder Differenzen) von Prozentsatzdifferenzen und Anteilsdifferenzen. Als Testverteilung kann daher die Standardnormalverteilung verwendet werden.

Bei zutreffender Nullhypothese ist die Differenz der Prozentsatz- oder Anteilsdifferenzen, geteilt durch ihren Standardfehler, asymptotisch standardnormalverteilt. Als Teststatistik wird daher der Z-Wert verwendet.

3. Schritt: Festlegung des Ablehnungsbereichs und des kritischen Werts
Wenn die Nullhypothese falsch ist, dann ist die Differenz der Anteilsdifferenzen in der Population positiv oder negativ. Bei einer Irrtumswahrscheinlichkeit von $\alpha = 1\,\%$ ist die Nullhypothese daher zu verwerfen, wenn die Teststatistik kleiner ist als das $\alpha/2$-Quantil oder größer ist als das $(1-\alpha/2)$-Quantil der Standardnormalverteilung. Die kritischen Werte betragen dann: $z_{\alpha/2}$ bzw. $z_{1-\alpha/2} = \pm 2.576$.

Die Anwendungsvoraussetzungen sind gegeben, wenn in jeder Partialtabelle gilt:

$$(a+c)\cdot\frac{a}{c} > 9;\quad (a+c)\cdot\frac{c}{a} > 9;\quad (b+d)\cdot\frac{b}{d} > 9 \quad \text{und} \quad (b+d)\cdot\frac{d}{b} > 9$$

4. Schritt: Berechnung der Teststatistik
Da die Partialtabellen statistisch unabhängig voneinander sind, ist der Standardfehler der Differenz zweier Prozent- oder Anteilsdifferenzen gleich der Quadratwurzel aus der Summe der Standardfehler der Differenzen. Die Teststatistik Z wird hier berechnet nach der Formel:

$$Z = \frac{\left(\frac{a_{(1)}}{a_{(1)}+c_{(1)}} - \frac{b_{(1)}}{b_{(1)}+d_{(1)}}\right) - \left(\frac{a_{(2)}}{a_{(2)}+c_{(2)}} - \frac{b_{(2)}}{b_{(2)}+d_{(2)}}\right)}{\sqrt{\frac{a_{(1)}\cdot c_{(1)}}{\left(a_{(1)}+c_{(1)}\right)^3} + \frac{b_{(1)}\cdot d_{(1)}}{\left(b_{(1)}+d_{(1)}\right)^3} + \frac{a_{(2)}\cdot c_{(2)}}{\left(a_{(2)}+c_{(2)}\right)^3} + \frac{b_{(2)}\cdot d_{(2)}}{\left(b_{(2)}+d_{(2)}\right)^3}}}$$

wobei der Index 1 bzw. 1 in den Klammern für die Partialtabellen steht und a, b, c und d für die vier Tabellenzellen.

5. Schritt: Entscheidung über Akzeptanz oder Zurückweisung der Nullhypothese
Die Nullhypothese wird abgelehnt, wenn der Wert der Teststatistik größer oder kleiner ist als die kritischen Werte.

g) Zur Durchführung der Hypothesenprüfung werden die Zahlen der Tabelle aus Teilaufgabe a) verwendet.

Wenn die Parteineigung die Kontrollvariable ist, wird der Wert der Teststatistik berechnet als:

$$z = \frac{\left(\frac{2016}{2063} - \frac{287}{481}\right) - \left(\frac{21}{97} - \frac{34}{2930}\right)}{\sqrt{\frac{2016 \cdot 47}{2063^3} + \frac{287 \cdot 194}{481^3} + \frac{21 \cdot 76}{97^3} + \frac{34 \cdot 2896}{2930^3}}} = 3.69$$

Wird die Kandidatenpräferenz als Kontrollvariable verwendet, ändert sich der Wert der Teststatistik nicht, da nur die Spalten in den Partialtabellen gegeneinander ausgetauscht werden:

$$z = \frac{\left(\frac{2016}{2063} - \frac{21}{97}\right) - \left(\frac{287}{481} - \frac{34}{2930}\right)}{\sqrt{\frac{2016 \cdot 47}{2063^3} + \frac{21 \cdot 76}{97^3} + \frac{287 \cdot 194}{481^3} + \frac{34 \cdot 2896}{2930^3}}} = 3.69$$

Da der Wert der Teststatistik größer ist als der obere kritische Wert 2.576, ist die Nullhypothese abzulehnen.
Die Annäherung an die Normalverteilung ist erfüllt, da

$$2063 \cdot \frac{47}{2016} > 9; \quad 97 \cdot \frac{21}{76} > 9; \quad 481 \cdot \frac{194}{287} > 9 \quad \text{und} \quad 2930 \cdot \frac{34}{2896} > 9$$

Bei einer Irrtumswahrscheinlichkeit von 1 % kann somit ausgeschlossen werden, dass die Prozentsatzdifferenzen in den beiden Partialtabellen gleich groß sind. Es besteht kein additiver Effekt von Parteineigung und Kandidatenpräferenz auf die Wahlabsicht.

h) Ein Interaktionseffekt liegt vor, wenn die bedingten Effekte in den Partialtabellen unterschiedliche Werte aufweisen. Dass dies der Fall ist, wurde bereits in Teilaufgabe g) festgestellt. Die dort als Gegenteil der Nullhypothese (Forschungshypothese) formulierte Alternativhypothese besagt, dass ein Interaktionseffekt vorliegt. Für die trivariate Tabelle von Parteineigung, Kandidatenpräferenz und Wahlabsicht gilt daher, dass Parteineigung und Kandidatenpräferenz interaktiv die Wahlabsicht beeinflussen.

So beträgt die Prozentsatzdifferenz der Wahlabsicht zwischen den beiden durch die Kandidatenpräferenz definierten Partialtabellen (Kohl und Schröder) bei einer Parteineigung zugunsten der CDU / CSU 38.1 (= 2016 / 2063 – 287 / 481) Prozentpunkte, aber nur 20.5 (= 21 / 97 – 34 / 2930) Prozentpunkte, wenn eine Parteipräferenz zugunsten der SPD besteht.

Wird Kohl als Kandidat präferiert, dann beträgt der Effekt der Parteineigung auf die Wahlabsicht 76.1 (= 2016 / 2063 – 21 / 97) Prozentpunkte, wird Schröder präferiert, beträgt die Prozentsatzdifferenz nur 58.5 (= 287 / 481 – 34 / 2930) Prozentpunkte.

Bei der Interpretation muss unterstellt werden, dass die Kausalbeziehung so beschaffen ist, dass die Wahlabsicht tatsächlich die abhängige Variable ist und Parteineigung und Kandidatenpräferenz die erklärenden Variablen sind. Mit Hilfe der zum gleichen Zeitpunkt erhobenen Umfragedaten allein ist diese Kausalrichtung jedoch nicht zu überprüfen.

11 Regression

11.1 Übungsaufgaben zu Kapitel 13, 14, 16 und 17

Aufgabe 11.1

a) Welche Größen beeinflussen die Genauigkeit der Schätzung eines Regressionsmodells?
b) Welche Größe bringt die Vorhersage- bzw. Erklärungskraft eines Regressionsmodells zum Ausdruck?
c) Der Determinationskoeffizient R^2 in einem Regressionsmodell mit vier erklärenden Variablen hat einen Wert von 0.64. Formulieren Sie mit Bezug auf die PRE-Logik eine Aussage, aus der die Bedeutung von $R^2 = 0.64$ für das Regressionsmodell hervorgeht.
d) Mit Hilfe welcher Teststatistik wird geprüft, ob die Erklärungskraft eines Regressionsmodells signifikant ist?

Aufgabe 11.2

a) Weshalb können sich die numerischen Werte der Regressionsgewichte für den Effekt von X auf Y bei der bivariaten und der multiplen Regression voneinander unterscheiden?
b) Welche Annahmen liegen der Berechnung eines Konfidenzintervalls für den unbekannten Populationswert eines Regressionskoeffizienten in einem Regressionsmodell zugrunde?
c) Wie bestimmen Sie ein Konfidenzintervall für die unbekannten Regressionskoeffizienten in der Population? Beschreiben Sie das Vorgehen für die bivariate Regression und für die multiple Regression.

d) Das 95 %-Konfidenzintervall für ein Regressionsgewicht β umschließt den Bereich von -0.030 bis 0.088. Welche Schlussfolgerung ziehen Sie hieraus für die Hypothese, dass $\beta = 0$ ist?

Aufgabe 11.3

In einem bivariaten Regressionsmodell hat die unabhängige Variable zwei Ausprägungen, die mit den Werten 0 und 1 codiert sind. Wie werden in diesem Fall die Regressionskonstante und das Regressionsgewicht interpretiert? Begründen Sie Ihre Antwort.

Aufgabe 11.4

In ein multiples Regressionsmodell soll neben anderen unabhängigen Variablen die Variable «Erwerbsstatus» mit den Ausprägungen «erwerbstätig», «arbeitslos» «Hausfrau / -mann», «Rentner / -in», «Wehrdienstleistender», «Schüler / -in oder Student / -in» aufgenommen werden.

a) Welches Skalenniveau hat die Variable «Erwerbsstatus»?
b) Wie gehen Sie vor, um «Erwerbsstatus» in das Regressionsmodell aufnehmen zu können? Stellen Sie diese Vorgehensweise schematisch dar.
c) Formulieren Sie eine Mustergleichung, und geben Sie an, wie Sie die Regressionskoeffizienten interpretieren.

Aufgabe 11.5

In das Regressionsmodell $\hat{Y} = b_0 + b_1 \cdot X_1 + b_2 \cdot X_2 + b_3 \cdot X_3 + b_4 \cdot X_4$ soll zusätzlich die Variable Familienstand mit den Ausprägungen ledig, verheiratet, geschieden aufgenommen werden.

a) Geben Sie in schematischer Form an, in welcher Weise die Variable Familienstand als unabhängige Variable im Regressionsmodell verwendet werden kann, und begründen Sie Ihre Angaben.
b) Formulieren Sie die Vorhersagegleichung einschließlich der Variable Familienstand.
c) Formulieren Sie die Gleichung für den Fall, dass Familienstand die Ausprägung «ledig» hat.
d) Wie interpretieren Sie das Regressionsgewicht für die Ausprägung «ledig» in dieser Gleichung?

Aufgabe 11.6

Gegeben ist die Gleichung: $\hat{Y} = b_0 + b_1 \cdot X_1 + b_2 \cdot X_2 + b_3 \cdot X_3 + \ldots + b_K \cdot X_K$

a) Wie kann die Stärke der Effekte von X_1 und X_3 auf Y verglichen werden?

b) Gegeben ist die Regressionsgleichung:
$\hat{Y} = 1.5 + 0.10 \cdot X_1 + 0.40 \cdot X_2 + 0.15 \cdot X_3 + 0.20 \cdot X_4$.
Wie groß ist der unstandardisierte Effekt von X_3 auf Y, wenn $X_1 = 5$ und $X_2 = 1$ sowie $X_4 = 1$ ist?

c) Wie berechnen Sie den Vorhersagewert für Y, wenn die Ausprägungen der unabhängigen Variablen $X_1 = 5$, $X_2 = 1$ und $X_4 = 2$ betragen?

d) Geben Sie an, wie die Gleichung aussieht, wenn in der Ausgangsgleichung zusätzlich eine Interaktion zwischen den Variablen X_1 und X_4 berücksichtigt wird.

e) Was bedeutet eine Interaktion zwischen zwei Variablen? Erläutern Sie das an einem Beispiel.

Aufgabe 11.7

Aufgrund der deutschen Vergangenheit ist es in der Bundesrepublik umstritten, ob man stolz darauf sein kann, Deutscher zu sein. Was für die einen Ausdruck eines normalen Patriotismus ist, hat für die anderen eine Nähe zum Nationalismus.

Der Allbus 2000 enthält hierzu folgende Frage: «Würden Sie sagen, dass Sie sehr stolz, ziemlich stolz, nicht sehr stolz oder überhaupt nicht stolz darauf sind, ein(e) Deutsche(r) zu sein?» Den Antwortvorgaben sind die Zahlen 1 für «sehr stolz» bis 4 für «überhaupt nicht stolz» zugeordnet.

Zusätzlich wurde die Links-rechts-Selbsteinstufung mit den Ausprägungen 1 (links) bis 10 (rechts) erfragt.[17]

In einer bivariaten Regression wird der Einfluss der Links-rechts-Selbsteinstufung auf den Stolz, Deutsche(r) zu sein, untersucht.

Gegeben sind die Mittelwerte sowie die geschätzten Populationsvarianzen und -kovarianzen der beiden Variablen:

17. Der exakte Wortlaut dieser Frage ist in Aufgabe 10.6 enthalten.

Tabelle zu 11.7: **Mittelwerte, Varianzen und Kovarianzen von «Links-rechts-Selbsteinstufung» und «Stolz»**

Variable	Mittelwert	Varianzen und Kovarianzen	
Links-rechts-Selbsteinstufung	4.90	3.113	
Stolz, Deutsche(r) zu sein	2.11	0.660	−0.358

Bei einem fallweisen Ausschluss der Fälle mit ungültigen Werten basieren die Statistiken auf n = 1265 Fällen.

Quelle: Allbus 2000

a) Berechnen Sie aus den Ausgangsdaten die Regressionskoeffizienten der Regression der Links-rechts-Selbsteinstufung auf den Stolz, Deutsche(r) zu sein, und interpretieren Sie die Werte.

b) Berechnen Sie die Vorhersagewerte für alle Ausprägungen der erklärenden Variablen. Welche Schlussfolgerung ziehen Sie aus den Vorhersagewerten?

c) Wie stark ist der Effekt des «Stolzes» auf die Links-rechts-Selbsteinstufung?

d) Prüfen Sie mit einer Irrtumswahrscheinlichkeit von 1 %, dass der Effekt von Stolz auf die Links-rechts-Selbsteinstufung signifikant von null verschieden ist.

e) Es wird die Vermutung geäußert, dass sich der Mittelwert auf der Links-rechts-Skala bei einer Zunahme des «Stolzes» um eine Einheit um mindestens 1/2 Einheit nach rechts verschiebt. Wie kann diese Vermutung geprüft werden?

   Beschreiben Sie die Vorgehensweise, und führen Sie den entsprechenden Test mit einer Irrtumswahrscheinlichkeit von 5 % durch.

f) Bei der Regression wird zwischen abhängiger und unabhängiger Variable unterschieden. Jemand argumentiert, dass die Kausalrichtung bei den in diesem Beispiel verwendeten beiden Variablen nicht eindeutig ist. Welches Zusammenhangsmaß verwenden Sie, um dieser Argumentation Rechnung zu tragen?

g) Berechnen Sie das von Ihnen vorgeschlagene Maß.
h) Prüfen Sie mit einer Irrtumswahrscheinlichkeit von 1 %, ob ein signifikanter Zusammenhang besteht, und interpretieren Sie das Ergebnis.

Aufgabe 11.8

Im Allbus 1996 findet sich die Frage: «Meinen Sie, dass man heiraten sollte, wenn man mit einem Partner auf Dauer zusammenlebt?» Zustimmung bzw. Ablehnung sind bei dieser Frage mit den Werten 1 bzw. 0 codiert. Es wird vermutet, dass es geschlechtsspezifische Unterschiede bei der Zustimmung zu dieser Frage gibt. Das Geschlecht ist so codiert, dass Männer den Wert 0 und Frauen den Wert 1 haben.

Zur Prüfung der Hypothese einer geschlechtsabhängigen «Zustimmung zu Heirat bei dauerndem Zusammenleben» wird ein Regressionsmodell berechnet, bei dem die abhängige Variable die «Zustimmung …», die erklärende Variable das Geschlecht der Befragten ist.

Die folgenden Tabellen geben die deskriptiven Statistiken für die 3013 Fälle mit gültigen Werten und die Ergebnisse der OLS-Schätzung der Regressionsanalyse wieder:

Tabelle zu 11.8-1: **Deskriptive Statistiken**

Variable	Mittelwert	Stichprobenvarianzen und -kovarianzen	
Zustimmung zu Heirat bei dauerndem Zusammenleben	0.661	0.224	
Geschlecht (Frau)	0.501	0.250	−0.011

Tabelle zu 11.8-2: **Modellzusammenfassung**

	Variation	df	R^2: 0.2 %
Vorhersagewerte	1 430	1	R^2_{adj}: 0.2 %
Residuen	673 267	3011	F: 6.393 (p = 0.012)

Tabelle zu 11.8-3: **Koeffizienten – abhängige Variable: Zustimmung zu «Heirat bei … Zusammenleben»**

Prädiktor	Koeffizient b	SE[1)]	T = b / SE	Signifikanz von T (p)
Konstante	0.683	0.012	56.02	< 0.001
Geschlecht (Frau)	−0.044	0.017	−2.53	0.012

[1)] SE = Standardfehler

Quelle: Allbus 2000

a) Geben Sie eine inhaltliche Interpretation der Regressionskoeffizienten.
b) Ist der Zusammenhang auf dem 5 %-Niveau signifikant?
c) Wie stark ist der Zusammenhang?
d) Berechnen Sie die Vorhersagewerte für die beiden Ausprägungen der erklärenden Variablen und interpretieren Sie diese.
e) Eine Statistikerin wundert sich über die Vorgehensweise des Soziologen. Da nicht nur die erklärende, sondern auch die abhängige Variable dichotom sind, hält sie die Anwendung des linearen Regressionsmodells für unangemessen. Stattdessen schlägt sie vor, die Prozentsatzdifferenz der Befürwortung einer «Heirat bei dauerndem Zusammenleben» zwischen Männern und Frauen zu berechnen.

   Berechnen Sie anhand der unten wiedergegebenen Vierfeldertabelle diese Prozentsatzdifferenz.

Tabelle zu 11.8-4: **Zustimmung zu «Heirat bei dauerndem Zusammenleben» und Geschlecht**

Heirat bei Zusammenleben	männlich	weiblich	Summe
nein	476	544	1020
ja	1027	966	1993
Summe	1503	1510	3013

f) Prüfen Sie, ob die Prozentsatzdifferenz bei einer Irrtumswahrscheinlichkeit von 5 % signifikant ist.

g) Welche Gemeinsamkeiten und Unterschiede gibt es zwischen den Vorgehensweisen des Soziologen und der Statistikerin?

h) Welche Vorgehensweise erscheint Ihnen hier angemessener? Begründen Sie Ihre Antwort.

Aufgabe 11.9

Es besteht die Hypothese, dass die Höhe des individuellen Einkommens von der Leistungsfähigkeit einer Person abhängt. Leistungsfähigkeit steigt mit zunehmender Erfahrung im Lebensverlauf zunächst an, nimmt dann jedoch aufgrund von Alterungsprozessen tendenziell ab.

Ein Sozialforscher leitet hieraus die Hypothese ab, dass zwischen Einkommen und Alter eine umgekehrt u-förmige Beziehung besteht. Mit Hilfe der Daten des Allbus 2000 möchte der Forscher diese Hypothese überprüfen. Dazu erstellt er eine Grafik, die den Zusammenhang zwischen dem durchschnittlichen individuellen Netto-Einkommen und dem Alter der befragten Personen wiedergibt.

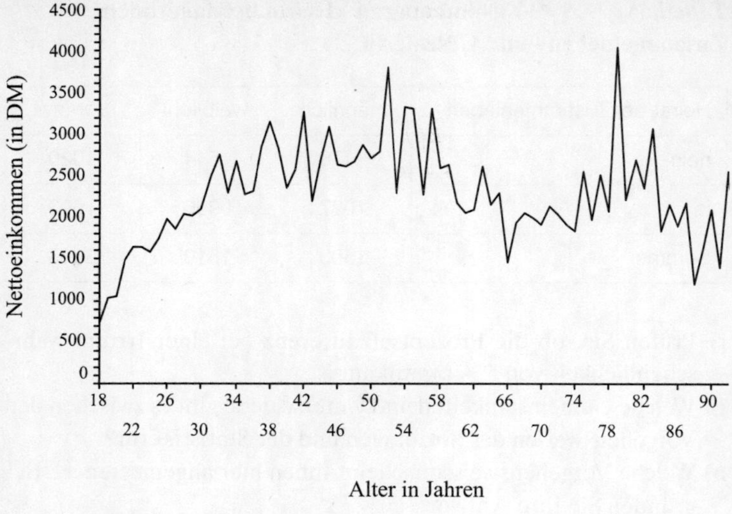

(Daten: ALLBUS 2000)

Aus der Grafik ist zu entnehmen, dass das Einkommen bis zu einem Alter von etwa 50 Jahren ansteigt und dann wieder abfällt.

Durch diesen (scheinbar) umgekehrt u-förmigen Kurvenverlauf sieht der Forscher sich in seiner Vermutung bestätigt. Er beschließt, zur formalen Untermauerung seiner Hypothese über die umgekehrt u-förmige Beziehung zwischen Einkommen und Alter, zwei lineare Regressionsgleichungen zu «schätzen»: zum einen die Regression des Einkommens auf das Alter für die 18- bis 50-jährigen Befragten und zum anderen die Regression des Einkommens auf das Alter für Befragte über 50 Jahre. Die Ergebnisse sind in der folgenden Tabelle zusammengestellt:

***Tabelle zu 11.9-1:* Ergebnisse der bivariaten Regression für die Altersgruppen 18 bis 50 sowie 51 und älter**

	18 bis 50 Jahre: n = 1274; R^2 = 9.0 %		ab 51 Jahre: n = 931; R^2 = 1.7 %	
	Koeffizient b	SE[1]	Koeffizient b	SE[1]
Konstante	482.38	171.04	4034.93	420.32
Alter	52.81	4.71	−25.30	6.39

[1] SE = Standardfehler

Quelle: Allbus 2000

a) Kann der Forscher mit den vorliegenden Analyseergebnissen seine Hypothese tatsächlich überprüfen? Beurteilen Sie die Vorgehensweise des Forschers.
b) Welche Schlussfolgerung ist aus den vorliegenden Ergebnissen der Regressionsanalysen zu ziehen? Begründen Sie Ihre Antwort anhand der Regressionsgewichte.
c) Prüfen Sie das erwartete Vorzeichen des Regressionsgewichts für jede der beiden Regressionsanalysen mit einer Irrtumswahrscheinlichkeit von 1 %.
d) Warum sind die Werte der Regressionskonstanten in den beiden Regressionsgleichungen so unterschiedlich groß?
e) Berechnen Sie für beide Regressionsgleichungen die Vorhersagewerte für Befragte mit einem Alter von 50.5 Jahren. Welche Schlussfolgerung ist aus den unterschiedlichen Werten zu ziehen?
f) Es wird vermutet, dass der Alterseffekt in der ersten Lebensphase (bis 50 Jahre) doppelt so groß ist wie der Alterseffekt in der zweiten Lebensphase (ab 50 Jahre). Wie lässt sich eine solche Hypothese anhand der vorliegenden Daten mit einer Irrtumswahrscheinlichkeit von 5 % prüfen? Beschreiben Sie die Vorgehensweise und führen Sie die zur Hypothesenprüfung notwendigen Berechnungen durch.

g) Welche Argumente sprechen Ihrer Ansicht nach gegen die Vorgehensweise, den vermuteten umgekehrt u-förmigen Zusammenhang mit Hilfe zweier linearer Regressionen zu untersuchen?
h) Welche Alternative käme in Frage?

Aufgabe 11.10

In Aufgabe 11.9 wurden zur Prüfung eines u-förmigen Zusammenhangs zwischen Alter und Einkommen ein bivariates Regressionsmodell für die jüngere Altersgruppe und ein zweites für die ältere Altersgruppe «geschätzt». Es scheint nahe liegender, den vermuteten Zusammenhang mit Hilfe eines multiplen Regressionsmodells zu berechnen, bei dem die Prädiktoren Potenzen des Alters sind (polynome Regression).

Die folgenden Tabellen zeigen die Mittelwerte, geschätzten Standardabweichungen, Korrelationen und die Ergebnisse der OLS-Schätzung für die Regression bis zu einem Polynom dritten Grades:

Tabelle zu 11.10-1: **Deskriptive Statistiken**

Variable	Mittelwert	Standard-abweichung	Korrelation			
Einkommen (in DM)	2361.19	1717.35	1.000			
Alter (in Jahren)	47.83	17.44	0.063	1.000		
Alter × Alter	2591.45	1773.63	0.024	0.983	1.000	
Alter × Alter × Alter	154342.35	150743.05	−0.003	0.943	0.987	1.000

***Tabelle zu 11.10-2:* Modellzusammenfassung**

	Variation	df	R^2: 6.4 %
Vorhersagewerte	416044824.0157	3	R^2_{adj}: 6.3 %
Residuen	6084214577.365	2201	F: 50.17 ($p < 0.001$)

***Tabelle zu 11.10-3:* Koeffizienten – abhängige Variable: Einkommen**

Prädiktor	Koeffizient b	SE[1]	b/SE	Signifikanz von T (p)
Konstante	−3995.03	626.92	−6.37	< 0.001
Alter	375.15	41.93	8.95	< 0.001
Alter × Alter	−6.59	0.864	−7.63	< 0.001
Alter × Alter × Alter	0.036	0.0056	6.41	< 0.001

[1] SE = Standardfehler

Quelle: Allbus 2000

a) Lässt sich aus den Ergebnissen der Regression ablesen, ob es sich um einen auf dem 5 %-Niveau signifikanten u-förmigen Zusammenhang handelt? Begründen Sie Ihre Antwort.

b) Berechnen Sie für den beobachteten Wertebereich des Alters (18 bis 95 Jahre) die Vorhersagewerte, und zeichnen Sie mit deren Hilfe die Regressionskurve. Was lässt sich aus der Regressionskurve erkennen? Vergleichen Sie die Kurve mit der Darstellung der bedingten Stichprobenmittelwerte in Aufgabe 11.9.

c) Berechnen Sie die standardisierten Regressionsgewichte. Welche Bedeutung haben die Koeffizienten in dieser Anwendung?

d) Die Korrelationen der drei erklärenden Variablen sind ausgesprochen hoch, sodass hier möglicherweise ein Kollinearitätsproblem besteht. Um dieses Problem zu reduzieren, werden als Prädiktoren das zentrierte Alter sowie dessen Quadrat (quadratischer Term) und dritte Potenz (kubischer Term) verwendet. Die folgenden Tabellen zeigen die Ergebnisse:

***Tabelle zu 11.10-4:* Deskriptive Statistiken**

Variable	Mittelwert	Standardabweichung	Korrelation			
Einkommen (in DM)	2361.19	1717.35	1.000			
Alter (zentriert)	0.00	17.44	0.063	1.000		
quadratischer Term	303.88	331.04	0.230	0.440	1.000	
kubischer Term	1327.57	13659.69	0.848	0.903	0.626	1.000

***Tabelle zu 11.10-5:* Modellzusammenfassung**

	Variation	df	R^2: 6.4 %
Vorhersagewerte	416044824.0157	3	R^2_{adj}: 6.3 %
Residuen	6084214577.365	2201	F: 50.17 ($p < 0.001$)

***Tabelle zu 11.10-6:* Koeffizienten – abhängige Variable: Einkommen**

Prädiktor	Koeffizient b	SE[1]	b/SE	Signifikanz von T (p)
Konstante	2764.02	49.83	55.47	< 0.001
Alter (zentriert)	−11.03	4.02	−2.74	< 0.001
quadratischer Term	−1.48	0.13	−11.86	< 0.001
kubischer Term	0.036	0.0056	6.41	< 0.001

[1] SE = Standardfehler

Quelle: Allbus 2000

Berechnen Sie die Vorhersagewerte für Befragte mit 18, 30, 60 und 90 Jahren, und vergleichen Sie diese mit den Vorhersagewerten bei den unzentrierten Daten.

Welche Schlussfolgerungen ziehen Sie aus dem Vergleich?

e) Wie interpretieren Sie das Ergebnis, dass (trotz Gleichheit der Vorhersagewerte) die Regressionskoeffizienten in den beiden Regressionsmodellen so unterschiedlich sind?

f) Welches der beiden Regressionsmodelle ist Ihrer Ansicht nach aus welchen Gründen vorzuziehen?

Aufgabe 11.11

Es wird erwartet, dass mit steigender Bildung auch das Einkommen steigt. Dieser Zusammenhang soll mit Daten aus dem Allbus 2000 überprüft werden. Bei den Bildungsabschlüssen wird zwischen Befragten ohne Abschluss (Wert: 0), mit maximal Hauptschulabschluss (Wert: 1), maximal Mittlerer Reife (Wert: 2), maximal Abitur (Wert: 3) und einem abgeschlossenen Fachhochschul- oder Universitätsstudium (Wert: 4) unterschieden, wobei die entsprechenden Abschlüsse aus der ehemaligen DDR zugeordnet sind. Als Kontrollvariable wird die Region mit den Ausprägungen 0 für Westdeutschland und 1 für Ostdeutschland verwendet. Die folgenden Tabellen geben die Ergebnisse der trivariaten Regression des Einkommens auf Bildung und Region wieder:

***Tabelle zu 11.11-1:* Modellzusammenfassung**

	Variation	df	R^2: 16.3 %
Vorhersage-werte	1 057 889 850.981	2	R^2_{adj}: 16.2 %
Residuen	5 423 000 773.603	2194	F: 214.0 ($p < 0.001$)

***Tabelle zu 11.11-2:* Koeffizienten – abhängige Variable: Einkommen**

Prädiktor	Koeffizient b	SE [1]	b/SE	Signifikanz von T (p)	Beta b*
Konstante	1690.62	72.25	23.4	< 0.001	--
Bildung (Abschluss)	520.71	30.72	17.0	< 0.001	0.331
Region (Ost)	−835.18	69.01	−12.1	< 0.001	−0.236

[1] SE = Standardfehler

Quelle: Allbus 2000

a) Interpretieren Sie die Ergebnisse.
b) Gegen die Analyse wird eingewendet, dass Bildung keine metrische Variable sei. Um dem Rechnung zu tragen, wird die Bildung recodiert, sodass anstelle der Abschlüsse Bildungsjahre resultieren. Befragten ohne Abschluss werden 7 Jahre zugeordnet, Befragten mit Hauptschulabschluss 9 Jahre, mit Mittlerer Reife 10 Jahre, mit Abitur 13 Jahre und mit Hochschulabschluss 17 Jahre. Die Regression führt nun zu folgenden Ergebnissen:

Tabelle zu 11.11-3: **Modellzusammenfassung**

	Variation	df	R^2: 17.6 %
Vorhersagewerte	1 142 062 630.056	2	R^2_{adj}: 17.5 %
Residuen	5 338 827 994.528	2194	F: 234.7 ($p < 0.001$)

Tabelle zu 11.11-4: **Koeffizienten – abhängige Variable: Einkommen**

Prädiktor	Koeffizient b	SE[1]	b/SE	Signifikanz von T (p)	Beta b*
Konstante	347.51	135.79	2.6	0.011	--
Bildung (Jahre)	214.50	1187	18.1	<0.001	0.350
Region (Ost)	−780.08	68.50	−11.4	<0.001	−0.221

[1] SE = Standardfehler

Quelle: Allbus 2000

Interpretieren Sie die Ergebnisse, und vergleichen Sie diese mit der ursprünglichen Regression. Welche Codierung ziehen Sie vor? Begründen Sie Ihre Antwort.

c) Um das Skalierungsproblem der Bildung zu lösen, wird vorgeschlagen, die Bildung wie bei einer nominalskalierten Variablen in 0/1-codierte Dummy-Variablen aufzulösen, die den Wert eins aufweisen, wenn eine Person den entsprechenden Bildungsabschluss aufweist. Als Referenzkategorie wird der Hauptschulabschluss verwendet. Die multiple Regression ergibt folgendes Ergebnis:

***Tabelle zu 11.11-5:* Modellzusammenfassung**

	Variation	df	R^2: 19.5 %
Vorhersagewerte	1 262 107 788.437	5	R^2_{adj}: 19.3 %
Residuen	5 218 782 836.147	2191	F: 106.0 ($p < 0.001$)

***Tabelle zu 11.11-6:* Koeffizienten – abhängige Variable: Einkommen**

Prädiktor	Koeffizient b	SE [1)]	b/SE	Signifikanz von T (p)	Beta b*
Konstante	2301.97	54.96	41.9	< 0.001	--
kein Abschluss	−475.71	207.25	−2.3	0.022	0.045
Mittlere Reife	340.191	80.05	4.25	< 0.001	0.091
Abitur	214.193	112.3	1.91	0.057	0.039
Hochschulabschluss	1918.57	101.45	18.91	< 0.001	0.388
Region (Ost)	−830.85	69.34	−12.0	< 0.001	-0.235

[1)] SE = Standardfehler

Quelle: Allbus 2000

Interpretieren Sie das Ergebnis der multiplen Regression. Vergleichen Sie dieses Ergebnis mit den Ergebnissen der ersten beiden Regressionsanalysen in Teilaufgabe a) und b). Welches der drei Regressionsmodelle beschreibt die empirischen Daten am besten?

d) Welche Bedeutung haben die standardisierten Regressionsgewichte in der in c) wiedergegebenen Regressionsschätzung?

e) Es soll geprüft werden, ob der Bildungseffekt als linear angenommen werden kann. Dazu werden in einer schrittweisen Regression zunächst das Ausgangsmodell mit Bildungsabschluss und Region (Ost) als erklärende Variablen «geschätzt» und dann zusätzlich drei der vier Dummy-Variablen aus dem multiplen Regressionsmodell in Teilaufgabe c) in die Gleichung aufgenommen. Es resultieren folgende Ergebnisse:

***Tabelle zu 11.11-7:* Modellzusammenfassung**

Ausgangsmodell	Variation	df	R^2: 16.3 %
Vorhersagewerte	1 057 889 850.981	2	R^2_{adj}: 16.2 %
Residuen	5 423 000 773.603	2194	F: 214.0 ($p < 0.001$)
erweitertes Modell	Variation	df	R^2: 19.5 %
Vorhersagewerte	1 262 107 788.437	5	R^2_{adj}: 19.3 %
Residuen	5 218 782 836.147	2191	F: 106.0 ($p < 0.001$)

***Tabelle zu 11.11-8:* Koeffizienten – abhängige Variable: Einkommen**

Prädiktor	Koeffizient b	SE[1)]	b/SE	Signifikanz von T (p)	Beta b*
Ausgangsmodell					
Konstante	1690.62	72.25	23.4	< 0.001	--
Bildung (Abschluss)	520.71	30.72	17.0	< 0.001	0.331
Region (Ost)	–835.18	69.01	–12.1	< 0.001	–0.236
erweitertes Modell					
Konstante	1826.26	202.74	9.0	< 0.001	--
Bildung (Abschluss)	475.71	207.25	–2.3	0.022	0.302
Mittlere Reife	–135.51	233.74	0.6	0.562	–0.036
Abitur	–737.22	441.11	–1.7	0.095	–0.133
Hochschulabschluss	491.46	642.08	0.8	0.444	0.099
Region (Ost)	–830.85	69.34	–12.0	< 0.001	–0.235

[1)] SE = Standardfehler

Quelle: Allbus 2000

Prüfen Sie mit einer Irrtumswahrscheinlichkeit von 5 %, ob das erweiterte Modell eine signifikant höhere Erklärungskraft hat als das Ausgangsmodell.

f) Welche Schlussfolgerungen ergeben sich aus der Gegenüberstellung der Erklärungskraft von Ausgangs- und erweitertem Modell?
g) Können Sie mit den vorliegenden Informationen auch prüfen, ob das Regressionsmodell in Teilaufgabe c) mit einer Irrtumswahrscheinlichkeit von 5 % eine signifikant höhere Erklärungskraft hat als das Regressionsmodell mit Bildung in Jahren aus Teilaufgabe b)? Begründen Sie Ihre Entscheidung.
h) Führen Sie die zur Prüfung der Erklärungskraft notwendigen Berechnungen durch.

Aufgabe 11.12

Bei der Analyse des Effekts der Bildung auf das Einkommen interessiert auch die mögliche Veränderung über die Zeit. Um dies zu untersuchen, werden Allbus-Daten von westdeutschen Befragten aus den Erhebungsjahren 1980, 1990 und 2000 herangezogen. Da 1980 nicht nach einem Hochschulabschluss gefragt wurde, werden bei der Bildung nur die vier Ausprägungen «kein Abschluss», «Hauptschulabschluss», «Mittlere Reife» und «Abitur» unterschieden. Bei der Regression des Einkommens auf die Bildung wird der Einfluss der Bildung über 0/1-codierte Dummy-Variablen modelliert, die die Abschlüsse identifizieren. Referenzkategorie ist der Hauptschulabschluss. Die folgende Tabelle gibt die Ergebnisse für die drei Zeitpunkte wieder:

***Tabelle zu 11.12:* Koeffizienten – abhängige Variable: Einkommen**

Erhebungsjahr	1980		1990		2000	
R^2	8.3 %		5.4 %		8.6 %	
Prädiktor	b	SE[1]	b	SE[1]	b	SE[1]
Konstante	1407.00	24.97	1797.70	47.70	2042.83	53.81
ohne Abschluss	−246.74	151.99	−411.09	222.75	−540.46	220.66
Mittlere Reife	334.80	48.87	358.62	83.57	152.43	83.61
Abitur	755.40	62.14	705.19	79.70	1174.33	88.62
Fallzahl	1929		1565		2197	

[1] SE = Standardfehler

Quelle: Allbus 1980, 1990 und 2000

a) Interpretieren Sie die Regressionskoeffizienten. Verändert sich die Beziehung zwischen Einkommen und Bildung über die Zeit?

b) Berechnen Sie die Vorhersagewerte, und zeichnen Sie diese als Regressionskurven in ein Koordinatensystem ein, bei dem die Bildungsabschlüsse auf der waagerechten Achse eingetragen sind. Weist die Grafik auf Ergebnisse hin, die bei alleiniger Betrachtung der Regressionsergebnisse in Teilaufgabe a) nicht sichtbar sind?

c) Beschreiben Sie kurz, wie Sie vorgehen, um zu prüfen, ob alle Regressionsgewichte mit einer Irrtumswahrscheinlichkeit von 5 % signifikant sind, und geben Sie die entsprechenden Werte für alle Regressionsgleichungen an.

d) Was bedeutet es hier, wenn ein Regressionskoeffizient nicht signifikant ist?

e) Prüfen Sie mit einer Irrtumswahrscheinlichkeit von 5 %, dass das Einkommen von Personen mit Hauptschulabschluss im Jahr 2000 um mindestens 500 DM über dem Einkommen von Personen mit Hauptschulabschluss im Jahr 1980 liegt.

f) Prüfen Sie mit einer Irrtumswahrscheinlichkeit von 5 %, dass der durchschnittliche Einkommenszuwachs von Hauptschulabsolventen zwischen 1980 und 1990 genauso groß ist wie der Zuwachs zwischen 1990 und 2000.

Aufgabe 11.13

Eine Sozialforscherin vermutet, dass die Akzeptanz traditioneller Geschlechtsrollen durch Alter, Geschlecht, Konfession und Bildung beeinflusst wird. Empirische Angaben zu diesen Variablen findet sie im Allbus 1996, wo zur Erfassung der traditionellen Familienrollen folgende vier Items verwendet wurden: (1) «Eine berufstätige Mutter kann ein genauso herzliches und vertrauensvolles Verhältnis zu ihren Kindern finden wie eine Mutter, die nicht berufstätig ist.» (2) «Für eine Frau ist es wichtiger, ihrem Mann bei seiner Karriere zu helfen, als selbst Karriere zu machen.» (3) «Ein Kleinkind wird sicherlich darunter leiden, wenn seine Mutter berufstätig ist.» (4) «Es ist für alle Beteiligten viel besser, wenn der Mann voll im Berufsleben steht und die Frau zu Hause bleibt und sich um den Haushalt und die Kinder kümmert.» Auf vierstufigen Antwortskalen mit den Polen «stimme voll und ganz zu» (Wert: 1) bis «stimme überhaupt nicht zu» (Wert: 4) wurden die vier Items beantwortet.

Zur Erfassung der Ablehnung traditioneller Geschlechtsrollen wurde der Index NoTradit aus dem Mittelwert der Antworten auf die vier Items bei jeder Person gebildet. Hohe Werte stehen bei dieser Indexvariable für die Ablehnung traditioneller Geschlechtsrollen. Diese Variable wird in einer multiplen Regression auf die Prädiktoren Alter in Jahren, Geschlecht, Konfession, Bildung und als Kontrollvariable Region regrediert. Für die vier letzten Variablen wurden jeweils 0/1-codierte Dummy-Variablen verwendet. Beim Geschlecht ist die Referenzkategorie «männlich», bei der Konfession «konfessionslos», bei der Bildung «Hauptschulabschluss» und bei Region «Westen». Die Ergebnisse der Regression sind in den folgenden Tabellen wiedergegeben:

Tabelle zu 11.13-1: **Modellzusammenfassung**

	Variation	df	R^2: 20.0 %
Vorhersagewerte	235.261	8	R^2_{adj}: 19.8 %
Residuen	943.939	3446	F: 107.4 ($p < 0.001$)

Tabelle zu 11.13-2: **Koeffizienten – abhängige Variable: «NoTradit»**

Prädiktor	Koeffizient b	SE [1]	b/SE	Signifikanz von T (p)	Beta b*
Konstante	2.63	0.039	67.5	< 0.001	--
Alter (Jahre)	−0.009	0.001	−15.4	< 0.001	−0.260
Geschlecht (Frau)	0.079	0.018	4.4	< 0.001	0.068
Konfession (ja)	−0.156	0.023	−6.8	< 0.001	−0.124
ohne Abschluss	−0.110	0.064	−1.7	0.089	−0.026
Mittlere Reife	0.127	0.023	5.5	< 0.001	0.099
Abitur	0.231	0.032	7.2	< 0.001	0.122
Uni	0.334	0.029	11.6	< 0.001	0.192
Region (Ost)	0.168	0.023	7.3	< 0.001	0.134

[1] SE = Standardfehler

Quelle: Allbus 1996

a) In den Tabellen finden sich keine Angaben zur Fallzahl. Aus den obigen Angaben lässt sich jedoch die Anzahl der in die Berechnung eingegangenen Fälle rekonstruieren. Wie hoch ist die Fallzahl?

b) Interpretieren Sie die Ergebnisse der Regression. Wie beeinflussen Alter, Geschlecht, Konfession, Bildung und Region die Ablehnung traditioneller Geschlechtsrollen (NoTradit)?

c) Die Sozialforscherin möchte wissen, welche Variable die relativ größte Erklärungskraft hat. Um einen Gesamteffekt für «Bildung» zu erhalten, bildet sie einen additiven Index (eine neue Variable als Summe) aus den vier Dummy-Variablen der Bildung, wobei die Regressionsgewichte der Dummy-Variablen als Gewichte verwendet werden:

Bildungsindex = −0.110 × ohne Abschluss + 0.127 × Mittlere Reife + 0.334 × Abitur + 0.334 × Uni.

Wird dieser Bildungs-Index anstelle der vier Dummy-Variablen als Prädiktor verwendet, zeigt sich folgendes Ergebnis:

Tabelle zu 11.13-3: **Modellzusammenfassung**

	Variation	df	R^2: 20.0 %
Vorhersagewerte	235.261	5	R^2_{adj}: 19.8 %
Residuen	943.939	3449	F: 171.9 ($p < 0.001$)

***Tabelle zu 11.13-4:* Koeffizienten – abhängige Variable: «NoTradit»**

Prädiktor	Koeffizient b	SE[1]	b/SE	Signifikanz von T (p)	Beta b*
Konstante	2.63	0.039	67.5	< 0.001	--
Alter (Jahre)	−0.009	0.001	−15.4	< 0.001	−0.260
Geschlecht (Frau)	0.079	0.018	4.4	< 0.001	0.068
Konfession (ja)	−0.156	0.023	−6.8	< 0.001	−0.124
Bildungsindex	1.000	0.078	12.9	< 0.001	0.206
Region (Osten)	0.168	0.023	7.3	< 0.001	0.134

[1] SE = Standardfehler

Quelle: Allbus 1996

Welche Rechtfertigung lässt sich für das Vorgehen der Forscherin finden? Sehen Sie Anwendungsprobleme?

d) Wie sind die relativen Effektstärken der Prädiktoren in diesem zweiten Modell zu bewerten?

Aufgabe 11.14

Die Analyse der Signifikanz von Mittelwertdifferenzen in unterschiedlichen Gruppen erfolgt oft mittels einer Varianzanalyse. Varianzanalysen werden insbesondere in echten Experimenten angewendet, bei denen jeweils die gleiche Anzahl von Untersuchungseinheiten per Zufall einer Experimental- und einer Kontrollgruppe zugeordnet werden. Ein solches Untersuchungsdesign mit gleicher Anzahl von Fällen in allen Gruppen wird als ausgewogenes (engl: *balanced*) Design bezeichnet.

Als Beispiel für ein ausgewogenes Design wurden aus den Daten des Allbus 1996 sechs Gruppen nach inhaltlichen Kriterien gebildet, und jeder dieser Gruppen wurden zufällig jeweils 50 Fälle zugewiesen. Die Gruppen wurden folgendermaßen gebildet: zwei Altersgruppen (bis 40 Jahre und ab 41 Jahre), drei Bildungsgruppen (maximal Hauptschulabschluss, maximal Abitur und maximal Hochschulabschluss).

Die folgende Tabelle gibt die Mittelwerte der zehnstufigen Links-rechts-Selbsteinstufung mit den Extremwerten 1 (links) und 10 (rechts) für alle Personen mit gültigen Werten bei den jeweils 50 zufällig ausgewählten Fällen in den insgesamt sechs Gruppen wieder:

Tabelle zu 11.14-1: **Mittelwerte der Links-rechts-Selbsteinstufung in sechs Gruppen in der Gesamtstichprobe und in einer zufälligen Auswahl von jeweils n = 50 Personen pro Gruppe**

	gesamte Gruppe		Zufallsauswahl	
Gruppe	n	Mittelwert	n	Mittelwert
jung, geringe Bildung	398	5.32	50	5.80
jung, mittlere Bildung	842	5.03	50	5.38
jung, hohe Bildung	191	4.45	50	4.42
alt, geringe Bildung	1211	5.48	50	5.42
alt, mittlere Bildung	510	5.23	50	5.16
alt, hohe Bildung	248	4.83	50	4.82

Quelle: Allbus 1996

Anhand der 300 (= 6 × 50) Fälle der Zufallsauswahl soll der Effekt von Alter und Bildung auf die Links-rechts-Selbsteinstufung untersucht werden. Anstelle einer Varianzanalyse wird ein lineares Regressionsmodell «geschätzt», bei dem die nominalskalierten Variablen in Dummy-Variablen aufgelöst sind (Modell 1). Dabei soll auch geprüft werden, ob es einen Interaktionseffekt zwischen den beiden erklärenden Variablen Alter und Bildung gibt. Dazu werden die

Produkte aus den 0/1-codierten Dummy-Variablen für die Bildungsgruppen und den Dummy-Variablen für das Alter als zusätzliche Prädiktoren in das Modell aufgenommen (Modell 2). Die folgenden Tabellen geben das Ergebnis einer schrittweisen Regression wieder, bei der im zweiten Schritt die Interaktionseffekte spezifiziert sind:

***Tabelle zu 11.14-2:* Deskriptive Statistiken für die Dummy-Codierung der Variablen Alter und Bildung**

Variable	$\bar{x}$ [1]	s_x [2]	Korrelationen					
links-rechts	5.17	1.694	1.000					
Alter (jung)	0.50	0.501	−.020	1.000				
mittlere Bildung	0.33	0.472	.043	.000	1.000			
hohe Bildung	0.33	0.472	−.229	.000	−.500	1.000		
alt × mittlere Bildung	0.17	0.373	−.002	.447	.632	−.316	1.000	
alt × hohe Bildung	0.17	0.373	−.092	.447	−.316	.632	−.200	1.000

[1] Mittelwert; [2] Standardabweichung

Tabelle zu 11.14-3: **Modellzusammenfassung: Dummy-Variablen Alter und Bildung**

Modell 1	Variation	df	R^2: 5.9 %
Vorhersagewerte	50.940	3	R^2_{adj}: 5.0 %
Residuen	806.727	296	F: 6.2 ($p < 0.001$)
Modell 2	Variation	df	R^2: 6.9 %
Vorhersagewerte	59.427	5	R^2_{adj}: 5.3 %
Residuen	798.240	294	F: 4.4 ($p = 0.001$)

***Tabelle zu 11.14-4:* Koeffizienten – abhängige Variable: Links-rechts-Selbsteinstufung**

Prädiktor	Koeffizient b	SE[1]	b/SE	Signifikanz von T (p)
Modell 1				
Konstante	5.643	0.191	29.604	< 0.001
alt	−0.067	0.191	−0.350	0.727
mittlere Bildung	−0.340	0.233	−1.456	0.146
hohe Bildung	−0.990	0.233	−4.240	< 0.001
Modell 2				
Konstante	5.800	0.233	24.890	< 0.001
alt	−.380	0.330	−1.153	1.250
mittlere Bildung	−.420	0.330	−1.274	1.204
hohe Bildung	−1.380	0.330	−4.188	< 0.001
alt × mittlere Bildung	.160	0.466	0.343	0.732
alt × hohe Bildung	.780	0.466	1.674	0.095

[1] SE = Standardfehler

Quelle: Allbus 1996

a) Interpretieren Sie die Ergebnisse.
b) Prüfen Sie mit einer Irrtumswahrscheinlichkeit von 5 % die Hypothese, dass die Erklärungskraft von Modell 2 (mit Interaktionseffekt zwischen Bildung und Alter) signifikant größer ist als die Erklärungskraft von Modell 1 (ohne Interaktionseffekt).
c) Bei einem ausgewogenen Design sind die ursprünglichen erklärenden Größen (Faktoren) unkorreliert. Also sind Alter (alt) und Bildung (im Modell die beiden Dummy-Variablen mittlere Bildung und hohe Bildung) unkorreliert. Die Interaktionseffekte

sind dagegen mit den Haupteffekten korreliert. Dies kann durch eine alternative Codierung der Prädiktoren vermieden werden. Dazu wird die Referenzkategorie auf den Wert –1 gesetzt. Die Dummy-Variable für die beiden Altersgruppen hat dann die Werte –1 für «jung» und +1 für «alt», und für drei Bildungsgruppen «gering», «mittel» und «hoch» haben die beiden Dummy-Variablen die Werte –1; +1; 0 bzw. –1; 0; +1 (je nachdem, welche Bildungsgruppe als Referenzgruppe gewählt wird). Die Interaktionseffekte werden wieder als Produkte der Dummy-Variablen berechnet. Bei dieser so genannten Effekt-Codierung ergeben sich folgende Schätzungen:

Tabelle zu 11.14-5: **Deskriptive Statistiken für die Effekt-Codierung der Dummy-Variablen für Alter und Bildung**

Variable	$\bar{x}$ [1]	s_x [2]	Korrelationen					
links-rechts	5.17	1.694	1.000					
Alter (alt)	0.00	1.002	−0.020	1.000				
mittlere Bildung	0.00	0.818	−0.082	.000	1.000			
hohe Bildung	0.00	0.818	−0.239	.000	.500	1.000		
alt × mittlere Bildung	0.00	0.818	0.019	.000	.000	.000	1.000	
alt × hohe Bildung	0.00	0.818	0.094	.000	.000	.000	.500	1.000

[1] Mittelwert; [2] Standardabweichung

***Tabelle zu 11.14-6:* Modellzusammenfassung: Effekt-Codierung der Dummy-Variablen Alter und Bildung und deren Interaktion**

Modell 1	Variation	df	R^2: 5.9 %
Vorhersagewerte	50.940	3	R^2_{adj}: 5.0 %
Residuen	806.727	296	F: 6.2 ($p < 0.001$)
Modell 2	Variation	df	R^2: 6.9 %
Vorhersagewerte	59.427	5	R^2_{adj}: 5.3 %
Residuen	798.240	294	F: 4.4 ($p = 0.001$)

Tabelle zu 11.14-7: **Koeffizienten – abhängige Variable: Links-rechts-Selbsteinstufung**

Prädiktor	Koeffizient b	SE[1)]	b/SE	Signifikanz von T (p)
Modell 1				
Konstante	5.167	0.095	54.207	< 0.001
alt	−0.033	0.095	−0.350	0.727
mittlere Bildung	0.103	0.135	0.767	0.444
hohe Bildung	−0.547	0.135	−4.056	< 0.001
Modell 2				
Konstante	5.167	0.095	54.310	< 0.001
alt	−0.033	0.095	−0.350	0.726
mittlere Bildung	0.103	0.135	0.768	0.443
hohe Bildung	−0.547	0.135	−4.063	< 0.001
alt × mittlere Bildung	−0.077	0.135	−0.570	0.569
alt × hohe Bildung	0.233	0.135	1.734	0.084

[1)] SE = Standardfehler

Quelle: Allbus 1996

Die deskriptiven Statistiken (Korrelationen) zeigen, dass die Interaktionseffekte mit den beiden Haupteffekten unkorreliert sind. Dies hat zur Folge, dass sich bei der Berücksichtigung der Interaktionseffekte die Regressionsgewichte der Haupteffekte (d. h. der Dummy-Variablen für Alter und Bildung) und auch deren Standardfehler nicht ändern. Allerdings können sich die empirischen Signifikanzniveaus ändern, da zwar die Teststatistiken gleich bleiben, die T-Verteilung im Modell mit Interaktionseffekten aber weniger Freiheitsgrade hat.

Eine weitere Besonderheit der Effekt-Codierung ist, dass bei einem ausgewogenen Design die Mittelwerte der Prädiktoren gleich null sind. Dies erleichtert die Interpretation. Interpretieren Sie die Koeffizienten.

d) Berechnen Sie die Vorhersagewerte für die Links-rechts-Selbsteinstufung bei 0/1-codierten Dummy-Variablen und bei Effekt-Codierung. Welche Schlussfolgerung ziehen Sie aus diesem Ergebnis?

e) Was ist der Unterschied zwischen Dummy- und Effekt-Codierung, und welche Konsequenzen resultieren für die Interpretation der Regressionsmodelle?

11.2 Lösungen der Übungsaufgaben zu Kapitel 13, 14, 16 und 17

Lösung 11.1

a) Die Genauigkeiten von Schätzungen werden durch die Standardfehler bestimmt. Im Regressionsmodell hängen alle Standardfehler (sowohl die der Regressionskoeffizienten als auch die der Vorhersagewerte) von der aus den Stichprobendaten «geschätzten» Populationsvarianz der Residuen ab.

Die «geschätzte» Residualvarianz in der Population ist der Quotient aus der Variation der Stichprobenresiduen, dividiert durch die Anzahl der Freiheitsgrade, und wird in der bivariaten bzw. der multiplen Regression berechnet nach der Formel:

bivariate Regression

$$\hat{\sigma}_U^2 = \frac{\sum_{i=1}^{n} e_i^2}{n-2} = \frac{SS_E}{n-2} = \frac{n}{n-2} \cdot s_E^2$$

multiple Regression

$$\hat{\sigma}_U^2 = \frac{\sum_{i=1}^{n} e_i^2}{n-k-1} = \frac{SS_E}{n-k-1} = \frac{n}{n-k-1} \cdot s_E^2$$

Da die Variation der Stichprobenresiduen durch die Fallzahl in der Stichprobe geteilt wird, ist die «geschätzte» Residualvarianz in der Population umso kleiner, je größer die Stichprobe ist. Daraus folgt umgekehrt, dass die Genauigkeit der Schätzungen zunimmt, je mehr Fälle die Stichprobe umfasst.

Umgekehrt gilt für die Zahl der erklärenden Variablen: Je größer die Anzahl k der erklärenden Variablen im Regressionsmodell, desto geringer die Genauigkeit der Schätzung. Das liegt daran, dass im Nenner des Bruchs die Zahl der erklärenden Variablen vom Stichprobenumfang abgezogen wird, wodurch der Betrag des Standardfehlers (der «geschätzten» Populationsvarianz der Residuen) steigt.

Die Variation der Residuen ist umso größer, je stärker die erklärenden Variablen untereinander korrelieren, sodass bei hohen Korrelationen die Schätzungen ungenau werden.

b) Die Erklärungskraft eines Regressionsmodells wird durch den Determinationskoeffizienten R^2 erfasst, der den Anteil der erklärten Variation (Varianz) an der gesamten Variation (Varianz) der abhängigen Variablen angibt. Bei einer perfekten Vorhersage wird der Maximalwert 1 erreicht, was bedeutet, dass sich die Werte der abhängigen Variablen exakt aus den Werten der erklärenden Variablen berechnen bzw. vorhersagen lassen. Umgekehrt bedeutet der Minimalwert 0, dass die erklärenden Variablen überhaupt nichts zur Vorhersage der abhängigen Variablen beitragen.

Der Determinationskoeffizient ist gleichzeitig das Quadrat der multiplen Korrelation und wird berechnet nach:

$$R^2 = \frac{\sum_{i=1}^{n}(\hat{y}_i - \bar{y})^2}{\sum_{i=1}^{n}(y_i - \bar{y})^2} = \frac{SS_{\hat{Y}}}{SS_Y} = \frac{s_{\hat{Y}}^2}{s_Y^2}$$

Der Determinationskoeffizient erhöht sich mit jeder zusätzlichen Variable im Modell, sodass zur Interpretation (insbesondere bei der multiplen Regression) auch der adjustierte (korrigierte) Determinationskoeffizient R^2_{adj} herangezogen werden sollte. Dieser Koeffizient ist bei der multiplen Regression ein Diagnostikum, das Hinweise auf die Sparsamkeit des Modells liefert, weil der Wert dieses Koeffizienten mit der Aufnahme zusätzlicher Variablen ins Modell auch geringer werden kann, was beim Determinationskoeffizienten nicht der Fall ist.

Der korrigierte Determinationskoeffizient ist der von 1 subtrahierte Quotient aus dem erwartungstreuen Schätzer der Residualvarianz in der Population, dividiert durch den erwartungstreuen Schätzer der Populationsvarianz der abhängigen Variablen, und wird berechnet nach der Formel:

$$R^2_{adj} = 1 - \frac{\hat{\sigma}^2_U}{\hat{\sigma}^2_Y} = 1 - \frac{\dfrac{SS_E}{(n-k-1)}}{\dfrac{SS_Y}{(n-1)}} = 1 - \frac{\dfrac{\sum_{i=1}^{n}(y_i - \hat{y}_i)^2}{(n-k-1)}}{\dfrac{\sum_{i=1}^{n}(y_i - \bar{y})^2}{(n-1)}}$$

Der erwartungstreue Schätzer der Residualvarianz in der Population ist die Variation der Stichprobenresiduen, dividiert durch die Anzahl ihrer Freiheitsgrade, df = n – k – 1.

Der erwartungstreue Schätzer der Populationsvarianz der abhängigen Variablen resultiert, wenn die Variation der abhängigen Variablen durch die Anzahl ihrer Freiheitsgrade, df = n – 1, dividiert wird.

c) Der (multiple) Determinationskoeffizient gibt an, wie viel Varianz der abhängigen Variablen durch die unabhängigen Variablen «aufgeklärt» wird.

Im Hinblick auf die PRE-Logik kann formuliert werden: Bei Kenntnis der vier unabhängigen Variablen werden die Vorhersagefehler im Vergleich zur Vorhersage von Y ohne Kenntnis dieser vier Variablen um 64 % reduziert, wobei die Höhe der Vorhersagefehler über die Variation gemessen wird.

d) Die Teststatistik F gibt Auskunft über die Signifikanz der Erklärungskraft eines Regressionsmodells. Im Zähler der Teststatistik F steht die Variation der Vorhersagewerte, dividiert durch die Anzahl der Freiheitsgrade des Regressionsmodells, df = k (= Anzahl der erklärenden Variablen bzw. Regressionsgewichte).[18] Im Nenner steht die Variation der Stichprobenresiduen, geteilt durch die Anzahl ihrer Freiheitsgrade, df = n – k – 1. Die Teststatistik F wird berechnet nach der Formel:

$$F = \frac{\frac{\sum_{i=1}^{n}(\hat{y}_i - \bar{y})^2}{k}}{\frac{\sum_{i=1}^{n}(y_i - \hat{y}_i)^2}{(n-k-1)}} = \frac{\frac{SS_{\hat{Y}}}{k}}{\frac{SS_E}{(n-k-1)}} = \frac{\frac{R^2}{k}}{\frac{(1-R^2)}{(n-k-1)}}$$

Bei Gültigkeit der Nullhypothese, dass die Erklärungskraft des Regressionsmodells gleich null ist, ist die Teststatistik F (unter der Annahme homoskedastischer und normalverteilter Residuen) zentral f-verteilt mit $df_1 = k$ und $df_2 = n - k - 1$ Freiheitsgraden.

Ist die Erklärungskraft größer als null, ist die F-Statistik nichtzentral f-verteilt. Sie weist dann eher größere Werte auf.

Zur Prüfung der Signifikanz der Erklärungskraft eines Regressionsmodells wird daher geprüft, ob die Teststatistik größer ist als das $(1-\alpha)$-Quantil der F-Verteilung mit $df_1 = k$ und $df_2 = n - k - 1$ Freiheitsgraden. Ist dies der Fall, ist die Erklärungskraft mit einer Irrtumswahrscheinlichkeit α signifikant von null verschieden.

Lösung 11.2

a) Unterschiede zwischen bivariaten und multiplen Regressionsgewichten treten dann auf, wenn die erklärenden Variablen im multiplen Regressionsmodell untereinander korreliert sind (Multikollinearität).

Besteht keine Korrelation zwischen den erklärenden Variablen, dann sind bivariate und multiple Regressionsgewichte identisch.

18. Die Anzahl der Freiheitsgrade für die Variation der Vorhersagewerte ist gleich der Anzahl der im Regressionsmodell «geschätzten» Parameter minus eins. Da die Gesamtzahl der im Regressionsmodell geschätzten Parameter k + 1 Regressionskoeffizienten beträgt, ist die Anzahl der Freiheitsgrade für die Variation der Vorhersagewerte gleich df = (k + 1) – 1 = k und entspricht der Anzahl der k unabhängigen Variablen bzw. der Anzahl der k im Regressionsmodell mit k unabhängigen Variablen geschätzten Regressionsgewichte.

Begründung: Die bivariate Regression hat einen Prädiktor X. Die multiple Regression hat mehrere Prädiktoren, z. B. X und W. Sind die Prädiktoren X und W korreliert, dann ist in der bivariaten Regression ein Teil des Effekts der nicht berücksichtigten erklärenden Variablen W in dem einen Regressionsgewicht b_X enthalten (Konfundierung). Bei mehreren korrelierten Prädiktoren im multiplen Regressionsmodell gilt entsprechend, dass im bivariaten Regressionsgewicht b_X ein Teil der Effekte aller in der bivariaten Beziehung nicht berücksichtigten Variablen enthalten ist. Daher kann bei korrelierten Prädiktoren die bivariate Beziehung zwischen jedem einzelnen Prädiktor und der abhängigen Variablen Y die tatsächliche Beziehungsstruktur nicht hinreichend abbilden.

Konfundierung führt vielfach dazu, dass bei Kontrolle von Drittvariablen, also im multiplen Regressionsmodell, ein Regressionsgewicht einen geringeren Wert hat als das entsprechende bivariate Regressionsgewicht. Möglich ist jedoch auch der umgekehrte Fall, dass ein partielles (multiples) Regressionsgewicht größer ist als der entsprechende bivariate Effekt. In diesem Fall liegt ein Suppressions- oder Suppressoreffekt vor, d. h., dass die Drittvariable W die Beziehung zwischen X und Y verringert oder in Extremfällen sogar ganz unterdrückt.

b) Die zentrale Annahme der Berechnung von Konfidenzintervallen für Populationsregressionskoeffizienten (die Regressionskonstante α oder das Regressionsgewicht β) ist, dass die OLS-Schätzer[19] der Regressionskoeffizienten in der Stichprobe, der Regressionskonstanten a bzw. des Regressionsgewichts b, asymptotisch um den unbekannten Populationswert normalverteilt sind.

19. OLS ist die Abkürzung für «ordinary least squares» und gibt an, dass die Regressionskoeffizienten nach der Methode der kleinsten Quadrate geschätzt wurden. Im bivariaten Regressionsmodell sind die Regressionskoeffizienten a und b die OLS-Schätzer der Populationswerte α und β. Im multiplen Regressionsmodell sind die Regressionskoeffizienten $b_0, b_1 \ldots b_K$ die OLS-Schätzer der Populationswerte $\beta_0, \beta_1 \ldots \beta_K$, wobei K die Gesamtzahl der erklärenden Variablen im multiplen Regressionsmodell angibt.

Die Annäherung an die Normalverteilung wird für die Berechnung von Konfidenzintervallen bei einem Stichprobenumfang von $n \geq 50$ als hinreichend genau erachtet, wenn folgende vier Voraussetzungen für die Gültigkeit der Normalverteilungsannahme erfüllt sind:

(1) die Regressionsfunktion in der Population ist linear,

(2) die erklärende(n) Variable(n) ist (sind) nicht mit der Residualvariable korreliert,

(3) die Residualvarianzen sind bei allen Ausprägungskombinationen der erklärenden Variablen gleich (homoskedastisch),

(4) die Residuen sind untereinander nicht korreliert.

Der Quotient (die Teststatistik) aus dem Schätzer eines Regressionskoeffizienten, dividiert durch seinen geschätzten Standardfehler, ist dann asymptotisch mit einer Varianz von eins um den Wert des Regressionskoeffizienten in der Population normalverteilt.

Kann (5) angenommen werden, dass die Populationsresiduen normalverteilt sind, dann sind die OLS-Schätzer auch bei kleinen $(n - 2 < 30)$ Fallzahlen exakt um den Wert des Regressionskoeffizienten in der Population normalverteilt. Bei Schätzung der Standardfehler ergibt sich dann eine t-verteilte Größe.

Da bei gleichen Quantilwahrscheinlichkeiten die Quantilwerte der T-Verteilung, verglichen mit den Quantilwerten der Standardnormalverteilung, weiter von null entfernt sind, wird die T-Verteilung im Sinne eines konservativen (vorsichtigen) Vorgehens oftmals auch dann verwendet, wenn die Populationsresiduen nicht normalverteilt sind.

c) Zur Berechnung eines Konfidenzintervalls für einen Regressionskoeffizienten in der Population (z. B. für die Regressionskonstante α oder das Regressionsgewicht β) wird der Stichprobenwert des Regressionskoeffizienten (Regressionskonstante a oder Regressionsgewicht b) als Realisation des Schätzers herangezogen. Weiterhin wird der Standardfehler des Schätzers, $\hat{\sigma}(a)$ bzw. $\hat{\sigma}(b)$[20],

20. Die Standardfehler der Regressionskoeffizienten sind in den Computerausdrucken

benötigt (der von der Varianz der Populationsresiduen abhängt, die mit Hilfe der Varianz der Stichprobenresiduen «geschätzt» wird).

Der Quantilwert der T-Verteilung der Regressionskoeffizienten für eine gegebene Irrtumswahrscheinlichkeit wird aus der Tabelle mit den Quantilen der T-Verteilung mit df Freiheitsgraden abgelesen.

Die allgemeine Formel zur Bestimmung der Anzahl der Freiheitsgrade wurde bei der Tabellenanalyse eingeführt als:

$$df = K - t$$

wobei K für die Anzahl der Datenpunkte und t für die Anzahl der zu schätzenden Parameter steht.

Die Anzahl der Freiheitsgrade der T-Verteilung der Regressionskoeffizienten richtet sich nach der Anzahl der Freiheitsgrade, die bei der «Schätzung» der Residualvarianz in der Population (die zur «Schätzung» der Standardfehler der Regressionskoeffizienten benötigt wird) gegeben ist.

Bei der «Schätzung» der Residualvarianz ist die Anzahl der Datenpunkte gleich der Anzahl der Untersuchungseinheiten n und die Anzahl der zu schätzenden Parameter ist gleich der Anzahl der im Regressionsmodell geschätzten Regressionskoeffizienten.

Zur Ermittlung der Anzahl der Freiheitsgrade bei der «Schätzung» der Populationsvarianz der Regressionsresiduen kann obige allgemeine Formel also umgeschrieben werden als:

$$df = n - t$$

Kürzer: Für den Fall einer bivariaten Regression, in der die Populationsparameter α und β mit Hilfe der Regressionskoeffizienten a und b der Stichprobe geschätzt werden, hat die «geschätzte» Residualvarianz und entsprechend auch die T-Verteilung der Regressionskoeffizienten $df = n - 2$ Freiheitsgrade.

Allgemeiner formuliert: Wird die Anzahl der Prädiktoren (er-

der Regressionsanalyse enthalten und werden üblicherweise nicht von Hand berechnet.

klärenden Variablen) im Regressionsmodell mit k bezeichnet, dann werden in einem Regressionsmodell mit k Prädiktoren k + 1 Parameter «geschätzt», weil die Regressionskonstante als Parameterschätzung mitgezählt wird.

Die Anzahl der Freiheitsgrade für die T-Verteilung der Regressionskoeffizienten wird für die bivariate und die multiple Regression dann ermittelt als:

$$df = n - (k+1) = n - (1+1) = n - k - 1 \quad \text{für die bivariate Regression}$$
$$= n - 2$$

$$df = n - (k+1) \quad \text{für die multiple Regression}$$
$$= n - k - 1$$

Die Grenzen eines Konfidenzintervalls für den unbekannten Populationsregressionskoeffizienten α wird bei einer gegebenen Irrtumswahrscheinlichkeit β unter Anwendung des (1 – α/2)-Quantils der Standardnormalverteilung oder des (1 – α/2)-Quantils der T-Verteilung mit df = n – k – 1 Freiheitsgraden berechnet nach:

$$c.i.(\beta) = b \pm z_{1-\alpha/2} \cdot \hat{\sigma}(b) \quad \text{oder} \quad c.i.(\beta) = b \pm t_{n-k-1;\, 1-\alpha/2} \cdot \hat{\sigma}(b)$$

Generell gilt:
c.i. (β) = Schätzer ± (geschätzter) Standardfehler (des Schätzers) × (1 – α/2)-Quantilwert der Kennwerteverteilung (des Schätzers)
Die Verwendung der T-Verteilung setzt voraus, dass die Populationsresiduen normalverteilt sind. Die nur asymptotisch gültige Standardnormalverteilung gilt dagegen bei beliebiger Verteilung der Populationsresiduen, setzt aber eine hinreichend große Fallzahl (n – k – 1 > 30) voraus. Im Sinne eines vorsichtigen Schätzens kann auch bei nicht normalverteilten Residuen die T-Verteilung verwendet werden.

d) Da das Konfidenzintervall den Wert null einschließt, wird die Nullhypothese H_0: β = 0 beibehalten. Beim unbekannten Populationswert ist mit allen im Konfidenzintervall liegenden Werten zu rechnen, weshalb es gut möglich ist, dass der Populationswert gerade den Wert null hat.

Lösung 11.3

Wenn die unabhängige Variable nur zwei Ausprägungen hat, handelt es sich um eine dichotome Variable. Die beiden Ausprägungen können dann als Kennzeichnungen für zwei Gruppen (Subpopulationen) in der Gesamtheit aller Einheiten angesehen werden. Ein Beispiel für eine solche Dichotomie ist die Variable «Geschlecht», wobei der Wert 0 für «männlich» und der Wert 1 für «weiblich» steht.

Die allgemeine Regressionsgleichung für eine Stichprobe lautet:

$$
\begin{aligned}
y &= \hat{y} + E \\
&= a + b \cdot X + E
\end{aligned}
$$

Mit Hilfe der Regressionskoeffizienten a und b werden Vorhersagewerte für die abhängige Variable Y berechnet. Diese Vorhersagewerte sind Schätzungen der bedingten Mittelwerte der abhängigen Variablen bei gegebenen Werten der erklärenden Variablen. Die Vorhersagewerte werden berechnet nach der Formel:

$$\hat{y} = a + b \cdot X$$

Die unabhängige Variable kann die Werte null und eins annehmen.

Wenn X = 0 gilt: $\hat{y}_0 = a + b \cdot 0 = a$

Bei einer dichotomen unabhängigen Variablen ist der Wert der Regressionskonstanten a gleich dem erwarteten (bedingten) Mittelwert (Vorhersagewert) der abhängigen Variablen bei der Ausprägung (unter der Bedingung) X = 0:

Da im Beispiel die Ausprägung null X = 0 für «männlich» steht, gibt die Regressionskonstante also den (geschätzten) Mittelwert der abhängigen Variable in der Gruppe der Männer an.

Wenn X = 1 gilt: $\hat{y}_1 = a + b \cdot 1 = a + b$

Bei einer dichotomen unabhängigen Variablen gibt die Summe aus der Regressionskonstanten a und dem Regressionsgewicht b den (geschätzten) Mittelwert der abhängigen Variablen an, wenn die erklärende Variable den Wert 1 aufweist (unter der Bedingung: X = 1).

Da im Beispiel die Ausprägung X = 1 für «weiblich» steht, gibt die Summe der Regressionskoeffizienten den Mittelwert der abhängigen Variablen in der Gruppe der Frauen an.

Der Betrag der Differenz zwischen den Mittelwerten der beiden Gruppen ist gleich dem Betrag des Regressionsgewichts b:

$$\hat{y}_1 - \hat{y}_0 = (a + b) - a = b$$

Im Beispiel ist das Regressionsgewicht b also gleich der Differenz des geschätzten Mittelwerts der Frauen (X = 1) und des geschätzten Mittelwerts der Männer (X = 0). Wenn das Regressionsgewicht den Wert null aufweist (b = 0), dann unterscheiden sich die Mittelwerte in den beiden Gruppen nicht voneinander. Nur wenn das Regressionsgewicht ungleich null ist, gibt es einen Unterschied zwischen den Mittelwerten in den beiden Gruppen.

Lösung 11.4

a) Erwerbsstatus ist eine nominalskalierte Variable mit sechs Ausprägungen.

b) Da die sechs Ausprägungen der erklärenden Variablen keine natürliche Ordnung aufweisen und die Distanzen zwischen den Ausprägungswerten keinerlei Bedeutung haben, kann die nominalskalierte Variable nicht direkt in das Regressionsmodell aufgenommen werden. Stattdessen werden bei sechs Ausprägungen fünf mit den Werten null und eins codierte Dummy-Variablen gebildet, die das Auftreten (1) bzw. das Nicht-Auftreten (0) der sechs Ausprägungen anzeigen. Dabei reichen bei den gegebenen sechs Ausprägungen fünf (also sechs minus eins) Dummy-Variablen aus, da diese alle Informationen der nominalskalierten Ausgangsvariablen enthalten.

Die ausgelassene (6.) Kategorie wird als Referenzkategorie

bezeichnet. Wenn die Ausprägung «erwerbstätig» als Referenzkategorie gewählt wird, gibt die folgende Tabelle die Ausprägungen der fünf Dummy-Variablen, D_1 bis D_5, bei den sechs Ausprägungen der Variable «Erwerbsstatus» an:

Schematische Darstellung der Bildung von Dummy-Variablen für «Erwerbsstatus»

	erwerbs-tätig	arbeitslos	Hausfrau/-mann	Rentner/-in	Wehr-dienst	Schüler/-in; Stu-dent/-in
D_1	0	1	0	0	0	0
D_2	0	0	1	0	0	0
D_3	0	0	0	1	0	0
D_4	0	0	0	0	1	0
D_5	0	0	0	0	0	1

Aus den Ausprägungskombinationen der Dummy-Variablen ist eindeutig erkennbar, welchen Erwerbsstatus eine Person hat.

In das multiple Regressionsmodell werden daher anstelle der einen nominalskalierten Variablen «Erwerbsstatus» die fünf Dummy-Variablen als Prädiktoren aufgenommen.

c) Das multiple Regressionsmodell könnte z. B. die abhängige Variable «Einschätzung der Wichtigkeit von Arbeit und Beruf» (Y) haben. Zur Erklärung könnten Bildungsniveau (B), Alter (A), Einschätzung der allgemeinen wirtschaftlichen Lage (AWL) und Erwerbsstatus verwendet werden. Da die Wehr- oder Zivildienst leistenden Personen für Umfragen oft nur schwer erreichbar sind, wird die Variable D_4 in der Mustergleichung weggelassen. Die Mustergleichung könnte also lauten:

$$\hat{Y} = b_0 + b_1 \cdot B + b_2 \cdot A + b_3 \cdot D_1 + b_4 \cdot D_2 + b_5 \cdot D_3 + b_6 \cdot D_4 + b_7 \cdot D_5$$

Die Regressionsgewichte b_3 bis b_7 geben den Mittelwertunterschied zwischen der jeweiligen Erwerbsgruppe und der Referenzgruppe (bei Kontrolle der übrigen erklärenden Variablen) an.

Im obigen Beispiel werden die Regressionsgewichte der Dummy-Variablen stets in Bezug auf die Referenzkategorie «erwerbstätig» interpretiert.

Die Regressionskonstante erfasst den geschätzten Mittelwert der abhängigen Variablen Y, wenn alle übrigen Dummy-Variablen den Wert null aufweisen. Im Beispiel muss es sich dann um eine erwerbstätige Person handeln, da ansonsten eine der fünf Dummy-Variablen den Wert 1 hätte.

So hat im Beispiel beim Erwerbsstatus «arbeitslos» die Dummy-Variable D_1 den Wert 1. Während das Regressionsgewicht b_2 den Effekt des Alters auf die Einschätzung der Wichtigkeit von Arbeit und Beruf angibt, gibt das Regressionsgewicht b_3 der Dummy-Variablen D_1 an, wie sich der geschätzte Mittelwert der abhängigen Variablen Y (unter Berücksichtigung aller übrigen Variablen im Modell) ändert, wenn anstelle einer erwerbstätigen eine arbeitslose Person betrachtet wird. Analoges gilt für die Regressionsgewichte der übrigen Dummy-Variablen.

Lösung 11.5

a) Um die Variable Familienstand in das Modell aufzunehmen, werden zwei Dummy-Variablen gebildet.

Schematische Darstellung der Dummy-Variablen

	ledig	verheiratet	geschieden
D_1	1	0	0
D_2	0	1	0

«Geschieden» ist hier die Referenzkategorie

b) Unter Einbeziehung der Variable Familienstand lautet die Regressionsgleichung:

$$\hat{Y} = b_0 + b_1 \cdot B + b_2 \cdot A + b_3 \cdot D_1 + b_4 \cdot D_2 + b_5 \cdot D_3 + b_6 \cdot D_4 + b_7 \cdot D_5$$

c) Bei der Ausprägung «ledig» der Variable Familienstand lautet die Regressionsgleichung:

$$\hat{Y} = b_0 + b_1 \cdot X_1 + b_2 \cdot X_2 + b_3 \cdot X_3 + b_4 \cdot X_4 + b_5 \cdot 1 + b_6 \cdot 0$$

$$= b_0 + b_1 \cdot X_1 + b_2 \cdot X_2 + b_3 \cdot X_3 + b_4 \cdot X_4 + b_5$$

d) Das Regressionsgewicht b_5 gibt bei Kontrolle der übrigen erklärenden Variablen den erwarteten Mittelwertunterschied von Y zwischen den ledigen und den geschiedenen Personen an.

Lösung 11.6

a) Die Stärke der Effekte von X_2 und X_3 auf Y wird üblicherweise mit Hilfe der standardisierten Regressionskoeffizienten verglichen.

Ein standardisiertes Regressionsgewicht erfasst, um wie viel Standardabweichungen sich die abhängige Variable erhöht (bzw. verringert), wenn die erklärende Variable um eine Standardabweichung ansteigt (bzw. absinkt). Die Bezugsgröße des Vergleichs ist daher die jeweilige Streuung der Variablen.

Unstandardisierte Regressionsgewichte geben dagegen die Veränderung der abhängigen Variablen Y in den Maßeinheiten der unabhängigen sowie der abhängigen Variablen an. Daher ist es möglich, dass der Anstieg um eine Einheit je nach Codierung einen sehr hohen oder einen sehr geringen Anstieg bedeuten kann. Aus diesem Grund ist es schwierig einzuschätzen, ob ein unstandardisiertes Regressionsgewicht einen starken oder schwachen Effekt darstellt.

b) Der Effekt ist gleich dem Regressionsgewicht $b_3 = 0.15$. Er ist bei allen Werten von X_1, X_2 und X_4 konstant.

c) Der Vorhersagewert bei den gegebenen Ausprägungen der unabhängigen Variablen beträgt:

$$\hat{Y} = 1.5 + 0.10 \cdot 5 + 0.40 \cdot 1 + 0.15 \cdot X_3 + 0.20 \cdot 2 = 2.8 + 0.15 \cdot X_3$$

d) Bei Berücksichtigung einer Interaktion zwischen X_1 und X_4 lautet die Gleichung:

$$\hat{Y} = b_0 + b_1 \cdot X_1 + b_2 \cdot X_2 + b_3 \cdot X_3 + b_4 \cdot X_4 + b_5(X_1 \cdot X_4)$$

e) Interaktion bedeutet, dass bei verschiedenen Werten einer erklärenden Variablen X unterschiedliche Regressionsgewichte einer anderen erklärenden Variablen W auftreten.

Im Beispiel wäre dann der Effekt von X_4 auf Y bei verschiedenen Werten von X_1 unterschiedlich groß.

Angenommen, die unabhängige Variable $X_1 = 1$. Die Gleichung lautet dann:

$$\hat{Y} = b_0 + b_1 \cdot 1 + b_2 \cdot X_2 + b_3 \cdot X_3 + \underbrace{b_4 \cdot X_4 + b_5(1 \cdot X_4)}_{(b_4 + b_5) \cdot X_4}$$

Hat die unabhängige Variable X_1 dagegen den Wert zwei, $X_1 = 2$, dann lautet die Gleichung:

$$\hat{Y} = b_0 + b_1 \cdot 2 + b_2 \cdot X_2 + b_3 \cdot X_3 + \underbrace{b_4 \cdot X_4 + b_5(2 \cdot X_4)}_{(b_4 + 2 \cdot b_5) \cdot X_4}$$

Lösung 11.7

a) Erklärende Variable ist «Stolz», abhängige Variable ist die «Links-rechts»-Orientierung. Das Regressionsgewicht ist der Quotient aus der geschätzten Kovarianz der erklärenden Variablen X mit der abhängigen Variablen Y, dividiert durch die geschätzte Varianz der erklärenden Variablen.

Aus den gegebenen Zahlen ergibt sich für das Regressionsgewicht b:

$$b = \frac{\sum_{i=1}^{n}(x_i - \bar{x}) \cdot (y_i - \bar{y})}{\sum_{i=1}^{n}(x_i - \bar{x})^2} = \frac{\hat{\sigma}_{YX}}{\hat{\sigma}_X^2} = \frac{-0.358}{0.660} = -0.54$$

Die Regressionskonstante ist die Differenz aus dem Mittelwert der abhängigen Variablen Y minus dem mit dem Regressionsgewicht multiplizierten Mittelwert der erklärenden Variablen X.

Aus den gegebenen Zahlen wird die Regressionskonstante a berechnet als:

$$a = \bar{y} - b \cdot \bar{x} = 4.90 - b \cdot 2.11 = 6.04$$

Das Regressionsgewicht b gibt an, mit welcher Änderung bei dem bedingten Mittelwert der abhängigen Variablen Y zu rechnen ist, wenn die erklärende Variable X um eine Einheit ansteigt.

Aus dem Wert von b = −0.54 ist ersichtlich, dass beim Anstieg der Variablen Stolz um eine Einheit ein um 0.54 geringerer Mittelwert bei der Links-rechts-Skala zu erwarten ist.

Aufgrund der Codierung steht ein Anstieg bei der Variablen Stolz für ein geringeres Ausmaß an Stolz, und bei der Links-rechts-Skala steht ein geringerer Wert für eine eher linke Position im politischen Spektrum. Das bedeutet, dass geringerer Stolz mit einer «eher linken» Orientierung und umgekehrt höherer Stolz mit einer «eher rechten» Orientierung einhergeht. Je stolzer eine Person darauf ist, Deutscher zu sein, desto stärker ist damit zu rechnen, dass sie sich dem «rechten» Bereich des politischen Spektrums der Gesellschaft zuordnet.

Für die Interpretation ist es hilfreich, auch den Durchschnittswert zu kennen. Der Durchschnittswert der Befragten auf der Links-rechts-Skala beträgt 4.9 und liegt somit gut eine halbe Einheit links von der Mitte (5.5) der Antwortskala. Der Mittelwert der Variablen Stolz beträgt 2.11. Das Ausmaß an Stolz liegt im Durchschnitt also etwas unter dem Wert «ziemlich stolz» (Wert 2.0).

Die Regressionskonstante gibt den erwarteten Mittelwert auf der Links-rechts-Skala (abhängige Variable) an, wenn die Variable «Stolz» (erklärende Variable) den Wert null aufweist. Da die Antwortskala der Variablen Stolz aber nur von 1 bis 4 verläuft, gibt es den Wert null nicht, sodass der Wert der Regressionskonstante nicht (direkt) interpretiert werden kann.

b) Die Vorhersagewerte geben für alle Ausprägungen der erklärenden Variablen X die erwarteten Mittelwerte der abhängigen Variablen Y an.

Aus den geschätzten Regressionskoeffizienten resultieren folgende Vorhersagewerte:

Ausprägung von «Stolz» (X)	Wert	Vorhersagewert «links-rechts» $(\hat{Y})$
sehr stolz	1	5.50 = 6.04 – 0.54 · 1
ziemlich stolz	2	4.96 = 6.04 – 0.54 · 2
nicht sehr stolz	3	4.42 = 6.04 – 0.54 · 3
überhaupt nicht stolz	4	3.88 = 6.04 – 0.54 · 4

Aus den Werten ist erkennbar, dass sich Personen, die sehr stolz sind, Deutsche zu sein, im Durchschnitt genau in der Mitte der Links-rechts-Skala einordnen. Mit jedem Rückgang des Stolzes wandert der Mittelwert um gut eine halbe Einheit nach links, sodass Personen, die überhaupt nicht stolz sind, im Durchschnitt eine politische Position einnehmen, die deutlich links von der Mitte liegt.

c) Das Regressionsgewicht b wird als unstandardisierter Effekt bezeichnet. Es ist jedoch schwierig, die Stärke dieses Maßes abzuschätzen, da das unstandardisierte Regressionsgewicht von der Skalierung der abhängigen und der erklärenden Variablen abhängt. So lässt sich kaum sagen, ob der Effekt von gut einer halben Einheit klein oder groß ist.

Eine Lösung bietet hier das standardisierte Regressionsgewicht, das den Effekt des Prädiktors auf die abhängige Variable in Standardabweichungen der abhängigen und der unabhängigen Variablen misst.

Das standardisierte Regressionsgewicht, häufig bezeichnet als Beta (nicht zu verwechseln mit dem Populationsgewicht β), wird durch b* symbolisiert und kann aus dem unstandardisierten Gewicht berechnet werden nach:

$$b^* = b \cdot \frac{s_X}{s_Y} = b \cdot \frac{\hat{\sigma}_X}{\hat{\sigma}_Y} = -0.54 \cdot \frac{\sqrt{0.660}}{\sqrt{3.113}} = -0.25$$

Der Wert des standardisierten Effektes beträgt −0.25. Wenn das Ausmaß an «Stolz» um eine Standardabweichungseinheit abnimmt, reduziert sich der Mittelwert der Links-rechts-Selbsteinstufung um 0.25 Standardabweichungseinheiten.

Im bivariaten Fall ist das standardisierte Regressionsgewicht gleich der Produktmoment-Korrelation r_{XY}. Der Wert einer Korrelation zwischen 0.2 und 0.5 wird als Zusammenhang mittlerer Stärke interpretiert. Analog gilt hier, dass der Stolz einen mittelstarken Effekt auf die Links-rechts-Selbsteinstufung hat.

d) Da der standardisierte Effekt proportional zum unstandardisierten Effekt ist, ist er genau dann gleich null, wenn das unstandardisierte Regressionsgewicht gleich null ist.

Die Prüfung einer Hypothese, dass ein Regressionseffekt signifikant von null verschieden ist, ist daher gleichbedeutend mit der Prüfung der Hypothese, dass der Populationswert des Regressionsgewichts β ungleich null ist.

Die Prüfung einer derartigen Hypothese erfolgt in fünf Schritten.

1. Schritt: Formulierung der Forschungs- und der Nullhypothese
Da die Richtung des Effekts nicht vorgegeben ist, wird ein zweiseitiger Hypothesentest durchgeführt.

$H_1: \beta \neq 0$ versus $H_0: \beta = 0$

2. Schritt: Auswahl der Testverteilung und der Teststatistik
Das Regressionsgewicht b ist asymptotisch um den unbekannten Populationswert β normalverteilt.

Bei gültiger Nullhypothese ist die Teststatistik T (der Quotient aus dem Regressionsgewicht b, dividiert durch seinen geschätzten Standardfehler) asymptotisch normalverteilt.

Wenn die Populationsresiduen normalverteilt sind, ist die

Teststatistik T mit df = n – k – 1 (hier also mit df = n – 2) Freiheitsgraden t-verteilt. Da die Anwendung der T-Verteilung als Testverteilung zu vorsichtigeren Schätzungen führt als die Anwendung der Standardnormalverteilung, wird die T-Verteilung auch bei nicht normalverteilten Residuen angewendet.

3. Schritt: Festlegung des Ablehnungsbereichs und des kritischen Werts
Da bei Werten der Teststatistik, die weit von null entfernt sind, die Nullhypothese vermutlich falsch ist, liegt der Ablehnungsbereich der Nullhypothese im unteren und oberen Bereich der Testverteilung. Die kritischen Werte sind dann die Werte des $\alpha/2$-Quantils und des $(1 - \alpha/2)$-Quantils der T-Verteilung mit df = 1263 Freiheitsgraden. Bei einer Irrtumswahrscheinlichkeit von 1 % liegen die kritischen Werte zwischen $t_{\infty;1-\alpha/2} = \pm 2.576$ und $t_{120;1-\alpha/2} = \pm 2.617$.

4. Schritt: Berechnung der Teststatistik
Die Populationsvarianz des Regressionsgewichts ist unbekannt, aber der Standardfehler des Regressionsgewichts kann aus den Stichprobendaten «geschätzt» werden nach der Formel:

$$\hat{\sigma}_b = \sqrt{\frac{s_Y^2 - b^2 \cdot s_X^2}{s_X^2 \cdot (n-2)}} = \sqrt{\frac{\hat{\sigma}_Y^2 - b^2 \cdot \hat{\sigma}_X^2}{\hat{\sigma}_X^2 \cdot (n-2)}} = \sqrt{\frac{1}{s_X^2} \cdot \frac{s_E^2}{n-2}}$$

$$= \sqrt{\frac{3.113 - (-0.54)^2 \cdot 0.660}{0.660 \cdot (1265-2)}} = 0.059$$

Der Wert der Teststatistik wird berechnet als Differenz zwischen dem Stichprobenwert des Regressionsgewichts und dem in der Nullhypothese postulierten Wert des Populationsgewichts, dividiert durch den «geschätzten» Standardfehler des Stichprobenregressionsgewichts nach der Formel:

$$T = \frac{b - \beta}{\hat{\sigma}(b)} = \frac{b - 0}{\hat{\sigma}(b)} = \frac{-0.54}{0.059} = -9.15$$

5. Schritt: Entscheidung über Akzeptanz oder Ablehnung der Nullhypothese
Die Nullhypothese wird abgelehnt, wenn der Wert der Teststatistik kleiner als der Wert des $\alpha/2$-Quantils oder größer als der Wert des $(1-\alpha)$-Quantils der T-Verteilung mit $df = n - k - 1$ ist.

Da der aus den Stichprobendaten berechnete Wert der Teststatistik kleiner ist als der untere kritische Wert, ist die Nullhypothese abzulehnen.

Mit einer Irrtumswahrscheinlichkeit von 1 % besteht ein signifikanter Effekt des «Stolzes» auf die Links-rechts-Orientierung.

Alternative Vorgehensweise: Anstelle der Prüfung der Hypothese, dass das Regressionsgewicht β gleich null ist, kann hier auch die Hypothese geprüft werden, dass der Wert des Determinationskoeffizienten in der Grundgesamtheit gleich null ist. Als Teststatistik wird bei diesem Hypothesentest der F-Wert verwendet.

Im bivariaten Regressionsmodell ist der Determinationskoeffizient gleich dem Quadrat der Produktmomentkorrelation.

Der Wert der Teststatistik F wird für den bivariaten Fall berechnet nach:

$$F = \frac{\frac{SS_{\hat{Y}}}{df_{\hat{Y}}}}{\frac{SS_E}{df_E}} = \frac{\frac{SS_{\hat{Y}}}{k}}{\frac{SS_E}{(n-k-1)}} = \frac{\frac{SS_{\hat{Y}}}{1}}{\frac{SS_E}{(n-2)}} = \frac{b^2 \cdot \hat{\sigma}_X^2}{\hat{\sigma}_Y^2 - b^2 \cdot \hat{\sigma}_X^2} \cdot (n-2)$$

$$= \frac{b^2 \cdot s_X^2}{s_Y^2 - b^2 \cdot s_X^2} \cdot (n-2)$$

$$= \frac{(-0.54)^2 \cdot 0.66}{3.113 - (-0.54)^2 \cdot 0.66} \cdot 1263 = 84.0$$

Im bivariaten Regressionsmodell ist der Wert der Teststatistik F gleich dem Quadrat der Teststatistik T.

Zu beachten ist, dass die Teststatistik F im Zähler und im Nenner zwei voneinander unabhängige Schätzer der Residualvarianz enthält. Da die beiden Schätzer unterschiedliche Freiheitsgrade haben, hat die Teststatistik F im Zähler $df_1 = k$, hier: $df_1 = 1$ Freiheitsgrad und im Nenner $df_2 = n - k - 1$, hier: $df_2 = n - 2$ Freiheitsgrade.

Die Nullhypothese wird hier abgelehnt, wenn der Wert der Teststatistik größer ist als das $(1 - \alpha)$-Quantil der F-Verteilung mit $df_1 = 1$ und $df_2 = 1263$ Freiheitsgraden.

Der kritische Wert liegt hier zwischen 6.635 ($df_1 = 1$, $df_2 = \infty$) und 6.851 ($df_1 = 1$, $df_2 = 120$). Der Test kommt zum identischen Ergebnis wie der T-Test.

e) Die Prüfung der Behauptung, dass sich der Mittelwert der abhängigen Variable um mindestens 0.5 Einheiten in Richtung auf die «rechte» Orientierung (also auf der Links-rechts-Skala nach oben) verschiebt, wenn der Stolz steigt (wenn also der Wert der unabhängigen Variablen um eine Einheit sinkt), entspricht der Prüfung der Hypothese, dass der Wert des Populationsgewichts β kleiner als -0.50 ist, d. h. numerisch größer als 0.50 ist, aber ein negatives Vorzeichen hat.

Die Prüfung der Hypothese erfolgt in fünf Schritten.

1. Schritt: Formulierung der Forschungs- und der Nullhypothese
Die Forschungshypothese behauptet, dass das Regressionsgewicht $\beta < -0.5$ ist.

Entsprechend lautet die Formulierung für das zu testende Hypothesenpaar:

$$H_1: \beta < -0.50 \quad \text{versus} \quad H_0: \beta \geq -0.50$$

2. Schritt: Auswahl der Testverteilung und der Teststatistik
Der Schritt entspricht dem aus Teilaufgabe d).

3. Schritt: Festlegung des Ablehnungsbereichs und des kritischen Werts
Hier wird ein einseitiger Hypothesentest durchgeführt. Die Nullhypothese ist vermutlich falsch, wenn die Teststatistik kleine (d. h. numerisch große, aber negative) Werte aufweist. Der Ablehnungsbereich entspricht daher dem α-Quantil der T-Vertei-

lung mit df = 1263 Freiheitsgraden. Bei einer Irrtumswahrscheinlichkeit von 5 % liegt der kritische Wert zwischen $t_{\infty;1-\alpha/2} = -1.645$ und $t_{120;1-\alpha/2} = -1.658$.

4. Schritt: Berechnung der Teststatistik
Bei der Berechnung der Teststatistik T wird im Zähler die Differenz aus geschätztem Regressionsgewicht b und dem in der Nullhypothese behaupteten Minimalwert des unbekannten Populationsgewichts β gebildet:

$$T = \frac{b - (-0.5)}{\hat{\sigma}(b)} = \frac{-0.54 + 0.5}{0.059} = -0.676$$

5. Schritt: Entscheidung über Akzeptanz oder Ablehnung der Nullhypothese
Die Nullhypothese wird abgelehnt, wenn der Wert der aus den Stichprobendaten berechneten Teststatistik T kleiner ist als der kritische Wert. Da das hier nicht der Fall ist, kann die Nullhypothese nicht abgelehnt werden. Obwohl das Regressionsgewicht b in der Stichprobe kleiner als –0.50 ist (b = –0.54), kann bei einer Irrtumswahrscheinlichkeit von 5 % nicht ausgeschlossen werden, dass der Populationswert größer ist und sich daher bei einer Zunahme des «Stolzes» um eine Einheit der Wert der Links-rechts-Selbsteinstufung um höchstens eine halbe Einheit nach rechts verschiebt.

f) Die Regression geht von asymmetrischen Beziehungen aus, bei denen zwischen abhängiger und unabhängiger Variable unterschieden werden kann. Ist eine derartige Unterscheidung nicht möglich oder sinnvoll, dann kann alternativ die Korrelation betrachtet werden, die keine Kausalrichtung vorgibt.

g) Die Produkt-Moment-Korrelation ist der Quotient der Kovarianz von X und Y, geteilt durch das Produkt der Standardabweichungen von X und Y:

$$r_{XY} = \frac{s_{XY}}{s_X \cdot s_Y} = \frac{\hat{\sigma}_{XY}}{\sqrt{\hat{\sigma}_X^2 \cdot \hat{\sigma}_Y^2}} = \frac{-0.358}{\sqrt{0.660 \cdot 3.113}} = -0.25$$

Der Wert des Korrelationskoeffizienten ist mit dem Wert des standardisierten Regressionsgewichts b* identisch.

h) In Teilaufgabe d) wurde bereits mit einer Irrtumswahrscheinlichkeit von 1 % geprüft, dass das standardisierte Regressionsgewicht ungleich null ist. Da es ein signifikantes Testergebnis gab, kann auch hier festgehalten werden, dass die Korrelation bei einer Irrtumswahrscheinlichkeit von 1 % signifikant von null verschieden ist, also in der Population vermutlich eine negative Beziehung zwischen den beiden Variablen besteht.

Der Wert liegt mit –0.25 im Bereich eines mittelstarken Zusammenhangs. Das negative Vorzeichen ist das Resultat der Codierung der Variablen. Mit steigenden Werten bei der Links-rechts-Selbsteinstufung sinken die Werte auf der Stolz-Skala. Stolz korrespondiert daher eher mit relativ rechten Positionen und Ablehnung von Stolz mit relativ linken Positionen.

Lösung 11.8

a) Im linearen Regressionsmodell werden mit den Regressionskoeffizienten Schätzungen der bedingten Mittelwerte der abhängigen Variablen berechnet. Im Beispiel ist die abhängige Variable eine 0/1-codierte dichotome Variable. Der Mittelwert einer solchen Variablen gibt den Anteil der Ausprägung mit dem Wert eins an, hier also den Anteil der Befürworter einer «Heirat bei dauerndem Zusammenleben». Auch die erklärende Variable ist dichotom. Der Wert null identifiziert männliche Befragte.

Da die Regressionskonstante den bedingten Mittelwert der abhängigen Variablen angibt, wenn die erklärende Variable den Wert null hat, gibt die Regressionskonstante den Anteil der Befürwortung von «Heirat …» bei männlichen Befragten an. Der Wert der Regressionskonstanten a = 0.683 ist also so zu interpretieren, dass 68.3 % der Männer der Ansicht sind, dass Paare bei dauerndem Zusammenleben heiraten sollten.

Das Regressionsgewicht gibt an, wie sich die bedingten Mittelwerte ändern, wenn die erklärende Variable um eine Einheit ansteigt. Bei der dichotomen erklärenden Variablen Geschlecht steht der Anstieg um eine Einheit für den Unterschied zwischen männlichen (Wert null) und weiblichen Befragten (Wert eins). Das Regressionsgewicht von $b = -0.044$ ist daher so zu interpretieren, dass der Anteil der Befürwortung von «Heirat …» bei den Frauen um 0.044 oder 4.4 % geringer ist als der Anteil der Zustimmung zu dieser Frage bei den Männern.

Da der Wert des Regressionsgewichts b ungleich null ist, besteht ein Zusammenhang zwischen den beiden Variablen.

b) Zur Prüfung der Hypothese, dass dieser Zusammenhang signifikant von null verschieden ist, wird die Forschungshypothese formuliert, dass der Wert des Regressionsgewichts β in der Population ungleich null ist.

Die Hypothesenprüfung erfolgt in den bekannten fünf Schritten.

1. Schritt: Formulierung der Forschungs- und der Nullhypothese

$H_1 : \beta \neq 0$ versus $H_0 : \beta = 0$

2. Schritt: Auswahl der Testverteilung und der Teststatistik
Die in der Tabelle mit den Ergebnissen der Regressionsanalyse aufgeführte Teststatistik $T = b / SE = -2.53$ ist die Teststatistik für den Test der Nullhypothese. Unter der Annahme homoskedastischer und normalverteilter Residuen ist die Teststatistik mit $df = n - k - 1$, hier also $df = n - 2$ (= 3011) Freiheitsgraden t-verteilt.

3. Schritt: Festlegung des Ablehnungsbereichs und des kritischen Werts
Es handelt sich um einen zweiseitigen Hypothesentest. Die Nullhypothese ist vermutlich falsch, wenn die Teststatistik sehr kleine oder sehr große Werte aufweist. Der Ablehnungsbereich für die Nullhypothese enthält diejenigen Werte der Teststatistik, die

kleiner als das $\alpha/2$-Quantil oder größer als das $(1-\alpha/2)$-Quantil der T-Verteilung mit df = 3011 Freiheitsgraden sind.

Bei einer Irrtumswahrscheinlichkeit von 5 % liegen die kritischen Werte zwischen $t_{\infty; 1-\alpha/2} = \pm 1.96$ und $t_{120; 1-\alpha/2} = \pm 1.98$.

4. Schritt: Berechnung der Teststatistik
Der Wert der Teststatistik ist in der Ergebnistabelle enthalten und beträgt $T = -2.53$.

5. Schritt: Entscheidung über Akzeptanz oder Ablehnung der Nullhypothese
In der Ergebnistabelle ist anstelle der kritischen Werte das empirische Signifikanzniveau (p) für den zweiseitigen Test angegeben. Zur Entscheidung über die Beibehaltung oder Zurückweisung der Nullhypothese werden daher das empirische und das a priori (in Form der Irrtumswahrscheinlichkeit) festgesetzte Signifikanzniveau miteinander verglichen.

Die Nullhypothese wird abgelehnt, wenn die empirische Signifikanz p kleiner ist als die Irrtumswahrscheinlichkeit α. Der Wert $p = 0.012 = 1.2\,\%$ gibt die Wahrscheinlichkeit an, dass eine t-verteilte Zufallsvariable mit df = 3011 Freiheitsgraden kleiner oder gleich der berechneten Teststatistik -2.53 oder größer oder gleich $+2.53$ ist.

Bei Gültigkeit der Nullhypothese besteht daher nur eine sehr geringe Wahrscheinlichkeit, den berechneten Wert der Teststatistik oder einen (für die Nullhypothese) noch ungünstigeren Wert zu beobachten. Da $p = 1.2\,\% < \alpha = 5\,\%$, wird die Nullhypothese abgelehnt.

Mit einer Irrtumswahrscheinlichkeit von 5 % ist davon auszugehen, dass ein Zusammenhang zwischen Geschlecht und Befürwortung einer Heirat bei dauerndem Zusammenleben besteht.

Anmerkung:
Die Anwendung des beschriebenen Hypothesentests kann hier insofern als problematisch angesehen werden, als nicht nur die Normalverteilungsannahme, sondern vor allem die Homoskedas-

tizitätsannahme (Gleichheit der Residualvarianzen) nicht erfüllt ist.

Zur Normalverteilungsannahme: Das geschätzte Regressionsgewicht ist nach dem zentralen Grenzwertsatz aufgrund der großen Fallzahl (auch ohne Annahme der Normalverteilung) annähernd normalverteilt.

Zur Homoskedastizitätsannahme: Eine dichotome abhängige Variable hat nur zwei Ausprägungen. Damit können auch die Residuen bei jedem Vorhersagewert nur zwei Ausprägungen haben, also nicht normalverteilt sein. Da die Varianz einer dichotomen Variablen aus den Anteilen der beiden Ausprägungen berechnet wird, haben die Residualvarianzen bei unterschiedlichen Ausprägungen der erklärenden Variablen notwendigerweise unterschiedliche Werte.

Bei zutreffender Nullhypothese gibt es jedoch nur einen einzigen Vorhersagewert und damit auch nur eine Residualvarianz. Die Homoskedastizitätsannahme ist daher bei Gültigkeit der Nullhypothese erfüllt. Obwohl die abhängige Variable dichotom ist, kann das Resultat der Hypothesenprüfung als annähernd (asymptotisch) gültig angesehen werden.[21]

c) Ein Maß zur Erfassung der Stärke des Zusammenhangs ist der Determinationskoeffizient R^2, der hier $R^2 = 0.02 = 0.2\,\%$ beträgt. Durch die Geschlechtszugehörigkeit kann also gerade 0.2 % der Variation der abhängigen Variable (Befürwortung von Heirat bei dauerndem Zusammenleben) «aufgeklärt» werden. Die Wurzel aus diesem Wert ist in der bivariaten Regression gleich der Produktmomentkorrelation, die hier 0.045 beträgt.

Die numerisch niedrigen Werte lassen auf einen sehr geringen Zusammenhang schließen, der zwar signifikant, aber praktisch zu vernachlässigen ist.

21. Dies gilt bei einer dichotomen erklärenden Variablen. Hätte die erklärende Variable viele Ausprägungen, wäre es denkbar, dass die Regressionskonstante außerhalb des Wertebereichs der abhängigen Variablen fällt. In diesem Fall wäre die Anwendung des linearen Regressionsmodells nicht anzuraten.

d) Die Vorhersagewerte können aus den Regressionskoeffizienten berechnet werden als:

Geschlecht	Wert	Vorhersagewert = Anteil Zustimmung
männlich	0	0.683 = 0.683 – 0.044 · 0
weiblich	1	0.639 = 0.683 – 0.044 · 1

Wie in Teilaufgabe a) bereits erwähnt, gibt der erste Vorhersagewert den Anteil der Befürwortungen einer «Heirat ...» unter den männlichen Befragten an. Er beträgt 68.3 %. Der zweite Wert gibt den entsprechenden Anteil für die weiblichen Befragten an. 63.9 % der befragten Frauen sind der Ansicht, dass man bei dauerndem Zusammenleben heiraten sollte. Der Anteil ist geringer als bei den Männern. Frauen stehen einer Heirat also zurückhaltender gegenüber als Männer. In beiden Gruppen ist jedoch eine deutliche Mehrheit für die «Heirat bei dauerndem Zusammenleben».

e) Die Prozentsatzdifferenz wird auf der Basis der Spaltenprozentuierung berechnet als:

$$d_{YX}\% = 100 \cdot \left(\frac{a}{a+c} - \frac{b}{b+d} \right) = 100 \cdot \left(\frac{476}{1503} - \frac{544}{1510} \right) = -0.044$$

Die Prozentsatzdifferenz beträgt $d_{YX}\% = -4.4$ Prozentpunkte, was besagt, dass der Anteil der Frauen, die gegen eine Heirat sind, um 4.4 Prozentpunkte über dem Anteil der Männer liegt, die gegen eine Heirat sind.

Dieser Wert ist mit dem Regressionsgewicht in der bivariaten Regression zwischen den beiden dichotomen Variablen identisch.

f) Die Prozentsatzdifferenz ist signifikant von null verschieden, wenn die Nullhypothese, dass der Betrag der Prozentsatzdifferenz in der Grundgesamtheit gleich null ist, abgelehnt werden kann.

Die Hypothesenprüfung erfolgt in den bekannten fünf Schritten.

1. Schritt: Formulierung der Forschungs- und der Nullhypothese

$H_1 : \delta_{YX}\% \neq 0$ versus $H_0 : \delta_{YX}\% = 0$

2. Schritt: Auswahl der Testverteilung und der Teststatistik
Die Prozentsatzdifferenz bzw. Anteilsdifferenz ist asymptotisch normalverteilt. Als Testverteilung wird daher die Standardnormalverteilung und als Teststatistik der Z-Wert verwendet.

Die Voraussetzungen zur Anwendung der Normalverteilung für eine Vierfeldertabelle lauten:
Erstens

$$a + c > 60, \text{ hier}: 476 + 1027 = 1503$$
$$b + d > 60, \text{ hier}: 544 + 966 = 1510$$

Zweitens

$$\frac{a}{c} \cdot (a + c) > 9, \text{ hier}: \frac{476}{1027} \cdot 1503 = 696.62$$

$$\frac{c}{a} \cdot (a + c) > 9, \text{ hier}: \frac{1027}{476} \cdot 1503 = 3242.82$$

$$\frac{b}{d} \cdot (b + d) > 9, \text{ hier}: \frac{544}{966} \cdot 1510 = 850.35$$

$$\frac{d}{b} \cdot (b + d) > 9, \text{ hier}: \frac{966}{544} \cdot 1510 = 2681.36$$

3. Schritt: Festlegung des Ablehnungsbereichs und des kritischen Werts
Da es sich um eine ungerichtete Hypothese und daher um einen zweiseitigen Hypothesentest handelt, umfasst der Ablehnungsbereich für die Nullhypothese alle Werte der Teststatistik, die größer als der Wert des $(1 - \alpha/2)$-Quantils oder kleiner als der Wert des $\alpha/2$-Quantils der Standardnormalverteilung sind. Bei einer Irrtumswahrscheinlichkeit von 5 % sind die kritischen Werte $z_{\alpha/2}$ bzw. $z_{1-\alpha/2} = \pm 1.96$.

4. Schritt: Berechnung der Teststatistik

Da die Nullhypothese eine Differenz von null postuliert, wird der Standardfehler mit Hilfe des gemeinsamen («pooled») Populationsanteils «geschätzt». Der gemeinsame («pooled») Populationsanteil wird berechnet nach:

$$\hat{\pi}_{pooled} = p_1 \cdot \frac{n_1}{n_1 + n_2} + p_2 \cdot \frac{n_2}{n_1 + n_2}$$

$$= 0.317 \cdot \frac{1503}{3013} + 0.360 \cdot \frac{1510}{3013} = 0.34$$

Der geschätzte Standardfehler wird dann berechnet nach:

$$\hat{\sigma}(p_1 - p_2) = \sqrt{\hat{\pi}_{pooled} \cdot (1 - \hat{\pi}_{pooled}) \cdot \left(\frac{1}{n_1} + \frac{1}{n_2}\right)}$$

$$= \sqrt{0.34 \cdot (1 - 0.66) \cdot \left(\frac{1}{1503} + \frac{1}{1510}\right)} = 0.017$$

Der Wert der Teststatistik Z wird unter Verwendung des geschätzten Standardfehlers berechnet nach der Formel:

$$Z = \frac{\frac{a}{a+c} - \frac{b}{b+d}}{\sqrt{\frac{a+b}{n} \cdot \frac{c+d}{n} \cdot \left(\frac{1}{a+c} + \frac{1}{b+d}\right)}} = \frac{\frac{476}{1503} - \frac{544}{1510}}{0.017} = -2.53$$

5. Schritt: Entscheidung über Akzeptanz oder Ablehnung der Nullhypothese

Da die Teststatistik kleiner ist als der untere kritische Wert, ist die Nullhypothese abzulehnen. Mit einer Irrtumswahrscheinlichkeit von 5 % ist davon auszugehen, dass es einen Zusammenhang zwischen der Befürwortung von Heirat bei dauerndem Zusammenleben und dem Geschlecht gibt. Die Analyse der Vierfeldertabelle führt somit zum gleichen Ergebnis wie die Regression.

g) Gemeinsam ist den beiden Analyseverfahren, dass die Prozentsatzdifferenz mit dem Regressionsgewicht identisch ist und dass auch die Teststatistiken (bei der Regressionsanalyse und Z bei der Prozentsatzdifferenz) im Rahmen der Rechengenauigkeit gleich sind.

Letzteres liegt daran, dass der Standardfehler der Anteilsdifferenz im Nenner der Teststatistik Z als Funktion der Stichprobenvariation bzw. -varianz der 0/1-codierten erklärenden Variablen (X) und der abhängigen Variablen (Y) dargestellt werden kann:

$$\hat{\sigma}\left(\frac{a}{a+c}-\frac{b}{b+d}\right) = \sqrt{\frac{a+b}{n}\cdot\frac{c+d}{n}\cdot\left(\frac{1}{a+c}+\frac{1}{b+d}\right)}$$

$$= \sqrt{\frac{(a+b)\cdot(c+d)}{n^2}\cdot\frac{(b+d)+(a+b)}{(b+d)\cdot(a+b)}}$$

$$= \sqrt{\frac{(a+b)\cdot(c+d)}{n^2}\cdot\frac{n}{(b+d)\cdot(a+b)}}$$

$$= \sqrt{s_Y^2\cdot\frac{1}{SS_x}}$$

In der bivariaten Regression beträgt der Standardfehler des Regressionsgewichts:

$$\hat{\sigma}(b) = \sqrt{\frac{1}{SS_X}\cdot\frac{SS_E}{n-2}} = \sqrt{\frac{1}{SS_X}\cdot\hat{\sigma}_U^2} \approx \sqrt{\frac{1}{SS_X}\cdot s_Y^2}$$

Der Unterschied zwischen den beiden Standardfehlern entspricht dem Unterschied zwischen der geschätzten Residualvarianz $\hat{\sigma}_U^2$ in der Population und der Stichprobenvarianz s_Y^2 der abhängigen Variablen.

Bei gültiger Nullhypothese (kein Zusammenhang) und großer Fallzahl werden der Standardfehler des Regressionsgewichts und der Standardfehler der Anteilsdifferenz einander immer ähnlicher.

Daher sind bei zwei dichotomen Variablen der T-Test der linearen Regression und der Z-Test in der Vierfeldertabelle asymptotisch äquivalent.

h) Wenn kein bzw. nur ein sehr geringer Zusammenhang zwischen den beiden Variablen besteht und die Fallzahl sehr groß ist, führen beide Tests zum gleichen Ergebnis. Üblicherweise werden bei ausschließlich dichotomen Variablen Tabellenanalysen und keine Regressionen durchgeführt.

Lösung 11.9

a) Die Hypothese eines umgekehrt u-förmigen Zusammenhangs zwischen Einkommen und Alter kann mit den vorliegenden Daten nicht überprüft werden. Hierzu sind Längsschnittdaten erforderlich, die es ermöglichen, den Zusammenhang von Einkommen und Leistungsfähigkeit, als deren Indikator Alter hier verwendet wird, über die Zeit individuell abzubilden.

Die Allbus-Befragung 2000 ist jedoch eine Querschnittuntersuchung.

Der in der Grafik dargestellte Vergleich des Einkommens von Personen unterschiedlichen Alters, also unterschiedlicher Leistungsfähigkeit, kann die Forschungsfrage nicht beantworten. So ist es z. B. denkbar, dass die älteren Personen deshalb ein geringeres Einkommen haben, weil diese Personen auch in jüngeren Jahren weniger verdient haben als jüngere Personen heute. Die sich in der Grafik andeutende umgekehrt u-förmige Beziehung hat daher nichts mit abnehmender Leistungsfähigkeit (bei zunehmendem Alter) und deshalb sinkendem Einkommen zu tun, sondern, umgekehrt, mit einem Anstieg des Einkommensniveaus besonders in den jüngeren Altersgruppen.

Das vom Forscher gewählte Vorgehen ist daher der Fragestellung nicht angemessen.

Entsprechendes gilt für die Durchführung zweier getrennter Regressionsanalysen. Auch hier werden verschiedene Personen- bzw. Altersgruppen miteinander verglichen, woraus sich keine Information über individuelle Entwicklungsverläufe der Leistungsfähigkeit ableiten lässt. Nur Daten, die zu mehreren Erhebungszeitpunkten für jede Befragungsperson zum Einkommen und zum Alter vorliegen, ermöglichen die Durchführung einer Regressionsanalyse, mit der die Hypothese über den Zusammenhang von Alter und Einkommen überprüft werden kann. (Siehe hierzu auch Teilaufgaben g) und h).)

Fazit: Das vom Forscher gewählte Vorgehen zur Überprüfung der Hypothese über den umgekehrt u-förmigen Zusammenhang zwischen Einkommen und Alter ist weder im Hinblick auf die vorliegende Datenqualität (Querschnittdaten) noch im Hinblick auf die gewählte Analysemethode (Schätzung zweier getrennter Regressionsgleichungen für unterschiedliche Altersgruppen) angemessen.

b) Die beiden Regressionsgewichte stammen aus unterschiedlichen Regressionsmodellen für unterschiedliche Gruppen von Befragten. Während in der Regression des Einkommens auf das Alter bei den jüngeren Befragten ein positives Regressionsgewicht von b = 52.81 «geschätzt» wird, das Einkommen also mit dem Alter pro Lebensjahr um 52.81 DM ansteigt, ergibt sich bei den älteren Befragten ein negatives Regressionsgewicht von b = –25.30, d. h., dass das Einkommen pro Lebensjahr um 25.30 DM sinkt.[22]

Wird die Altersgruppeneinteilung so gewählt wie im Beispiel, dann kann lediglich ausgesagt werden, dass bei den Jüngeren ein positiver, bei den Älteren dagegen ein negativer Zusammenhang zwischen Alter und Einkommen besteht.

Würde die Analyse über die Gesamtgruppen aller Befragten gerechnet werden, dann ist ein geringer Zusammenhang zu erwarten, weil – wie schon aus der Grafik ersichtlich – der Zusammenhang nicht monoton linear ist.

c) Für die jüngere Altersgruppe wird ein positives, für die ältere ein negatives Vorzeichen erwartet. Die Prüfung der beiden Hypothesen erfolgt in fünf Schritten.

1. Schritt: Formulierung der Forschungs- und der Nullhypothese
Die beiden zu prüfenden Hypothesenpaare lauten:

22. In der Altersgruppe der «Jungen» haben ältere Personen ein höheres Einkommen als jüngere. In der Altersgruppe der «Alten» haben ältere Personen dagegen ein niedrigeres Einkommen als jüngere. Betrachtet wird das Aggregat (Querschnitt), nicht die individuellen Verläufe, die nur im Längsschnitt untersucht werden können.

$H_1: \beta > 0$ versus $H_0: \beta \leq 0$ bei Personen bis 50 Jahre
$H_1: \beta < 0$ versus $H_0: \beta \geq 0$ bei Personen über 50 Jahre

2. Schritt: Auswahl der Testverteilung und der Teststatistik
Das Regressionsgewicht b ist asymptotisch um den unbekannten Populationswert β normalverteilt.

Das Regressionsgewicht b ist asymptotisch um den unbekannten Populationswert β normalverteilt. Die Populationsvarianz des Regressionsgewichts ist unbekannt, aber der Standardfehler kann aus den Stichprobendaten geschätzt werden.

Bei gültiger Nullhypothese ist die Teststatistik T (der Quotient aus dem Regressionsgewicht b, dividiert durch seinen geschätzten Standardfehler) asymptotisch normalverteilt. Wenn die Populationsresiduen normalverteilt sind, ist die Teststatistik T mit df = n – k – 1 (hier also mit df = n – 2) Freiheitsgraden t-verteilt. Da die Anwendung der T-Verteilung als Testverteilung zu vorsichtigeren Tests führt als die Anwendung der Standardnormalverteilung, wird die T-Verteilung auch bei nicht normalverteilten Residuen angewendet.

3. Schritt: Festlegung des Ablehnungsbereichs und des kritischen Werts
Bei beiden Tests handelt es sich um einseitige Hypothesenprüfungen. Bei den jüngeren Personen (n = 1274) ist die Nullhypothese vermutlich falsch, wenn die Teststatistik große Werte aufweist. Daher wird die Nullhypothese abgelehnt, wenn die Teststatistik größer ist als das (1 – α)-Quantil der T-Verteilung mit df = 1272 Freiheitsgraden. Bei einer Irrtumswahrscheinlichkeit von 1 % liegt der kritische Wert zwischen $t_{\infty;1-\alpha/2} = 2.326$ und $t_{120;1-\alpha/2} = 2.358$.

Bei den älteren Personen (n = 931) ist die Nullhypothese vermutlich falsch, wenn die Teststatistik kleine Werte aufweist. Daher wird die Nullhypothese abgelehnt, wenn die Teststatistik kleiner ist als das α-Quantil der T-Verteilung mit df = 929 Freiheitsgraden. Bei einer Irrtumswahrscheinlichkeit von 1 % liegt der kritische Wert zwischen $t_{\infty;1-\alpha/2} = -2.326$ und $t_{120;1-\alpha/2} = -2.358$.

4. Schritt: Berechnung der Teststatistik

Für die beiden Hypothesen wird die Teststatistik T berechnet als Quotient aus der Differenz zwischen dem Stichprobenwert des Regressionsgewichts b und dem in der Nullhypothese behaupteten Minimal- bzw. Maximalwert des Regressionsgewichts in der Population, dividiert durch den geschätzten Standardfehler des Regressionsgewichts b:

$$T = \frac{b}{\hat{\sigma}_b} = \frac{52.81}{4.71} = 11.2 \quad \text{bei Personen bis 50 Jahre}$$

$$T = \frac{b}{\hat{\sigma}_b} = \frac{-25.30}{6.39} = -3.96 \quad \text{bei Personen über 50 Jahre}$$

5. Schritt: Entscheidung über Akzeptanz oder Ablehnung der Nullhypothese

Die Nullhypothese wird abgelehnt, wenn der Wert der Teststatistik im Ablehnungsbereich der Testverteilung liegt.

Bei den jüngeren Personen ist der Wert der Teststatistik größer als der kritische Wert. Die Nullhypothese, dass das Regressionsgewicht einen Wert kleiner als null hat, ist daher zu verwerfen.

Auch bei den älteren Personen liegt der Wert der Teststatistik im Ablehnungsbereich, sodass die Nullhypothese, dass das Regressionsgewicht einen Wert größer als null hat, ebenfalls zurückgewiesen wird.

Mit einer Irrtumswahrscheinlichkeit von 1 % ist davon auszugehen, dass in beiden Gruppen die erwarteten Effekte von Alter auf Einkommen auftreten und jeweils signifikant (von null verschieden) sind.

d) Die Regressionskonstanten geben in beiden Regressionen die Höhe des erwarteten Einkommens an, wenn eine Person ein Alter von null Jahren hat. Da dieser Wert in beiden Gruppen aber nicht vorkommen kann, weil der Wertebereich in der jüngeren Gruppe 18 bis 50 Jahre umfasst und in der zweiten Gruppe Personen ab 51 Jahren, sind die Werte der Regressionskonstanten inhaltlich nicht sinnvoll interpretierbar.

e) In der jüngeren Altersgruppe beträgt der Vorhersagewert:

$$\hat{y} = 482.38 + 52.81 \cdot 50.5 = 3122.88$$

In der Gruppe der älteren Personen beträgt der Vorhersagewert:

$$\hat{y} = 4034.93 - 25.30 \cdot 50.5 = 2757.28$$

Die Werte unterscheiden sich voneinander. Da der Wert $x = 50.5$ Jahre hier (bei der gegebenen Codierung der Altersgruppen) jedoch als Schnittpunkt zwischen den beiden Gruppen angesehen werden kann, müssten beide Werte gleich sein, wenn das Vorgehen, zwei getrennte Regressionsgleichungen (zur Prüfung der Hypothese einer umgekehrt u-förmigen Beziehung zwischen Einkommen und Alter) zu berechnen, diese Beziehung in der Gesamtgruppe aller befragten Personen angemessen abbilden würde.

Tatsächlich treffen sich die beiden Regressionsgraden bei einem Alter von 45.48 Jahren. Die Differenz(en) zwischen diesem Wert und den oben berechneten Vorhersagewerten weisen darauf hin, dass die getrennten Regressionsschätzungen den tatsächlichen Kurvenverlauf der bedingten Mittelwerte nicht genau reproduzieren und die Vorgehensweise der getrennten Regressionen für die Fragestellung nicht geeignet ist (siehe auch Teilaufgabe g)).

f) Die Vermutung, dass der Alterseffekt in der Gruppe der jüngeren doppelt so groß ist wie in der Gruppe der älteren Personen, kann als eine Hypothese über die Summe der beiden Regressionsgewichte formuliert werden.

Wenn $\beta_{<51}$ das Regressionsgewicht in der Gruppe der jüngeren Personen und $\beta_{>50}$ das Regressionsgewicht in der Gruppe der älteren Personen bezeichnet, dann gilt:

$$\beta_{<51} + 2 \cdot \beta_{>50} = 0$$ [23]

23. Da von vornherein postuliert wird und dies aus den vorliegenden Ergebnissen bestätigt ist, dass die Regressionsgewichte in den beiden Gruppen unterschiedliche

Ist die Summe kleiner oder größer als null, dann muss die Forschungshypothese, die hier als Nullhypothese formuliert wird, abgelehnt werden. Die Prüfung der Hypothese erfolgt in fünf Schritten.

1. Schritt: Formulierung der Forschungshypothese als Nullhypothese

$H_0: \beta_{<51} + 2 \cdot \beta_{>50} = 0$ versus $H_1: \beta_{<51} + 2 \cdot \beta_{>50} \neq 0$

2. Schritt: Auswahl der Testverteilung und der Teststatistik
Beide Regressionsgewichte sind asymptotisch um ihre Populationswerte mit Varianzen gleich den jeweiligen quadrierten Standardfehlern normalverteilt. Dann ist auch die Summe $b_{<51} + 2 \cdot b_{>50}$ der Stichprobenwerte als Linearkombination normalverteilter Zufallsvariablen normalverteilt. Der Erwartungswert der Verteilung der Linearkombination ist der Wert der Summe bei Ersetzung der Stichprobenregressionsgewichte durch die entsprechenden Populationswerte.

Bei gültiger Nullhypothese ist die Summe, geteilt durch den Standardfehler, asymptotisch normalverteilt. Als Testverteilung wird daher die Standardnormalverteilung und als Teststatistik der Z-Wert verwendet.

3. Schritt: Festlegung des Ablehnungsbereichs und des kritischen Werts
Es handelt sich um einen zweiseitigen Hypothesentest. Die Nullhypothese ist vermutlich falsch, wenn die Teststatistik sehr kleine oder sehr große Werte aufweist. Daher wird die Nullhypothese abgelehnt, wenn die Teststatistik kleiner als das $\alpha/2$-Quantil oder aber größer als das $(1 - \alpha/2)$-Quantil der Standardnormalvertei-

Vorzeichen haben, wird anstelle der Differenz, die eigentlich nahe liegend wäre, hier die Summe gebildet. Bei der Bildung der Differenz müsste der vorzeichenbereinigte (Absolut-)Betrag der Regressionsgewichte verwendet werden, was jedoch den Charakter der Differenz als Linearkombination von Zufallsvariablen verändern würde, da das «Absolut»-Setzen eines Betrags keine lineare Funktion ist.

lung ist. Bei einer Irrtumswahrscheinlichkeit von 5 % liegen die kritischen Werte bei $z_{\alpha/2} = -1.96$ und $z_{1-\alpha/2} = 1.96$.

4. Schritt: Berechnung der Teststatistik
Da es sich bei den beiden Gruppen um voneinander unabhängige (Teilstichproben) handelt, wird der Standardfehler der Summe berechnet als Summ der quadrierten[24] Standardfehler der Regressionsgewichte in den beiden Gruppen:

$$\hat{\sigma}(b_{<51} + 2 \cdot b_{>50}) = \sqrt{\hat{\sigma}^2(b_{<51}) + 4 \cdot \hat{\sigma}^2(b_{>50})}$$
$$= \sqrt{4.71^2 + 4 \cdot 6.39^2} = 13.62$$

Damit wird die Teststatistik berechnet als:

$$Z = \frac{b_{<51} + 2 \cdot b_{>50}}{\hat{\sigma}(b_{<51} + 2 \cdot b_{>50})} = \frac{52.81 + 2 \cdot (-25.30)}{13.62} = 0.162$$

5. Schritt: Entscheidung über Akzeptanz oder Ablehnung der Nullhypothese
Die Nullhypothese wird abgelehnt, wenn der Wert der Teststatistik im Ablehnungsbereich liegt. Da $-1.96 < 0.162 < 1.96$, ist die Nullhypothese beizubehalten.

Mit einer Irrtumswahrscheinlichkeit von 5 % kann nicht ausgeschlossen werden, dass der vorzeichenbereinigte Effekt des Alters auf das Einkommen in der Gruppe der über 50-jährigen Befragten halb so groß ist wie der Effekt in der Gruppe der unter 50-jährigen Personen.

g) Die getrennte Regression in zwei Teilgruppen ist aus zwei Gründen problematisch. Zum einen berühren sich die geschätzten Regressionsgeraden an der (durch die Gruppeneinteilung bis und über 50-jährige Personen bedingten) Schnittstelle hier beim Alter

24. Eine einfache Addition von Standardfehlern ist nicht zulässig. Varianzen, d. h. die quadrierten Standardfehler, können dagegen addiert werden, weil Varianzen erwartungstreue Schätzer sind; Standardfehler der 2. Gruppe entsprechend der Hypothese mit 2 gewichtet.

von 50.5 Jahren nicht. Diese Wahl der Schnittstelle erfolgte willkürlich und wurde aufgrund einer explorativen grafischen Analyse «gesetzt». Bei einer abschnittsweisen Regression sollten sich die Regressionsgeraden jedoch an den Schnittstellen berühren.

Darüber hinaus gehen die Vorhersagewerte für geringes Alter in unterschiedliche Richtungen: In der jüngeren Gruppe nimmt das Einkommen mit dem Alter zu. Also wäre bei einem sehr geringen Alter (außerhalb des Wertebereichs) mit einem relativ geringen Einkommen zu rechnen. In der älteren Gruppe nimmt das Einkommen mit dem Alter dagegen ab. Hier wäre bei einem sehr geringen Alter (außerhalb des Wertebereichs) mit einem besonders hohen Einkommen zu rechnen.

h) Da Alter (im Aggregat betrachtet) offenbar einen nicht monoton linearen Effekt auf das Einkommen hat, kann eine multiple Regressionsgleichung formuliert, d. h. ein Regressionsmodell hypothetisch spezifiziert werden, das neben dem linearen Effekt des Alters (X) durch Quadrieren der Werte für Alter (X^2) den vermuteten nichtlinearen Effekt des Alters als zusätzlichen Prädiktor für das Einkommen (Y) verwendet:

$$Y = b_0 + b_1 \cdot X + b_2 \cdot X^2 + E$$

Aus den geschätzten Regressionskoeffizienten b_0, b_1 und b_2 kann dann berechnet werden, ob im Wertebereich der erklärenden Variablen ein (umgekehrt) u-förmiger Verlauf besteht. Diese Berechnung erfolgt dadurch, dass Vorhersagewerte für ausgewählte Werte der erklärenden Variablen berechnet werden. Aus diesen Vorhersagewerten ist abzulesen, welchen Verlauf die Regressionskurve bei unterschiedlichen Werten der erklärenden Variablen nimmt.

Lösung 11.10

a) Da alle drei Regressionsgewichte bei einer Irrtumswahrscheinlichkeit von 5 % signifikant sind, besteht ein signifikanter nichtlinearer Zusammenhang. Dieser Zusammenhang ist (umgekehrt) u-förmig, wenn die Vorhersagewerte innerhalb des Wertebereichs der erklärenden Variablen erst ansteigen und dann abfallen. Zur Prüfung können für einige Altersstufen die Vorhersagewerte berechnet werden:

Alter	Vorher-sagewert	b_0	+	$b_1 \cdot X$	+	$b_1 \cdot X^2$	+	$b_1 \cdot X^3$
18	832.46 =	−3995.03	+	375.15 $\cdot 18$	−	6.59 $\cdot 18^2$	+	0.036 $\cdot 18^3$
25	1827.47 =	−3995.03	+	375.15 $\cdot 25$	−	6.59 $\cdot 25^2$	+	0.036 $\cdot 25^3$
40	2770.97 =	−3995.03	+	375.15 $\cdot 40$	−	6.59 $\cdot 40^2$	+	0.036 $\cdot 40^3$
55	2692.97 =	−3995.03	+	375.15 $\cdot 55$	−	6.59 $\cdot 55^2$	+	0.036 $\cdot 55^3$
70	2322.47 =	−3995.03	+	375.15 $\cdot 70$	−	6.59 $\cdot 70^2$	+	0.036 $\cdot 70^3$
85	2388.47 =	−3995.03	+	375.15 $\cdot 85$	−	6.59 $\cdot 85^2$	+	0.036 $\cdot 85^3$
95	3034.97 =	−3995.03	+	375.15 $\cdot 95$	−	6.59 $\cdot 95^2$	+	0.036 $\cdot 95^3$

Aus den berechneten Werten ist zu erkennen, dass die Vorhersagewerte erst (bis zum Alter von 40 Jahren) ansteigen und dann wieder fallen. Bei einem sehr hohen Alter (95 Jahre) steigen sie jedoch wieder an. Insgesamt besteht somit ein eher wellenförmiger und nicht ein u-förmiger Verlauf der Regressionskurve.

b) Die gemeinsame Grafik der empirisch beobachteten, bedingten Mittelwerte und der Vorhersagewerte ergibt folgendes Bild:

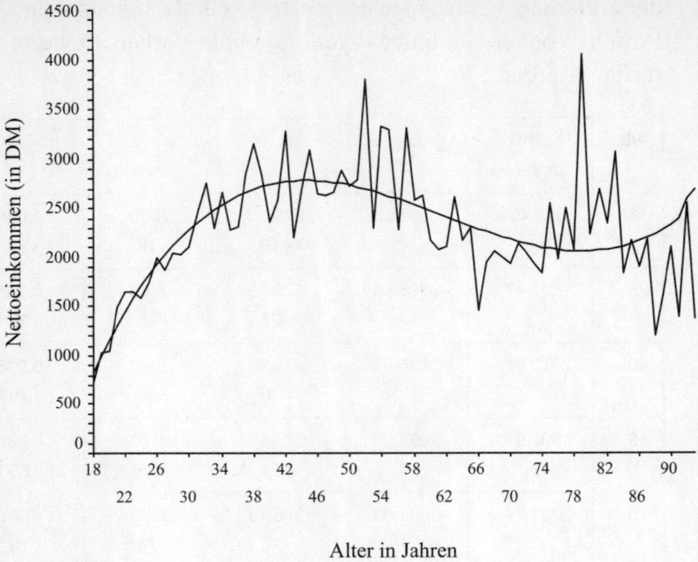

Die Regressionskurve folgt in etwa dem Verlauf der empirisch beobachteten, bedingten Mittelwerte, ist aber deutlich geglättet. Sichtbar wird wieder der leicht wellenförmige Verlauf, mit einem Anstieg, dann einem Rückgang und schließlich wieder einem Anstieg. Ein eindeutiger u-förmiger Verlauf ist nicht gegeben.

c) Die standardisierten Regressionsgewichte werden aus den unstandardisierten Regressionsgewichten berechnet, indem diese mit der Standardabweichung der jeweiligen erklärenden Variablen multipliziert und durch die Standardabweichung der abhängigen Variablen dividiert werden. Die standardisierten Regressionsgewichte werden also berechnet als:

$$b_1^* = b_1 \cdot \frac{s(X)}{s(Y)} = 375.15 \cdot \frac{17.44}{1717.35} = 3.81$$

$$b_2^* = b_2 \cdot \frac{s(X^2)}{s(Y)} = -6.59 \cdot \frac{1773.63}{1717.35} = -6.81$$

$$b_3^* = b_3 \cdot \frac{s(X^3)}{s(Y)} = 0.036 \cdot \frac{150743.05}{1717.35} = 3.16$$

Die standardisierten Regressionsgewichte geben die relativen Effektstärken wieder, da sie angeben, um wie viel Standardabweichungseinheiten sich die abhängige Variable ändert, wenn eine erklärende Variable um eine Standardabweichung ansteigt. Üblicherweise haben die standardisierten Regressionsgewichte Werte zwischen −1 und +1. Das ist hier nicht der Fall, was darauf hinweist, dass es sehr hohe Kollinearitäten gibt. Da außerdem alle drei Prädiktoren Funktionen derselben Variablen (Alter) sind, ist es hier wenig sinnvoll, die standardisierten Regressionsgewichte miteinander zu vergleichen.

d) Die Vorhersagewerte berechnen sich nach:

Alter	Alter zentriert	Vorhersagewert bei	Alter unzentriert
18	820.53	$= 2764.02 - 11.33 \cdot (18 - 47.83) - 1.48 \cdot (18 - 47.83)^2 + 0.13 \cdot (18 - 47.83)^3$	832.46
30	2286.12	$= 2764.02 - 11.33 \cdot (30 - 47.83) - 1.48 \cdot (30 - 47.83)^2 + 0.13 \cdot (30 - 47.83)^3$	2300.47
60	2475.47	$= 2764.02 - 11.33 \cdot (60 - 47.83) - 1.48 \cdot (60 - 47.83)^2 + 0.13 \cdot (60 - 47.83)^3$	2565.97
90	2366.67	$= 2764.02 - 11.33 \cdot (90 - 47.83) - 1.48 \cdot (90 - 47.83)^2 + 0.13 \cdot (90 - 47.83)^3$	2633.47

Aufgrund von Rundungsfehlern gibt es bei nur zwei Nachkommastellen und der Berechnung dritter Potenzen erhebliche Abweichungen zwischen den Vorhersagewerten. Die (annähernde)

Gleichheit der beiden Regressionen (bei nicht zentriertem und zentriertem Alter) ist leichter erkennbar, wenn die Vorhersagegleichung für die zentrierte Altersvariable aufgelöst wird:

$$\begin{aligned}\hat{Y} &= 2764.02 - 11.03 \cdot (X - 47.83) - 1.48 \cdot (X - 47.83)^2 + 0.036 \cdot (X - 47.83)^3 \\ &= 2764.02 + (-11.03 \cdot X + 527.56) + (-1.48 \cdot X^2 + 141.58 \cdot X - 3385.81) \\ &\quad + (0.036 \cdot X^3 - 5.17 \cdot X^2 + 247.07 \cdot X - 3939.16) \\ &= -4033.39 + 377.62 \cdot X - 6.65 \cdot X^2 + 0.036 \cdot X^3 \\ &\approx -3995.03 + 375.15 \cdot X - 6.59 \cdot X^2 + 0.036 \cdot X^3\end{aligned}$$

Die tatsächliche Identität der beiden Regressionsgleichungen ist auch an den Variationen der Vorhersagewerte und der Residuen erkennbar, die in beiden Gleichungen identisch sind.

e) Die bei beiden Gleichungen sehr unterschiedlichen Regressionskoeffizienten sind ausschließlich eine Folge der unterschiedlichen Codierung der erklärenden Variablen. Inhaltlich bedeutet das, dass es nicht sinnvoll ist, die einzelnen Regressionskoeffizienten zu interpretieren.

Für die inhaltliche Interpretation ist in erster Linie die Stärke des Gesamtzusammenhangs interessant, der sich durch den Determinationskoeffizienten (R^2: 6.4 %) bzw. dessen Wurzel, die multiple Korrelation (R: 2.5), beschreiben lässt. Es besteht also ein mittlerer Zusammenhang zwischen Alter und Einkommen. Bemerkenswert ist weiter, dass dieser Zusammenhang nicht-linear ist.

Anstelle der Regressionskoeffizienten ist es daher hier in zweiter Linie sinnvoller, die Regressionsfunktion zu beschreiben. Bis zum Alter von 43 Jahren steigt das Einkommen an, dann sinkt es bis zu einem Alter von etwa 78 Jahren und steigt dann wieder. Inhaltlich ist dieser Anstieg im hohen Alter möglicherweise dadurch bedingt, dass die Sterblichkeit mit dem Einkommen sinkt, sodass in sehr hohen Altersgruppen Personen mit hohem Einkommen eher vertreten sind.

f) Da beide Regressionsmodelle die gleichen empirischen Konsequenzen haben, ist es im Prinzip egal, welches Modell geschätzt wird. Da sehr hohe Multikollinearität bei der Berechnung der Koeffizienten aber eher zu numerischen Ungenauigkeiten führt, ist aus rein rechentechnischen Gründen das Modell mit der geringeren Kollinearität, also das zweite Modell, vorzuziehen, in dem das zentrierte Alter sowie dessen zweite und dritte Potenz verwendet wird.

Lösung 11.11

a) Zuerst werden die Modellstatistiken betrachtet: Der F-Test hat ein empirisches Signifikanzniveau, das kleiner als 0.1 % ist ($p < 0.001$). Falls die Modellannahmen erfüllt sind, kann daher bei einer Irrtumswahrscheinlichkeit von 0.1 % davon ausgegangen werden, dass der Determinationskoeffizient in der Grundgesamtheit größer als null ist, d. h., dass mindestens ein Regressionsgewicht ungleich null ist. Bildung und Alter klären zusammen mehr als 16 % der Variation des Einkommens auf.

Das Regressionsgewicht der Bildung ist dahin gehend zu interpretieren, dass beim Einkommen pro höherer Stufe des Bildungsabschlusses mit einer Erhöhung um 520.71 DM zu rechnen ist. Der negative Koeffizient der Region zeigt dagegen an, dass (auch) bei Kontrolle der Bildung das durchschnittliche Einkommen in den neuen Bundesländern um 835.15 DM unter dem Einkommen in den alten Ländern liegt. Die Regressionskonstante gibt das durchschnittliche Einkommen bei Befragten ohne Bildungsabschluss (Bildung = null) in den alten Bundesländern (Region = null) wieder, das bei 1690.62 DM liegt.

Aus den standardisierten Regressionsgewichten ist ersichtlich, dass der Effekt der Bildung, gemessen in Standardabweichungseinheiten, größer ist als der Effekt der Region. Wird die Höhe der standardisierten Gewichte analog einer Korrelation interpretiert, dann liegt die Effektstärke beider Prädiktoren im mittleren Bereich.

b) Die Recodierung der Bildungsvariablen von «Abschlussrang» in «Schuljahre» ist formal eine nichtlineare Transformation, die die Abstände zwischen den Kategorien ändert. Während beim Abschlussrang (implizit) von gleichen Abständen ausgegangen wird, führt die Recodierung dazu, dass der Abstand zwischen «kein Abschluss» und «Hauptschulabschluss» doppelt so hoch ist (zwei Jahre) wie die Differenz zwischen «Hauptschulabschluss» und «Mittlere Reife» (ein Jahr). Dreimal so hoch wird der Abstand zwischen «Mittlere Reife» und «Abitur» gewertet und viermal so hoch der zwischen «Abitur» und «abgeschlossenes Studium».

Durch diese Recodierung ändern sich nicht nur die Regressionskoeffizienten, sondern auch der Determinationskoeffizient, der nach der Recodierung 17.6 % statt ursprünglich 16.3 % beträgt. Die Erhöhung, die auch in einer Verringerung beim Wert der Variation der Residuen sichtbar ist, ist als Hinweis darauf zu interpretieren, dass das zweite Modell die Unterschiede im Einkommen besser erklären kann als das erste Modell. Daher ist dieses Modell dem ersten Modell in Teilaufgabe a) vorzuziehen.

Bildung in Jahren hat ein Regressionsgewicht von 214.50 DM. Die Rendite einer zusätzlichen Bildung beträgt danach 214.50 DM pro Bildungsjahr. Bei dieser Codierung ist die Ost-West-Differenz im Einkommen etwas geringer. In den neuen Bundesländern liegt das durchschnittliche Einkommen um 780.08 DM (statt 835.18 DM) unter dem in den alten Ländern. Der Rückgang ist darauf zurückzuführen, dass die Region mit der Bildung korreliert ist und eine nichtlineare Änderung der Codierung daher Auswirkungen haben kann.

c) Wird die Bildung als nominalskalierte Variable betrachtet, erhöht sich der Determinationskoeffizient weiter auf nun 19.5 %. Offenbar erfasst auch die Messung der Bildung in Jahren den Effekt auf das Einkommen nur ungenau. Warum das so ist, wird deutlich, wenn die Regressionsgewichte der einzelnen Bildungsabschlüsse interpretiert werden. Die Referenzkategorie ist der Hauptschulabschluss. Aus dem Regressionsgewicht der Dummy-Variablen für die Ausprägung «kein Abschluss» ist ersichtlich, dass Personen ohne Abschluss durchschnittlich 475.71 DM weniger verdienen als Personen mit Hauptschulabschluss. Umgekehrt verdienen Personen mit Mittlerer Reife durchschnittlich

340.19 DM mehr als Personen mit Hauptschulabschluss, während Personen mit Abitur dagegen im Durchschnitt nur 214.19 DM mehr verdienen. Am größten ist die Differenz zu Personen mit Hochschulabschluss, die 1918.57 DM mehr verdienen. Aus den Koeffizienten ist ersichtlich, dass das Abitur (ohne Hochschulabschluss) zu einem geringeren Einkommen führt als die Mittlere Reife. Sichtbar wird dies auch, wenn für alle drei Modelle die Vorhersagewerte berechnet werden:

Vorhersagewerte für drei verschiedene Regressionsmodelle aus Teilaufgaben a), b) und c)

Region	Bildung	Modell 1	Modell 2	Modell 3
Westen	kein Abschluss	1690.62 DM	1849.01 DM	1826.26 DM
Westen	Hauptschul-abschluss	2211.33 DM	2278.01 DM	2301.97 DM
Westen	Mittlere Reife	2732.04 DM	2492.51 DM	2642.16 DM
Westen	Abitur	3252.75 DM	3136.01 DM	2516.16 DM
Westen	abgeschlosse-nes Studium	3773.46 DM	3994.01 DM	4220.54 DM
Osten	kein Abschluss	855.44 DM	1068.93 DM	995.41 DM
Osten	Hauptschul-abschluss	1376.15 DM	1497.93 DM	1471.12 DM
Osten	Mittlere Reife	1896.86 DM	1712.43 DM	1811.31 DM
Osten	Abitur	2417.57 DM	2355.93 DM	1685.31 DM
Osten	abgeschlosse-nes Studium	2938.28 DM	3213.93 DM	3389.69 DM

Nimmt man den Determinationskoeffizienten als Entscheidungskriterium, dann beschreibt das dritte Modell aus Teilaufgabe c) die Daten am besten, weil hier die Varianzaufklärung bei der abhängigen Variablen Einkommen am höchsten ist.

d) Bei der Regression mit Dummy-Variablen für die Bildungsabschlüsse sind die standardisierten Regressionskoeffizienten nicht sinnvoll interpretierbar, da die vier Dummy-Variablen der Bildung aus derselben Ursprungsvariable gebildet wurden. Es ist daher auch wenig sinnvoll, die relative Effektstärke dieser Kontraste zu vergleichen.

Da es keinen relativen Gesamteffekt für die erklärende Variable «Bildung» gibt, kann kein Vergleich der Effektstärke von «Region» und «Bildung» vorgenommen werden. Es kann nur festgestellt werden, dass die Region einen mittleren reduzierenden Effekt auf das Einkommen hat.

e) Durch die im Vergleich zum Ausgangsmodell aus Teilaufgabe a) zusätzliche Berücksichtigung von drei Dummy-Variablen für die Mittlere Reife, das Abitur und den Hochschulabschluss kann untersucht werden, inwieweit diese Abschlüsse von der Schätzung bei gleichem Abstand abweichen. Die Regressionsgewichte der Dummy-Variablen des erweiterten Modells zeigen, dass die Mittlere Reife eine etwas geringere Differenz zum Hauptschulabschluss aufweist, das Abitur eine deutlich geringere Differenz zur Mittleren Reife und der Hochschulabschluss einen höheren Abstand zum Abitur.

Allerdings ist kein Regressionsgewicht der drei Dummy-Variablen bei einer Irrtumswahrscheinlichkeit von 5 % signifikant. Dies scheint zunächst darauf hinzuweisen, dass das einfache Modell nicht signifikant schlechter ist als das erweiterte Modell. Dieser Anschein kann jedoch trügen. Aufgrund der Korrelationen zwischen den Prädiktoren ist es möglich, dass die drei zusätzlichen Regressionsgewichte nicht signifikant sind, insgesamt aber doch ein signifikanter Zuwachs an Erklärungskraft auftritt.

Dies lässt sich mit Hilfe des F-Tests auf Zuwachs an Erklärungskraft in den bekannten fünf Schritten prüfen.

1. Schritt: Formulierung der Forschungs- und der Nullhypothese
Die Forschungshypothese behauptet, dass durch die zusätzlich zum Ausgangsmodell einbezogenen Dummy-Variablen ein Zu-

wachs an Erklärungskraft des Modells erreicht wird. Das entspricht der Behauptung, dass die drei zusätzlichen Regressionsgewichte (β_2: «Mittlere Reife», β_3: «Abitur» und β_4: «Hochschulabschluss») in der Grundgesamtheit einen Wert ungleich null haben. Das zu prüfende Hypothesenpaar lautet also:

$$H_1: \beta_2 \neq 0 \text{ oder } \beta_3 \neq 0 \text{ oder } \beta_4 \neq 0 \quad \text{versus} \quad H_0: \beta_2 = \beta_3 = \beta_4 = 0$$

2. Schritt: Auswahl der Testverteilung und der Teststatistik
Bei homoskedastischen und normalverteilten Residuen und Korrektheit (Erfüllung der Modellannahmen) des erweiterten Modells kann aus den Differenzen der Residualvariationen die Teststatistik F berechnet werden, die bei gültiger Nullhypothese f-verteilt ist.

3. Schritt: Festlegung des Ablehnungsbereichs und des kritischen Werts
Ist der Erklärungszuwachs der drei Variablen größer als null, dann ist die Teststatistik F nichtzentral f-verteilt und weist größere Werte auf als bei Gültigkeit der Nullhypothese.

Bei falscher Nullhypothese ist also mit eher großen Werten zu rechnen. Die Nullhypothese wird daher bei einer Irrtumswahrscheinlichkeit α abgelehnt, wenn die Teststatistik größer ist als das $(1 - \alpha)$-Quantil der F-Verteilung mit $df_1 = 3$ und $df_2 = 2191$ Freiheitsgraden.[25] Der kritische Wert liegt bei einer Irrtumswahrscheinlichkeit von 5 % zwischen $f_{df_2=120;\,1-\alpha} = 2.680$ und $f_{df_2=\infty;\,1-\alpha} = 2.605$.

4. Schritt: Berechnung der Teststatistik
Die Teststatistik F wird berechnet als Quotient aus der Differenz der Residualvariation des Ausgangsmodells (k Prädiktoren) minus der Residualvariation des erweiterten Modells (k + j Prädiktoren), dividiert durch die Differenz der entsprechenden Freiheitsgrade (Zähler).

25. Die Berechnung der Freiheitsgrade wird im Zusammenhang mit der Berechnung der Teststatistik F beschrieben.

Dieser Quotient im Zähler wird dividiert durch die Residualvarianz des erweiterten Modells. Diese Residualvarianz im Nenner ergibt sich, wenn die Residualvariation des erweiterten Modells durch die Anzahl der Freiheitsgrade der Residuen in diesem erweiterten Modell dividiert wird.

Die Anzahl der Freiheitsgrade wird ermittelt nach der bekannten Formel: Anzahl Datenpunkte (n) minus Anzahl der zu schätzenden Parameter (t).

Im erweiterten Modell werden die k Parameter des Ausgangsmodells, die Regressionskonstante und zusätzlich die j Parameter des erweiterten Modells geschätzt. Die Anzahl der Freiheitsgrade für die Residuen des erweiterten Modells wird dann berechnet als:

$$df_2 = n - k - 1 - j$$

Die Anzahl der Freiheitsgrade für die Differenz der Residualvariationen von Ausgangs- und erweitertem Modell im Zähler resultiert als Differenz der Freiheitsgrade der Residuenvariationen in den beiden Modellen und wird berechnet als:

$$df_1 = \underbrace{(n-k-1)}_{\substack{df \\ \text{Ausgangsmodell}}} - \underbrace{(n-k-1-j)}_{\substack{df \\ \text{erweitertes Modell}}}$$

$$= j$$

Die Teststatistik F kann dann berechnet werden nach der Formel:

$$F = \frac{\frac{(SS(E_1) - SS(E_2))}{j}}{\frac{SS(E_2)}{(n-k-1-j)}} = \frac{\frac{(5423000773.603 - 5218782836.147)}{3}}{\frac{5218782836.147}{2191}} = 28.6$$

5. Schritt: Entscheidung über Akzeptanz oder Ablehnung der Nullhypothese

Da die Teststatistik größer ist als der kritische Wert, ist die Nullhypothese abzulehnen. Mit einer Irrtumswahrscheinlichkeit von 5 % kann davon ausgegangen werden, dass zumindest eine der zusätzlichen Dummy-Variablen im erweiterten Modell in der Population ein Regressionsgewicht ungleich null aufweist.

f) Das erweiterte Modell hat demnach im Vergleich zum Ausgangsmodell eine signifikant größere Erklärungskraft. Das bedeutet, dass das nichtlineare Modell mit den Dummy-Variablen dem linearen Modell vorzuziehen ist.

g) Die Anwendung des F-Tests auf Zuwachs an Erklärungskraft setzt voraus, dass das Ausgangsmodell ein Spezialfall des erweiterten Modells ist und dass die Schätzung der beiden Modelle auf der gleichen Datenbasis beruht. Vor einer Anwendung muss geprüft werden, ob dies zutrifft.

Zunächst ist festzustellen, dass sich alle Modelle dieses Beispiels auf dieselben n = 2197 Fälle mit gültigen Werten bei den Variablen Einkommen, Bildung und Region aus dem Allbus 2000 beziehen.

Vergleicht man die Variationszerlegung des erweiterten Modells aus Teilaufgabe e) mit der Variationszerlegung in Teilaufgabe c), so wird deutlich, dass die Werte für die Variationen der Vorhersagewerte und der Residuen und auch die Freiheitsgrade identisch sind. Beide Modelle sind also äquivalent. Es war gar nicht nötig, das erweiterte Modell in Teilaufgabe e) zu schätzen. Der Vergleich der Modelle aus Teilaufgabe a) und Teilaufgabe c) wäre zum selben Ergebnis gekommen.

Mit der gleichen Logik können dann aber auch die Modelle in Teilaufgabe b) und in Teilaufgabe c) verglichen werden. Es ist daher wiederum möglich, einen F-Test durchzuführen:

1. Schritt: Formulierung der Forschungs- und der Nullhypothese
Die Forschungshypothese behauptet, dass die Modelle in Teilaufgabe b) und in Teilaufgabe c) sich im Hinblick auf ihre Erklärungskraft signifikant voneinander unterscheiden. Im Modell in Teilaufgabe c) gibt es gegenüber dem Modell von Teilaufgabe b) drei zusätzliche Regressionsgewichte. Das Hypothesenpaar lautet daher:

$H_1: \beta_2 \neq 0 \text{ oder } \beta_3 \neq 0 \text{ oder } \beta_4 \neq 0$ versus $H_0: \beta_2 = \beta_3 = \beta_4 = 0$

2. Schritt: Auswahl der Testverteilung und der Teststatistik
Wie Teilaufgabe e).

3. Schritt: Festlegung des Ablehnungsbereichs und des kritischen Werts
Wie Teilaufgabe e).

4. Schritt: Berechnung der Teststatistik
Wie Teilaufgabe e), nur dass sich hier die einzusetzenden Zahlen unterscheiden. Die Berechnung der Teststatistik F erfolgt hier als:

$$F = \frac{\frac{(SS(E_1) - SS(E_2))}{j}}{\frac{SS(E_2)}{(n-k-1-j)}} = \frac{\frac{(5338827994.528 - 5218782836.147)}{3}}{\frac{5218782836.147}{2191}} = 16.8$$

5. Schritt: Entscheidung über Akzeptanz oder Ablehnung der Nullhypothese
Da die Teststatistik größer ist als der kritische Wert, ist die Nullhypothese abzulehnen.

Mit einer Irrtumswahrscheinlichkeit von 5 % ist damit zu rechnen, dass zumindest eine Dummy-Variable in der Population ein Regressionsgewicht ungleich null aufweist.

Inhaltlich bedeutet dies, dass das nichtlineare Modell auch dem linearen Modell mit Bildungsjahren als Prädiktor vorzuziehen ist.

Anmerkung: Das Modell mit den Dummy-Variablen für die Bildungsabschlüsse ist also das Modell, das den beiden ersten Modellen vorzuziehen ist. Man könnte auf die Idee kommen, auch das erste und das zweite Modell gegeneinander zu testen. Dies geht jedoch nicht, da zwar die Modellschätzung bei beiden Modellen auf der gleichen Datenbasis (den gleichen Fällen) beruht, aber das erste Modell nicht als ein Spezialfall des zweiten Modells aufgefasst werden kann. Sichtbar wird dies durch den Vergleich der Freiheitsgrade bzw. Prädiktoren. Diese unterscheiden sich nicht. Das zweite Modell kann also nicht als Erweiterung des ersten Modells betrachtet werden, bei dem zusätzliche Prädiktoren aufgenommen werden.

Der F-Test für einen Vergleich der beiden Modelle aus Teilaufgabe a) und Teilaufgabe b) ist deshalb hier nicht anwendbar.

Lösung 11.12

a) Aus den Regressionskoeffizienten ist zu erkennen, dass sich das Einkommen von Personen mit Hauptschulabschluss von 1980 mit 1407.00 DM auf 1990 mit 1797.70 DM bis 2000 auf 2042.83 DM erhöht hat. Das Einkommen von Personen ohne Schulabschluss lag 1980 um 246.74 DM unter dem Einkommen von Personen mit Hauptschulabschluss, 1990 lag das Einkommen um 411.09 und 2000 um 540.46 DM niedriger. Bei der Mittleren Reife lag das Einkommen 1980 um 334.80 DM über dem bei einem Hauptschulabschluss; 1990 betrug die Differenz 358.62 DM und 2000 war der Differenzbetrag 152.43 DM. Der Einkommensabstand zwischen Hauptschulabschluss und Abitur betrug 1980 755.40, 1990 705.19 und 2000 1174.33 DM.

Aus den Werten ist insgesamt ein Einkommenszuwachs erkennbar (was allerdings nichts über die Kaufkraft aussagt, da Preissteigerungen in den 20 Jahren hier nicht berücksichtigt sind). Gleichzeitig verändern sich die relativen Differenzen. Der Einkommensunterschied zwischen Personen ohne Abschluss und Personen mit Hauptschulabschluss wird kontinuierlich größer, während der Einkommensunterschied zwischen Personen mit Mittlerer Reife und Personen mit Hauptschulabschluss zwischen 1980 und 1990 zwar geringfügig größer, zwischen 1990 und 2000 jedoch wieder geringer wird. Für die Höhe des Einkommens scheint es in den letzten Jahren immer weniger wichtig geworden zu sein, ob jemand einen Hauptschulabschluss oder die Mittlere Reife hat. Umgekehrt ist die Entwicklung beim Abitur: Zwischen 1980 und 1990 wird der Einkommensunterschied zwischen Personen mit Abitur und Hauptschulabschluss geringer, zwischen 1990 und 2000 steigt dieser Differenzbetrag jedoch deutlich (von 705.19 DM auf 1174.33 DM) an.

Unberücksichtigt ist hier die soziale Zusammensetzung der Absolventen unterschiedlicher Schulzweige, die sich im beobachteten Zeitraum verändert haben kann. Dieser Faktor (und weitere Aspekte wie Beschäftigungsquoten der Absolventen etc.) könnte zur Interpretation der beobachteten Entwicklungen herangezogen werden.

b) Die Grafik mit den Vorhersagewerten der jeweiligen Schulabschlüsse sieht folgendermaßen aus:

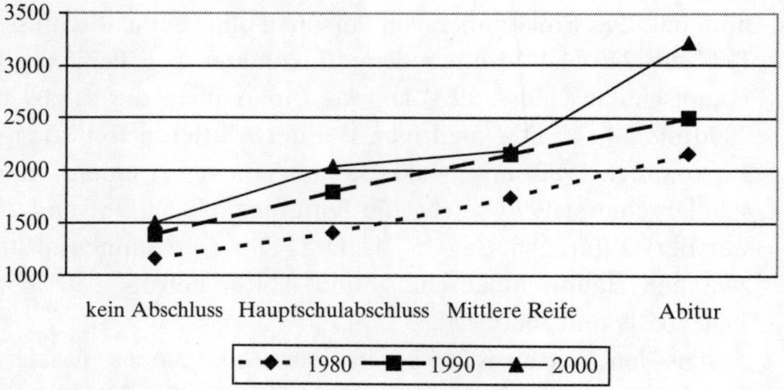

Aus der Grafik ist abzulesen, dass der Einkommenszuwachs zwischen 1980 und 1990 in den drei Bildungsgruppen ohne Abitur deutlich höher war als zwischen 1990 und 2000. Bei Personen mit Abitur gab es dagegen zwischen 1990 und 2000 einen deutlichen Einkommenszuwachs.

Im Unterschied zu den Ergebnissen von Teilaufgabe a), wo der Vergleich der Einkommensbeträge zwischen den Bildungsgruppen und der Referenzkategorie (Hauptschulabschluss) vorgenommen wurde, kann aus der Grafik der zeitliche Verlauf der Einkommensentwicklung und die tatsächliche Einkommenssteigerung innerhalb jeder einzelnen Bildungsgruppe abgelesen werden.

c) Bei einer Dummy-Variable bedeutet Signifikanz des Regressionsgewichts, dass der Abstand der Ausprägung zur Referenzkategorie in der Grundgesamtheit vermutlich ungleich null ist (Forschungshypothese). Die Nullhypothese des Tests behauptet dann, dass das Regressionsgewicht in der Population gleich null ist.

Die Prüfung der Signifikanz erfolgt mit Hilfe des T-Tests, bei dem die Teststatistik T als Quotient aus dem unstandardisierten Regressionsgewicht, dividiert durch seinen Standardfehler, berechnet wird. Bei gültiger Nullhypothese und erfüllten Modellannahmen ist dieser Quotient t-verteilt mit df = n – k – 1 Freiheitsgraden. Da es im Regressionsmodell drei erklärende Variablen gibt, werden drei Regressionsgewichte und eine Regressionskonstante «geschätzt». Die Anzahl der Freiheitsgrade beträgt daher: df = n – 3 – 1 = n – 4 Freiheitsgrade.

Bei einer Irrtumswahrscheinlichkeit von 5 % wird die Nullhypothese abgelehnt, wenn die Teststatistik größer ist als das $(1 - \alpha/2)$-Quantil oder kleiner ist als das $\alpha/2$-Quantil der T-Verteilung. Bei den drei Regressionsgleichungen liegen die kritischen Werte zwischen $t_{\infty;\, \alpha \text{ bzw. } 1-\alpha/2} = \pm 1.96$ und $t_{120;\, \alpha \text{ bzw. } 1-\alpha/2} = \pm 1.98$. Die Ergebnisse der Berechnungen zeigt die folgende Tabelle:

T-Wert und empirisches Signifikanzniveau p für die Regressionskoeffizienten

Erhebungsjahr	1980		1990		2000	
Prädiktor	T	p ≤ 0.05	T	p ≤ 0.05	T	p ≤ 0.05
Konstante	56.35	ja	37.68	ja	37.96	ja
ohne Abschluss	–1.62	nein	–1.85	nein	–2.45	ja
Mittlere Reife	6.85	ja	4.29	ja	1.82	nein
Abitur	12.16	ja	8.85	ja	13.25	ja
df	1925		1561		2193	

Alle Regressionskonstanten sind signifikant. Außerdem sind in jeder Regressionsgleichung zwei der drei Regressionsgewichte signifikant.

d) Ist ein Regressionskoeffizient nicht signifikant, dann bedeutet das, dass der Populationswert dieses Koeffizienten vermutlich (mit einer gegebenen Irrtumswahrscheinlichkeit von α) nicht von null verschieden ist.

Die Regressionskonstante gibt an, wie hoch der Einkommensbetrag ist, wenn die erklärende Variable den Wert null hat. Im vorliegenden Beispiel einer Regression mit Dummy-Variablen hat die Referenzkategorie den Wert null. Referenzkategorie ist hier die Bildungsgruppe «Hauptschulabschluss». Die Regressionskonstante gibt also an, wie hoch das durchschnittliche Einkommen von Personen mit Hauptschulabschluss ist. Ist dieser Wert nicht signifikant, so bedeutet das, dass der Einkommensbetrag sehr niedrig, d. h. nicht deutlich von null verschieden ist.

Die Regressionsgewichte geben den Effekt einer erklärenden Variablen auf die abhängige Variable an. Im vorliegenden Beispiel einer Regression mit Dummy-Variablen gibt ein Regressionsgewicht den Einkommensunterschied zwischen zwei Bildungsgruppen an. Referenzkategorie ist der «Hauptschulabschluss». In der Regressionsgleichung für das Jahr 1980 gibt daher das nicht signifikante Regressionsgewicht für die Dummy-Variable «ohne Abschluss» an, dass der Einkommensunterschied zwischen Personen mit und ohne Hauptschulabschluss in der Population vermutlich nicht von null verschieden ist.

Ein nicht signifikantes Regressionsgewicht gibt in diesem Beispiel also an, dass ein Unterschied zwischen zwei Bildungsgruppen in der Population unbedeutend ist.

e) Das Einkommen von Personen mit Hauptschulabschluss (Referenzkategorie) wird durch die Regressionskonstanten erfasst. Zur Prüfung der Hypothese, dass der Einkommensbetrag dieser Bildungsgruppe im Jahr 2000 um mindestens 500.– DM über dem Einkommensbetrag von 1980 liegt, muss daher die Differenz zwischen zwei Regressionskonstanten berechnet werden. Die Prüfung der Hypothese erfolgt in fünf Schritten.

1. Schritt: Formulierung der Forschungs- und der Nullhypothese
Wird – wie in der multiplen Regression üblich – die Regressionskonstante als b_0 bzw. β_0 bezeichnet, dann lautet das zu prüfende Hypothesenpaar:

$$H_1: \beta_{0;\,2000} - \beta_{0;\,1980} \geq 500 \quad \text{versus} \quad H_0: \beta_{0;\,2000} - \beta_{0;\,1980} < 500$$

2. Schritt: Auswahl der Testverteilung und der Teststatistik
Beide Regressionskonstanten sind asymptotisch um ihren Populationswert normalverteilt. Die Differenz ist dann ebenfalls asymptotisch normalverteilt. Als Testverteilung wird daher die Standardnormalverteilung und als Teststatistik der Z-Wert verwendet.

3. Schritt: Festlegung des Ablehnungsbereichs und des kritischen Werts
Bei falscher Nullhypothese ist mit eher großen Werten der Teststatistik zu rechnen. Die Nullhypothese wird daher mit einer Irrtumswahrscheinlichkeit α abgelehnt, wenn die Teststatistik größer ist als das $(1 - \alpha)$-Quantil der Standardnormalverteilung. Bei einer Irrtumswahrscheinlichkeit von 5 % liegt der kritische Wert bei $z_{1-\alpha} = 1.645$.

4. Schritt: Berechnung der Teststatistik
Da die Regressionskonstanten aus zwei Regressionsgleichungen stammen, die sich auf unterschiedliche Jahre und damit auch unterschiedliche Fälle beziehen, sind sie statistisch unabhängig voneinander. Der Standardfehler der Differenz der beiden Regressionskonstanten ist dann gleich der Wurzel aus der Summe der quadrierten[26] Standardfehler der beiden Koeffizienten. Die Teststatistik Z wird berechnet nach der Formel:

26. Die Standardfehler müssen vor der Addition quadriert werden, weil nur die Varianzen erwartungstreue Schätzer sind. Eine einfache Addition von Standardfehlern ist nicht zulässig.

$$Z = \frac{(b_{0;2000} - b_{0,1980}) - 500}{\sqrt{\hat{\sigma}^2(b_{0;2000}) + \hat{\sigma}^2(b_{0;1980})}} = \frac{(2042.83 - 1407.00) - 500}{\sqrt{53.81^2 + 24.97^2}} = 2.29$$

5. Schritt: Entscheidung über Akzeptanz oder Ablehnung der Nullhypothese
Da die Teststatistik größer ist als der kritische Wert, ist die Nullhypothese abzulehnen.

Mit einer Irrtumswahrscheinlichkeit von 5 % kann davon ausgegangen werden, dass in der Population das Einkommen von Personen mit Hauptschulabschluss im Jahr 2000 um mindestens 500 DM über dem Einkommen dieser Personengruppe im Jahr 1980 lag.

f) Es geht hier um die Prüfung der Hypothese, dass der Einkommenszuwachs in einem Jahrzehnt (zwischen 1980 und 1990) genauso groß ist wie der Einkommenszuwachs in einem zweiten Jahrzehnt (zwischen 1990 und 2000). Einkommenszuwachs bedeutet also die Differenz des Einkommens zwischen 1990 und 1980 sowie die Differenz des Einkommens zwischen 2000 und 1990.

Geprüft wird hier also eine Hypothese über die Differenz der Differenzen von Regressionskonstanten. Diese Hypothesenprüfung erfolgt in den bekannten fünf Schritten.

1. Schritt: Formulierung der Forschungs- und der Nullhypothese
Da die Forschungshypothese eine Differenz von null postuliert, wird sie als Nullhypothese formuliert. Es ergibt sich folgendes Hypothesenpaar:

$$H_0: (\beta_{0;\,2000} - \beta_{0;\,1990}) - (\beta_{0;\,1990} - \beta_{0;\,1980}) = 0$$

versus

$$H_1: (\beta_{0;\,2000} - \beta_{0;\,1990}) - (\beta_{0;\,1990} - \beta_{0;\,1980}) \neq 0$$

Diese beiden Hypothesen können auch umformuliert werden in folgendes Hypothesenpaar:

$$H_0: \beta_{0;\,2000} - 2 \cdot \beta_{0;\,1990} + \beta_{0;\,1980} = 0 \quad \text{versus} \quad H_1: \beta_{0;\,2000} - 2 \cdot \beta_{0;\,1990} + \beta_{0;\,1980} \neq 0$$

2. Schritt: Auswahl der Testverteilung und der Teststatistik
Die Regressionskonstanten sind asymptotisch um ihren Populationswert normalverteilt. Daher ist auch jede Linearkombination (Differenz) der Koeffizienten asymptotisch normalverteilt. Als Testverteilung wird daher die Standardnormalverteilung und als Teststatistik der Z-Wert verwendet.

3. Schritt: Festlegung des Ablehnungsbereichs und des kritischen Werts
Bei falscher Nullhypothese ist mit sehr kleinen oder sehr großen Werten zu rechnen. Die Nullhypothese wird daher bei einer Irrtumswahrscheinlichkeit α abgelehnt, wenn die Teststatistik kleiner als das $\alpha/2$-Quantil oder größer als das $(1 - \alpha/2)$-Quantil der Standardnormalverteilung ist.

Bei einer Irrtumswahrscheinlichkeit von 5 % liegen die kritischen Werte bei $z_{\alpha/2}$ bzw. $z_{1-\alpha/2} = \pm 1.96$.

4. Schritt: Berechnung der Teststatistik
Da die Regressionskonstanten aus verschiedenen (unabhängigen) Stichproben stammen, kann der Standardfehler der Differenz als Summe der quadrierten Standardfehler berechnet werden. Da der Standardfehler der Regressionskonstante von 1990, $\beta_{0;\,1990}$, zweimal vorkommt, muss er in der Summe der (quadrierten) Standardfehler entsprechend berücksichtigt werden. Der Standardfehler der Differenz wird berechnet nach der Formel:

$$\hat{\sigma}\left(b_{0;\,2000} - 2 \cdot b_{0;\,1990} + b_{0;\,1980}\right) = \sqrt{\hat{\sigma}^2\left(b_{0;2000}\right) + 2^2 \cdot \hat{\sigma}^2\left(b_{0;1990}\right) + \hat{\sigma}^2\left(b_{0;1980}\right)}$$

Die Teststatistik Z kann nun berechnet werden. Dabei steht im Zähler die Differenz zwischen den Stichprobenwerten und dem in der Nullhypothese behaupteten Populationswert der Differenz (der Differenzen), β, und im Nenner der Standardfehler der Differenz (der Differenzen). Die Berechnung erfolgt nach der Formel:

$$Z = \frac{b_{0;2000} - 2 \cdot b_{0,1990} + b_{0,1980} - \beta}{\sqrt{\hat{\sigma}^2\left(b_{0;2000}\right) + 2^2 \cdot \hat{\sigma}^2\left(b_{0;1990}\right) + \hat{\sigma}^2\left(b_{0;1980}\right)}}$$

$$= \frac{2042.83 - 2 \cdot 1797.70 + 1407.00}{\sqrt{53.81^2 + 4 \cdot 47.70 + 24.97^2}} = 1.296$$

5. Schritt: Entscheidung über Akzeptanz oder Ablehnung der Nullhypothese
Da die Teststatistik im Annahmebereich liegt, kann die Nullhypothese nicht abgelehnt werden.

Mit einer Irrtumswahrscheinlichkeit von 5 % ist nicht auszuschließen, dass der Einkommenszuwachs bei Personen mit Hauptschulabschluss zwischen 1980 und 1990 genauso groß war wie der zwischen 1990 und 2000.

Lösung 11.13

a) Die der Analyse zugrunde liegende Fallzahl kann aus den Freiheitsgraden der Variationszerlegung rekonstruiert werden. Die Anzahl der Freiheitsgrade für die Variation der Vorhersagewerte ist gleich der Anzahl (k) der Prädiktoren, bei den gegebenen acht Prädiktoren also:

$$df\left(SS_{\hat{Y}}\right) = k = 8$$

Die Anzahl der Freiheitsgrade für die Variation der Residuen ist gleich der Fallzahl (n) minus Anzahl der Regressionskoeffizienten (= Anzahl der zu schätzenden Parameter: t) oder gleich der Fallzahl (n) minus Anzahl der Prädiktoren (k) minus eins (für die Regressionskonstante). Die Anzahl der Freiheitsgrade für die Variation der Residuen ist daher:

$$df\left(SS_E\right) = n - t = n - 9$$
$$= n - k - 1 = n - 8 - 1 = n - 9$$

Da in der Tabelle 3446 Freiheitsgrade für die Variation der Residuen und 8 Freiheitsgrade für die Variation der Vorhersagewerte angegeben sind, basiert die Analyse auf n = 3455 (= 3446 + 8 + 1) Fällen.

b) Insgesamt können die acht Prädiktoren 20 % der Variation aufklären. Eine etwas bessere Schätzung des Determinationskoeffizienten in der Population ist der adjustierte Determinationskoeffizient mit 19.8 % aufgeklärter Varianz. Immerhin ein Fünftel der Unterschiede bei der Nichtakzeptanz traditioneller Geschlechtsrollen kann durch Alter, Geschlecht, Bildung und Erhebungsgebiet aufgeklärt werden.

Wie der F-Test zeigt, kann die Nullhypothese, dass es in der Population gar keinen Zusammenhang mit den Prädiktoren gibt, bei einer Irrtumswahrscheinlichkeit von 0.1 % (empirisches Signifikanzniveau: $p < 0.001$) verworfen werden.

Alter hat einen negativen Effekt auf die abhängige Variable. Da hohe Werte für eine Ablehnung der traditionellen Geschlechtsrollen stehen, bedeutet das negative Vorzeichen, dass mit zunehmendem Alter die Zustimmung zu den traditionellen Geschlechtsrollen steigt, und zwar pro Lebensjahr um 0.009 Einheiten auf der Werteskala von eins bis vier.

Geschlecht hat einen positiven Effekt von 0.079 Einheiten. Bei der gegebenen Codierung heißt das, dass Frauen traditionelle Geschlechtsrollen etwas stärker ablehnen als Männer. Umgekehrt ist es bei der Konfessionszugehörigkeit. Konfessionsangehörige sind auf der Antwortskala (von 1 bis 4) dem Zustimmungspol um 0.156 Einheiten näher als konfessionslose Befragte.

Mit zunehmendem Rang des Bildungsabschlusses steigt die Ablehnung traditioneller Geschlechtsrollen: Personen mit mittlerer Reife sind dem Pol der Ablehnung traditioneller Geschlechtsrollen im Durchschnitt um 0.127 Einheiten, Personen mit Abitur um 0.231 und Personen mit Hochschulabschluss um 0.334 Einheiten näher als Personen mit Hauptschulabschluss. Personen ohne Schulabschluss tendieren dagegen zur Zustimmung: Sie sind von der Ablehnung um 0.110 Einheiten weiter entfernt als Personen mit Hauptschulabschluss.

Der positive Effekt der Region weist schließlich darauf hin, dass Befragte aus den neuen Bundesländern im Durchschnitt traditionelle Geschlechtsrollen um 0.168 Einheiten stärker ablehnen als Befragte aus den alten Bundesländern.

Mit Ausnahme des Regressionsgewichts der Dummy-Variable für Befragte «ohne Schulabschluss» sind alle Regressionskoeffizienten mit einer Irrtumswahrscheinlichkeit von 5 % signifikant von null verschieden. Die Effekte sind also vermutlich auch in der Population vorhanden. Dagegen ist zu vermuten, dass es zwischen Personen «ohne Abschluss» und Personen mit «Hauptschulabschluss» keinen Unterschied bei der Ablehnung bzw. Befürwortung traditioneller Geschlechtsrollen gibt.

c) Sollen in der ursprünglichen Regression die Effektstärken der Prädiktoren verglichen werden, so besteht das Problem, dass die Einheiten der Variablen sehr unterschiedlich sind, was Vergleiche erschwert. Als Lösung werden in solchen Situationen standardisierte Regressionsgewichte betrachtet. Da die Bildung aber im Regressionsmodell von Teilaufgabe a) in vier Dummy-Variablen aufgeteilt wurde, gibt es keinen eindeutigen Bildungseffekt, sodass ein Vergleich der übrigen Prädiktoren mit der Bildung nicht möglich ist.

Der «Trick» mit der Indexvariablen Bildung löst dieses Problem, da die Bildung jetzt nur noch über ein einziges Regressionsgewicht erfasst wird.

Das Vorgehen der Forscherin ist funktional und angebracht. Allerdings ist zu berücksichtigen, dass der Bildungsindex ein rein technisches Artefakt ist, das auf der ersten Regression aufbaut und daher nicht substanziell im Sinne einer metrischen Bildungsvariable interpretiert werden sollte. Der «Trick» funktioniert auch nur dann, wenn die im Bildungsindex verwendeten Regressionsgewichte der ersten Regression mit voller Rechengenauigkeit verwendet werden.[27] Ob die beiden Regressionsmodelle (mit Bildung aufgeteilt in Dummy-Variablen bzw. mit Bildung als Indexvariable) die gleichen empirischen Aussagen machen, kann durch einen Vergleich der Variationszerlegungen in den beiden

27. So wurden bei der tatsächlichen Berechnung des Index acht Nachkommastellen verwendet und nicht nur die drei in der Aufgabe ausgewiesenen Nachkommastellen.

Regressionsanalysen festgestellt werden. Ist der hier verwendete «Trick» das angemessene Verfahren, dann müssen die Variationen der Vorhersagewerte und der Residuen in den beiden Regressionsmodellen übereinstimmen. Dies ist hier der Fall.

d) Alter hat mit einem standardisierten Gewicht von b* = –0.260 den größten relativen Effekt auf die Ablehnung traditioneller Geschlechtsrollen, obwohl das unstandardisierte Gewicht (in der ersten Regression) am geringsten ist. Den zweithöchsten Effekt hat die Bildung mit einem Wert von b* = 0.206. Die relativen Effekte der Konfession (b* = –0.124) und der Region (b* = 0.134) sind zwar entgegengesetzt, aber fast gleich groß. Am geringsten und kaum von Bedeutung ist der Effekt des Geschlechts mit b* = 0.068.

Lösung 11.14

a) Das Ausgangsmodell (Modell 1) ohne Interaktionseffekte erklärt knapp 6 % der Variation der abhängigen Variablen (5 % bei Verwendung des adjustierten Determinationskoeffizienten).

Anhand der Regressionsgewichte ist festzustellen, dass das Alter offenbar keinen signifikanten Effekt auf die Links-rechts-Selbsteinstufung hat.

Für den Einfluss des Alters auf die Links-rechts-Selbsteinstufung gilt, dass sich die Gruppe der älteren Befragten im Durchschnitt um 0.067 Einheiten weiter links einordnet als die Gruppe der jüngeren Befragten. Allerdings ist dieses Ergebnis nicht signifikant.

Nicht signifikant ist auch der Unterschied zwischen der unteren und der mittleren Bildungsgruppe. Signifikant (bei einer Irrtumswahrscheinlichkeit von 0.1 %) ist nur der Unterschied zwischen den Bildungsgruppen «geringe Bildung» und «hohe Bildung» (b = –0.990).

Im zweiten Modell mit Interaktionseffekten (Modell 2) ändert sich das Ergebnis kaum. Der Determinationskoeffizient steigt um 1 %. Auch hier ist nur der Unterschied zwischen der unteren und der oberen Bildungsgruppe signifikant (b = –1.380).

b) Aus der Tabelle mit den Ergebnissen der Regressionsanalyse für Modell 2 ist ersichtlich, dass die Regressionsgewichte der Interaktionseffekte nicht signifikant sind. Es kann jedoch nicht ausgeschlossen werden, dass es insgesamt eine signifikante Erhöhung des Determinationskoeffizienten, d. h. der Erklärungskraft des zweiten Modells im Vergleich zum ersten Modell gibt.

Die Forschungshypothese behauptet, dass die Erklärungskraft von Modell 2 durch die Einführung der Interaktionseffekte signifikant zugenommen hat, d. h., dass zwischen Modell 1 und Modell 2 ein signifikanter Unterschied besteht. Inhaltlich bedeutet das, dass die Interaktionseffekte signifikant von null verschieden sind. Diese Hypothese kann mit dem F-Test auf Zuwachs an Erklärungskraft geprüft werden. Die Hypothesenprüfung erfolgt in fünf Schritten.

1. Schritt: Formulierung der Forschungs- und der Nullhypothese
Wenn die beiden Interaktionseffekte im Modell 2 mit β_4 und β_5 bezeichnet werden, dann lautet das zu prüfende Hypothesenpaar:

$$H_1: \beta_4 \neq 0 \text{ oder } \beta_5 \neq 0 \quad \text{versus} \quad H_0: \beta_4 = \beta_5 = 0$$

2. Schritt: Auswahl der Testverteilung und der Teststatistik
Bei homoskedastischen und normalverteilten Residuen und Korrektheit des erweiterten Modells kann aus den Differenzen der Residualvariationen die Teststatistik F berechnet werden, die bei gültiger Nullhypothese f-verteilt ist.

3. Schritt: Festlegung des Ablehnungsbereichs und des kritischen Werts
Ist der Erklärungszuwachs der beiden Interaktionseffekte größer als null, dann ist die Teststatistik F nichtzentral f-verteilt und weist größere Werte auf als bei Gültigkeit der Nullhypothese. Bei falscher Nullhypothese ist also eher mit großen Werten zu rechnen.

Die Nullhypothese wird daher mit einer Irrtumswahrscheinlichkeit α abgelehnt, wenn die Teststatistik F größer ist als das $(1 - \alpha)$-Quantil der F-Verteilung mit $df_1 = 2$ und $df_2 = 294$ Freiheitsgraden. Der kritische Wert liegt bei einer Irrtumswahrscheinlichkeit von 5 % zwischen $f_{df_2=\infty;\,1-\alpha} = 2.996$ und $f_{df_2=120;\,1-\alpha} = 3.072$.

4. Schritt: Berechnung der Teststatistik
Die Teststatistik F wird berechnet als Quotient aus der Differenz der Residualvariation des Modells 1 (k Prädiktoren ohne Interaktionseffekte) minus der Residualvariation des Modells 2 (k + j Prädiktoren = k Haupteffekte plus j Interaktionseffekte), dividiert durch die Differenz der entsprechenden Freiheitsgrade (Zähler).

Dieser Quotient im Zähler wird dividiert durch die Residualvarianz des Modells 2 (mit Interaktionseffekten). Diese Residualvarianz im Nenner ergibt sich, wenn die Residualvariation von Modell 2 durch die Anzahl der Freiheitsgrade der Residuen im Modell 2 dividiert wird.

Die Anzahl der Freiheitsgrade wird ermittelt nach der bekannten Formel: Anzahl Datenpunkte (n) minus Anzahl der zu schätzenden Parameter (t).

Im Modell 2 werden die k Haupteffekte, die Regressionskonstante und zusätzlich die j Interaktionseffekte «geschätzt». Die Anzahl der Freiheitsgrade für die Residuen des erweiterten Modells wird dann berechnet als:

$$df_2 = n - k - 1 - j$$

Die Anzahl der Freiheitsgrade für die Differenz der Residualvariationen von Modell 1 und Modell 2 im Zähler resultiert als Differenz der Freiheitsgrade der Residuenvariation in den beiden Modellen und wird berechnet als:

$$df_1 = \underbrace{(n-k-1)}_{\text{df Modell 1}} - \underbrace{(n-k-1-j)}_{\text{df Modell 2}} = j$$

Die Teststatistik F kann dann berechnet werden nach der Formel:

$$F = \frac{\dfrac{(SS(E_1) - SS(E_2))}{j}}{\dfrac{SS(E_2)}{(n-k-1-j)}} = \frac{\dfrac{(806.727 - 798.240)}{2}}{\dfrac{798.240}{294}} = 1.56$$

5. Schritt: Entscheidung über Akzeptanz oder Ablehnung der Nullhypothese
Da die Teststatistik kleiner ist als der kritische Wert, kann die Nullhypothese nicht abgelehnt werden.

Mit einer Irrtumswahrscheinlichkeit von 5 % ist anzunehmen, dass die Links-rechts-Selbsteinstufung nicht durch eine Interaktion zwischen Bildung und Alter beeinflusst wird.

Wenn aber die Interaktionseffekte nicht signifikant sind, dann ist auch der Zuwachs an Erklärungskraft von Modell 2 (mit Interaktionseffekt) gegenüber Modell 1 (ohne Interaktionseffekt) nicht signifikant.

c) Da die Mittelwerte aller Prädiktoren gleich null sind und die Regressionsgerade durch die Mittelwerte aller Modellvariablen verläuft, gibt die Regressionskonstante bei der Effekt-Codierung im Unterschied zur Dummy-Codierung den Mittelwert der abhängigen Variablen an (wenn also die Ausprägung der erklärenden Variablen genau gleich ihrem Mittelwert ist).

Bei den 300 Fällen beträgt der Durchschnittswert (Gesamtmittelwert) auf der Links-rechts-Skala 5.167. Das Regressionsgewicht $b_1 = -0.033$ beim Alter gibt dann die Differenz der Gruppe der Älteren vom Gesamtmittelwert wieder. Da der Prädiktor in der Gruppe der Jüngeren den Wert –1 aufweist, beträgt der Abstand des Mittelwerts in der Gruppe der Jüngeren zum Gesamtmittelwert +0.033 (= -1×-0.033).

Das Regressionsgewicht $b_2 = +0.103$ für die mittlere Bildungsgruppe gibt die Abweichung des Mittelwerts der Personen mit mittlerer Bildung vom Gesamtmittelwert wieder. Der Wert $b_3 = -0.547$ erfasst entsprechend den Abstand der Gruppe mit hoher Bildung vom Gesamtmittelwert. Da die beiden Effekt-Variablen der Bildung bei geringer Bildung jeweils den Wert –1 aufweisen, beträgt der Abstand dieser (niedrig gebildeten) Gruppe zum Gesamtmittelwert +0.444 (= $-0.103 + 0.547$).

Im Unterschied zur Dummy-Regression verändert die Erweiterung des Modells um Interaktionsterme diese Regressionsgewichte nicht. Entsprechend gilt also, dass der durchschnittliche

Abstand der älteren Personen zum Gesamtmittelwert $b_1 = -0.033$ beträgt und der Abstand der mittleren Bildungsgruppe vom Gesamtmittelwert $b_2 = +0.103$ ist. Die Abweichung der älteren Personen mit mittlerer Bildung vom Gesamtmittelwert wird nicht durch die einfache Addition der Haupteffekte $b_1 = -0.033 + b_2 = +0.103$ erreicht, weil hier noch der Interaktionseffekt von -0.077 zu berücksichtigen ist. Die Abweichung der älteren Personen mit mittlerer Bildung vom Gesamtmittelwert beträgt also -0.007 ($= b_1 = -0.033 + b_2 = +0.103 + b_4 = -0.077$).

Entsprechend beträgt die Abweichung in der Gruppe der Älteren mit höherer Bildung -0.347 ($= b_1 = -0.033 + b_3 = -0.547 + b_5 = +0.233$) und die Abweichung in der Gruppe der Älteren mit geringer Bildung $+0.255$ ($= b_1 = -0.033) + (-1 \times b_2 = +0.103) + (-1 \times b_3 = -0.547) + (-1 \times b_4 = -0.077) + (-1 \times b_5 = +0.233$).

Bei der Effekt-Codierung beziehen sich also alle Regressionsgewichte auf die Abweichung der jeweiligen Gruppe vom Gesamtmittelwert der abhängigen Variablen, wobei es sich um die Gruppe handelt, bei der die Effekt-Variable den Wert +1 hat.

Die oben aufgeführten Zahlenwerte belegen daher, dass ältere Befragte sich etwas weiter links vom Gesamtmittelwert einordnen und Jüngere entsprechend etwas weiter rechts, dass sich Personen mit mittlerer Bildung rechts vom Gesamtmittelwert und Personen mit höherer Bildung links vom Gesamtmittelwert einordnen. Personen mit niedriger Bildung ordnen sich noch etwas rechter ein als Personen mit mittlerer Bildung. Abweichungen von diesem generellen Muster weisen ältere Befragte mit mittlerer Bildung auf, die noch etwas weiter links stehen. Ältere Befragte mit hoher Bildung stehen dagegen weiter rechts. Ältere Befragte mit geringer Bildung ordnen sich selbst etwas weiter links ein. Bei jüngeren Befragten ergibt sich das gleiche Bild mit umgekehrten Vorzeichen.

d) Auf die Berechnung der Vorhersagewerte hat die Effektcodierung keine besonderen Auswirkungen. Zu beachten ist nur, welchen Wert (+1, 0 oder −1) die Prädiktoren jeweils haben.

Vorhersagewerte bei Effekt-Codierung

Alter	Bildung	ohne Interaktionseffekt
alt	gering	5.578 = 5.167 – 0.033 · 1 + 0.103 · (–1) – 0.547 · (–1)
alt	mittel	5.237 = 5.167 – 0.033 · 1 + 0.103 · 1 – 0.547 · 0
alt	hoch	4.587 = 5.167 – 0.033 · 1 + 0.103 · 0 – 0.547 · 1
jung	gering	5.644 = 5.167 – 0.033 · (–1) + 0.103 · (–1) – 0.547 · (–1)
jung	mittel	5.303 = 5.167 – 0.033 · (–1) + 0.103 · 1 – 0.547 · 0
jung	hoch	4.653 = 5.167 – 0.033 · (–1) + 0.103 · 0 – 0.547 · 1
Alter	**Bildung**	**mit Interaktionseffekt**
alt	gering	5.422 = 5.167 – 0.033 · 1 + 0.103 · (–1) – 0.547 · (–1) – 0.077 · 1 · (–1) + 0.233 · 1 · (–1)
alt	mittel	5.160 = 5.167 – 0.033 · 1 + 0.103 · 1 – 0.547 · 0 – 0.077 · 1 · 1 + 0.233 · 1 · 0
alt	hoch	4.820 = 5.167 – 0.033 · 1 + 0.103 · 0 – 0.547 · 1 – 0.077 · 1 · 0 + 0.233 · 1 · 1
jung	gering	5.800 = 5.167 – 0.033 · (–1) + 0.103 · (–1) – 0.547 · (–1) – 0.077 · (–1) · (–1) + 0.233 · (–1) · (–1)
jung	mittel	5.380 = 5.167 – 0.033 · (–1) + 0.103 · 1 – 0.547 · 0 – 0.077 · (–1) · 1 + 0.233 · (–1) · 0
jung	hoch	4.420 = 5.167 – 0.033 · (–1) + 0.103 · 0 – 0.547 · 1 – 0.077 · (–1) · 0 + 0.233 · (–1) · 1

Vorhersagewerte bei Dummy-Codierung

Alter	Bildung	Vorhersagewerte bei Dummy-Codierung	Vorhersagewerte bei Effektcodierung
Alter	Bildung	ohne Interaktionseffekt	
alt	gering	5.576 = 5.643 – 0.067 · 1 – 0.340 · 0 – 0.990 · 0	5.578
alt	mittel	5.236 = 5.643 – 0.067 · 1 – 0.340 · 1 – 0.990 · 0	5.237
alt	hoch	4.586 = 5.643 – 0.067 · 1 – 0.340 · 0 – 0.990 · 1	4.587
jung	gering	5.643 = 5.643 – 0.067 · 0 – 0.340 · 0 – 0.990 · 0	5.644
jung	mittel	5.303 = 5.643 – 0.067 · 0 – 0.340 · 1 – 0.990 · 0	5.303
jung	hoch	4.653 = 5.643 – 0.067 · 0 – 0.340 · 0 – 0.990 · 1	4.653
Alter	Bildung	mit Interaktionseffekt	
alt	gering	5.420 = 5.800 – 0.380 · 1 – 0.420 · 0 – 1.380 · 0 + 0.160 · 1 · 0 + 0.780 · 1 · 0	5.422
alt	mittel	5.160 = 5.800 – 0.380 · 1 – 0.420 · 1 – 1.380 · 0 + 0.160 · 1 · 1 + 0.780 · 1 · 0	5.160
alt	hoch	4.820 = 5.800 – 0.380 · 1 – 0.420 · 0 – 1.380 · 1 + 0.160 · 1 · 0 + 0.780 · 1 · 1	4.820
jung	gering	5.800 = 5.800 – 0.380 · 0 – 0.420 · 0 – 1.380 · 0 + 0.160 · 0 · 0 + 0.780 · 0 · 0	5.800
jung	mittel	5.380 = 5.800 – 0.380 · 0 – 0.420 · 1 – 1.380 · 0 + 0.160 · 0 · 1 + 0.780 · 0 · 0	5.380
jung	hoch	4.420 = 5.800 – 0.380 · 0 – 0.420 · 0 – 1.380 · 1 + 0.160 · 0 · 0 + 0.780 · 0 · 1	4.420

Der Vergleich der Vorhersagewerte bei der Dummy-Codierung und der Effekt-Codierung führt bis auf Rundungsfehler zu identischen Werten:

Beide Codierungen haben also die gleichen empirischen Konsequenzen. Dies lässt sich auch daran erkennen, dass in der Variationszerlegung die Variationen der Vorhersagewerte und der Residuen und die Freiheitsgrade identisch sind. Es ist daher prinzipiell egal, welche Codierung gewählt wird.

Verschieden sind jedoch die Regressionsgewichte und die T-Werte (Regressionsgewicht durch Standardfehler). Das liegt daran, dass sich die Regressionsgewichte auf unterschiedliche Kontraste beziehen.

e) Bei der Dummy-Codierung wird der Kontrast (Abstand) zur jeweiligen Referenzgruppe angegeben. Im vorliegenden Beispiel ist das bei der Dummy-Codierung die Gruppe der jüngeren Befragten mit niedriger Bildung.

Im Modell ohne Interaktionseffekte weicht der geschätzte Mittelwert (Vorhersagewert = 5.576) der älteren Befragten mit geringer Bildung vom tatsächlichen Mittelwert ($\bar{x} = 5.420$; siehe Tabelle mit den Mittelwerten der 50 zufällig ausgewählten Personen) ab. Erst durch die Berücksichtigung der beiden Interaktionseffekte wird er exakt reproduziert.

Aus diesem Grund unterscheiden sich die Regressionskonstanten im Modell ohne und im Modell mit Interaktionseffekt.

Unterschiede zwischen den Modellen ohne und mit Interaktionseffekten gibt es auch bei der Interpretation der Abstände zur Referenzgruppe, d. h. bei der Interpretation der Kontraste.

Im Modell ohne Interaktionseffekt erfasst das Regressionsgewicht $b_1 = -0.067$ die geschätzte partielle Abweichung der Gruppe der älteren Befragten von der Gruppe der Jüngeren bei Kontrolle der Bildung. Hier wird also der partielle Effekt des Alters auf die Links-rechts-Selbsteinstufung bei Konstanthaltung der Bildung erfasst, d. h., dass der partielle Effekt des Alters für alle Ausprägungen der Drittvariablen Bildung den gleichen Wert hat.

Im Modell mit Interaktionseffekt gibt das Regressionsgewicht von $b_1 = -0.380$ dagegen die konditionale Abweichung der älteren Befragten mit geringer Bildung von der Gruppe der jüngeren Befragten mit geringer Bildung. Die Interpretation der Koeffizienten ändert sich also durch die Erweiterung des Modells. Hier wird der konditionale Effekt des Alters auf die Links-rechts-Selbsteinstufung erfasst, d. h., dass der Effekt sich nur auf eine Ausprägung der Drittvariablen bezieht und daher für unterschiedliche Ausprägungen der Variablen Bildung unterschiedliche Werte aufweist.

Dies ist bei der Effekt-Codierung nicht der Fall. Dies liegt daran, dass die Referenzgruppe stets der Gesamtmittelwert ist. Das Regressionsgewicht $b_1 = -0.033$ misst die durchschnittliche partielle Abweichung der Gruppe der Älteren vom Gesamtmittelwert. Die spezifische Abweichung in der Teilgruppe der Älteren mit mittlerer Bildung wird durch die übrigen Regressionsgewichte erfasst. Die Konstanz der Koeffizienten bei einer Erweiterung des Modells um Interaktionseffekte, aber auch um weitere erklärende Variablen, erleichtert die Interpretation der Koeffizienten. Aus diesem Grund wird bei einem ausgewogenem Design in der Regel die Effektcodierung vorgezogen.

Anmerkung:
Die Konstanz der Regressionskoeffizienten bei der Effekt-Codierung ist eine Folge der Unkorreliertheit der Prädiktoren. Sie gilt daher nur bei ausgewogenen Designs. Unterscheiden sich die Fallzahlen in den Subgruppen, geht dieser Vorteil der Effekt-Codierung verloren. Die geschätzten Kontraste beziehen sich dann auf einen abstrakten Bezugspunkt, der im Unterschied zum Gesamtmittelwert des ausgewogenen Designs keine klare empirische Bedeutung hat.

Anhang

A-1 Formelsammlung

1 Formeln zur deskriptiven Statistik

1.1 Berechnung von relativen Häufigkeiten aus absoluten Häufigkeiten

$$p_k = \frac{n_k}{n} = \frac{n_k}{\sum_{i=1}^{K} n_i}$$

wobei n_k die Häufigkeit ist, mit der die Ausprägung (Kategorie) k vorkommt, und n die Gesamtzahl der Fälle (mit gültigen Angaben).

1.2 Kumulierte relative Häufigkeiten

$$cp_k = \sum_{i=1}^{k} p_i = p_1 + p_2 + \ldots + p_k = \frac{1}{n}\sum_{i=1}^{k} n_k$$

1.3 Berechnung von Quantilen

a) bei ungruppierten Daten

Wenn n die Fallzahl ist und α der Quantilanteil, ergibt sich der Rangplatz a des α-Quantils nach:

$$a = \alpha \cdot n$$

Ist a keine ganze Zahl, wird die nächsthöhere ganze Zahl verwendet.

Das Quantil Q_α ist dann der Wert des a-ten Falls, nachdem alle Fälle der Größe nach aufsteigend sortiert sind:

$$Q_a = x_{(a)}$$

b) bei gruppierten Daten

$$Q_\alpha = o_{(k-1)} + \frac{\alpha - cp_{(k-1)}}{p_k} \cdot (o_k - o_{(k-1)})$$

wobei o_k und o_{k-1} die Obergrenze der k-ten bzw. (k – 1)-ten Klasse ist und α der Quantilanteil bzw. die Quantilwahrscheinlichkeit ist.

1.4 Median einer Variablen X

a) bei ungruppierten Daten

ungerade Fallzahl

$$\tilde{x} = x_{\left(\frac{n+1}{2}\right)}$$

gerade Fallzahl

$$\tilde{x} = \frac{x_{\left(\frac{n}{2}\right)} + x_{\left(\frac{n}{2}+1\right)}}{2}$$

wobei $x_{(i)}$ der Wert des i-ten Falls ist, nachdem alle Fälle der Größe nach aufsteigend sortiert sind.

b) bei gruppierten Daten

$$Q_\alpha = o_{(k-1)} + \frac{0.5 - cp_{(k-1)}}{p_k} \cdot \left(o_k - o_{(k-1)}\right)$$

wobei k die Klasse ist, bei der die kumulierten relativen Häufigkeiten erstmals den Wert 0.5 erreichen bzw. überschreiten.

1.5 Arithmetisches Mittel einer Variablen X

a) bei ungruppierten Häufigkeitstabellen

$$\bar{x} = \frac{1}{n}\sum_{k=1}^{K} n_k \cdot x_k = \sum_{k=1}^{K} \frac{n_k}{n} \cdot x_k = \sum_{k=1}^{K} p_k \cdot x_k$$

b) bei gruppierten Häufigkeitstabellen

$$\bar{x} = \frac{1}{n}\sum_{k=1}^{K} n_k \cdot m_k = \sum_{k=1}^{K} \frac{n_k}{n} \cdot m_k = \sum_{k=1}^{K} p_k \cdot m_k$$

Bei gruppierten Daten wird die Klassenmitte m_k berechnet nach:

$$m_k = \frac{u_k + o_k}{2}$$

wobei u_k und o_k die Unter- bzw. Obergrenze der k-ten Klasse ist.

1.6 Spannweite (Range)

$$r = x_{(n)} - x_{(1)}$$

1.7 Mittlerer Quartilabstand

$$mIQR = \frac{Q_3 - Q_1}{2}$$

wobei Q_1 das erste Quartil ist, d. h. das Quantil mit dem Quantilanteil 25 %, und Q_3 das dritte Quartil, d. h. das Quantil mit dem Quantilanteil 75 %.

1.8 Varianz einer Variablen X

$$s_X^2 = \frac{1}{n}\sum_{i=1}^{n}(x_i - \bar{x})^2 = \frac{1}{n}\left(\sum_{i=1}^{n} x_i^2\right) - \bar{x}^2$$

Rechenformeln bei

a) ungruppierten Häufigkeitstabellen

$$s_X^2 = \frac{1}{n}\sum_{k=1}^{K} n_k \cdot (x_k - \bar{x})^2 = \sum_{k=1}^{K} p_k \cdot (x_k - \bar{x})^2 = \sum_{k=1}^{K} p_k \cdot x_k^2 - \bar{x}^2$$

b) gruppierten Häufigkeitstabellen

$$s_X^2 = \frac{1}{n}\sum_{k=1}^{K} n_k \cdot (m_k - \bar{x})^2 = \sum_{k=1}^{K} p_k \cdot (m_k - \bar{x})^2 = \sum_{k=1}^{K} p_k \cdot m_k^2 - \bar{x}^2$$

1.9 Standardabweichung einer Variablen X

$$s_X = \sqrt{\frac{\sum_{i=1}^{n}(x_i - \bar{x})^2}{n}} = \sqrt{s_X^2}$$

1.10 Mittelwert und Varianz der Zusammenfassung der Verteilungen einer Variablen X aus zwei Subgruppen a und b

a) Gesamtmittelwert

$$\bar{x}_{pooled} = \frac{(n_a \cdot \bar{x}_a) + (n_b \cdot \bar{x}_b)}{n_a + n_b} = \frac{n_a}{n_a + n_b} \cdot \bar{x}_a + \frac{n_b}{n_a + n_b} \cdot \bar{x}_b = p_a \cdot \bar{x}_a + p_b \cdot \bar{x}_b$$

wobei $\bar{x}_a$ und $\bar{x}_b$ die Mittelwerte von X in den Subgruppen a und b sind und n_a und n_b die absoluten und p_a und p_b die relativen Fallzahlen in den beiden Gruppen sind ($p_a + p_b = 1$).

b) Gesamtvarianz

$$s_{pooled}^2 = \frac{n_a}{n_a + n_b} \cdot \left(s_a^2 + \left(\bar{x}_a - \bar{x}_{pooled}\right)^2\right) + \frac{n_b}{n_a + n_b} \cdot \left(s_b^2 + \left(\bar{x}_a - \bar{x}_{pooled}\right)^2\right)$$

$$\approx \frac{n_a}{n_a + n_b} \cdot s_a^2 + \frac{n_b}{n_a + n_b} \cdot s_b^2$$

wobei s_a^2 und s_b^2 die Varianzen in den beiden Subgruppen sind. Die Näherungsformel gilt exakt, wenn die beiden Gruppenmittelwerte $\bar{x}_a$ und $\bar{x}_b$ identisch sind; sie ist umso genauer, je näher die beiden Gruppenmittelwerte beieinander liegen.

1.11 Devianz – Streuungsmaß für nominalskalierte Variablen

Treten alle Ausprägungen einer nominalskalierten Variablen X mit der gleichen Häufigkeit auf (Gleichverteilung), dann besteht eine maximale Streuung. Ist dagegen nur eine Ausprägung realisiert, dann besteht keine Streuung. Diese Eigenschaft wird durch das Streuungsmaß Devianz berücksichtigt. Die Devianz D_X für das Merkmal X wird berechnet nach:

$$D_X = -2\sum_{k=1}^{K} \ln\frac{n_k}{n} \cdot n_k = -2\sum_{k=1}^{K} \ln(p_k) \cdot n_k$$

wobei $\ln(p_k)$ der natürliche Logarithmus des Anteils p_k von x_k ist und n_k die Anzahl der Fälle der Ausprägung (Kategorie) k des Merkmals X.

1.12 Z-Transformation für empirische Verteilungen

$$z_\alpha = \frac{x_i - \bar{x}}{s}$$

Nach der Z-Transformation ist der Mittelwert null und die Varianz eins.

Umkehrung der Z-Transformation für empirische Verteilungen:

$$x_i = z_\alpha \cdot s_x + \bar{x}$$

2 Formeln zu Zufallsexperimenten und Wahrscheinlichkeiten

2.1 Vereinigungs- und Überschneidungsmengen

Vereinigung «∪» von Ereignissen: $P(A \cup B)$ ist die Wahrscheinlichkeit, dass ein Ereignis A oder ein Ereignis B oder beide Ereignisse gemeinsam auftreten.

Überschneidung «∩» von Ereignissen: $P(A \cap B)$ ist die Wahrscheinlichkeit, dass die Ereignisse A und B gemeinsam auftreten.

2.2 Wahrscheinlichkeit der Vereinigung von Ereignissen

a) disjunkte Ereignisse

$$P(A \cup B) = P(A) + P(B)$$

b) nicht disjunkte Ereignisse

$$P(A \cup B) = P(A) + P(B) - P(A \cap B)$$

Zwei Ereignisse A und B sind disjunkt, wenn sie nicht gemeinsam auftreten können.

2.3 Bedingte Wahrscheinlichkeit

$$P(B|A) = \frac{P(A \cap B)}{P(A)} \quad \text{oder} \quad P(A|B) = \frac{P(A \cap B)}{P(B)}$$

2.4 Statistische Unabhängigkeit von Ereignissen

$P(A|B) = P(A)$ oder $P(B|A) = P(B)$

2.5 Wahrscheinlichkeit der Überschneidung von Ereignissen

$P(A \cap B) = P(B) \cdot P(A|B)$ oder $P(A \cap B) = P(A) \cdot P(B|A)$

Bei statistischer Unabhängigkeit der Ereignisse ist die Wahrscheinlichkeit der Überschneidung:

$P(A \cap B) = P(A) \cdot P(B)$

2.6 Gesetz der großen Zahl

$\lim_{n \to \infty}(p(A)) = P(A)$

wobei p(A) die relative Häufigkeit des Ereignisses A bei n Wiederholungen eines Zufallsexperiments ist und $\lim_{n \to \infty}(\ldots)$ für den Grenzwert steht, der erreicht wird, wenn die Zahl der Wiederholungen n des Zufallsexperiments gegen unendlich geht.

2.7 Kombinatorik

a) Permutationen

Anzahl der möglichen Anordnungen von N verschiedenen Elementen bei Berücksichtigung der Reihenfolge der Anordnungen:

$P_N = N \cdot (N-1) \cdot (N-2) \cdot (N-n) \cdot \ldots \cdot 3 \cdot 2 \cdot 1 = N!$

wobei N! für die Fakultät von N steht, d. h. für das Produkt aller Zahlen von 1 bis N. Definitionsgemäß ist 0! = 1.

b) Variationen – ohne Zurücklegen

Anzahl der möglichen Anordnungen einer Auswahl von n verschiedenen Elementen aus N verschiedenen Elementen bei Berücksichtigung der Anordnung (Reihenfolge):

$${}_N V_n = \frac{N!}{(N-n)!}$$

c) Kombinationen – ohne Zurücklegen

Anzahl der möglichen Anordnungen von n verschiedenen Elementen bei Auswahl aus N verschiedenen Elementen *ohne* Berücksichtigung der Anordnung:

$$_{N}K_{n} = \frac{N!}{(N-n)! \cdot n!} = \binom{N}{n}$$

Wenn die Anordnung nicht berücksichtigt wird, werden z. B. die Anordnungen (1,2,3), (1,3,2), (2,1,3), (2,3,1), (3,1,2) und (3,2,1) nicht unterschieden.

d) Variationen – mit Zurücklegen

Anzahl der möglichen Anordnungen von n Elementen bei einer Auswahl aus N verschiedenen Elementen *mit* Berücksichtigung der Anordnung, sodass die einzelnen Elemente mehrfach auftreten können:

$$N^{n}$$

e) Kombinationen – mit Zurücklegen

Anzahl der möglichen Anordnungen von n Elementen bei einer Auswahl von n aus N Elementen *mit* Berücksichtigung der Anordnung:

$$\binom{N+n-1}{n}$$

2.8 Stichprobenkennwerte und entsprechende Populationsparameter

a) Anteil einer Ausprägung k

in der Stichprobe

$$p_{k} = \frac{n_{k}}{n}$$

in der Population

$$\pi_{k} = \frac{N_{k}}{N}$$

b) Mittelwert

in der Stichprobe

$$\bar{x} = \frac{1}{n} \cdot \sum_{i=1}^{n} x_{i}$$

in der Population

$$\mu_{X} = \frac{1}{N} \sum_{i=1}^{N} x_{i}$$

c) Varianz

in der Stichprobe

$$s_X^2 = \frac{1}{n}\sum_{i=1}^{n}(x_i - \bar{x})^2$$

in der Population

$$\sigma_X^2 = \frac{1}{N}\sum_{i=1}^{N}(x_i - \mu_x)^2$$

d) Standardabweichung

in der Stichprobe

$$s_X = \sqrt{s_X^2}$$

in der Population

$$\sigma_X = \sqrt{\sigma_X^2}$$

3 Kennwerteverteilungen in einfachen Zufallsauswahlen

3.1 Hypergeometrische Verteilung

Die hypergeometrische Verteilung ist die Verteilung der Wahrscheinlichkeiten für das Auftreten der Häufigkeit eines binären Merkmals X mit den Ausprägungen 0 und 1 in einer einfachen Zufallsauswahl (*ohne* Zurücklegen) von n Elementen aus N Elementen einer Grundgesamtheit, in der die Ausprägung 1 mit der Häufigkeit N_1 vorkommt.

a) Wahrscheinlichkeiten der hypergeometrischen Verteilung

Verteilung der Realisierungswahrscheinlichkeiten für das Auftreten der Häufigkeit n_1 (der Ausprägung 1 eines binären Merkmals X), wobei $n_1 = 0, 1, 2, \ldots, n \leq N_1 \leq N$ sein kann:

$$P(X = n_1) = \frac{\binom{N_1}{n_1} \cdot \binom{N - N_1}{n - n_1}}{\binom{N}{n}}$$

b) Verteilungsfunktion der hypergeometrischen Verteilung

Kumulierte Wahrscheinlichkeiten für das Auftreten der Häufigkeit $\leq n_1$ (der Ausprägung 1 eines binären Merkmals X):

$$P(X \le n_1) = \sum_{j=0}^{n_1} \frac{\binom{N_1}{j} \cdot \binom{N-N_1}{n-j}}{\binom{N}{n}}$$

c) Erwartungswert der hypergeometrischen Verteilung

$$\mu_X = n \cdot \pi_1$$

wobei $\pi_1 = \frac{N_1}{N}$

d) Varianz der hypergeometrischen Verteilung

$$\sigma_X^2 = n \cdot \pi_1 \cdot (1-\pi_1) \cdot \frac{N-n}{N-1}$$

e) Annäherung der hypergeometrischen Verteilung an die Normalverteilung

$$P(a \le n_1 \le b) = \sum_{n_1=a}^{b} \frac{\binom{N_1}{n_1} \cdot \binom{N-N_1}{n-n_1}}{\binom{N}{n}}$$

$$\approx \Phi\left(\frac{b+0.5-(n \cdot \pi_1)}{\sqrt{n \cdot \pi_1 \cdot (1-\pi_1) \cdot \frac{N-n}{N-1}}}\right) - \Phi\left(\frac{a-0.5-(n \cdot \pi_1)}{\sqrt{n \cdot \pi_1 \cdot (1-\pi_1) \cdot \frac{N-n}{N-1}}}\right)$$

wobei $\Phi(x)$ die Wahrscheinlichkeit angibt, dass eine standardnormalverteilte Zufallsvariable kleiner oder gleich dem Wert von x ist.

3.2 Binomialverteilung

Die Binomialverteilung ist die Verteilung der Wahrscheinlichkeiten für das Auftreten der Häufigkeit eines binären Merkmals X mit den Ausprägungen 0 und 1 in einer einfachen Zufallsauswahl (*mit* Zurücklegen) von n Elementen, wobei der Anteil der Elemente mit der Ausprägung 1 in der Grundgesamtheit π_1 beträgt.

a) Wahrscheinlichkeiten der Binomialverteilung

Verteilung der Realisierungswahrscheinlichkeiten für das Auftreten der Häufigkeit n_1 (der Ausprägung 1 eines binären Merkmals X), wobei $n_1 = 0, 1, 2, \ldots, n$:

$$P(X = n_1) = \binom{n}{n_1} \cdot \pi_1^{n_1} \cdot (1-\pi_1)^{n-n_1} = \frac{n!}{(n-n_1)! \cdot n_1!} \cdot (\pi_1)^{n_1} \cdot (1-\pi_1)^{n-n_1}$$

b) Verteilungsfunktion der Binomialverteilung

Kumulierte Wahrscheinlichkeiten für das Auftreten der Häufigkeit $\leq n_1$ (der Ausprägung 1 eines binären Merkmals X):

$$P(X \leq n_1) = \sum_{j=0}^{n_1} \binom{n}{j} \cdot \pi_1^j \cdot (1-\pi_1)^{n-j}$$

c) Erwartungswert der Binomialverteilung

$$\mu_x = n \cdot \pi_1$$

d) Varianz der Binomialverteilung

$$\sigma_X^2 = n \cdot \pi_1 \cdot (1-\pi_1)$$

e) Annäherung der Binomialverteilung an die Normalverteilung

$$P(a \leq n_1 \leq b) = \sum_{n_1=a}^{b} \binom{n}{n_1} \cdot \pi_1^{n_1} \cdot (1-\pi_1)^{n-n_1}$$

$$\approx \Phi\left(\frac{b+0.5-(n \cdot \pi_1)}{\sqrt{n \cdot \pi_1 \cdot (1-\pi_1)}}\right) - \Phi\left(\frac{a-0.5-(n \cdot \pi_1)}{\sqrt{n \cdot \pi_1 \cdot (1-\pi_1)}}\right)$$

3.3 Wahrscheinlichkeitsverteilung (Kennwerteverteilung) eines Stichprobenanteils p_1

Der Stichprobenanteil der Ausprägung 1 eines binären Merkmals X ist:

$$p_1 = \frac{n_1}{n}$$

Die Kennwerteverteilung eines Stichprobenanteils kann daher aus der Kennwerteverteilung der Häufigkeit n_1 abgeleitet werden.

a) Hypergeometrische Verteilung der absoluten Häufigkeiten
Die Kennwerteverteilung des Stichprobenanteils p_1 kann bei einer einfachen Zufallsauswahl *ohne* Zurücklegen aus der hypergeometrischen Verteilung der absoluten Häufigkeiten n_1 abgeleitet werden. Erwartungswert und Varianz der hypergeometrischen Verteilung siehe 3.1 c und d.

b) Binomialverteilung der absoluten Häufigkeiten
Die Kennwerteverteilung des Stichprobenanteils p_1 kann bei einer einfachen Zufallsauswahl *mit* Zurücklegen, aber annäherungsweise auch bei relativ zur Stichprobengröße n sehr großem Populationsumfang N ($N \geq 20 \cdot n$) aus der Binomialverteilung der absoluten Häufigkeiten n_1 abgeleitet werden. Erwartungswert und Varianz der Binomialverteilung siehe 3.2 c und d.

c) Normalverteilung
Bei hinreichend großen Stichproben ist ein Stichprobenanteil asymptotisch (annähernd) normalverteilt. Die Annäherung ist hinreichend genau, wenn folgende Voraussetzungen erfüllt sind:

$$n \cdot \frac{\pi_1}{1-\pi_1} > 9 \quad \text{und} \quad n \cdot \frac{1-\pi_1}{\pi_1} > 9$$

d) Erwartungswert des Stichprobenanteils

$$\mu(p_1) = \pi_1$$

e) Standardfehler (Standardabweichung über alle Stichproben) des Stichprobenanteils

mit Zurücklegen

$$\sigma(p_1) = \sqrt{\frac{\pi_1 \cdot (1-\pi_1)}{n}}$$

ohne Zurücklegen

$$\sigma(p_1) = \sqrt{\frac{\pi_1 \cdot (1-\pi_1)}{n}} \cdot \sqrt{\frac{N-n}{N-1}}$$

f) Geschätzter Standardfehler des Stichprobenanteils

mit Zurücklegen | ohne Zurücklegen

$$\hat{\sigma}(p_1) = \sqrt{\frac{p_1 \cdot (1 - p_1)}{n}} \qquad \hat{\sigma}(p_1) = \sqrt{\frac{p_1 \cdot (1 - p_1)}{n}} \cdot \sqrt{\frac{N - n}{N - 1}}$$

3.4 Wahrscheinlichkeitsverteilung (Kennwerteverteilung) des Stichprobenmittelwerts

Der Stichprobenmittelwert $\bar{x}$ ist normalverteilt, wenn die Bedingungen a) oder b) zutreffen.

a) Normalverteilung des Merkmals X in der Grundgesamtheit

Kann angenommen werden, dass das Merkmal X in der Grundgesamtheit normalverteilt ist, dann ist die Kennwerteverteilung des Stichprobenmittelwerts bei einfachen Zufallsauswahlen normalverteilt.

b) Anwendung des zentralen Grenzwertsatzes

Bei hinreichend großem Stichprobenumfang ($n > 30$) ist der Stichprobenmittelwert unabhängig von der Verteilung des Merkmals X in der Grundgesamtheit bei einfachen Zufallsauswahlen asymptotisch (= annähernd) normalverteilt. Voraussetzung ist, dass die ersten vier Momente der Verteilung (Mittelwert, Varianz, Schiefe und Kurtosis) in der Grundgesamtheit endliche Werte aufweisen.

c) Erwartungswert des Stichprobenmittelwerts

$$\mu(\bar{x}) = \mu_X$$

d) Standardfehler des Stichprobenmittelwerts

mit Zurücklegen | ohne Zurücklegen

$$\sigma(\bar{x}) = \sqrt{\frac{\sigma_X^2}{n}} = \frac{\sigma_X}{\sqrt{n}} \qquad \sigma(\bar{x}) = \frac{\sigma_X}{\sqrt{n}} \cdot \sqrt{\frac{N - n}{N - 1}}$$

e) Geschätzter Standardfehler des Stichprobenmittelwerts

mit Zurücklegen

$$\hat{\sigma}(\bar{x}) = \sqrt{\frac{\hat{\sigma}_X^2}{n}} = \frac{\hat{\sigma}_X}{\sqrt{n}} = \frac{s_X}{\sqrt{n-1}}$$

ohne Zurücklegen

$$\hat{\sigma}(\bar{x}) = \frac{\hat{\sigma}_X}{\sqrt{n}} \cdot \sqrt{\frac{N-n}{N-1}} = \frac{s_X}{\sqrt{n-1}} \cdot \sqrt{\frac{N-n}{N-1}}$$

wobei

$$\hat{\sigma}_X^2 = \frac{1}{n-1} \cdot \sum_{i=1}^{n} (x_i - \bar{x})^2 = \frac{n}{n-1} \cdot s_X^2$$

3.5 Anwendung von Z-Transformationen bei Anteilen und Mittelwerten

a) Stichprobenanteil

$$Z = \frac{p_1 - \pi_1}{\sqrt{\frac{\pi_1 \cdot (1 - \pi_1)}{n}}}$$

Der Z-transformierte Anteil ist asymptotisch standardnormalverteilt.

b) Stichprobenmittelwert

$$Z = \frac{\bar{x}_i - \mu_x}{\frac{\sigma_x}{\sqrt{n}}}$$

Unabhängig von der Verteilung des Merkmals X in der Population ist der Z-transformierte Mittelwert *asymptotisch* standardnormalverteilt.

Ist dagegen das Merkmal X in der Population normalverteilt, dann ist der Z-transformierte Mittelwert *exakt* standardnormalverteilt.

4 Schätzen und Testen von Anteilen und Mittelwerten und deren Differenzen

4.1 Berechnung der Grenzen von Konfidenzintervallen

a) Intervallgrenzen eines asymptotisch gültigen Konfidenzintervalls für den Populationsmittelwert

Ist sowohl die Populationsvarianz als auch die Verteilung des Merkmals X in der Grundgesamtheit unbekannt und der Stichprobenumfang n > 30, dann werden die Grenzen eines Konfidenzintervalls für den Populationsmittelwert berechnet nach:

$$c.i.(\mu_x) = \bar{x} \pm \hat{\sigma}(\bar{x}) \cdot z_{1-\alpha/2} = \bar{x} \pm \frac{s_x}{\sqrt{n-1}} \cdot z_{1-\alpha/2}$$

b) Intervallgrenzen des asymptotisch gültigen Konfidenzintervalls für einen Populationsanteil

Die Annäherung an die Normalverteilung ist hinreichend genau, wenn folgende Voraussetzungen erfüllt sind:

$$n \cdot \frac{p_1}{1-p_1} > 9 \quad \text{und} \quad n \cdot \frac{1-p_1}{p_1} > 9 \quad \text{und} \quad n > 60$$

Die Grenzen eines Konfidenzintervalls für den Populationsanteil werden dann berechnet nach:

$$c.i.(\pi_1) = p_1 \pm \hat{\sigma}(p_1) \cdot z_{1-\alpha/2} = p_1 \pm \sqrt{\frac{p_1(1-p_1)}{n}} \cdot z_{1-\alpha/2}$$

4.2 Prüfung einer Hypothese über einen Populationsanteil

Hypothesen:

a) $H_1: \pi_1 \neq \pi$ versus $H_0: \pi_1 = \pi$ zweiseitig

b) $H_1: \pi_1 > \pi$ versus $H_0: \pi_1 \leq \pi$ einseitig

c) $H_1: \pi_1 < \pi$ versus $H_0: \pi_1 \geq \pi$ einseitig

Teststatistik

$$Z = \frac{p_1 - \pi}{\sqrt{\frac{\pi \cdot (1-\pi)}{n}}}$$

Entscheidungsregel:

a) Wenn $Z > z_{1-\alpha/2}$ oder $Z < z_{\alpha/2}$, dann H_1, sonst H_0

b) Wenn $Z > z_{1-\alpha}$, dann H_1, sonst H_0

c) Wenn $Z > z_{\alpha}$, dann H_1, sonst H_0

wobei α die (maximale) Irrtumswahrscheinlichkeit und z_a das Quantil mit der Quantilwahrscheinlichkeit a (= α oder $1 - \alpha$ oder $\alpha/2$ oder $1 - \alpha$) ist.

Anwendungsvoraussetzung
Der Test ist asymptotisch gültig. Die Annäherung an die Normalverteilung ist hinreichend genau, wenn

$$n \cdot \frac{\pi}{1-\pi} > 9 \text{ und } n \cdot \frac{1-\pi}{\pi} > 9$$

4.3 Prüfung einer Hypothese über den Populationsmittelwert einer Variablen X

Hypothesen:

a) $H_1: \mu_X \neq \mu$ versus $H_0: \mu_X = \mu$ zweiseitig

b) $H_1: \mu_X > \mu$ versus $H_0: \mu_X \leq \mu$ } einseitig

c) $H_1: \mu_X < \mu$ versus $H_0: \mu_X \geq \mu$ } einseitig

Teststatistik
Wenn Verteilung und Streuung des Merkmals X in der Population unbekannt sind:

$$Z = \frac{\bar{x} - \mu}{\hat{\sigma}(\bar{x})} = \frac{\bar{x} - \mu}{\sqrt{\frac{\hat{\sigma}_x^2}{n}}} = \frac{\bar{x} - \mu}{\sqrt{\frac{s_x^2}{n-1}}} = \frac{\bar{x} - \mu}{\frac{s_x}{\sqrt{n-1}}}$$

Wenn das Merkmal X in der Population normalverteilt ist und die Streuung unbekannt ist:

$$T = \frac{\bar{x} - \mu}{\sqrt{\frac{\hat{\sigma}_X^2}{n}}} = \frac{\bar{x} - \mu}{\frac{\hat{\sigma}_X}{\sqrt{n}}} = \frac{\bar{x} - \mu}{\frac{s_X}{\sqrt{n-1}}} = \frac{\bar{x} - \mu}{\sqrt{\frac{s_X^2}{n-1}}}$$

Im Sinne eines vorsichtigen Vorgehens wird die T-Statistik auch dann verwendet, wenn die Verteilung des Merkmals X in der Population unbekannt ist.

Entscheidungsregel

Wenn Verteilung und Streuung von X in der Population unbekannt sind:

a) Wenn $Z > z_{1-\alpha/2}$ oder $Z < z_{\alpha/2}$, dann H_1, sonst H_0

b) Wenn $Z > z_{1-\alpha}$, dann H_1, sonst H_0

c) Wenn $Z < z_{\alpha}$, dann H_1, sonst H_0

Wenn das Merkmal X in der Population normalverteilt ist und die Streuung unbekannt ist:

a) Wenn $T > t_{df=n-1;1-\alpha/2}$ oder $T < t_{df=n-1;\alpha/2}$, dann H_1, sonst H_0

b) Wenn $T > t_{df=n-1;1-\alpha}$, dann H_1, sonst H_0

c) Wenn $T < t_{df=n-1;\alpha}$, dann H_1, sonst H_0

wobei $t_{df=n-1;a}$ das Quantil mit der Quantilwahrscheinlichkeit a (= α oder $1-\alpha$ oder $\alpha/2$ oder $1-\alpha/2$) der T-Verteilung mit df = n – 1 Freiheitsgraden ist.

Anwendungsvoraussetzung

Der Z-Test ist asymptotisch gültig. Die Annäherung ist hinreichend genau, wenn n > 30.

4.4 Prüfung einer Hypothese über den Unterschied zwischen zwei Populationsanteilen bei zwei statistisch voneinander unabhängigen dichotomen Variablen (unabhängige Stichproben)

Hypothesen:

a) $H_1: \pi_1 - \pi_2 \neq \pi$ versus $H_0: \pi_1 - \pi_2 = \pi$ zweiseitig

b) $H_1: \pi_1 - \pi_2 > \pi$ versus $H_0: \pi_1 - \pi_2 \leq \pi$ einseitig

c) $H_1: \pi_1 - \pi_2 < \pi$ versus $H_0: \pi_1 - \pi_2 \geq \pi$ einseitig

wobei π_1 und π_2 die Populationsanteile der beiden dichotomen Variablen X_1 und X_2 bzw. die Populationsanteile in den zu vergleichenden Populationen sind.

Teststatistik

$$Z = \frac{(p_1 - p_2) - \pi}{\hat{\sigma}(p_1 - p_2)}$$

Wenn die nach der Nullhypothese postulierte Differenz $\pi \neq 0$ ist, wird der Standardfehler der Anteilsdifferenz (Nenner der Teststatistik) berechnet nach:

$$\hat{\sigma}(p_1 - p_2) = \sqrt{\frac{p_1 \cdot (1-p_1)}{n_1} + \frac{p_2 \cdot (1-p_2)}{n_2}}$$

Wenn die in der Nullhypothese postulierte Differenz $\pi = 0$ ist, wird der Standardfehler der Anteilsdifferenz (Nenner der Teststatistik) berechnet nach:

$$\hat{\sigma}(p_1 - p_2) = \sqrt{\hat{\pi}_{pooled} \cdot (1 - \hat{\pi}_{pooled}) \cdot \left(\frac{1}{n_1} + \frac{1}{n_2}\right)}$$

mit: $$\hat{\pi}_{pooled} = p_1 \cdot \frac{n_1}{n_1 + n_2} + p_2 \cdot \frac{n_2}{n_1 + n_2}$$

wobei p_1 und p_2 die Anteile in den beiden unabhängigen Stichproben sind und n_1 und n_2 die jeweiligen Fallzahlen.

Entscheidungsregel
Wenn Verteilung und Streuung von X in der Population unbekannt sind:

a) Wenn $Z > z_{1-\alpha/2}$ oder $Z < z_{\alpha/2}$, dann H_1, sonst H_0
b) Wenn $Z > z_{1-\alpha}$, dann H_1, sonst H_0
c) Wenn $Z < z_{\alpha}$, dann H_1, sonst H_0

Anwendungsvoraussetzung
Der Test gilt asymptotisch. Die Annäherung ist bei $\pi = 0$ hinreichend genau, wenn

$$n_1 \cdot \frac{\hat{\pi}_{pooled}}{1 - \hat{\pi}_{pooled}} > 9 \quad \text{und} \quad n_1 \cdot \frac{1 - \hat{\pi}_{pooled}}{\hat{\pi}_{pooled}} > 9$$

sowie

$$n_2 \cdot \frac{\hat{\pi}_{pooled}}{1 - \hat{\pi}_{pooled}} > 9 \quad \text{und} \quad n_2 \cdot \frac{1 - \hat{\pi}_{pooled}}{\hat{\pi}_{pooled}} > 9$$

Bei $\pi \neq 0$ ist die Annäherung hinreichend genau, wenn

$$n_1 \cdot \frac{p_1}{1 - p_1} > 9 \quad \text{und} \quad n_1 \cdot \frac{1 - p_1}{p_1} > 9$$

sowie

$$n_2 \cdot \frac{p_2}{1-p_2} > 9 \quad \text{und} \quad n_2 \cdot \frac{1-p_2}{p_2} > 9$$

4.5 Prüfung einer Hypothese über den Unterschied zwischen zwei Populationsanteilen bei zwei statistisch voneinander abhängigen dichotomen Variablen (abhängige Stichproben)

Anordnung der Daten in einer Tabelle:

Variable A	Variable B		Summe
	b_1 $p(b_1) = n(b_1)/n$	b_0 $p(b_0) = 1 - p(b_1)$	
a_1 $p(a_1) = n(a_1)/n$	$n(a_1, b_1)$	$n(a_1, b_0)$	$n(a_1)$
a_0 $p(a_0) = 1 - p(a_1)$	$n(a_0, b_1)$	$n(a_0, b_0)$	$n(a_0) = n - n(a_1)$
Summe	$n(b_1)$	$n(b_0) = n - n(b_1)$	n

Die Populationsanteile $\pi(a_1)$ und $\pi(b_1)$ können sich nur dann voneinander unterscheiden, wenn sich die Anteile $\pi(a_1, b_0)$ und $\pi(a_0, b_1)$ voneinander unterscheiden. Die Prüfung der Hypothese über die Differenz der Anteile erfolgt mit Hilfe der Hypothesenpaare:

Hypothesen:
a) $H_1: \pi(a_1) - \pi(b_1) \neq 0$ versus $H_0: \pi(a_1) - \pi(b_1) = 0$ zweiseitig

b) $H_1: \pi(a_1) - \pi(b_1) > 0$ versus $H_0: \pi(a_1) - \pi(b_1) \leq 0$ einseitig

c) $H_1: \pi(a_1) - \pi(b_1) < 0$ versus $H_0: \pi(a_1) - \pi(b_1) \geq 0$ einseitig

Teststatistik

$$Z = \frac{\dfrac{n(a_0, b_1)}{n(a_0, b_1) + n(a_1, b_0)} - 0.5}{\sqrt{\dfrac{0.5 \cdot (1 - 0.5)}{n(a_0, b_1) + n(a_1, b_0)}}}$$

Entscheidungsregel

Wenn Verteilung und Streuung von X in der Population unbekannt sind:

a) Wenn $Z > z_{1-\alpha/2}$ oder $Z < z_{\alpha/2}$, dann H_1, sonst H_0
b) Wenn $Z > z_{1-\alpha}$, dann H_1, sonst H_0
c) Wenn $Z < z_{\alpha}$, dann H_1, sonst H_0

Anwendungsvoraussetzung

Der Test gilt asymptotisch. Die Annäherung an die Normalverteilung ist hinreichend genau, wenn

$$\left(n(a_0, b_1) + n(a_1, b_0)\right) \cdot \frac{n(a_0, b_1)}{n(a_1, b_0)} > 9 \quad \text{und} \quad \left(n(a_0, b_1) + n(a_1, b_0)\right) \cdot \frac{n(a_1, b_0)}{n(a_0, b_1)} > 9$$

4.6 Prüfung einer Hypothese über den Unterschied zwischen zwei Populationsmittelwerten bei zwei statistisch voneinander unabhängigen Variablen (unabhängige Stichproben)

Hypothesen:
a) $H_1: \mu_1 - \mu_2 \neq \mu$ versus $H_0: \mu_1 - \mu_2 = \mu$ zweiseitig
b) $H_1: \mu_1 - \mu_2 > \mu$ versus $H_0: \mu_1 - \mu_2 \leq \mu$ einseitig
c) $H_1: \mu_1 - \mu_2 < \mu$ versus $H_0: \mu_1 - \mu_2 \geq \mu$ einseitig

wobei μ_1 und μ_2 die beiden Populationsmittelwerte sind.

Teststatistik

$$Z = \frac{(\bar{x}_1 - \bar{x}_2) - \mu}{\hat{\sigma}(\bar{x}_1 - \bar{x}_2)}$$

Wenn angenommen wird, dass die Varianzen der Merkmale X_1 und X_2 in der Population verschieden sind, wird der Standardfehler der Differenz der Stichprobenmittelwerte (Nenner der Teststatistik) berechnet nach:

$$\hat{\sigma}(\bar{x}_1 - \bar{x}_2) = \sqrt{\frac{\hat{\sigma}_1^2}{n_1} + \frac{\hat{\sigma}_2^2}{n_2}} = \sqrt{\frac{s_1^2}{n_1 - 1} + \frac{s_2^2}{n_2 - 1}}$$

Wenn angenommen wird, dass die Varianzen der Merkmale X_1 und X_2 in der Population gleich sind, wird der Standardfehler der Differenz der Stichprobenmittelwerte (Nenner der Teststatistik) berechnet nach:

$$\hat{\sigma}(\bar{x}_1 - \bar{x}_2) = \sqrt{\frac{n_1 \cdot s_1^2 + n_2 \cdot s_2^2}{n_1 + n_2 - 2} \cdot \left(\frac{1}{n_1} + \frac{1}{n_2}\right)}$$

wobei n_1 und n_2 die Fallzahlen, $\bar{x}_1$ und $\bar{x}_2$ die Mittelwerte und s_1^2 und s_2^2 die Varianzen in den beiden unabhängigen Stichproben sind.

Entscheidungsregel

a) Wenn $Z > z_{1-\alpha/2}$ oder $Z < z_{\alpha/2}$, dann H_1, sonst H_0

b) Wenn $Z > z_{1-\alpha}$, dann H_1, sonst H_0

c) Wenn $Z > z_{\alpha}$, dann H_1, sonst H_0

Anwendungsvoraussetzungen

Die Z-Tests gelten asymptotisch. Die Annäherung an die Normalverteilung ist bei ungleichen Varianzen hinreichend genau, wenn $n_1 > 30$ und $n_2 > 30$. Bei gleichen Varianzen ist die Annäherung hinreichend genau, wenn $(n_1 + n_2 - 2) > 30$.

Wenn die Merkmale X_1 und X_2 in den Populationen normalverteilt sind und die Varianzen der beiden Merkmale gleich sind, wird anstelle der asymptotisch gültigen Teststatistik Z die auch bei kleinen Fallzahlen *exakt* gültige Teststatistik T verwendet:

$$T = \frac{(\bar{x}_1 - \bar{x}_2) - \mu}{\sqrt{\frac{n_1 \cdot s_1^2 + n_2 \cdot s_2^2}{n_1 + n_2 - 2} \cdot \left(\frac{1}{n_1} + \frac{1}{n_2}\right)}}$$

Entscheidungsregel

a) Wenn $T > t_{df=n-2;\,1-\alpha/2}$ oder $T < t_{df=n-2;\,\alpha/2}$, dann H_1, sonst H_0

b) Wenn $T > t_{df=n-2;\,1-\alpha}$, dann H_1, sonst H_0

c) Wenn $T < t_{df=n-2;\,\alpha}$, dann H_1, sonst H_0

wobei $t_{df=n-2;\,a}$ das Quantil mit der Quantilwahrscheinlichkeit a (= α oder $1-\alpha$ oder $\alpha/2$ oder $1-\alpha/2$) der T-Verteilung mit $df = n-2$ Freiheitsgraden ist.

4.7 Prüfung einer Hypothese über den Unterschied zwischen zwei Populationsmittelwerten bei zwei statistisch voneinander abhängigen Variablen (abhängige Stichproben)

Bei zwei abhängigen Variablen (Stichproben) wird für jeden Fall (jede Untersuchungseinheit) die Differenz der beiden Variablen(werte) berechnet:

$$D = X_1 - X_2$$

wobei X_1 und X_2 die beiden Variablen bezeichnen, deren Mittelwertdifferenz überprüft werden soll, und D die Differenz der beiden Variablen ist. Hypothesen über die Differenz der Mittelwerte von X_1 und X_2 können dann als Hypothesen über den Mittelwert der Differenz, also über den Mittelwert von D, formuliert werden.

Hypothesen:

a) $H_1: \mu_1 - \mu_2 \neq \mu$ versus $H_0: \mu_1 - \mu_2 = \mu$ zweiseitig

b) $H_1: \mu_1 - \mu_2 > \mu$ versus $H_0: \mu_1 - \mu_2 \leq \mu$ einseitig

c) $H_1: \mu_1 - \mu_2 < \mu$ versus $H_0: \mu_1 - \mu_2 \geq \mu$ einseitig

Alternativ können diese Hypothesenpaare formuliert werden als

Hypothesen:

a) $H_1: \mu_D \neq \mu$ versus $H_0: \mu_D = \mu$ zweiseitig

b) $H_1: \mu_D > \mu$ versus $H_0: \mu_D \leq \mu$ einseitig

c) $H_1: \mu_D < \mu$ versus $H_0: \mu_D \geq \mu$ einseitig

Der Test folgt dann dem in 4.3 beschriebenen Vorgehen zur Prüfung der Hypothese über einen Populationsmittelwert.

5 Tabellenanalyse

5.1 Aufbau einer Vierfeldertabelle

Aufbau einer Vierfeldertabelle

Variable Y	Variable X		Summe
	$X = x_1$	$X = x_2$	
$Y = y_1$	$n_{11} = a$	$n_{21} = b$	$n_{1\bullet} = a + b$
$Y = y_2$	$n_{21} = c$	$n_{22} = d$	$n_{2\bullet} = c + d$
Summe	$n_{\bullet 1} = a + c$	$n_{\bullet 1} = b + d$	$n = a + b + c + d$

5.2 Berechnung, Konfidenzintervall und Prüfung einer Hypothese über eine Prozentsatzdifferenz

a) Spaltenprozentwerte

$$d_{YX}\% = 100 \cdot \left(\frac{a}{a+c} - \frac{b}{b+d} \right)$$

b) Zeilenprozentwerte

$$d_{XY}\% = 100 \cdot \left(\frac{a}{a+b} - \frac{c}{c+d} \right)$$

c) Kennwerteverteilung der Prozentsatzdifferenz

In einfachen Zufallsauswahlen ist die Prozentsatzdifferenz asymptotisch normalverteilt um den Erwartungswert der

Spaltenprozentwerte

$$\mu(d_{YX}\%) = \delta_{YX}\% = 100 \cdot (\pi_{Y=1;\,X=1} - \pi_{Y=1;\,X=2})$$

Zeilenprozentwerte

$$\mu(d_{XY}\%) = \delta_{XY}\% = 100 \cdot (\pi_{X=1;\,Y=1} - \pi_{X=1;\,Y=2})$$

mit dem geschätzten Standardfehler der

Spaltenprozentwerte

$$\hat{\sigma}(d_{YX}\%) = 100 \cdot \sqrt{\frac{a \cdot c}{(a+c)^3} + \frac{b \cdot c}{(b+c)^3}}$$

Zeilenprozentwerte

$$\hat{\sigma}(d_{XY}\%) = 100 \cdot \sqrt{\frac{a \cdot b}{(a+b)^3} + \frac{c \cdot d}{(c+d)^3}}$$

d) Konfidenzintervall für eine Prozentsatzdifferenz

bei Spaltenprozentuierung

$$\begin{aligned} c.i.(\delta_{YX}\%) &= d_{YX}\% \pm z_{1-\alpha/2} \cdot \hat{\sigma}(d_{YX}\%) \\ &= 100 \cdot \left(\frac{a}{a+c} - \frac{b}{b+d} \right) \pm z_{1-\alpha/2} \cdot 100 \cdot \sqrt{\frac{a \cdot c}{(a+c)^3} + \frac{b \cdot d}{(b+d)^3}} \end{aligned}$$

bei Zeilenprozentuierung

$$\begin{aligned} c.i.(\delta_{XY}\%) &= d_{XY}\% \pm z_{1-\alpha/2} \cdot \hat{\sigma}(d_{XY}\%) \\ &= 100 \cdot \left(\frac{a}{a+b} - \frac{c}{c+d} \right) \pm z_{1-\alpha/2} \cdot 100 \cdot \sqrt{\frac{a \cdot b}{(a+b)^3} + \frac{c \cdot d}{(c+d)^3}} \end{aligned}$$

Anwendungsvoraussetzung

Die Konfidenzintervalle sind asymptotisch gültig. Die Annäherung ist hinreichend genau, wenn folgende Voraussetzungen erfüllt sind:

bei Spaltenprozentuierung

$$(a+c) \cdot \frac{a}{c} > 9,\ (a+c) \cdot \frac{c}{a} > 9,\ (b+d) \cdot \frac{b}{d} > 9 \text{ und } (b+d) \cdot \frac{d}{b} > 9$$

bei Zeilenprozentuierung

$$(a+b) \cdot \frac{a}{b} > 9,\ (a+b) \cdot \frac{b}{a} > 9,\ (c+d) \cdot \frac{c}{d} > 9 \text{ und } (c+d) \cdot \frac{d}{c} > 9$$

e) Prüfung einer Hypothese über eine Prozentsatzdifferenz in der Population

bei Spaltenprozentuierung

Hypothesen:				
	a) $H_1: \delta_{YX}\% \neq \delta$	versus	$H_0: \delta_{YX}\% = \delta$	zweiseitig
	b) $H_1: \delta_{YX}\% > \delta$	versus	$H_0: \delta_{YX}\% \leq \delta$	einseitig
	c) $H_1: \delta_{YX}\% < \delta$		$H_0: \delta_{YX}\% \geq \delta$	

bei Zeilenprozentuierung

Hypothesen:				
	a) $H_1: \delta_{XY}\% \neq \delta$	versus	$H_0: \delta_{XY}\% = \delta$	zweiseitig
	b) $H_1: \delta_{XY}\% > \delta$	versus	$H_0: \delta_{XY}\% \leq \delta$	einseitig
	c) $H_1: \delta_{XY}\% < \delta$		$H_0: \delta_{XY}\% \geq \delta$	

Teststatistik, wenn $\delta \neq 0$

bei Spaltenprozentuierung

$$Z = \frac{\left(\frac{a}{a+c} - \frac{b}{b+d}\right) - \frac{\delta}{100}}{\sqrt{\frac{a \cdot c}{(a+c)^3} + \frac{b \cdot d}{(b+d)^3}}}$$

bei Zeilenprozentuierung

$$Z = \frac{\left(\frac{a}{a+b} - \frac{c}{c+d}\right) - \frac{\delta}{100}}{\sqrt{\frac{a \cdot b}{(a+b)^3} + \frac{c \cdot d}{(c+d)^3}}}$$

Teststatistik, wenn $\delta = 0$

bei Spaltenprozentuierung

$$Z = \frac{\frac{a}{a+c} - \frac{b}{b+d}}{\sqrt{\frac{a+b}{n} \cdot \frac{c+d}{n} \cdot \left(\frac{1}{a+c} + \frac{1}{b+d}\right)}}$$

bei Zeilenprozentuierung

$$Z = \frac{\frac{a}{a+b} - \frac{c}{c+d}}{\sqrt{\frac{a+c}{n} \cdot \frac{b+d}{n} \cdot \left(\frac{1}{a+b} + \frac{1}{c+d}\right)}}$$

Entscheidungsregel

a) Wenn $Z > z_{1-\alpha/2}$ oder $Z < z_{\alpha/2}$, dann H_1, sonst H_0

b) Wenn $Z > z_{1-\alpha}$, dann H_1, sonst H_0

a) Wenn $Z < z_{\alpha}$, dann H_1, sonst H_0

Anwendungsvoraussetzung

Die Tests gelten asymptotisch. Die Anwendungsvoraussetzungen entsprechen denen für die Berechnung eines asymptotischen Konfidenzintervalls (siehe 5.2d).

5.3 (Symmetrisches) Zusammenhangsmaß Phi (Φ) in der Vierfeldertabelle

$$\Phi = \frac{a \cdot d - b \cdot c}{\sqrt{(a+b) \cdot (c+d) \cdot (a+c) \cdot (b+d)}}$$

Da Φ nur dann null ist, wenn auch die Prozentsatzdifferenz null ist, kann zur Prüfung der Nullhypothese, dass $\Phi = 0$ ist, auch die Hypothese, dass die Prozentsatzdifferenz $\delta_{YX}\% = 0$ bzw. $\delta_{XY}\% = 0$ ist, geprüft werden.

Test auf Unabhängigkeit in einer Vierfeldertabelle
Für die Hypothese

$H_1: \Phi \neq 0$ versus $H_0: \Phi = 0$

kann auch der Chi-Quadrat-Test auf statistische Unabhängigkeit (siehe 5.5) angewendet werden.

5.4 Aufbau einer Kreuztabelle bei zwei Variablen Y und X mit I und J Ausprägungen

Aufbau einer Mehrfeldertabelle

Zeilenvariable Y	Spaltenvariable X				Summe
	$X=x_1$	$X=x_2$	…	$X=x_J$	
$Y=y_1$	n_{11}	n_{12}	…	n_{1J}	$n_{1\bullet}$
$Y=y_2$	n_{21}	n_{22}	…	n_{2J}	$n_{2\bullet}$
…	…	…	…	…	…
$Y=y_I$	n_{I1}	n_{I2}	…	n_{IJ}	$n_{I\bullet}$
Summe	$n_{\bullet 1}$	$n_{\bullet 2}$	…	$n_{\bullet J}$	n

Auf die Gesamtfallzahl bezogene Anteile (relative Häufigkeiten) in einer Kreuztabelle:

$$p_{ij} = \frac{n_{ij}}{n}$$

Auf die Spaltensumme bezogene Anteile (bedingte relative Häufigkeiten):

$$p_{i(j)} = \frac{n_{ij}}{n_{\bullet j}} = \frac{p_{ij}}{p_{\bullet j}}$$

Auf die Zeilensumme bezogene Anteile (bedingte relative Häufigkeiten):

$$p_{(i)j} = \frac{n_{ij}}{n_{i\bullet}} = \frac{p_{ij}}{p_{i\bullet}}$$

In der Population entsprechen den Stichprobenanteilen p_{ij}, $p_{i(j)}$ und $p_{(i)j}$ die Populationsanteile (bzw. Wahrscheinlichkeiten) π_{ij}, $\pi_{i(j)}$ und $\pi_{(i)j}$

5.5 Pearson's Chi-Quadrat-Test auf statistische Unabhängigkeit in einer Kreuztabelle

Die Hypothese, dass zwischen den Variablen in einer Kreuztabelle ein Zusammenhang besteht (H_1), kann mit dem Chi-Quadrat-Test auf statistische Unabhängigkeit (H_0) überprüft werden. Das entsprechende Hypothesenpaar lautet:

Hypothese:

$H_1 : \pi_{ij} \neq \pi_{i.} \cdot \pi_{.j}$ für mindestens eine Zelle i,j

versus $H_0 : \pi_{ij} = \pi_{i.} \cdot \pi_{.}$ für alle i = 1, 2, …, I und j = 1, 2, …, J

Teststatistik

$$\chi^2 = \sum_{i=1}^{I} \sum_{j=1}^{J} \frac{\left(n_{ij} - e_{ij}\right)^2}{e_{ij}}$$

mit: $e_{ij} = n \cdot p_{i\bullet} \cdot p_{\bullet j} = \frac{n_{i\bullet} \cdot n_{\bullet j}}{n_{\bullet\bullet}}$

Entscheidungsregel

Wenn der aus den Stichprobendaten berechnete Wert der Teststatistik größer ist als der kritische Wert der Chi-Quadrat-Verteilung mit df Freiheitsgraden:

$$\chi^2 > \chi^2_{df=(I-1)\cdot(J-1);\, 1-\alpha}$$

dann gilt H_1. Ist das nicht der Fall, dann gilt H_0,
wobei $\chi^2_{df=(I-1)\cdot(J-1);\, 1-\alpha}$ das $(1-\alpha)$-Quantil der Chi-Quadrat-Verteilung mit df = (I–1) · (J–1) Freiheitsgraden ist.

Anwendungsvoraussetzung
Der Test gilt asymptotisch. Die Annäherung ist hinreichend genau, wenn $e_{ij} \geq 5$ für alle i und j.

In einer Vierfeldertabelle hat die Chi-Quadrat-Verteilung df = 1 Freiheitsgrad.

Die Teststatistik für die Vierfeldertabelle kann alternativ nach der einfachen Formel berechnet werden:

$$\chi^2 = \frac{n \cdot (a \cdot d - b \cdot c)^2}{(a+b) \cdot (c+d) \cdot (a+c) \cdot (b+d)}$$

5.6 Likelihood-Ratio-Test auf statistische Unabhängigkeit

Anstelle des Chi-Quadrat-Tests kann auch der Likelihood-Ratio-Test zur Feststellung eines Zusammenhangs (bzw. der statistischen Unabhängigkeit) in einer Kreuztabelle verwendet werden. Das zu prüfende Hypothesenpaar lautet wie beim Chi-Quadrat-Test:

Hypothese:

$H_1: \pi_{ij} \neq \pi_{i.} \cdot \pi_{.j}$ für mindestens eine Zelle i,j

versus $H_0: \pi_{ij} = \pi_{i.} \cdot \pi_{.j}$ für alle i = 1, 2, …, I und j = 1, 2, …, J

Teststatistik

$$L^2 = 2 \cdot \sum_{i=1}^{I} \sum_{j=1}^{J} n_{ij} \cdot \ln\left(\frac{n_{ij}}{e_{ij}}\right)$$

mit: $e_{ij} = n \cdot p_{i\bullet} \cdot p_{\bullet j} = \frac{n_{i\bullet} \cdot n_{\bullet j}}{n_{\bullet\bullet}}$

Entscheidungsregel
Die Teststatistik L^2 ist chiquadratverteilt. Wenn der aus den Stichprobendaten berechnete Wert der Teststatistik Chi-Quadrat größer ist als der kritische Wert der Chi-Quadrat-Verteilung mit df Freiheitsgraden:

$$\chi^2 > \chi^2_{df=(I-1)\cdot(J-1);\, 1-\alpha}$$

dann gilt H_1. Ist das nicht der Fall, dann gilt H_0,
wobei $\chi^2_{df=(I-1)\cdot(J-1);\,1-\alpha}$ das $(1-\alpha)$-Quantil der Chi-Quadrat-Verteilung mit $df = (I-1)\cdot(J-1)$ Freiheitsgraden ist.

Anwendungsvoraussetzung
Der Test gilt asymptotisch. Die Annäherung ist hinreichend genau, wenn $e_{ij} \geq 5$ für alle i und j.

5.7 Symmetrisches Zusammenhangsmaß Cramér's V bei zwei nominalskalierten Variablen

$$V = \sqrt{\frac{\chi^2}{\chi^2_{max}}} = \sqrt{\frac{\chi^2}{n \cdot \min(I-1, J-1)}}$$

wobei min(I–1,J–1) der kleinere Wert der Zeilenzahl minus eins oder der Spaltenzahl minus eins ist.

5.8 Asymmetrische Zusammenhangsmaße bei zwei nominalskalierten Maßen

a) PRE-Maß auf der Basis der Modalwerte

$$\lambda_{XY} = 1 - \frac{\sum_{i=1}^{I} n_{i\bullet} - \max(n_{ij}) \text{ in Zeile i}}{n\text{-}\max(n_{\bullet j})}$$

wobei $\max(n_{ij})$ in Spalte j für die maximale Zellenbesetzung in der j-ten Spalte und $\max(n_{i\bullet})$ für die maximale Zeilensumme steht.

$$\lambda_{XY} = 1 - \frac{\sum_{i=1}^{I} n_{i\bullet} - \max(n_{ij}) \text{ in Zeile i}}{n - \max(n_{\bullet j})}$$

wobei $\max(n_{ij})$ in Zeile i für die maximale Zellenbesetzung in der i-ten Zeile und $\max(n_{\bullet j})$ für die maximale Spaltensumme steht.

b) PRE-Maß auf Basis der Devianz: Unsicherheitskoeffizient oder relative Devianzreduktion

Zeilenvariable Y ist abhängige Variable

$$U_{YX} = P^2_{YX} = 1 - \frac{D_{Y|X}}{D_Y} = 1 - \frac{\sum_{j=1}^{J}\sum_{i=1}^{I} n_{ij} \cdot \ln\left(\frac{n_{ij}}{n_{\bullet j}}\right)}{\sum_{i=1}^{I} n_{i\bullet} \cdot \ln\left(\frac{n_{i\bullet}}{n}\right)}$$

Spaltenvariable X ist abhängige Variable

$$U_{XY} = P^2_{XY} = 1 - \frac{D_{X|Y}}{D_X} = 1 - \frac{\sum_{j=1}^{J}\sum_{i=1}^{I} n_{ij} \cdot \ln\left(\frac{n_{ij}}{n_{i\bullet}}\right)}{\sum_{j=1}^{J} n_{\bullet j} \cdot \ln\left(\frac{n_{\bullet j}}{n}\right)}$$

wobei U_{YX} bzw. U_{XY} die Symbole für den Unsicherheitskoeffizienten, P^2_{YX} bzw. P^2_{XY} die Symbole für die relative Devianzreduktion, D_X bzw. D_Y die Symbole für die Devianz der nominalskalierten Merkmale X bzw. Y sind. $D_{Y|X}$ sowie $D_{X|Y}$ sind Symbole für die bedingte Streuung des Merkmals Y bei unterschiedlichen Ausprägungen von X bzw. für die bedingte Streuung des Merkmals X bei unterschiedlichen Ausprägungen von Y.

5.9 Symmetrisches Zusammenhangsmaß bei ordinalskalierten Variablen

a) gamma (γ)

$$\gamma = \frac{C - D}{C + D}$$

b) tau-b (τ_b)

$$\tau_b = \frac{C - D}{\sqrt{(C + D + T_X) \cdot (C + D + T_Y)}}$$

wobei C die Anzahl der konkordanten Paare, D die Anzahl der diskordanten Paare, T_X die Anzahl der Paare mit gleichen Werten bei der Spaltenvariable und T_Y die Anzahl der Paare mit gleichen Werten bei der Zeilenvariable bezeichnet.

5.10 Asymmetrisches Zusammenhangsmaß für ordinalskalierte Daten: Somer's d

a) Zeilenvariable ist abhängige Variable

$$d_{YX} = \frac{C - D}{C + D + T_Y}$$

b) Spaltenvariable ist abhängige Variable

$$d_{XY} = \frac{C - D}{C + D + T_X}$$

wobei C die Anzahl der konkordanten Paare, D die Anzahl der diskordanten Paare, T_X die Anzahl der Paare mit gleichen Werten bei der Spaltenvariable und T_Y die Anzahl der Paare mit gleichen Werten bei der Zeilenvariable bezeichnet.

6 Schätzen und Testen im bivariaten Regressionsmodell

6.1 Modellgleichungen

Stichprobe	Y	$=$	$\hat{Y}$	$+$	E	$=$	a	$+$	b	$\cdot$	X	$+$	E
Population	Y	$=$	$M_{Y\mid X}$	$+$	U	$=$	α	$+$	β	$\cdot$	X	$+$	U

Für jeden einzelnen Fall gilt:

$$\begin{aligned} y_i &= \hat{y}_i + e_i \\ &= a + b \cdot x_i + e_i \end{aligned}$$

Stichprobenresiduum

$$\begin{aligned} e_i &= y_i - \hat{y}_i \\ &= y_i - (a + b \cdot x_i) \end{aligned}$$

6.2 OLS-Schätzung der Regressionkoeffizienten

a) Optimalitätskriterium bei der Schätzung (Kleinst-Quadrate-Kriterium oder OLS-Methode)

Die Summe der quadrierten Stichprobenresiduen ist minimal:

$$\sum_{i=1}^{n} e_i^2 = \sum_{i=1}^{n} (y_i - \hat{y}_i)^2 = \sum_{i=1}^{n} (y_i - (a + b \cdot x_i))^2 = \text{Min.}$$

Dann gilt auch:

$$\sum_{i=1}^{n} e_i = \sum_{i=1}^{n} (y_i - \hat{y}_i) = \sum_{i=1}^{n} (y_i - (a + b \cdot x_i)) = 0$$

b) Berechnung des durch die Stichprobe geschätzten Regressionsgewichts b

$$b = \frac{\sum_{i=1}^{n} (x_i - \bar{x}) \cdot (y_i - \bar{y})}{\sum_{i=1}^{n} (x_i - \bar{x})^2} = \frac{SP_{XY}}{SS_X}$$

c) Berechnung der durch die Stichprobe geschätzten Regressionskonstanten a

$$a = \bar{y} - b \cdot \bar{x}$$

d) Kovarianz zwischen zwei Variablen X und Y in der Stichprobe

$$s_{XY} = \frac{SP_{XY}}{n} = \frac{\sum_{i=1}^{n} (x_i - \bar{x}) \cdot (y_i - \bar{y})}{n}$$

e) Produkt-Moment-Korrelation zwischen X und Y in der Stichprobe

$$r_{XY} = \frac{s_{XY}}{s_X \cdot s_Y} = \frac{\frac{1}{n}\sum_{i=1}^{n} (x_i - \bar{x}) \cdot (y_i - \bar{y})}{\sqrt{\left(\frac{1}{n} \cdot \sum_{i=1}^{n} (x_i - \bar{x})^2\right) \cdot \left(\frac{1}{n} \cdot \sum_{i=1}^{n} (y_i - \bar{y})^2\right)}}$$

f) Standardisiertes Regressionsgewicht in der bivariaten Regression

$$b^* = b \cdot \frac{s_X}{s_Y} = r_{XY}$$

Die standardisierte Regressionskonstante ist stets null.

g) Varianzzerlegung

$$\underbrace{s_Y^2}_{\text{Gesamtvarianz}} = s_{\hat{Y}}^2 + s_E^2 = \underbrace{\frac{1}{n}\sum_{i=1}^{n}(\hat{y}_i - \bar{y})}_{\text{"erklärte" Varianz}} + \underbrace{\frac{1}{n}\sum_{i=1}^{n}(y_i - \hat{y}_i)^2}_{\text{"nicht erklärte" Varianz}}$$

h) Determinationskoeffizient als PRE-Maß

Vorhersagefehler ohne Kenntnis von X

$$E_0 = \underbrace{\sum_{i=1}^{n}(y_i - \bar{y})^2}_{\text{Gesamtvarianz}} = SS_Y$$

Vorhersagefehler bei Kenntnis von X

$$E_1 = \underbrace{\sum_{i=1}^{n}(y_i - \hat{y}_i)^2}_{\text{durch Regression erklärte Varianz}} = SS_E$$

$$PRE = 1 - \frac{E_1}{E_0} = 1 - \frac{\frac{1}{n}\sum_{i=1}^{n}(y_i - \hat{y}_i)^2}{\frac{1}{n}\sum_{i=1}^{n}(y_i - \bar{y})^2} = R^2$$

6.3 Kennwerteverteilung der Regressionskoeffizienten

a) Erwartungswerte der Regressionskoeffizienten a und b

In einfachen Zufallsauswahlen sind die unstandardisierten Regressionskoeffizienten asymptotisch um die Regressionskoeffizienten α und β in der Population normalverteilt, wenn

1. die bedingten Populationsmittelwerte von Y gegeben X einer linearen Funktion folgen und
2. die bedingten Populationsvarianzen die gleichen Werte aufweisen (Homoskedastizität).

Sind darüber hinaus

3. die Populationsresiduen normalverteilt, dann sind die unstandardisierten Regressionskoeffizienten bei allen Fallzahlen exakt normalverteilt.

b) Geschätzte Standardfehler der Regressionskoeffizienten

Regressionskonstante a

$$\hat{\sigma}_a = \sqrt{\frac{\frac{1}{n}\cdot\sum_{i=1}^{n}x_i^2}{\sum_{i=1}^{n}(x_i - \bar{x})^2}\cdot\frac{\sum_{i=1}^{n}e_i^2}{n-2}}$$

Regressionsgewicht b

$$\hat{\sigma}_b = \sqrt{\frac{1}{\sum_{i=1}^{n}(x_i - \bar{x})^2}\cdot\frac{\sum_{i=1}^{n}e_i^2}{n-2}}$$

6.4 Konfidenzintervall für die unstandardisierten Regressionskoeffizienten a und b

Regressionskonstante a

$$c.i.(\alpha) = a \pm \hat{\sigma}_a \cdot t_{n-2;1-\alpha/2}$$

Regressionsgewicht b

$$c.i.(\beta) = b \pm \hat{\sigma}_b \cdot t_{n-2;1-\alpha/2}$$

Die Anwendung der T-Verteilung setzt normalverteilte Populationsresiduen voraus. Auch ohne diese Annahme wird im Sinne eines vorsichtigen Vorgehens die T-Verteilung anstelle der dann asymptotisch gültigen Standardnormalverteilung verwendet. Die asymptotische Annäherung ist hinreichend genau, wenn $n - 2 > 30$.

6.5 Prüfung von Hypothesen über die Regressionskoeffizienten a und b

Hypothesen:

	Regressionskonstante α			Regressionsgewicht β			
a)	$H_1: \alpha \neq 0$	versus	$H_0: \alpha = 0$	$H_1: \beta \neq 0$	versus	$H_0: \beta = 0$	zweiseitig
b)	$H_1: \alpha > 0$	versus	$H_0: \alpha \leq 0$	$H_1: \beta > 0$	versus	$H_0: \beta \leq 0$	einseitig
c)	$H_1: \alpha < 0$	versus	$H_0: \alpha \geq 0$	$H_1: \beta < 0$	versus	$H_0: \beta \geq 0$	einseitig

Teststatistik

für die Regressionskonstante a

$$T = \frac{a - \alpha_0}{\hat{\sigma}_a}$$

für das Regressionsgewicht b

$$T = \frac{b - \beta_0}{\hat{\sigma}_b}$$

Entscheidungsregel

a) Wenn $T > t_{df = n-2; 1-\alpha/2}$ oder $T < t_{df = n-2; \alpha/2}$, dann H_1, sonst H_0
b) Wenn $T > t_{df = n-2; 1-\alpha}$, dann H_1, sonst H_0
c) Wenn $T < t_{df = n-2; \alpha}$, dann H_1, sonst H_0

wobei $t_{df = n-2; a}$ das Quantil mit der Quantilwahrscheinlichkeit a (= α oder $1 - \alpha$ oder $\alpha/2$ oder $1 - \alpha/2$) der T-Verteilung mit $df = n - 2$ Freiheitsgraden ist.

Die Teststatistik setzt normalverteilte Populationsresiduen voraus. Auch ohne diese Annahme wird im Sinne eines vorsichtigen Vorgehens die T-Verteilung anstelle der dann asymptotisch gültigen Standardnormalverteilung verwendet. Die asymptotische Annäherung ist hinreichend genau, wenn $n - 2 > 30$.

7 Multiple Regression

7.1 Modellgleichungen

a) Multiples Regressionsmodell

In der Population: $Y = M_{Y|XW} + U = \beta_0 + \beta_1 \cdot X_1 + \beta_2 \cdot X_2 + \ldots + \beta_K \cdot X_K + U$

In der Stichprobe: $Y = \hat{Y} + E = b_0 + b_1 \cdot X_1 + b_2 \cdot X_2 + \ldots + b_K \cdot X_K + E$

b) Spezialfall: trivariates Regressionsmodell

In der Population: $Y = M_{Y|XW} + U = \beta_0 + \beta_1 \cdot X_1 + \beta_2 \cdot X_2 + U$

In der Stichprobe: $Y = \hat{Y} + E = b_0 + b_1 \cdot X_1 + b_2 \cdot X_2 + E$

7.2 Schätzung nach der Methode der kleinsten Quadrate (OLS-Methode)

a) Minimierungskriterium der OLS-Schätzung

$$\sum_{i=1}^{n} e_i^2 = \sum_{i=1}^{n} (y_i - \hat{y}_i)^2 = \sum_{i=1}^{n} \left(y_i - (b_0 + b_1 \cdot x_{1i} + \ldots + b_K \cdot x_{Ki})\right)^2 = \text{Min.}$$

b) Berechnung der unstandardisierten Regressionskoeffizienten in der trivariaten Regression

Im multiplen Regressionsmodell wird die Regressionskonstante als b_0 bezeichnet.

Regressionskonstante b_0

$$b_0 = \bar{y} - b_1 \cdot \bar{x}_1 - b_2 \cdot \bar{x}_2$$

Regressionsgewicht b_1

$$b_1 = \frac{s_2^2 \cdot s_{Y1} - s_{Y2} \cdot s_{21}}{s_1^2 \cdot s_2^2 - (s_{21})^2}$$

Regressionsgewicht b_2

$$b_2 = \frac{s_1^2 \cdot s_{Y2} - s_{Y1} \cdot s_{21}}{s_1^2 \cdot s_2^2 - (s_{21})^2}$$

wobei $\bar{y}, \bar{x}_1$ und $\bar{x}_2$ die Mittelwerte der abhängigen Variablen Y und der erklärenden Variablen X_1 und X_2, s_Y^2, s_1^2 und s_2^2 die Varianzen und s_{Y1}, s_{Y2} die Kovarianzen von Y mit X_1 und X_2 sind. s_{21} ist die Kovarianz zwischen X_1 und X_2.

In multiplen Regressionsmodellen mit mehr als zwei erklärenden Variablen werden die Regressionskoeffizienten ausschließlich mit Hilfe von Statistikprogrammen berechnet.

c) Berechnung der standardisierten Regressionsgewichte

$$b_k^* = b_k \cdot \frac{s(x_k)}{s(Y)}$$

d) Varianzzerlegung im multiplen Regressionsmodell

$$s_Y^2 = s_{\hat{Y}}^2 + s_E^2$$

$$\frac{\sum_{i=1}^{n}(y_i - \bar{y})^2}{n} = \frac{\sum_{i=1}^{n}(\hat{y}_i - \bar{y})^2}{n} + \frac{\sum_{i=1}^{n} e_i^2}{n}$$

e) Determinationskoeffizient im multiplen Regressionsmodell

$$R^2 = \frac{\sum_{i=1}^{n}(\hat{y}_i - \bar{y})^2}{\sum_{i=1}^{n}(y_i - \bar{y})^2} = \frac{SS_{\hat{Y}}}{SS_Y} = \frac{s_{\hat{Y}}^2}{s_Y^2} = 1 - \frac{\sum_{i=1}^{n}(y_i - \hat{y}_i)^2}{\sum_{i=1}^{n}(y_i - \bar{y})^2} = 1 - \frac{\sum_{i=1}^{n} e_i^2}{\sum_{i=1}^{n}(y_i - \bar{y})^2} = 1 - \frac{SS_E}{SS_Y} = 1 - \frac{s_E^2}{s_Y^2}$$

$$= \frac{\sum_{k=1}^{K} b_k \cdot s_{Yk}}{s_Y^2} = \sum_{k=1}^{K} b_k^* \cdot r_{Yk}$$

7.3 Kennwerteverteilung

a) Erwartungswerte der Regressionskoeffizienten

In einfachen Zufallsauswahlen sind die unstandardisierten Regressionskoeffizienten b_0, b_1, … b_K asymptotisch um die Regressionskoeffizienten β_0, β_1, … β_K in der Population normalverteilt, wenn

1. die bedingten Populationsmittelwerte von Y gegeben X_1, X_2, … X_K einer linearen Funktion folgen und
2. die bedingten Populationsvarianzen die gleichen Werte aufweisen (Homoskedastizität).

Sind darüber hinaus

3. die Populationsresiduen normalverteilt, dann sind die unstandardisierten Regressionskoeffizienten bei allen Fallzahlen exakt normalverteilt.

b) Geschätzte Standardfehler der Regressionsgewichte b_1 und b_2 in der trivariaten Regression

Regressionsgewicht b_1 Regressionsgewicht b_2

$$\hat{\sigma}(b_1) = \sqrt{\frac{s_2^2}{s_1^2 \cdot s_2^2 - (s_{21})^2} \cdot \frac{s_E^2}{n-3}} \qquad \hat{\sigma}(b_2) = \sqrt{\frac{s_1^2}{s_1^2 \cdot s_2^2 - (s_{21})^2} \cdot \frac{s_E^2}{n-3}}$$

Bei mehr als zwei erklärenden Variablen werden die geschätzten Standardfehler ausschließlich mit Statistikprogrammen berechnet.

7.4 Konfidenzintervall für einen beliebigen unstandardisierten Regressionskoeffizienten

$$c.i.(\beta_k) = b_k \pm \hat{\sigma}(b_k) \cdot t_{n-K-1;1-\alpha/2}$$

wobei die Anzahl der Freiheitsgrade ermittelt wird als Differenz aus der Fallzahl in der Stichprobe minus der Anzahl der erklärenden Variablen (K) im Regressionsmodell minus der Regressionskonstanten (1).

Die Anwendung der T-Verteilung mit df = n – K – 1 Freiheitsgraden setzt normalverteilte Populationsresiduen voraus. Auch ohne diese Annahme wird im Sinne eines vorsichtigen Vorgehens die T-Verteilung anstelle der dann asymptotisch gültigen Standardnormalverteilung verwendet. Die asymptotische Annäherung ist hinreichend genau, wenn n – K – 1 > 30.

7.5 Prüfung einer Hypothese über einen Regressionskoeffizienten b_k

Hypothesen: a) $H_1: \beta_k \neq \beta$ versus $H_0: \beta_k = \beta$ zweiseitig

b) $H_1: \beta_k > \beta$ versus $H_0: \beta_k \leq \beta$ einseitig

c) $H_1: \beta_k < \beta$ versus $H_0: \beta_k \geq \beta$ einseitig

Teststatistik

$$T = \frac{b_k - \beta_0}{\hat{\sigma}(b_k)}$$

Entscheidungsregel

a) Wenn $T > t_{df=n-K-1;1-\alpha/2}$ oder $T < t_{df=n-K-1;\alpha/2}$, dann H_1, sonst H_0

b) Wenn $T > t_{df=n-K-1;1-\alpha}$, dann H_1, sonst H_0

c) Wenn $T < t_{df=n-K-1;\alpha}$, dann H_1, sonst H_0

wobei $t_{df=n-K-1;a}$ das Quantil mit der Quantilwahrscheinlichkeit a (= α oder $1-\alpha$ oder $\alpha/2$ oder $1-\alpha/2$) der T-Verteilung mit df = n – K – 1 Freiheitsgraden ist.

Die Teststatistik setzt normalverteilte Populationsresiduen voraus. Auch ohne diese Annahme wird im Sinne eines vorsichtigen Vorgehens die T-Verteilung anstelle der dann asymptotisch gültigen Standardnormalverteilung verwendet. Die asymptotische Annäherung ist hinreichend genau, wenn n – K – 1 > 30.

7.6 Prüfung der Hypothese, dass alle Regressionsgewichte gleich null sind

Die Prüfung dieser Hypothese erfolgt mit Hilfe des F-Tests. Das zu prüfende Hypothesenpaar lautet:

Hypothese

$H_1: \beta_1 \neq 0$ oder $\beta_2 \neq 0$ oder … oder $\beta_K \neq 0$ versus $H_0: \beta_1 = \beta_2 = \ldots = \beta_K = 0$

Teststatistik

$$F = \frac{\frac{s^2_{\hat{Y}}}{K}}{\frac{s^2_E}{(n-K-1)}} = \frac{\frac{R^2}{K}}{\frac{(1-R^2)}{(n-K-1)}}$$

Entscheidungsregel

Wenn $F > F_{df=n-K-1;1-\alpha}$, dann H_1, sonst H_0,
wobei $F_{df=n-K-1;1-\alpha}$ das $(1-\alpha)$-Quantil der F-Verteilung mit df = n – K – 1 Freiheitsgraden ist.

Anwendungsvoraussetzung

Der Test unterstellt die Anwendungsvoraussetzungen der Kennwerteverteilung der Regressionskoeffizienten bei einer einfachen Zufallsauswahl und die Normalverteilung der Populationsresiduen.

7.7 Prüfung der Hypothese, dass zusätzliche Regressionsgewichte gleich null sind

Der Test prüft, ob die Erweiterung des Regressionsmodells

$$Y = \beta_0 + \beta_1 \cdot X_1 + ... + \beta_K \cdot X_K + U_1$$

um die zusätzlichen Prädiktoren $X_{K+1}, X_{K+2}, \ldots, X_{K+J}$

$$Y = \beta_0 + \beta_1 \cdot X_1 + ... + \beta_K \cdot X_K + \beta_{K+1} \cdot X_{K+1} + ... + \beta_{K+1} \cdot X_{K+J} + U_2$$

die Erklärungskraft des Regressionsmodells erhöht.

Hypothese

$H_1 : \beta_{K+1} \neq 0$ oder … oder $\beta_{K+J} \neq 0$ versus $H_0 : \beta_{K+1} = \ldots \beta_{K+J} = 0$

Teststatistik

$$F = \frac{\frac{\left(s^2(E_1) - s^2(E_2)\right)}{J}}{\frac{s^2(E_2)}{(n-K-J-1)}} = \frac{\frac{\left(R_2^2 - R_1^2\right)}{J}}{\frac{\left(1-R_2^2\right)}{(n-K-J-1)}}$$

wobei $s^2(E_1)$ bzw. $s^2(E_2)$ die Stichprobenresidualvarianzen im ursprünglichen bzw. erweiterten Regressionsmodell und R_1^2 und R_2^2 die Determinationskoeffizienten im ursprünglichen und erweiterten Modell sind.

Anwendungsvoraussetzung

Neben den Annahmen für die Kennwerteverteilung der OLS-Regression in einer einfachen Zufallsauswahl und der Normalverteilung der Populationsresiduen müssen beide Regressionsmodelle auf der Basis einer Stichprobe mit n Fällen geschätzt werden.

A-2 Tabellen

Tabelle A-2.1: Quantile der Normalverteilung

α	z_α	α	z_α	α	z_α	α	z_α	α	z_α
0.000	$-\infty$	0.095	−1.311	0.190	−0.878	0.285	−0.568	0.380	−0.305
0.005	−2.576	0.100	−1.282	0.195	−0.860	0.290	−0.553	0.385	−0.292
0.010	−2.326	0.105	−1.254	0.200	−0.842	0.295	−0.539	0.390	−0.279
0.015	−2.170	0.110	−1.227	0.205	−0.824	0.300	−0.524	0.395	−0.266
0.020	−2.054	0.115	−1.200	0.210	−0.806	0.305	−0.510	0.400	−0.253
0.025	−1.960	0.120	−1.175	0.215	−0.789	0.310	−0.496	0.405	−0.240
0.030	−1.881	0.125	−1.150	0.220	−0.772	0.315	−0.482	0.410	−0.228
0.035	−1.812	0.130	−1.126	0.225	−0.755	0.320	−0.468	0.415	−0.215
0.040	−1.751	0.135	−1.103	0.230	−0.739	0.325	−0.454	0.420	−0.202
0.045	−1.695	0.140	−1.080	0.235	−0.722	0.330	−0.440	0.425	−0.189
0.050	−1.645	0.145	−1.058	0.240	−0.706	0.335	−0.426	0.430	−0.176
0.055	−1.598	0.150	−1.036	0.245	−0.690	0.340	−0.412	0.435	−0.164
0.060	−1.555	0.155	−1.015	0.250	−0.674	0.345	−0.399	0.440	−0.151
0.065	−1.514	0.160	−0.994	0.255	−0.659	0.350	−0.385	0.445	−0.138
0.070	−1.476	0.165	−0.974	0.260	−0.643	0.355	−0.372	0.450	−0.126
0.075	−1.440	0.170	−0.954	0.265	−0.628	0.360	−0.358	0.455	−0.113
0.080	−1.405	0.175	−0.935	0.270	−0.613	0.365	−0.345	0.460	−0.100
0.085	−1.372	0.180	−0.915	0.275	−0.598	0.370	−0.332	0.465	−0.088
0.090	−1.341	0.185	−0.896	0.280	−0.583	0.375	−0.319	0.470	−0.075

α	$z_α$	α	$z_α$	α	$z_α$	α	$z_α$	α	$z_α$
0.475	−0.063	0.580	0.202	0.685	0.482	0.790	0.806	0.895	1.254
0.480	−0.050	0.585	0.215	0.690	0.496	0.795	0.824	0.900	1.282
0.485	−0.038	0.590	0.228	0.695	0.510	0.800	0.842	0.905	1.311
0.490	−0.025	0.595	0.240	0.700	0.524	0.805	0.860	0.910	1.341
0.495	−0.013	0.600	0.253	0.705	0.539	0.810	0.878	0.915	1.372
0.500	0.000	0.605	0.266	0.710	0.553	0.815	0.896	0.920	1.405
0.505	0.013	0.610	0.279	0.715	0.568	0.820	0.915	0.925	1.440
0.510	0.025	0.615	0.292	0.720	0.583	0.825	0.935	0.930	1.476
0.515	0.038	0.620	0.305	0.725	0.598	0.830	0.954	0.935	1.514
0.520	0.050	0.625	0.319	0.730	0.613	0.835	0.974	0.940	1.555
0.525	0.063	0.630	0.332	0.735	0.628	0.840	0.994	0.945	1.598
0.530	0.075	0.635	0.345	0.740	0.643	0.845	1.015	0.950	1.645
0.535	0.088	0.640	0.358	0.745	0.659	0.850	1.036	0.955	1.695
0.540	0.100	0.645	0.372	0.750	0.674	0.855	1.058	0.960	1.751
0.545	0.113	0.650	0.385	0.755	0.690	0.860	1.080	0.965	1.812
0.550	0.126	0.655	0.399	0.760	0.706	0.865	1.103	0.970	1.881
0.555	0.138	0.660	0.412	0.765	0.722	0.870	1.126	0.975	1.960
0.560	0.151	0.665	0.426	0.770	0.739	0.875	1.150	0.980	2.054
0.565	0.164	0.670	0.440	0.775	0.755	0.880	1.175	0.985	2.170
0.570	0.176	0.675	0.454	0.780	0.772	0.885	1.200	0.990	2.326
0.575	0.189	0.680	0.468	0.785	0.789	0.890	1.227	0.995	2.576
								1.00	∞

Tabelle A-2.2: Ausgewählte Quantile der Chi-Quadrat-Verteilung

df	0.5 %	1.0 %	2.5 %	5.0 %	10.0 %	90.0 %	95.0 %	97.5 %	99.0 %	99.5 %
1	<.001	<.001	0.001	0.004	0.016	2.706	3.841	5.024	6.635	7.879
2	0.010	0.020	0.051	0.103	0.211	4.605	5.991	7.378	9.210	10.60
3	0.072	0.115	0.216	0.352	0.584	6.251	7.815	9.348	11.34	12.84
4	0.207	0.297	0.484	0.711	1.064	7.779	9.488	11.14	13.28	14.86
5	0.412	0.554	0.831	1.145	1.610	9.236	11.07	12.83	15.09	16.75
6	0.676	0.872	1.237	1.635	2.204	10.64	12.59	14.45	16.81	18.55
7	0.989	1.239	1.690	2.167	2.833	12.02	14.07	16.01	18.48	20.28
8	1.344	1.646	2.180	2.733	3.490	13.36	15.51	17.53	20.09	21.95
9	1.735	2.088	2.700	3.325	4.168	14.68	16.92	19.02	21.67	23.59
10	2.156	2.558	3.247	3.940	4.865	15.99	18.31	20.48	23.21	25.19
11	2.603	3.053	3.816	4.575	5.578	17.28	19.68	21.92	24.72	26.76
12	3.074	3.571	4.404	5.226	6.304	18.55	21.03	23.34	26.22	28.30
13	3.565	4.107	5.009	5.892	7.042	19.81	22.36	24.74	27.69	29.82
14	4.075	4.660	5.629	6.571	7.790	21.06	23.68	26.12	29.14	31.32
15	4.601	5.229	6.262	7.261	8.547	22.31	25.00	27.49	30.58	32.80
16	5.142	5.812	6.908	7.962	9.312	23.54	26.30	28.85	32.00	34.27
17	5.697	6.408	7.564	8.672	10.09	24.77	27.59	30.19	33.41	35.72
18	6.265	7.015	8.231	9.390	10.86	25.99	28.87	31.53	34.81	37.16
19	6.844	7.633	8.907	10.12	11.65	27.20	30.14	32.85	36.19	38.58
20	7.434	8.260	9.591	10.85	12.44	28.41	31.41	34.17	37.57	40.00
21	8.034	8.897	10.28	11.59	13.24	29.62	32.67	35.48	38.93	41.40
22	8.643	9.542	10.98	12.34	14.04	30.81	33.92	36.78	40.29	42.80
23	9.260	10.20	11.69	13.09	14.85	32.01	35.17	38.08	41.64	44.18
24	9.886	10.86	12.40	13.85	15.66	33.20	36.42	39.36	42.98	45.56
25	10.52	11.52	13.12	14.61	16.47	34.38	37.65	40.65	44.31	46.93
26	11.16	12.20	13.84	15.38	17.29	35.56	38.89	41.92	45.64	48.29
27	11.81	12.88	14.57	16.15	18.11	36.74	40.11	43.19	46.96	49.64
28	12.46	13.56	15.31	16.93	18.94	37.92	41.34	44.46	48.28	50.99
29	13.12	14.26	16.05	17.71	19.77	39.09	42.56	45.72	49.59	52.34
30	13.79	14.95	16.79	18.49	20.60	40.26	43.77	46.98	50.89	53.67

Tabelle A-2.3: Ausgewählte Quantile der T-Verteilung

df	75.0 %	90.0 %	95.0 %	97.5 %	99.0 %	99.5 %	99.9 %	99.95 %
1	1.000	3.078	6.314	12.71	31.82	63.66	318.3	636.6
2	0.816	1.886	2.920	4.303	6.965	9.925	22.33	31.60
3	0.765	1.638	2.353	3.182	4.541	5.841	10.21	12.92
4	0.741	1.533	2.132	2.776	3.747	4.604	7.173	8.610
5	0.727	1.476	2.015	2.571	3.365	4.032	5.893	6.869
6	0.718	1.440	1.943	2.447	3.143	3.707	5.208	5.959
7	0.711	1.415	1.895	2.365	2.998	3.499	4.785	5.408
8	0.706	1.397	1.860	2.306	2.896	3.355	4.501	5.041
9	0.703	1.383	1.833	2.262	2.821	3.250	4.297	4.781
10	0.700	1.372	1.812	2.228	2.764	3.169	4.144	4.587
11	0.697	1.363	1.796	2.201	2.718	3.106	4.025	4.437
12	0.695	1.356	1.782	2.179	2.681	3.055	3.930	4.318
13	0.694	1.350	1.771	2.160	2.650	3.012	3.852	4.221
14	0.692	1.345	1.761	2.145	2.624	2.977	3.787	4.140
15	0.691	1.341	1.753	2.131	2.602	2.947	3.733	4.073
16	0.690	1.337	1.746	2.120	2.583	2.921	3.686	4.015
17	0.689	1.333	1.740	2.110	2.567	2.898	3.646	3.965
18	0.688	1.330	1.734	2.101	2.552	2.878	3.610	3.922
19	0.688	1.328	1.729	2.093	2.539	2.861	3.579	3.883
20	0.687	1.325	1.725	2.086	2.528	2.845	3.552	3.850
21	0.686	1.323	1.721	2.080	2.518	2.831	3.527	3.819
22	0.686	1.321	1.717	2.074	2.508	2.819	3.505	3.792
23	0.685	1.319	1.714	2.069	2.500	2.807	3.485	3.768
24	0.685	1.318	1.711	2.064	2.492	2.797	3.467	3.745

df	75.0 %	90.0 %	95.0 %	97.5 %	99.0 %	99.5 %	99.9 %	99.95 %
25	0.684	1.316	1.708	2.060	2.485	2.787	3.450	3.725
26	0.684	1.315	1.706	2.056	2.479	2.779	3.435	3.707
27	0.684	1.314	1.703	2.052	2.473	2.771	3.421	3.690
28	0.683	1.313	1.701	2.048	2.467	2.763	3.408	3.674
29	0.683	1.311	1.699	2.045	2.462	2.756	3.396	3.659
30	0.683	1.310	1.697	2.042	2.457	2.750	3.385	3.646
40	0.681	1.303	1.684	2.021	2.423	2.704	3.307	3.551
60	0.679	1.296	1.671	2.000	2.390	2.660	3.232	3.460
120	0.677	1.289	1.658	1.980	2.358	2.617	3.160	3.373
∞	0.674	1.282	1.645	1.960	2.326	2.576	3.090	3.291

Tabelle A-2.4: **Ausgewählte Quantile der F-Verteilung**

df_2	$df_1 = 1$ 90.0%	95.0%	97.5%	99.0%	99.5%
1	39.86	161.4	647.8	4052	16211
2	8.526	18.51	38.51	98.50	198.5
3	5.538	10.13	17.44	34.12	55.55
4	4.545	7.709	12.22	21.20	31.33
5	4.060	6.608	10.01	16.26	22.78
6	3.776	5.987	8.813	13.75	18.63
7	3.589	5.591	8.073	12.25	16.24
8	3.458	5.318	7.571	11.26	14.69
9	3.360	5.117	7.209	10.56	13.61
10	3.285	4.965	6.937	10.04	12.83
12	3.177	4.747	6.554	9.330	11.75
15	3.073	4.543	6.200	8.683	10.80
30	2.881	4.171	5.568	7.562	9.180
60	2.791	4.001	5.286	7.077	8.495
120	2.748	3.920	5.152	6.851	8.179
∞	2.706	3.841	5.024	6.635	7.879

df_2	$df_1 = 2$ 90.0 %	95.0 %	97.5 %	99.0 %	99.5 %
1	49.50	199.5	799.5	5000	20000
2	9.000	19.00	39.00	99.00	199.0
3	5.462	9.552	16.04	30.82	49.80
4	4.325	6.944	10.65	18.00	26.28
5	3.780	5.786	8.434	13.27	18.31
6	3.463	5.143	7.260	10.92	14.54
7	3.257	4.737	6.542	9.547	12.40
8	3.113	4.459	6.059	8.649	11.04
9	3.006	4.256	5.715	8.022	10.11
10	2.924	4.103	5.456	7.559	9.427
12	2.807	3.885	5.096	6.927	8.510
15	2.695	3.682	4.765	6.359	7.701
30	2.489	3.316	4.182	5.390	6.355
60	2.393	3.150	3.925	4.977	5.795
120	2.347	3.072	3.805	4.787	5.539
∞	2.303	2.996	3.689	4.605	5.298

df_2	$df_1 = 3$ 90.0 %	95.0 %	97.5 %	99.0 %	99.5 %
1	53.59	215.7	864.2	5403	21615
2	9.162	19.16	39.17	99.17	199.2
3	5.391	9.277	15.44	29.46	47.47
4	4.191	6.591	9.979	16.69	24.26
5	3.619	5.409	7.764	12.06	16.53
6	3.289	4.757	6.599	9.780	12.92
7	3.074	4.347	5.890	8.451	10.88
8	2.924	4.066	5.416	7.591	9.596
9	2.813	3.863	5.078	6.992	8.717
10	2.728	3.708	4.826	6.552	8.081
12	2.606	3.490	4.474	5.953	7.226
15	2.490	3.287	4.153	5.417	6.476
30	2.276	2.922	3.589	4.510	5.239
60	2.177	2.758	3.343	4.126	4.729
120	2.130	2.680	3.227	3.949	4.497
∞	2.084	2.605	3.116	3.782	4.279

df_1	$df_1 = 4$ 90.0 %	95.0 %	97.5 %	99.0 %	99.5 %
1	55.83	224.6	899.6	5625	22500
2	9.243	19.25	39.25	99.25	199.2
3	5.343	9.117	15.10	28.71	46.19
4	4.107	6.388	9.605	15.98	23.15
5	3.520	5.192	7.388	11.39	15.56
6	3.181	4.534	6.227	9.148	12.03
7	2.961	4.120	5.523	7.847	10.05
8	2.806	3.838	5.053	7.006	8.805
9	2.693	3.633	4.718	6.422	7.956
10	2.605	3.478	4.468	5.994	7.343
12	2.480	3.259	4.121	5.412	6.521
15	2.361	3.056	3.804	4.893	5.803
30	2.142	2.690	3.250	4.018	4.623
60	2.041	2.525	3.008	3.649	4.140
120	1.992	2.447	2.894	3.480	3.921
∞	1.945	2.372	2.786	3.319	3.715

df_2	$df_1 = 5$ 90.0 %	95.0 %	97.5 %	99.0 %	99.5 %
1	57.24	230.2	921.8	5764	23 056
2	9.293	19.30	39.30	99.30	199.3
3	5.309	9.013	14.88	28.24	45.39
4	4.051	6.256	9.364	15.52	22.46
5	3.453	5.050	7.146	10.97	14.94
6	3.108	4.387	5.988	8.746	11.46
7	2.883	3.972	5.285	7.460	9.522
8	2.726	3.687	4.817	6.632	8.302
9	2.611	3.482	4.484	6.057	7.471
10	2.522	3.326	4.236	5.636	6.872
12	2.394	3.106	3.891	5.064	6.071
15	2.273	2.901	3.576	4.556	5.372
30	2.049	2.534	3.026	3.699	4.228
60	1.946	2.368	2.786	3.339	3.760
120	1.896	2.290	2.674	3.174	3.548
∞	1.847	2.214	2.567	3.017	3.350

df_2	$df_1 = 6$ 90.0 %	95.0 %	97.5 %	99.0 %	99.5 %
1	58.20	234.0	937.1	5859	23 437
2	9.326	19.33	39.33	99.33	199.3
3	5.285	8.941	14.73	27.91	44.84
4	4.010	6.163	9.197	15.21	21.97
5	3.405	4.950	6.978	10.67	14.51
6	3.055	4.284	5.820	8.466	11.07
7	2.827	3.866	5.119	7.191	9.155
8	2.668	3.581	4.652	6.371	7.952
9	2.551	3.374	4.320	5.802	7.134
10	2.461	3.217	4.072	5.386	6.545
12	2.331	2.996	3.728	4.821	5.757
15	2.208	2.790	3.415	4.318	5.071
30	1.980	2.421	2.867	3.473	3.949
60	1.875	2.254	2.627	3.119	3.492
120	1.824	2.175	2.515	2.956	3.285
∞	1.774	2.099	2.408	2.802	3.091

df_2	$df_1 = 7$ 90.0%	95.0%	97.5%	99.0%	99.5%
1	58.91	236.8	948.2	5928	23715
2	9.349	19.35	39.36	99.36	199.4
3	5.266	8.887	14.62	27.67	44.43
4	3.979	6.094	9.074	14.98	21.62
5	3.368	4.876	6.853	10.46	14.20
6	3.014	4.207	5.695	8.260	10.79
7	2.785	3.787	4.995	6.993	8.885
8	2.624	3.500	4.529	6.178	7.694
9	2.505	3.293	4.197	5.613	6.885
10	2.414	3.135	3.950	5.200	6.302
12	2.283	2.913	3.607	4.640	5.525
15	2.158	2.707	3.293	4.142	4.847
30	1.927	2.334	2.746	3.304	3.742
60	1.819	2.167	2.507	2.953	3.291
120	1.767	2.087	2.395	2.792	3.087
∞	1.717	2.010	2.288	2.639	2.897

df_2	$df_1 = 8$ 90.0 %	95.0 %	97.5 %	99.0 %	97.5 %
1	59.44	238.9	956.7	5981	23926
2	9.367	19.37	39.37	99.37	199.4
3	5.252	8.845	14.54	27.49	44.13
4	3.955	6.041	8.980	14.80	21.35
5	3.339	4.818	6.757	10.29	13.96
6	2.983	4.147	5.600	8.102	10.57
7	2.752	3.726	4.899	6.840	8.678
8	2.589	3.438	4.433	6.029	7.496
9	2.469	3.230	4.102	5.467	6.693
10	2.377	3.072	3.855	5.057	6.116
12	2.245	2.849	3.512	4.499	5.345
15	2.119	2.641	3.199	4.004	4.674
30	1.884	2.266	2.651	3.173	3.580
60	1.775	2.097	2.412	2.823	3.134
120	1.722	2.016	2.299	2.663	2.933
∞	1.670	1.938	2.192	2.511	2.744

df_2	$df_1 = 9$ 90.0 %	95.0 %	97.5 %	99.0 %	99.5 %
1	59.86	240.5	963.3	6022	24091
2	9.381	19.38	39.39	99.39	199.4
3	5.240	8.812	14.47	27.35	43.88
4	3.936	5.999	8.905	14.66	21.14
5	3.316	4.772	6.681	10.16	13.77
6	2.958	4.099	5.523	7.976	10.39
7	2.725	3.677	4.823	6.719	8.514
8	2.561	3.388	4.357	5.911	7.339
9	2.440	3.179	4.026	5.351	6.541
10	2.347	3.020	3.779	4.942	5.968
12	2.214	2.796	3.436	4.388	5.202
15	2.086	2.588	3.123	3.895	4.536
30	1.849	2.211	2.575	3.067	3.450
60	1.738	2.040	2.334	2.718	3.008
120	1.684	1.959	2.222	2.559	2.808
∞	1.632	1.880	2.114	2.407	2.621

df_2	$df_1 = 10$ 90.0 %	95.0 %	97.5 %	99.0 %	99.5 %
1	60.19	241.9	968.6	6056	24224
2	9.392	19.40	39.40	99.40	199.4
3	5.230	8.786	14.42	27.23	43.69
4	3.920	5.964	8.844	14.55	20.97
5	3.297	4.735	6.619	10.05	13.62
6	2.937	4.060	5.461	7.874	10.25
7	2.703	3.637	4.761	6.620	8.380
8	2.538	3.347	4.295	5.814	7.211
9	2.416	3.137	3.964	5.257	6.417
10	2.323	2.978	3.717	4.849	5.847
12	2.188	2.753	3.374	4.296	5.085
15	2.059	2.544	3.060	3.805	4.424
30	1.819	2.165	2.511	2.979	3.344
60	1.707	1.993	2.270	2.632	2.904
120	1.652	1.910	2.157	2.472	2.705
∞	1.599	1.831	2.048	2.321	2.519

df_1	$df_1 = 12$ 90.0 %	95.0 %	97.5 %	99.0 %	99.5 %
1	60.71	243.9	976.7	6106	24426
2	9.408	19.41	39.41	99.42	199.4
3	5.216	8.745	14.34	27.05	43.39
4	3.896	5.912	8.751	14.37	20.70
5	3.268	4.678	6.525	9.888	13.38
6	2.905	4.000	5.366	7.718	10.03
7	2.668	3.575	4.666	6.469	8.176
8	2.502	3.284	4.200	5.667	7.015
9	2.379	3.073	3.868	5.111	6.227
10	2.284	2.913	3.621	4.706	5.661
12	2.147	2.687	3.277	4.155	4.906
15	2.017	2.475	2.963	3.666	4.250
30	1.773	2.092	2.412	2.843	3.179
60	1.657	1.917	2.169	2.496	2.742
120	1.601	1.834	2.055	2.336	2.544
∞	1.546	1.752	1.945	2.185	2.358

df_2	$df_1 = 15$ 90.0 %	95.0 %	97.5 %	99.0 %	99.5 %
1	61.22	245.9	984.9	6157	24630
2	9.425	19.43	39.43	99.43	199.4
3	5.200	8.703	14.25	26.87	43.08
4	3.870	5.858	8.657	14.20	20.44
5	3.238	4.619	6.428	9.722	13.15
6	2.871	3.938	5.269	7.559	9.814
7	2.632	3.511	4.568	6.314	7.968
8	2.464	3.218	4.101	5.515	6.814
9	2.340	3.006	3.769	4.962	6.032
10	2.244	2.845	3.522	4.558	5.471
12	2.105	2.617	3.177	4.010	4.721
15	1.972	2.403	2.862	3.522	4.070
30	1.722	2.015	2.307	2.700	3.006
60	1.603	1.836	2.061	2.352	2.570
120	1.545	1.750	1.945	2.192	2.373
∞	1.487	1.666	1.833	2.039	2.187

df_2	$df_1 = 30$ 90.0 %	95.0 %	97.5 %	99.0 %	99.5 %
1	62.26	250.1	1001	6261	25044
2	9.458	19.46	39.46	99.47	199.5
3	5.168	8.617	14.08	26.50	42.47
4	3.817	5.746	8.461	13.84	19.89
5	3.174	4.496	6.227	9.379	12.66
6	2.800	3.808	5.065	7.229	9.358
7	2.555	3.376	4.362	5.992	7.534
8	2.383	3.079	3.894	5.198	6.396
9	2.255	2.864	3.560	4.649	5.625
10	2.155	2.700	3.311	4.247	5.071
12	2.011	2.466	2.963	3.701	4.331
15	1.873	2.247	2.644	3.214	3.687
30	1.606	1.841	2.074	2.386	2.628
60	1.476	1.649	1.815	2.028	2.187
120	1.409	1.554	1.690	1.860	1.984
∞	1.342	1.459	1.566	1.696	1.789

df_2	$df_1 = 60$ 90.0 %	95.0 %	97.5 %	99.0 %	99.5 %
1	62.79	252.2	1010	6313	25253
2	9.475	19.48	39.48	99.48	199.5
3	5.151	8.572	13.99	26.32	42.15
4	3.790	5.688	8.360	13.65	19.61
5	3.140	4.431	6.123	9.202	12.40
6	2.762	3.740	4.959	7.057	9.122
7	2.514	3.304	4.254	5.824	7.309
8	2.339	3.005	3.784	5.032	6.177
9	2.208	2.787	3.449	4.483	5.410
10	2.107	2.621	3.198	4.082	4.859
12	1.960	2.384	2.848	3.535	4.123
15	1.817	2.160	2.524	3.047	3.480
30	1.538	1.740	1.940	2.208	2.415
60	1.395	1.534	1.667	1.836	1.962
120	1.320	1.429	1.530	1.656	1.747
∞	1.240	1.318	1.388	1.473	1.533

df_2	$df_1 = 120$ 90.0 %	95.0 %	97.5 %	99.0 %	99.5 %
1	63.06	253.3	1014	6339	25359
2	9.483	19.49	39.49	99.49	199.5
3	5.143	8.549	13.95	26.22	41.99
4	3.775	5.658	8.309	13.56	19.47
5	3.123	4.398	6.069	9.112	12.27
6	2.742	3.705	4.904	6.969	9.001
7	2.493	3.267	4.199	5.737	7.193
8	2.316	2.967	3.728	4.946	6.065
9	2.184	2.748	3.392	4.398	5.300
10	2.082	2.580	3.140	3.996	4.750
12	1.932	2.341	2.787	3.449	4.015
15	1.787	2.114	2.461	2.959	3.372
30	1.499	1.683	1.866	2.111	2.300
60	1.348	1.467	1.581	1.726	1.834
120	1.265	1.352	1.433	1.533	1.606
∞	1.169	1.221	1.268	1.325	1.364

df_2	$df_1 = \infty$ 90.0 %	95.0 %	97.5 %	99.0 %	97.5 %
1	63.33	254.3	1018	6366	25464
2	9.491	19.50	39.50	99.50	199.5
3	5.134	8.526	13.90	26.13	41.83
4	3.761	5.628	8.257	13.46	19.32
5	3.105	4.365	6.015	9.020	12.14
6	2.722	3.669	4.849	6.880	8.879
7	2.471	3.230	4.142	5.650	7.076
8	2.293	2.928	3.670	4.859	5.951
9	2.159	2.707	3.333	4.311	5.188
10	2.055	2.538	3.080	3.909	4.639
12	1.904	2.296	2.725	3.361	3.904
15	1.755	2.066	2.395	2.868	3.260
30	1.456	1.622	1.787	2.006	2.176
60	1.291	1.389	1.482	1.601	1.689
120	1.193	1.254	1.310	1.381	1.431
∞	1.000	1.000	1.000	1.000	1.000

A-3 Alphabetisches Verzeichnis der verwendeten Symbole

1 Lateinische Symbole

A, B — Bezeichnung für beliebige Elemente, z. B. Personen oder Ereignisse

a —
1. beobachtete Häufigkeit im rechten oberen Feld einer Vierfeldertabelle
2. Stichprobenwert der Regressionskonstanten in der bivariaten Regression

b —
1. beobachtete Häufigkeit im linken oberen Feld einer Vierfeldertabelle
2. Stichprobenwert des Regressionsgewichts in der bivariaten Regression

c — beobachtete Häufigkeit im rechten unteren Feld einer Vierfeldertabelle

C —
1. Kontingenzkoeffizient
2. Anzahl konkordanter Paare

D —
1. Anzahl diskordanter Paare
2. Differenz der beiden Variablen beim Test einer Mittelwertdifferenz bei abhängigen Stichproben
3. Dummy-Variable in einem (multiplen) Regressionsmodell

d — beobachtete Häufigkeit im linken unteren Feld einer Vierfeldertabelle

$\bar{d}$ — Stichprobenmittelwert der Differenz von Messwertepaaren bei abhängigen Stichproben

d_{YX}; d_{XY} — Stichprobenwert des ordinalen Zusammenhangsmaßes Somer's d mit Y bzw. X als abhängiger Variable

$d_{YX}\%$; $d_{XY}\%$	Stichprobenwert der Prozentsatzdifferenz mit Spalten- bzw. Zeilenprozentuierung
df	Anzahl der Freiheitsgrade
E	Variable zur Bezeichnung der Stichprobenresiduen in der linearen Regression
E_0	Fehler bei der Vorhersage der Werte einer abhängigen Variablen ohne Kenntnis der Werte der erklärenden Variablen
E_1	Fehler bei der Vorhersage der Werte einer abhängigen Variablen bei Kenntnis der Werte der erklärenden Variablen
e_i	1. bei Unabhängigkeit erwartete absolute Häufigkeit in einem Tabellenfeld 2. individuelle Abweichung des beobachteten Werts y_i von dem durch die Regressionsgleichung ermittelten Vorhersagewert $\hat{y}_i$ beim Fall «i»
F	Teststatistik F: der aus den Stichprobendaten berechnete Wert der Teststatistik
$f_{df_1; df_2; 1-\alpha}$	Quantilwert für das $(1-\alpha)$-Quantil der F-Verteilung mit df_1 und df_2 Freiheitsgraden
I	Anzahl der Zeilen in einer Kreuztabelle
i	1. Kennzeichnung eines individuellen Falls «i» 2. Kennzeichnung einer Zeile in einer bivariaten Kreuztabelle
J	Anzahl der Spalten in einer Kreuztabelle
j	Kennzeichnung einer Spalte in einer bivariaten Kreuztabelle
K	1. Anzahl der Datenpunkte bei der Ermittlung von Freiheitsgraden 2. Anzahl der Kategorien (Ausprägungen) einer Variablen
k	1. Bezeichnung für eine spezifische Kategorie (Ausprägung) einer Variablen 2. Kennzeichnung der Felder einer Partialtabelle in einer trivariaten Kreuztabelle, wobei die Felder durch die Ausprägungen der Kontrollvariablen gegeben sind
L^2	Teststatistik des Likelihood-Ratio-Tests
N	Umfang der Population = Anzahl der Fälle in der Population
N_1	Anzahl der Fälle mit der Ausprägung 1 eines binären Merkmals in der Population

n Anzahl der Fälle in einer konkreten Stichprobe

n_1 Anzahl der Fälle mit der Ausprägung 1 eines binären Merkmals in der Stichprobe

n_k Anzahl der Fälle in Kategorie (bei der Ausprägung) «k» eines Merkmals in der Stichprobe

$n_{(k)}$ Anzahl der Fälle in der k-ten Kategorie (auf dem k-ten Rangplatz) eines Merkmals, dessen Ausprägungen der Größe nach geordnet sind

o_K Obergrenze der obersten Klasse in einer Häufigkeitsverteilung mit gruppierten Daten

o_t Obergrenze der getrimmten obersten Klasse nach Ausschluss der Fälle in einer nach oben offenen Kategorie in einer gruppierten Häufigkeitsverteilung

P Wahrscheinlichkeit

$P(A \cup B)$ einschließendes «oder»: Wahrscheinlichkeit für das Auftreten von A oder von B oder von A und B gemeinsam

$P(A \cap B)$ verknüpfendes «und»: Wahrscheinlichkeit für das gemeinsame Auftreten von A und B

$P(B|A)$ bedingte Wahrscheinlichkeit: Wahrscheinlichkeit für das Auftreten von B unter der Bedingung, dass A aufgetreten (gegeben) ist

P^2_{YX}, P^2_{XY} relative Devianzreduktion der nominalskalierten abhängigen Variablen Y bei Kenntnis der unabhängigen Variablen X bzw. der abhängigen Variablen X bei Kenntnis der unabhängigen Variablen Y

p_1 relative Häufigkeit der Fälle mit der Ausprägung 1 eines binären Merkmals in der Stichprobe

p_k relative Häufigkeit der Fälle in Kategorie (bei der Ausprägung) «k» eines Merkmals in der Stichprobe

$Q_{0.25}$; $Q_{25\,\%}$; Q_1 Wert des ersten Quartiles oder des 25 %-Quantils einer Verteilung, d. h. Ausprägung des Elements (des Falls), das in der Häufigkeitsverteilung eines Merkmals, dessen Ausprägungen der Größe nach geordnet sind, den 25 %-Punkt der Verteilung, also den Rangplatz einnimmt, der die ersten 25 % der Verteilung begrenzt

$Q_{0.75}$; $Q_{75\,\%}$; Q_3 Wert des dritten Quartils oder des 75 %-Quantils

R	multipler Korrelationskoeffizient
R^2	Determinationskoeffizient
r	1. Spannweite zwischen dem niedrigsten und dem höchsten Wert einer Verteilung (Range) 2. Produktmomentkorrelation
r_{XY}	Produkt-Moment-Korrelation zwischen den Variablen X und Y
s_E^2	Stichprobenwert der Varianz der Abweichungen der beobachteten Werte von den durch die Regressionsgleichung ermittelten Vorhersagewerten
s_X	Standardabweichung der Variablen X in der Stichprobe
s_X^2	Varianz der Variablen X in der Stichprobe
SS_X	Variation des Merkmals X in der Stichprobe
s_{XY}	Kovarianz zwischen X und Y
T	Teststatistik T: der aus den Stichprobendaten berechnete Wert der Teststatistik
$t_{df;\,\alpha}; t_{df;\,1-\alpha}$	Quantilwert des α-Quantils bzw. des (1 – α)-Quantils einer T-Verteilung mit df Freiheitsgraden
t	Anzahl der zu schätzenden Parameter bei der Ermittlung der Anzahl der Freiheitsgrade
U	1. Variable zur Bezeichnung der Populationsresiduen in der linearen Regression 2. Unsicherheitskoeffizient
u_K	Untergrenze der untersten Klasse in einer Häufigkeitsverteilung mit gruppierten Daten
u_t	Untergrenze der getrimmten untersten Klasse nach Ausschluss der Fälle in einer nach unten offenen Kategorie in einer gruppierten Häufigkeitsverteilung
V	Cramér's V: symmetrisches Zusammenhangsmaß für nominalskalierte Daten
W	Kontrollvariable bei der Drittvariablenkontrolle in der Tabellen- oder der Regressionsanalyse
X	Merkmale oder Variablen
x_i	Realisierung (Ausprägung) des Merkmals (der Variablen) X beim Fall «i»

x_k	Realisierung der Kategorie «k» eines Merkmals X
$x_{(K)}$	Realisierung der höchsten (K-ten) Kategorie eines Merkmals X
$\bar{x}$	arithmetisches Mittel, auch Mittelwert
$\tilde{x}$	Median
Y	Merkmal oder Variable
$\hat{Y}$	Variable zur Bezeichnung der Vorhersagewerte der Regression; Schätzer der Regressionsgeraden
$\hat{y}_i$	der durch die Regressionsgleichung ermittelte Vorhersagewert von y_i beim Fall «i»
Z	1. z-transformierte, standardisierte Variable 2. Teststatistik z: der aus den Stichprobendaten berechnete Wert der Teststatistik
z_α; $z_{1-\alpha}$	Quantilwert des α-Quantils bzw. des (1 – α)-Quantils der Standardnormalverteilung
×	Multiplikationszeichen (im Text)
/	Divisionszeichen (im Text)

2 Griechische Symbole

α	1. Irrtumswahrscheinlichkeit 2. Quantilwahrscheinlichkeit 3. Wert der Regressionskonstanten (Alpha) in der Population
β	1. Wert des Regressionsgewichts in der Population 2. Wahrscheinlichkeit eines Fehlers zweiter Art
χ^2	Teststatistik Chi-Quadrat
δ_{YX}; δ_{XY}	Populationswert von Somer's d bei abhängiger Variable Y bzw. X
$\delta_{YX}\%$; $\delta_{XY}\%$	Populationswert der Prozentsatzdifferenz bei Spalten- bzw. Zeilenprozentuierung
Φ	1. Verteilungsfunktion der Normalverteilung 2. Zusammenhangsmaß Phi in der Vierfeldertabelle
γ	Zusammenhangsmaß Gamma für ordinale Daten
λ	Zusammenhangsmaß Lambda für nominalskalierte Daten

$\mu(\overline{x})$; μ_x; $\mu(X)$	Erwartungswert des Stichprobenmittelwerts bzw. Populationsmittelwert des Merkmals X
π_1	Erwartungswert bzw. Populationsanteil der Ausprägung 1 eines binären Merkmals
$\hat{\sigma}(p_1)$	geschätzter Standardfehler des Stichprobenanteils der Ausprägung 1 eines binären Merkmals
σ_x^2	geschätzte Populationsvarianz der Variablen X
$\hat{\sigma}_{\overline{x}}$; $\hat{\sigma}(\overline{x})$	geschätzter Standardfehler des Stichprobenmittelwerts
τ_a; τ_b	Kendall's tau-a und tau-b: Zusammenhangsmaß für ordinale Daten mit Berücksichtigung aller «ties» (tau-a) bzw. mit Berücksichtigung der «ties» bei der X- und bei der Y-Variable